岩倉使節団
誇り高き男たちの物語

泉 三郎

祥伝社黄金文庫

まえがき

知られざる歴史的壮挙というべき大旅行がある。「岩倉《いわくら》使節団」の物語である。

明治四年、誕生間もない維新政府は、革命的大手術「廃藩置県」のわずか四カ月後にもかかわらず、大使節団を米欧に派遣する。岩倉具視《ともみ》、木戸《きど》孝允《たかよし》、大久保《おおくぼ》利通《としみち》という維新革命の立役者が、揃《そろ》いも揃って西洋文明の探索に出かけるのだ。幕末に条約を結んだ米欧一二カ国へ、一年九カ月余（六三二日）にも及ぶグランドツアーである。それは「黒船」に象徴される西洋列強の圧倒的なパワーに対する、「誇り高き日本人」の果敢なチャレンジであった。

太政大臣三条実美《さんじょうさねとみ》は出帆の数日前、送別の宴をひらき、次のような餞《はなむけ》の言葉を贈った。

「今や大政維新、海外各国と並立をはかるにあたり、使命を絶域万里に奉ず、外交内治前途の大業その成否実にこの挙にあり、あに大任にあらずや。大使天然の英資を抱き中興の元勲たり、所属諸卿皆国家の柱石、しかして所率の官員まただこれ一時の俊秀、各欽旨（天皇の考え）を奉じ、同心協力以てその職を尽くす、われそその必ず奏功の遠からざるを知る。行けや、海に火輪を轉《てん》じ、陸に汽車を輾《にじ》らせ、萬里馳駆《ちく》、英名を四方に宣揚し、恙《つつが》なき帰朝を祈る」

送る側も送られる方も使命感に溢《あふ》れ、身震いするような門出であった。

使節団は、最初の上陸地サンフランシスコで大歓迎を受け、グランドホテルで大レセプションが開催される（陽暦一八七二年一月二十三日）。その席上、若き副使、三一歳の伊藤《いとう》博文《ひろぶみ》は、日本人として初の英語のスピーチを行なった。それは新生日本の「文明開化」を宣言するような内容で、サムライ日本の烈々たる気概と意気を示した。

「わが日本は、一発の弾丸も使わず、一滴の血も流さず、数百年来堅持されてきた封建制度を撤廃し、近代的統一国家を造りあげました（廃藩置県のこと）。そしていまや日本は西洋の文明を日ごとに取り入れ、急速に変化しています。日本の国旗にある赤い丸は、これまでのように国を閉ざす封緘《ふうかん》を意味するのではなく、西洋文明の中天に向けて昇る太陽を意味するのであります」

このスピーチはやんやの喝采を浴び、「日の丸演説」として新聞各紙に掲載され全世界に伝わっていった。そして使節団は、以後当初の予定の二倍に及ぶ一年九ヵ月にわたり、一二〇カ所にのぼる各国の諸都市や村を回覧し、西洋文明をまるごと探索して、その成果を新しい国づくりに生かしていくのだ。

各国の新聞はこう報《ほう》じた。

『ニューヨーク・タイムズ』(一八七二年一月十七日付)は「この使節団は、東洋の一国家から派遣された使節団の中で最も重要なもの」であり、「支配階級がこれまでのように目下の者の報告に甘んじているのではなく、自ら西洋文明を学ぶことにある」と書き、「大使たちは日本において最もすぐれた能力と影響力をもつ人々であり、団員すべてが日本政府の派遣しうる最重要メンバーである」と報じた。

ロンドンの『タイムズ』(一八七二年二月二十九日付)も「使節団は日本で最も影響力があり、数年来国の運命を左右してきた人物で構成されている」とし、「日本の政府と国民は、先進諸国によって享受されている、最高の文明の果実を手に入れようと目論《もくろ》んでいる」（八月二十日付）と伝えた。

また、パリの絵入り新聞『イリュストラシオン』は「真の革命が日本では実現しつつある。それはまったく平穏な革命である。だが、結果として一層実りの多いものとなろう。ミカドの政府によってヨーロッパに派遣された公使たちのパリ滞在により、どんな知性がどんな敏捷《びんしょう》さで、私たちの文明を吸収消化しているかを認めることができた。この使節たちの派遣は一連の日本の改革の前奏曲といえるだろう」（一八七三年三月二十九日付）と報じている。

本書は、その「明治の青春」ともいえる岩倉使節団の、国の命運を背負った男たちの物語である。「事業は人なり」の言葉通り、歴史もまた個々の人間がつくっていく。仰《あお》ぎ見るような文明の格差にもめげなかった「誇り高き日本人」が日本の近代化を始動させたのだ。志《こころざし》高く、命を懸け、真剣に学んだ先人たちの姿がここにある。

平成の日本は、グローバリゼイションの大波に洗われ、超大国米国と中国の狭間《はざま》にあって、方向性を見失い自信をなくしている。われわれはいまこそ「歴史に学び」、明治創業時の誇り高き日本人から、サムライマインドを、勇気を、そして知恵を学ばなくてはならない。読者がこの物語から、明治の気骨ある日本人の「元気」をくみ取って下さることを切に期待したい。

なお、本文中にある銅版画は、『米欧回覧実記』（以下『実記』）に挿入された三〇〇数枚の中から選んだものである。当時の旅の雰囲気が少しでも伝われば幸いである。

二〇〇八年五月

泉《いずみ》　三郎《さぶろう》

文庫版に寄せて

「事実は小説より奇なり」といいますが、歴史は本来「人間の生きた物語」ですから、これほど面白いものはないはずなのです。とくに日本の来《こ》し方を俯瞰《ふかん》してみると、特に面白い時代が二つあります。一つは安土桃山時代、一つは幕末維新期、いずれも世界的な大変動の時代で、片や大航海時代、片や黒船来航時代、つまりグローバリゼイションの大波が東洋の小島を襲ってきて、旧来の社会を根底から揺るがし、日本人に根本的な変化を迫った時代だからです。そこでは多くの人材が輩出し、その大変化に適応すべく必死に挑戦するのです。そして波にのまれて没落する人間もあれば、うまく波に乗って成功するものも出る。しかし、「人生万事塞翁が馬」で、成功は失敗を生み、失敗は成功のもととなり、その間に波瀾万丈の人生がドラマチックに展開していくのです。だから面白いのです。

幕末維新期にも、血湧き肉躍る数多《あまた》の人物が出ました。そして歴史を彩る多くの史伝、小説が描かれました。大佛次郎《おさらぎじろう》の『天皇の世紀』や司馬遼太郎《しばりようたろう》の『竜馬がゆく』他の一連の作品は代表的なもので、そこに幾多の人材が生き生きと描かれました。しかし、時代を画する「歴史的な大旅行」であったにもかかわらず「岩倉使節団」については、これまで本格的な史伝が書かれることはなかったのです。たしかに「岩倉使節団」については誰もが知っているともいえます。高校の教科書にも出ていますし、テレビでもしばしば取り上げられます。でも、それはごく一部のことであって、この旅のマンモスのような全体像を捉えたものはありません。

本書は、知られているようで、その実知られていない「岩倉使節団」についての物語です。主人公は維新回天の立役者、岩倉具視、木戸孝允、大久保利通の三傑と、その継承者若き伊藤博文です。それから、寄り添うように同行し、使節団の目となり耳となって、旅の大記録『米欧回覧実記』全五巻を編著した久米邦武《くめくにたけ》も陰の主役です。そのほか重要な脇役には、留守政府を守る、西郷隆盛《さいごうたかもり》、大隈重信《おおくましげのぶ》、板垣退助《いたがきたいすけ》、井上馨《いのうえかおる》、江藤新平《えとうしんぺい》らがあり、同行する保守頑固党の佐々木高行《ささきたかゆき》やいたずらものの才子福地源一郎《ふくちげんいちろう》がいます。また、随行する留学生、金子堅太郎《かねこけんたろう》や中江兆民《なかえちょうみん》（篤介《とくすけ》）、そして山川捨松《やまかわすてまつ》や津田梅《つだうめ》（梅子）ら五人の少女も登場します。さらに、旅先ではグラント大統領やヴィクトリア女王、ビスマルクをはじめとする元首、宰相、英国のアームストロングやドイツのクルップなどの大実業家、そして各地で交流する数多の市民、村民など……、その登場人物は数百人に及び、次々と変わる異国を舞台に大小のドラマが演じられていくのです。

この本は、ノンフィクションストーリー仕立てになっているので、通読してもらうのが最も望ましいのです。でも、大部でもあるのでまず目次をみて、人物や旅の興味から面白そうな箇所を選んで読んでいただくのもいいと思います。また、海外に旅するとき本書を携えて、サンフランシスコやニューヨーク、ロンドンやパリで、あるいは、ベルリン、フィレンツェ、ヴェネチア（ヴェニス）、ウィーン、ジュネーブで、その街のページを開いてもらうのもお勧めです。明治初年の各地はどのような状況であったか、当時の日本人はどのように過ごしたのか、ホテルは？　食事は？　交通事情は？　言葉は？　お金は？　など興味はつきないと思います。

いずれにしろ、日本人は、一四〇年も前、こんなベラボーなスゴイ旅をしたのです。明治維新という大革命（大手術）の直後にもかかわらず大物が揃って大旅行に出掛けていくのです。そして仰ぎ見るような文明の格差に圧倒されながらも、決してひるまず、めげず、わが先人たちは誇り高く堂々と、幾多の挫折や障碍をのりこえて、米欧諸国を回覧し、日本人としてのアイデンティティーを確保しながら、敢然と近代化の路線を敷き歩んでいくのです。

今、日本は、目も眩むばかりの技術革新と情報革命を契機として第三のグローバリゼイションに直面しています。この大変革期に、かつての大変化期におけるこの大いなる旅の物語は、必ずや少なからざる示唆と大いなる勇気を与えてくれるものと信じます。

本書は、二〇〇八年にＰＨＰ研究所から『誇り高き日本人　国の命運を背負った岩倉使節団の物語』として刊行されたものの文庫化です。が、その後の研究や新資料による発見もあり、部分的にはかなりの補筆を行ない一部に若干の修正を行なったことを申し添えます。

二〇一二年八月吉日

泉　三郎

もくじ

英国編

欧州編

図版作成
日本アートグラファー（P778〜782）

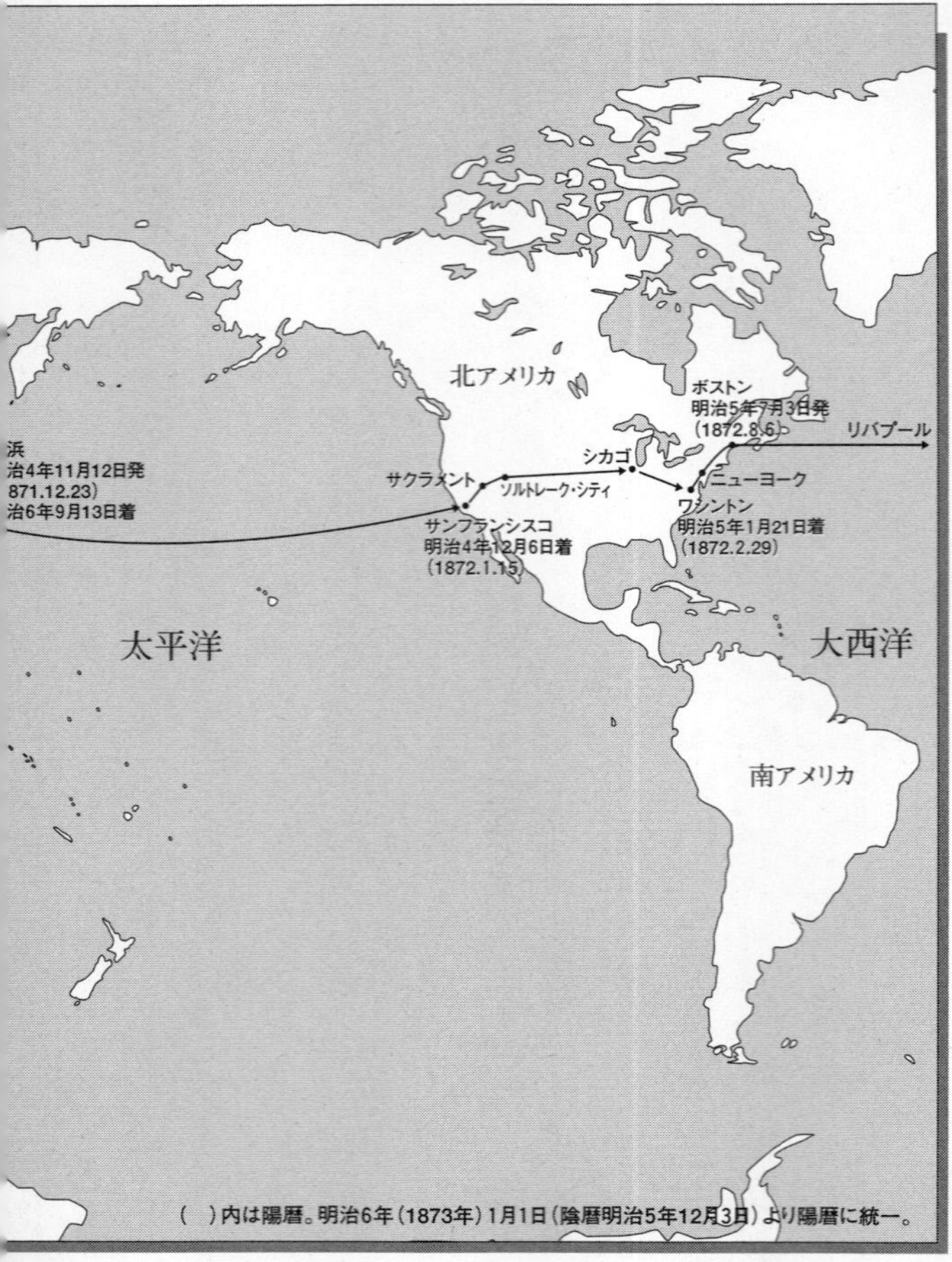

（　）内は陽暦。明治6年（1873年）1月1日（陰暦明治5年12月3日）より陽暦に統一。

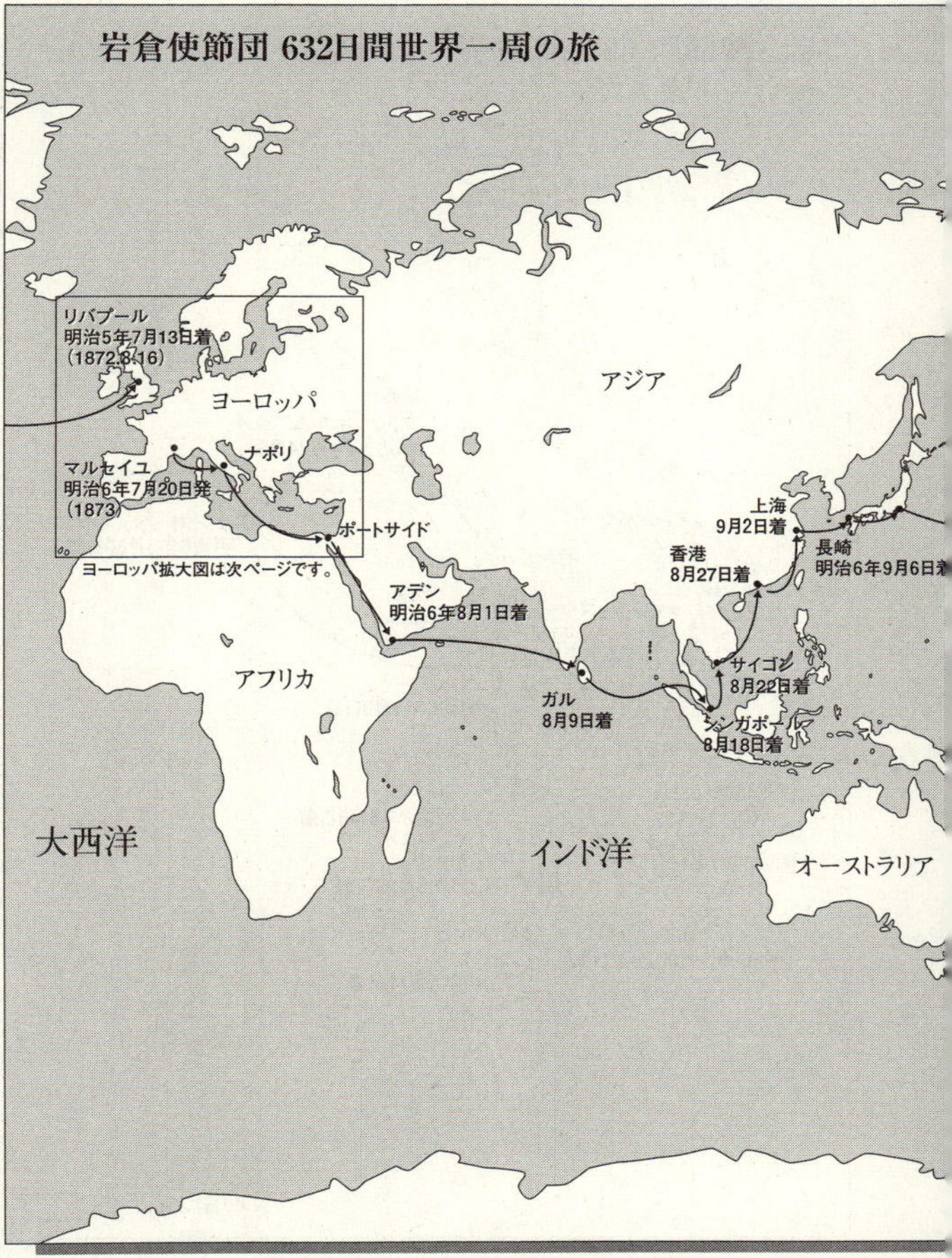
岩倉使節団 632日間世界一周の旅
リバプール
明治5年7月13日着
（1872.8.16）
ヨーロッパ
ナポリ
マルセイユ
明治6年7月20日発
（1873）
ポートサイド
ヨーロッパ拡大図は次ページです。
アジア
アデン
明治6年8月1日着
アフリカ
ガル
8月9日着
シンガポール
8月18日着
サイゴン
8月22日着
香港
8月27日着
上海
9月2日着
長崎
明治6年9月6日着
大西洋
インド洋
オーストラリア

岩倉使節団 632日間世界一周の旅
[ヨーロッパ拡大図]
ストックホルム
明治6年4月24日着
エジンバラ
サンクト・ペテルブルグ
明治6年3月30日着
リバプール
明治5年7月13日着
(1872.8.16)
コペンハーゲン
マンチェスター
アムステルダム
ロンドン
ハーグ
ベルリン
明治6年3月9日着
ブリュッセル
パリ
明治5年11月16日着
(1872.12.16)
ミュンヘン
ウィーン
明治6年6月3日着
ジュネーブ
明治6年7月15日発
リヨン
ヴェネチア
明治6年5月27日着
マルセイユ
明治6年7月20日発
フィレンツェ
ローマ
明治6年5月11日着
ナポリ
ポートサイド

船出編

一章　大いなる旅へ

＊　横浜港出帆

「暁《あかつき》の霜盛んにして、扶桑《ふそう》（日本）を上《のぼ》る日もいと澄《すみ》やかに覚へたり」

明治四年十一月十二日（陽暦一八七一年十二月二十三日）、横浜は美しい朝だった。古今未曾有《みぞう》の歴史的な大使節団の旅立ちを間近に、港は浮き立つような華やかな雰囲気に包まれていた。

とにかく、右大臣岩倉具視《いわくらともみ》、参議木戸孝允《きどたかよし》、大蔵卿大久保利通《おおくぼとしみち》という維新回天の立役者が三人も揃って出かけていくということであり、随伴する俊英の官員四十数名、同行する留学生等約六〇名、計一〇七名という大旅行団の船出であるから、見送りの盛大なことも港始まって以来のものだった。

当時の横浜は、港を開いてから一〇年余、現在の桜木町のあたりはまだ入江になっていて元町へ抜ける掘割があり、それを境に出島のように外国人居留地ができていた。そして海岸の中央近くには二つの突堤が半曲がりに突きだしており、そこに船着き場があった。大きな船は直接横付けすることはできなかったので沖に停泊し、そこまでは小蒸気や和船で乗り継ぐのである。

東の波止場は政府の高官や各国の駐日公使らで賑《にぎ》わっていた。留守に残る西郷隆盛《さいごうたかもり》、板垣退助《いたがきたいすけ》、大隈重信《おおくましげのぶ》、井上馨《いのうえかおる》らも見送りにきている。西の波止場から海岸の一帯は、各省の理事官や随員、同行する留学生らの見送り人……そしてこの壮挙の出立を一目見ようという人々で埋まっていた。

その中でひときわ華やいだ雰囲気の一画《いっかく》がある。各国の外交官や夫人、令嬢のいる界隈《かいわい》である。そこにはアメリカの駐日公使デ・ロング夫妻がいて、その夫人が振り袖姿の五人の少女を引き連れているからであった。デ・ロング夫妻は、岩倉大使に随行して本国まで帰ることになっており、その夫人が同船していく日本初の女子留学生の世話を引き受けていたのである。

そのひとり、津田梅《つだうめ》（後、梅子《うめこ》）はやっと八歳になったばかりの幼さである。

「あんな小さな子供をひとり夷狄《いてき》の国にやるなんて、親の気がしれないよ」

岸辺で鈴なりになっている観衆の中からそんな囁《ささや》きがもれた。

三一歳、ずんぐりした体軀《たいく》にモンゴリア系の頭をのせた伊藤博文《いとうひろぶみ》は、その混雑の中を泳ぐように大車輪の活躍をしていた。若くしてすでに工部大輔という高官であり、木戸や大久保と並んで、栄えある使節団の副使のひとりであった。

伊藤はかつて幕末攘夷《じょうい》の時代に井上馨らと国禁を犯して長州藩から英国に留学し、維新後も財政金融事情の調査のためアメリカに渡った、新政府の少壮官僚の中でも二度の洋行体験をもつ貴重な存在で、ブロークンながらも果敢に英語をあやつった。洋行は初めてという大使、副使の間にあって、貴重な水先案内役を果たしているのだった。

岩倉、木戸、大久保の三名は、政府高官をはじめ、各国公使らと挨拶《あいさつ》を交わしたあと、いよいよ迎えのランチに乗り込む。大使の岩倉は烏帽子《えぼし》、直垂《ひたたれ》姿で威儀を正し、フロックコートに身を包んだ長身の木戸と大久保がその両脇を固めるようにすっくと立った。

折から一九発の祝砲が撃ち放たれた。轟々《ごうごう》たる爆発音が海上に響きわたった。ランチは静かに波止場を離れ、見送りの人々を乗せた小舟が後を追う。続いて、デ・ロング公使の帰国を祝って一三発の祝砲が放たれた。

使節一行は、いよいよ本船に乗り込む。三本マスト、四五〇〇トンの外輪蒸気船「アメリカ号」である。正午、号砲が一発、ひと際大きく港内の大気を揺るがし錨《いかり》があげられた。そして外輪がゆっくりと水しぶきをあげてまわり始めた。

大使、副使らは甲板に勢揃いして見送りに応《こた》えた。港内に停泊中の軍艦のデッキには水兵が整列して挙手の礼で敬意を表した。家族、友人、同僚らは、小蒸気や小舟をチャーターして舷側まで見送りに来ている。扇子を振っている者がある、手ぬぐいを左右に大きく振っている者がある、何事かを大声で叫んでいる者がある。

新しい日本の運命を乗せて、船は悠揚《ゆうよう》として港を後にした。数里の外までも見送りの舟が追った。大いなる旅、新たなる世界への門出であった。

船影が本牧《ほんもく》の山際に隠れて見えなくなるころ、それまで突堤に立ちつくしていた西郷隆盛は同行の高官らと帰途についた。

「日本で一番やかましい人が行ってしもうた。当分静かになりもっそ。もっとも、あの船が沈んでしまえば、世話なしだがのう……」

西郷はひとりつぶやくようにいい、その冗談がよほど気に入ったのか、大きな身体を揺るがすようにして笑った。

使節一行は四六名、右大臣の岩倉が大使で、副使には参議の木戸孝允、大蔵卿の大久保利通のほか、若手で英語もできる工部大輔の伊藤博文と佐賀から外務少輔の山口尚芳《やまぐちますか》が参加している。それに各省からも調査理事官が派遣されている。宮内省からは公家の東久世《ひがしくぜ》通禧《みちとみ》、司法省からは土佐の佐々木高行《ささきたかゆき》、兵部省からは長州の山田顕義《やまだあきよし》、文部省からは尾張の田中不二麿《たなかふじまろ》、大蔵省からは土佐の田中光顕《たなかみつあき》、工部省からは幕臣の肥田為良《ひだためよし》、そして大使随行の書記官には、田辺太一《たなべやすかず》、福地源一郎《ふくちげんいちろう》、何礼之《がのりゆき》など幕臣で外交経験もあり語学に通じた者が選ばれた。とにかく、最初からなかなか組織だった大使節団なのである。

また、同行させる留学生として公家や大名の息子たち、中江兆民《なかえちょうみん》や平田東助《ひらたとうすけ》、金子堅《かねこけん》太郎《たろう》や団琢磨《だんたくま》らの選抜された書生たち、それにお付きには岩倉付の香川敬三や医師の福井順三らがいた。

出帆前には東京から親戚《しんせき》や友人らが遠い旅立ちを見送るために横浜にやってきて、それぞれに別れの宴を開いた。若い書記官や随員たちは料亭で仲間と送別の宴をはり、水盃を交わし、飲めや歌えの大騒ぎであった。

出帆の日から六日前、太政大臣の三条実美《さんじようさねとみ》は、使節団一行と留守政府の主だった連中を自宅に招いて送別の宴を開いた。席上、三条は高らかに次のような送別の辞を贈る。

「外国の交際は国の安危に関し、使命の能否は国の栄辱に係る。今や大政維新、海外各国と並立をはかるにあたり、使命を絶域万里に奉ず、外交内治前途の大業その成否実にこの挙にあり、あに大任にあらずや」

格調の高い名文である。

「大使天然の英資を抱き中興の元勲たり、所属諸卿皆国家の柱石、しかして所率の官員またこれ一時の俊秀、各欽旨を奉じ、同心協力以てその職を尽くす、われその必ず奏功の遠からざるを知る」

顔面は紅潮し、声は一段と高くなる。

「行けや、海に火輪を転《てん》じ、陸に汽車を輾《にじ》らせ、萬里馳駆《ちく》、英名を四方に宣揚し、恙《つつが》なき帰朝を祈る」

送られる方も送る方も意気盛ん、新しい国の命運を背負って身に余るほどの使命感にうち震えていた。

＊　大久保利通と木戸孝允

アメリカ号は富津岬を左に見て浦賀水道にはいっていく。

大久保利通は欄干《らんかん》に身をもたせて、放心したように横浜の方を見やっていた。小春日和《びより》というのであろう、風もなく穏やかである。大きな水車小屋の側《そば》にでもいるように、外輪の回転する音が騒々しいが、規則的なエンジンの響きと舷側の波の音がむしろ快《こころよ》かった。三浦半島の向こうに丹沢の山塊が見え、その左に白雪をいただいた富士の姿が凜《りん》として屹立《きつりつ》していた。

薩摩、大阪、江戸の間をもういくたび船で往復したことだろう。海を隔てて見る日本の山々は、大久保にとって決して珍しい風景ではない。しかし、この日のアメリカ号から見る光景はそれまでのどの航海とも違って別世界のもののように感じられた。大久保はあらためて富士を見た。晩秋の陽を浴びて、それはあくまでも美しかった。

「では、行ってきもっそ」

大久保はひとり、つぶやくように言って舷側を離れた。少し風が出て急にひんやりしてきたからである。船室は一〇畳ばかりの部屋に丸窓があり、壁際にはベッドがあって、窓際に応接セットが一組置かれている。

大久保は崩れるようにソファーに腰を下ろすと「フーッ」と大きく息をついた。

中国人のボーイが紅茶を持って現れた。慣れた手つきでポットから茶を注ぐと砂糖やスプーンを揃えて丁寧な物腰で部屋を出ていった。

出航間際まで殺人的なスケジュールに追いまくられてきた大久保は、いまや突如、解放されて一種の虚脱状態にあった。

（なんとかなるだろう）

そう思った。

（吉どん〔西郷隆盛の通称〕がいる限り、そうグラグラすることもあるまい）

旅の予定は一〇カ月半である。米欧一四カ国をまわる予定だし、世界一周の船旅でもある。どうしても一〇カ月半という勘定になる。この多難の時代にそれはいかにも長い。

しかし、大久保はもう決断したのだ。

（待ったするわけにはいかない。もう石は打ってしまったのだ……）

大久保はそう思うと、ふっ切れたように気を転じて紅茶に手をのばした。

横浜を出て、もうどのくらいの時間がたったのだろうか。

木戸は出船後まもなく船室に入ると、そのままベッドに身を投げ出して横になるといつとはなしに眠ってしまった。

ふと気づくと、ぼんやりと丸窓のあたりに目をやった。そしてまだ覚めやらぬ宙ぶらりんの意識の中で、舷側を打つ波の音を聞いた。

（確かにアメリカに向かっているのだ）

思えば、長い道のりだった。

「翔《と》ぶが如し、翔ぶが如し」

吉田松陰《よしだしょういん》が黒船を見てそう叫び、下田で密航を企てた頃から、木戸も洋行を夢見ていた。

松陰はいった。

「鎖国の説は一時の無事であるが、宴安姑息《えんあんこそく》の徒が喜ぶところのものであって、始終遠大の大計ではない。一国に居ついたままなのと、天下に跋渉《ばっしょう》するのとでは、人の知恵労逸《ちえろういつ》は狭い日本の中でもかけ離れている。まして世界においてをや。堂々大艦をつくり、公卿から列侯以下にいたるまで、万国を航海し知見を開き、富国強兵の大策をたてるべしだ」

あれから一〇年、いまは亡き松陰がこの壮挙を見たらどう思うだろうか。

いま、まさに大艦を仕立てて、公卿から列侯以下書記官・書生にいたるまで、万国を航海し、知見を開こうとしているのだ。

木戸はやおら両の手をいっぱいに伸ばすと、ようやく起きあがった。半開きの窓からは、船が波をけたててすすむ音と海の湿りを含んだ冷気が入ってくる。

文久元（一八六一）年、幕府が開市、開港の延期交渉のため使節を英仏に送ろうとしたとき、木戸もその随員に加わって海外に赴こうとした。が、藩の政事多忙で許されず、代わりに杉孫七郎《すぎまごしちろう》が派遣された。

文久三（一八六三）年には家老の周布政之助《すふまさのすけ》と語らって、井上馨、伊藤俊輔《しゆんすけ》（博文）ら五名をイギリスに密航させた。その時も本来なら木戸自身が行きたかった。が、すでに長州を差配する立場にあった木戸にはそれもかなわぬ相談だった。

その後は動乱怒濤《どとう》の時代である。七卿落ち、禁門の変、第一次長州征伐、四国連合艦隊の下関砲撃、高杉《たかすぎ》挙兵、龍馬《りようま》との工作、薩長連合、大政奉還、王政復古、鳥羽伏見の戦、……。

長州の歴史は七転び八起き、まさに奇跡といってよかった。

吉田松陰、周布政之助、長井雅楽《ながいうた》、高杉晋作《しんさく》、久坂玄瑞《くさかげんずい》、大村益次郎《おおむらますじろう》、広沢真臣《ひろさわさねおみ》らの顔

が次々と浮かぶ。土佐の坂本《さかもと》龍馬、中岡慎太郎《なかおかしんたろう》、いずれも志を同じくしながら、白刃の下をかいくぐり、決死の画策に働きながら、途半ばにして倒れたサムライたちである。人一倍情にもろい木戸は、彼らのことを思うだに胸に熱いものが込み上げてくるのをとどめ得なかった。

(彼らのためにも欧米をしっかり見てこなくてはならぬ)

木戸は横浜を出る二日前、ドイツに留学していた同郷の後輩青木周蔵《あおきしゅうぞう》に、その心境をこう書き送っている。

「開化開化と各利弁を以て互いに僥倖《ぎょうこう》(偶然に得る幸せ)のみを相窺《うかが》い、人々自ら軽躁浮《けいそうふ》薄《はく》に相移り、忠義仁礼の風地を払い候の勢いにて、十年の後真《まこと》に如何《いかん》と苦慮煩念《ぼんねん》このことにご座候」

せっかく幕府を倒し天皇政府をつくり上げたのに、たまたまの成功に酔い、軽々しくおごりたかぶり、ただ開化開化と西洋の猿真似をする連中ばかりが多くて心配でならない。病を治すのに薬を用いるのはいいが、やたらに使うとかえってその薬毒のために倒れる例も少なからず、このあたりのさじ加減が極めて重要だと訴えている。

木戸も青木も医者の家に育っているから、医術の喩《たと》えを使うことが多かった。幕府という病根を取り除いて開化という薬を投じたのはいいが、副作用が出てきてうまくないというのである。

（とにかく世界をよく見てくることが先決だ。開化の薬を薬として毒にしないような工夫が必要なのだ）

そう決心すると、木戸は長年の夢が叶うことを想い、おのずから浮き浮きとしてくるのを感じていた。

＊ 珍談・奇談の続出

船は夕陽を斜め後ろからうけて、キャビンの側壁を紅く染めている。淡く墨絵のように浮かぶ日本の山々が航跡の彼方《かなた》に遠ざかっていく。海上は穏やかで、大海原の向こうに沈み往《い》く太陽がことのほか美しかった。

岩倉使節団は、サンフランシスコ、ホノルル、横浜、上海を結んでいた米国の太平洋郵船会社の定期船に乗り込んで太平洋を渡っていく。十九世紀後半のカリフォルニアはゴールドラッシュに始まって、銀山の開発、大陸横断鉄道の建設ブームが続き、中国から低廉な労働力を運ぶ必要があった。アメリカ号はそのころ就航していた同型船ジャパン、チャイナ、グレートレパブリックの中の一隻であり、木造の蒸気船としては最新の、そして最後の豪華船だった。

客室は一等が三〇室、二等が一六室の計四六室、各部屋二名で計九二名収容である。もっとも苦力《クーリー》などを運ぶ船底の大部屋は定員あってなきが如き状態で、アメリカ号にも三〇〇人ばかりの中国人労働者が乗っていた。

船客の数は、使節一行だけで一〇七名、その他アメリカ公使デ・ロング夫妻とその随員がおり、ほかにも帰国する米海軍士官のマクリーンとその部下など若干の客が乗っている。当然、上等の客室だけでは定員がオーバーするので、留学生などはやむなく一室に三人も四人も乗り込むことになった。

この旅行団、まことに多士済々《たしせいせい》ですこぶるヴァラエティに富んでいる。現職の閣僚もいれば名もない貧書生もおり、旧藩主の殿様やお公家さまもいれば、軽輩の下級武士もいる。年齢的に見ても五〇歳に近い年配者から一〇歳前後の少年少女まで乗っている。なかにはすでに何回も海外に旅して英語やフランス語に通じている随員もいれば、アルファベットさえ知らぬ者も少なくない。むろん欧米の文明にすっかり心酔している者もいれば、頑固一徹、保守攘夷のサンプルみたいなサムライも乗っている。そんな連中が一つ船の中で寝起きして二十数日も生活を共にするのだから、珍談奇談も少なくない。

横浜を出て翌朝にはもう珍事件がもちあがっている。小雨混じりの風の強いその朝、便所のあたりで米国人のわめく声が聞こえ、だんだん騒ぎが大きくなった。

発端は、水夫が便所の付近で白い紙片が落ちているのを発見したことに始まる。何かと思って近寄ってみると、そこに臭気ふんぷんたる黄金色の人糞を見出すのだ。あたりを見渡すとさらにもう一カ所に同様の証拠物件があり、しかも便所から通路にかけて黒いボタンがいくつか落ちている。紙片は明らかにアメリカのものではなく、日本のものである。事は早速船長に報告され、使節の側に厳重な注意があった。

一行の服装は、岩倉大使と五人の少女だけが和服で、あとは全員がにわか仕立ての洋服だった。なにしろ、とにかく洋服などというのは生まれて初めて着るという者も少なくなかったから万事扱いに不慣れであった。そのうえ、新調のズボンとあればボタン穴がなじんでおらず、そのはめはずしがスムーズにいかない。

そこへ便意だけは容赦なく襲ってくるというので、悪戦苦闘の末、やむなくボタンをひきちぎって用を足す者が出たらしい。しかも、便意は小だけではなかった。ついにある者は洋式トイレの使用法もわからず、不本意ながら場外に放便のやむなきに至ったのである。

このニュースが伝わると、これは日本国の名誉にかかわる一大事であるから、早速にも団員を集めて洋式便所の使い方、洋服の着脱の仕方など講義すべきだという建言がなされた。岩倉大使に報告が行くと「伊藤やれ」というので、午後のひととき一同をホールに集め、副使伊藤が一場の演説を行なった。

「われらは、特命全権大使遣米欧使節団の一員である。西洋でアンバッサダーというのは最も名誉ある使節団の意であるから、一随員一留学生といえども、日本国の代表である。諸君一人ひとりこのことをよく認識して、いやしくも今後かくの如き恥辱になるようなことがあってはならない」

そして伊藤は今後とるべき対策として「各自今から船室に戻り、おのおのボタンの穴を点検し、とれたボタンはただちに取り付け、着脱の修練をなし、西洋式便所の使用法を研究し、危急に臨みて不都合のないようにこころがけられよ」と訓示をたれるのである。

洋行初体験組は神妙な顔をして聞いていたが、経験組の若い書記官などはこれを面白がって「伊藤の糞演説」とはやしたてた。

横浜を出てから三、四日は慣れぬ船旅であるうえ、波が高くて揺れが激しく、多くの者が船酔いにやられて半病人のようにベッドにもぐり込んでいた。が、そのうち海も静かになり身体も慣れてくると、にわかに食欲が旺盛になってきた。

船の食事は時間になるとドラが鳴らされて、人々は一斉に食堂に集まることになっている。そしてあらかじめ決められた番号のテーブルにつくのだ。若い連中が元気を取り戻してくると、ドラの鳴るのを待ちかねたように食堂に殺到する。そしてサムライの伝統にしたがって早飯を競い合うようなことになるから、その混雑は想像を超える状況を呈した。

しかも一行の少なからざる連中はナイフやフォークの使い方も知らない。洋食に接するのは初めてというのだから、船のボーイがあきれかえるような光景が展開する。

食卓につくが早いか、食事の順序などお構いなしに卓上にあるものを片っ端から食べ始める。スープは皿からみそ汁をのむようにすすり、肉は手づかみでほおばる。

「これではいかん」

と洋行経験組の書記官から声があがった。すると司法官の随員だった平賀義質《ひらがよしただ》が、早速にもテーブルマナーの講習を行なうべしと提言した。大副使もむろん同意見で急遽《きゅうきょ》、箇単な「食事作法心得」なるものがつくられた。

西洋料理の食べ方、ナイフ、フォークの使い方、スープの飲み方、菓子・果物の取り方、詳しく一部図解入りの心得帳ができあがり団員に回覧された。

ところが強硬な攘夷論者のグループがあって、平賀をはじめとする西洋かぶれを敵対視し、「われら日本男児なり、日本流に食してなにが悪い」と開き直った。

心得には「ボーイに命ずるには低い声でせよ」「スープは音をたてないようにすれ」と書いてある。ところが、彼らはわざとその反対ばかりをやる。龍馬とも親しかった土佐出身の腕白者岡内重俊《おかうちしげとし》などは「心得」の出たその日からスープを吸うときにはわざと音をたて、食べ終わると舌を鳴らし、ボーイに対しても大きな声で軍隊の指揮官のように命じたりした。

西郷に兄事している薩摩の村田新八《むらたしんぱち》も宮内省派遣の随員として同船していたが、これも保守頑固党の領袖《りようしゆう》で岡内のすることをにやにやしながら見ていて、ビフテキが運ばれてくると、やにわにフォークを右手に持って串刺しにし、わらじのような大きなやつをそのまま口にもっていって食いちぎるという風だった。

「食事作法心得」の提案者、平賀は元筑前藩士で幕末アメリカに渡航した経験があり、かなりの西洋かぶれでスノビッシュの気味があった。食卓にいろいろな色のリンゴが供されると、「どちらがうまいか」、早速、講釈を始め、その語調がいやみたっぷりだったので、顰蹙《ひんしゆく》（まゆをひそめさせること）を買った。洋行経験者は知らずの内に横文字を使い、西洋知識をひけらかし、未経験組の保守派はコンプレックスもあってやたらにそれが癇《かん》にさわり、国際派と国内派、開明派と保守派との確執が早くも食卓を舞台に火花を散らし始めるのである。

二章　思惑

＊　異常の器・岩倉具視

そもそもこの使節団、誰が最初に企画したのか。

黒船来航以来、海外視察の必要を唱えた人物は少なくない。幕府の要人はむろん、薩摩や佐賀など開明派の大名、そして吉田松陰など在野の先覚者……しかし、この使節団のメンバーの中で挙げるとすれば、やはり岩倉具視を以て先達とすべきであろう。

遡《さかのぼ》れば十三年前の安政五（一八五八）年、当時、孝明天皇の近侍であった三四歳の岩倉は「神州万歳策」なる建言書を天皇に提出した。その中で岩倉は欧米諸国に調査団を派遣すべきだと提案している。

岩倉はそもそも下級公家の出身で、平時ならとても驥足《きそく》（すぐれた才能）をのばせる身分ではなかった。ところが、ペリーの黒船来航をきっかけに大動乱の時代がやってきた。幕府の主席老中、阿部伊勢守《あべいせのかみ》は、未曾有《みぞう》の国難到来と見て、いかに対処すべきかについて旧来の慣習を破り、朝廷や各大名に相談をしかけた。これを契機に朝廷でも政治論議がにわかに盛んになり、それまで政治を幕府に一任してきた公家たちも急速に政治づいてきた。そして公武合体を唱え、王政復古を叫び、朝廷の復権を狙う勢力が頭をもたげてくる。その急先鋒が過激派の青年公家、岩倉具視だった。岩倉は一八〇石取りの貧乏公家、堀川康親の次男である。少年時代から利発で「麒麟児《きりんじ》」といわれ、一四歳のとき嘱望されて岩倉家の養子になった。しかし、岩倉家もまた下級公家に変わりなく、台所事情は苦しかった。

具視は一五歳のとき、禁中に出仕しいわば朝廷の役人になる。が、そのころの公家は、長年の泰平遊惰の風にひたっていて、軍事や政事は他人《ひと》ごとのように思い、ただ歌を詠《よ》み、鞠《まり》を蹴り管弦を奏することを本務のようにしていた。志高く、才にあふれ、雄心勃々たる具視は、この空気に飽きたらず、二九歳のとき遂に行動に出る。というのは、縁故を辿《たど》って時の太閤鷹司政通《たかつかさまさみち》に接近をはかり、その歌の弟子にしてもらうのである。

鷹司政通は容貌魁偉、気迫雄渾《ゆうこん》、性格も闊達《かったつ》で知略に富み、太政大臣、摂政関白などを歴任した大物である。また、副将軍といわれた実力大名徳川斉昭《とくがわなりあき》の姉を夫人としており、そのコネもあって幕府内や外国事情にも通じていた。つまり公家には珍しく政事や海防にも詳しく、朝廷内で独り堂々と「開国」を唱えるほどの豪傑肌の人物だった。そのため要職を退任後もなお隠然たる力をもっていた。

具視はそうした人物像に惹《ひ》かれ、狙いをつけたのだろう。歌を習いながら親しくなってくると、宮廷改革の第一弾として待遇改善を主とする制度改革の建議書を奉《たてまつ》っている。岩倉にはもともと「直言癖」があり、上司に対してもズケズケものをいった。また旧態依然たる朝廷内の改革を目論《もくろ》んで、人材育成に関する建議書を出し受理されている。鷹司政通はこれらを見て「岩倉大夫は眼彩人を射て、弁舌ながるる如し、まことに異常の器なり」と評したという。

そして一年、孝明天皇の近侍に空席ができると直ちに志願して首尾よくその職を射止め、三年目には近習になって常時天皇の側近に侍るようになる。そしていよいよ、岩倉が中央政治の表舞台に躍り出るチャンスがやってくる。それは井伊大老の進める幕府主導の「開国」と不平等条約の調印に敢然と反旗を翻《ひるがえ》し、徳大寺実則とはかり公卿八八人を動員して、世にいう「八十八列参」を主導したことである。これは長袖族といわれた、のどかな公家社会では驚くべき大デモンストレーションであった。そのとき、岩倉が孝明天皇にその間の事情を説明すべく書き上げたのが「神州万歳策」なのだ。

その主張するところは、条件付きの開国であり、その論拠として、内政、軍事、財務まで視野にいれた長文のものであった。そこには大いなる見識、現実的感覚があり、堂々たる論旨が述べられていて、この時点で岩倉がひとかどの政治家であり、的確な外交意見や財政的知識をもっていたことが見てとれる。岩倉はいう。

「ハリスとの間に作成された条約案には外国人の日本人に対する犯罪を外国の法律で裁くようになっている。これはまったく許すべからざることである。国を開いて交際を始めれば、いろいろの悪さをする奴も入ってくるだろう。詐欺も盗人も入ってくる。その他、いろいろの罪を犯す者が出てくるに違いない。それを日本人が裁けずに、外国人に裁判を任すなどもってのほかである」

そして他にもいろいろ不都合なことがあると指摘し、代案まで示している。

「いまや世界の大勢が大変化を示して通商交易の時代になったことは、ハリスの話によって承知つかまつった。いかにもいまやわが国も、二〇〇年の鎖国を変えるべき時機にきたと思う。しかし、いまアメリカと通商条約を結べば、他の国とも同じような条約を結ばなくてはならないだろう。とすればアメリカと条約を結ぶ前に、日本の使節を米国に遣《や》りたい。また条約を結ぼうとする他の国にも使節を派遣したい。そして外国の制度・文物・風俗・習慣も知りたい。産業の状態、経済の実況も視察して、有無相通ずるの道を開きたい。日本にあるものとないもの、外国に余りあるものと不足するもの、それらの取り調べをした上で通商条約を結びたいのである」

そして米国に対して、

「いま、深く研究もせずに軽率に条約を結んで、双方の禍を招くことは日本の好まざることである。そこで日本から使節を出して、これまでの貴国の好意に対しても御礼を述べ、また各種の取り調べもしたいのである」。

さらに岩倉は、ついては「その手引きをしてほしい」と述べ、「お願いがある、ほかでもない、船を貸してもらいたい」とまでいっているのだ。

当時はまだ太平洋に定期船などは走っておらず、使節を派遣したくても渡るだけの船が日本にはなかった。だから「船を貸してくれ」というのだ。このあたり、岩倉の押しの強さが表れていて興味深いが、それだけ切羽詰まって真剣だったということでもあろう。そして使節の具体的な人員構成について「朝廷より二人、幕府より大名二人、国主大名より二人、大小名より各二人ずつの随従の士僕を従え、オランダ船に乗って渡航すべし」とい い、米国だけでなく欧州視察も目論んでいることがわかる。

明治のジャーナリストで論客として知られた池辺三山《いけべさんざん》は、後年、岩倉の人物について次のように評している。

「岩倉には知恵がある、才気がある、最も弁才がある。また、すこぶる立派な文才がある」と。

岩倉はまさに「異常の時代」にふさわしい「異常の器」であったというべきであろう。

王政復古を実現し天皇をいただく統一国家をつくりあげたとき、岩倉の脳裏にかつて構想した海外派遣のことが想起されたとしても当然といえよう。事実、明治二（一八六九）年二月、岩倉は条約改正交渉を始めるべく「遣外使節団を派遣せよ」と提言している。明治四（一八七一）年に「米欧使節の派遣」が浮上してきたとき、「いよいよ自分の出番が来た」と思ったとしても不思議はなかった。

＊アラビア馬

しかし、現実に、明治四年の時点で、具体的に使節団の派遣を提言した者は他にもいた。

そのころ、新生日本は数頭のアラビア馬に牽引されているといってよかった。徳川二六〇年の旧体制を覆《くつがえ》し、そのあとに矢継ぎ早に欧米文明を移植しようとする若手開明派官僚の一群である。その余りにもめまぐるしい開化のスピードに眩惑され辟易《へきえき》した保守派は、やたらに勢いよくとび跳ねる青年たちを悍馬《かんば》として名高いアラビア馬にたとえた。

なかでもとりわけ馬力のある悍馬が、大隈重信と伊藤博文である。大隈は長崎で仕込んだ西洋知識をテコに天性の才気と弁舌を縦横に発揮し、傲岸不遜《ごうがんふそん》当たるべからざる勢いで突っ走った。伊藤も英国留学と米国出張の体験を背景に抜群の企画力と行動力で疾駆した。井上馨、山縣有朋《やまがたありとも》、江藤新平《えとうしんぺい》らがこれに続く。いずれも三十代、新しい日本づくりに命を懸ける一騎当千の荒武者たちだった。

明治四年、アラビア馬はことさら勢いよく跳ねた。七月の廃藩置県がその一であり、十一月の遣米欧使節団がその二である。

明治維新は慶應四(一八六八)年の王政復古の大号令に始まり、戊辰の内戦を経て旧勢力が瓦解したものの、明治四年の前半まではなお全国に旧藩体制が残り、あたかも三〇〇の小国からなる連邦国家の観を呈していた。大名は名を藩知事と変えたものの、各藩に居座って従来通り財政と兵馬の権を握っていた。新生の天皇国家はまだ名ばかりで、その存立の基盤さえもちえないでいた。真の意味で日本が生まれ変わるには、名目だけの版籍奉還ではなく、現実に各藩から軍事と財政の権をとりあげて中央に一本化する必要があった。

当時、新政府の財政は不安定で火の車であり、それを預かって切歯扼腕《せっしやくわん》していたのが、大隈、井上、伊藤らであり、幕藩体制の遺物ともいうべきサムライ士族を廃して、民兵による真の国民軍の創設をめざしたのが洋行帰りの山縣有朋と西郷従道《つぐみち》だった。

廃藩置県は、一挙にそれを実現する大手術である。

アラビア馬は、たまらずギャロップした。手綱をひいているのは維新三傑といわれた西郷、木戸、大久保である。大手術には当然、出血を覚悟せねばならない。とにかく二六〇年も続いた世襲社長の首を三〇〇近くも一挙に斬り落としてしまおうという荒技である。それは同時に既得権益をもつ藩役人、つまりサラリーマン士族四〇万、家の子郎党まで含めれば二〇〇万ともいわれる厖大《ぼうだい》な数の士族の解雇につながる大事件である。

西郷、木戸、大久保は、もとよりその必要をじゅうぶんに承知している。この大手術を施さない限り、幕末以来の艱難辛苦《かんなんしんく》、幾多の同僚の血を流して成し遂げてきた維新が中途半端になってしまう。むろん、折角立ち上げた新政府が財政的にも破綻《はたん》し立ち往生してしまう。が、それだけに抵抗勢力はすさまじく、その反動は思うだに空恐ろしいほどだった。

しかし、西郷、木戸、大久保は遂に決断するのだ。それには実務を担当するアラビア馬たちの必死の突き上げがあった。薩長土の三藩から拠出させた兵力一万を背景に、廃藩置県は明治四年七月、決死の覚悟で断行されるのだ。

この畢生《ひっせい》の大手術は、しかし、あっけないほどすんなりと成功する。気迫をこめた立ちあい一気の寄りに、人々はあっけにとられ、対応する術《すべ》も知らなかったというべきであろうか。西洋なら大反乱、大暴動が起きてもおかしくない事態である。あるいは大多数の大名が藩の赤字経営に疲れていて、新しい時代の対応に苦慮していたからだろうか。厖大な数の士族サラリーマンは、この手術が何を意味するかさえ、にわかにはわからなかったというべきであろうか。

当時の駐日英国公使ハリー・パークスが驚倒したように、この革命的な大手術は少なくともその時点で「一滴の血も流さず」見事に成功したのだ。

この思いがけない大成功に気をよくしたのか、廃藩置県の大号令が出たわずか一カ月後、アラビア馬はまた次の跳躍を企てた。内政一段落と見て今度はその標的を外に移し、安政年間に締結され、それ以来、目の上のたんこぶになっている不平等条約の改正に目をつけたのだ。

　そのころの日本は、いわば半植民地に近い状況にあった。治外法権の開港地、横浜や函館や長崎には各国の兵隊が駐屯し、日本の法律が通用しない外国が日本の領内に存在した。さらには関税自主権を奪われていたので、欧米各国の工業化による安い製品が無制限に流入し、日本経済と産業は丸裸で欧米資本主義の侵攻に侵されていた。幕末、黒船の脅威によってやむなく結ばされた不平等条約がその元凶であった。

　たまたま、その条約の改正時期が明治五（一八七二）年の七月に迫っていた。欧米列強はむしろこの機に乗じてさらに権益を拡げようと狙っている。アラビア馬はこの際、機先を制しこちらから欧米諸国に出向き、相手の意向を打診すべしというのだ。もっとも、現在の国力からして即時の改正は無理だろうから、当面は改正時期の延期を談判し、併せて欧米諸国の実態をつぶさに探索し新しい国づくりの方策を立てようというのだ。

　まず、大隈が提案する、伊藤も出張先のアメリカから提案する。

　実は、大隈の手許にはすでに視察旅行についての精細な企画書があった。というのは、二年前、中央政府に出てその顧問役となったギード・フルベッキから、新しい国づくりには「百聞は一見に如《し》かずで、中央政府の首脳陣が実際に西洋を見ることが早道だ」との建言があり、具体的な調査使節団の企画書が提出されていたのである。大隈は時期尚早として秘蔵したが、いよいよ時機到来と考えたのである。

フルベッキはオランダ系アメリカ人で、本来は新教の宣教師である。ただ、安政六（一八五九）年、長崎にやってきたものの布教が許されない状況なので、英語や西洋事情一般を教えた。それに目をつけた幕府がまず「済美館」をつくり、フルベッキを招聘《しょうへい》した。開国を迫られた日本はその知識を渇望しており、全国から有為の青年が集まった。フルベッキはアントワープの工業学校を出て実務にも携わったことのある変わり種で、実務的知識に加え政治・経済の知識も備えていた。佐賀藩でも大隈等の進言もありフルベッキを招いて「致遠館」をつくった。その関係もあって大隈はフルベッキとは特に昵懇《じつこん》になり多くのことを学んだ。そして明治政府ができると、中央政府に招かれ開成学校（後の東京大学）の教頭になるとともに、政治顧問のような役割をも演じることになるのだ。

さて、大隈案が、当時の内閣ともいうべき「正院」に出されると、岩倉、木戸、大久保の三者も賛成し、にわかにそれが具体化されることになる。そして最初は大隈を大使とする小規模な案もあったといわれるが、あれよあれよという間に、岩倉具視を大使とし、木戸、大久保を副使に加えた大型使節団に膨れ上がっていくのである。

この使節団、その目的は三つとされた。

第一は、新生日本の挨拶まわりで、封建的な将軍国家から近代的な天皇国家に生まれ変わった日本を、さらには二〇〇年来の鎖国政策をやめて開国方針に転じた新しい日本を、世界に認知させようというデモンストレーション・ツアーの意である。

第二は、条約改正についての打診である。当時はとても対等に改正交渉できるような状態にないとの判断から、改正の時期を三年間延期してもらい、相手側が改正についてどんな考えをもっているかを打診することであった。

第三は、欧米列強の国家見学、西洋文明の視察である。これは条約改正と表裏一体をなすもので、不平等条約を覆すにはなによりも国内整備をすすめ、欧米諸国と対等の域まで開化しなければならない。その具体的な見本をこの目で見、日本の針路を見定めようとするものである。そしてこの国家の青写真を描くことこそが、この使節団の最重要の目的だったといっていいだろう。

明治維新は、最初から新しくつくるべき国家の理想像があって旧体制を破壊したのではない。ペリーの黒船騒ぎ以来、産業革命をいちはやく成し遂げた欧米諸国が大砲を装備した蒸気船を徘徊《はいかい》させ、帝国主義の牙をあらわにして、わが国の周辺を脅《おびや》かし始めたのが最大の原因である。アヘン戦争を教訓とした日本は、とりあえず列強の圧力から独立を守るために、新事態に対応できない弱体化した旧徳川体制を破壊し、天皇を戴《いただ》く統一国家をつくった。しかし、今後具体的にどのような方策をとるべきかについてはわかっていない。ただ、「富国強兵」というスローガンがあるばかりで、破壊したその後にどんな新しい国家を建築するかの具体的な設計図や青写真はもっていなかった。

トップリーダーのなかでも最も聡明で開明的だった木戸でさえ、廃藩置県までの筋書きは描けてもその先の見通しまではついていない。岩倉、大久保はむろんのことである。つまり、維新革命は外圧がテコになってなし崩しに行なわれてきたもので、当時の日本の未来図はまだ混沌《こんとん》としてカオスの状況にあったのである。

一方には古代中国の理想である「堯舜《ぎようしゆん》の仁政」を夢見る西郷らの東洋的道義国家像があり、一方にはアラビア馬の志向する欧米的「共和国家像」がある。天皇はまだ「玉」といわれた時代で、後世のような神格化された存在ではない。ただ、「道義国家」といい、

「共和国家」といい、いずれもイメージは漠然《ばくぜん》としていて、具体的な図面はない。むろんこの段階では、天皇国家の構想もはっきりしていない。いわば保守と開明、農本主義と工業主義、漸進と急進の狭間にあって、曖昧《あいまい》で多様な国家像が浮遊していた時代である。

しかし、現実はなし崩しに開明派がぐいぐい引っ張っている。トップリーダーの西郷、木戸、大久保はアラビア馬の牽引する馬車に乗っている形だ。が、好んでそうしているというより、代案がなく他に方法がなかったからだ。

西郷は軽佻《けいちょう》浮薄な開明派をよしとしていない。とりわけ大隈、井上らの驕奢《きょうしゃ》、傲慢、過激、放逸を好まない。開明派の総帥といわれた木戸でさえ、上滑りで余りにせっかちな開化には大いなる不満を抱いている。とりわけ保守的で現実的な大久保には、先の見通しが立たず、当時の大蔵省問題の混乱に見られるように、実務の上で行政機構をどう整備していくかまったく手詰まりの状況にあった。

いつの時代にも革命には破壊と建設の二面がある。そして破壊の立役者は、必ずしも建設の主役たりえない。西郷、木戸、大久保らは、建設の時代を迎えて若手の開明派官僚にリーダーの座を脅かされている。アラビア馬はいつなんどき旧世代のリーダーを馬車から振り落としかねなかった。条約改正がらみの使節団派遣は、こうした背景の下に登場してくる。

＊　船上閑話

横浜を出て一週間もすると船の生活にも慣れて、一行の気持ちにもゆとりが出てくる。ただ、毎日毎日見えるものは海ばかりだから退屈なこと、このうえない。

岩倉大使はサロンの一隅に座を占めて碁会所を開いている。幕末の貧乏公家時代にはその屋敷を賭場に貸していたとさえいわれ、花札づくりも内職にやったというくらいだから、遊びも並みの公家とは趣《おもむき》が違っている。

同じ公家といっても宮内省理事官の東久世通禧や随員の五辻安仲《いつつじやすなか》などは、鍋島《なべしま》や黒田《くろだ》の殿様を相手に連歌遊びをやっている。もともと有閑階級の彼らは暇つぶしの術には長じているから退屈はしない。殿中の遊びを船上に移して、のんびり優雅に時を過ごしている。

岩倉の盤上の相手はもっぱら大久保利通である。大久保は藩の後見島津久光《しまづひさみつ》に接近するため久光の好きな碁を習ったという説があるが、この遊びは大久保の気質に合ったと見え、終生にわたる好伴侶となった。

大久保の碁は、久光の師でもあり碁仇でもあった吉祥院真海和尚直伝である。

「おはん、見込みがある。天性の碁才があるようじゃ」

真海和尚にそういわれて、初歩から習ったので本手筋で腕も上がり、当時の実力は今日でいうアマチュアの三、四段はあったであろう。

岩倉は岩倉でそれに匹敵する力をもっていたから、勝負はほぼ互角、まことの好敵手であった。ただ、碁の筋はずいぶん違っている。大久保は筋のいい、いわゆる行儀のいい碁である。定石を踏んで着実に地を占めていく。ところが、岩倉は公家らしからぬ八方破れのケンカ碁である。公平に見て実力は大久保の方が上だが、いざ戦となると岩倉はめっぽう強い。それに大久保は無口で静かなること巌《いわお》の如しだが、岩倉は酒をなめなめ三味線を入れて攪乱《かくらん》する。

「お主、死ぬぞ」

「あまり無様《ぶざま》にならぬうちに降参したらどうじゃ」

大久保はヘビースモーカーで、それにはとりあわず、ただ黙って煙草ばかりふかしている。岩倉は賑やかにしゃべりたて、舌の力で実力の不足をカバーしようとする。こうして周りの者があきれかえるほどに終日碁盤に向かっている。

そこへ時折、顔を出すのが木戸孝允と伊藤博文である。木戸も上品な碁で、実力も初段くらいはあったのであろう。が、伊藤の方は格段に力が落ちて、いわゆるざる碁であった。「なにゆえお主は、そうまずい手ばかり打つのじゃ」、時に仲間に入れてもらっても、そうからかわれるのがオチであった。

木戸、伊藤には別の楽しみがあった。いったいに薩摩と長州は気分が対照的で、長幼の序を重んじ礼節に厳格な薩摩に比べ、長州は概して上下の隔たりがなく、何事も自由でざっくばらんなところがある。大久保と木戸は、そのお国柄をティピカルに代表している。

大久保は厳格で几帳面、その部屋はすべてきちんと整頓されていて、入室する者も自然に直立不動の姿勢になってしまう雰囲気がある。

ところが、木戸の部屋はいつも雑然としていて、本人もベッドに寝ころんだまま、誰にも気軽に話しかける。部下や書生の部屋にも気やすく出かけていく。なかでもお気に入りの相手は、伊藤と福地源一郎である。この二人は前年アメリカに財政金融制度の調査に行って以来のポン友で、いずれ劣らぬ才子であり、陽性でおしゃべり、女の話も大好きである。とにかく二人のいるところは自然賑やかになるので、若い書記官や留学生もいつの間にか集まってくる。木戸もそんな中で政治を談じ、開化を論じ、四方山《よもやま》の話に興ずるのだった。

天気のいい日には、日だまりのデッキに車座になり、談論風発に時を過ごした。木戸のいないときは伊藤が中心になり、話題はおそらく西洋女の評定にまで及んだはずである。黒田の殿様に随行して幼少の団琢磨とともにアメリカに留学する金子堅太郎も、その末席に連なって話を聞くのが楽しみだったといっている。

船は島影一つない大海原をすすんでいく。舷側に飛び散る水しぶきが、歩一歩日本を離れて異国へと近づいていくのを感じさせる。

船中、一〇〇人を超えるむくつけき男たちの中で、一握りの女性はひときわ目立つ存在であった。とりわけきもの姿の女子学生は、若い書記官や留学生にとって、どうにも気になる存在である。特に吉益亮《よしますりよう》と上田悌《うえだてい》の二人はもう一六歳になっていたから柄も大きくすでに少女の域を脱している。

「あの娘はどうもオレに気がありそうだ」

「今日はデッキで目線が合ったが、ポッと顔を赤らめおった。我が輩を好いておる証拠じゃ」

若い連中が勝手な憶測を楽しんだとしても不思議はない。そのうち二等書記官の長野桂《ながのけい》次郎《じろう》がそのひとりにちょっかいを出した。

長野は二八歳、幕末の新見使節に随行した経験をもち、英語がよくできた。生来、社交的でアメリカのご婦人の間でも人気者だっただけに、あるいは親切に英語でも教えようと言い寄ったのかも知れない。とにかく夜、娘の部屋に入り込んだ。

それを耳にしたいたずら者の福地源一郎は、一計を案じて木戸に報告した。

「かねてより若い男女の間になにやらいかがわしい噂を耳にしておりましたが、はたしてかくかくの行跡あるを発見しました。ついてはこのこと、些事《さじ》（つまらぬこと）とはいえ、われら皇国の名誉をになうアンバッサダーであれば、いやしくも男女の風紀に乱れがあってはならず、この際徹底的に糾問して、悪い芽は未然に処置するが肝要と存じまする」

ざっとこんな調子で言上したのであろう。

木戸は福地がまた冗談めかして大げさなことをいうと聞き流していると、

「アメリカには模擬裁判といって、学校でも勉強のためによくやることがあります。我が国でも早晩西洋式裁判を取り入れねばなりますまいから、船上退屈の折でもあり、これを材料にこの際模擬裁判なるものをやってみてはいかがかと存じます。開化の生きた勉強にもなり一石二鳥の妙案と思いますが……」

木戸は、「ほう、面白い」と気が動いた。が、一応、大久保にも相談をかけてみた。

「なんの戯《たわむ》れを……」と大久保は歯牙にもかけず、まともに聞きもしない。

海外通で書記官長役の田辺太一に意見を聞いてみると、

「戯れが過ぎましょう、第一裁判の基になる法もありますまい」とお堅いことをいう。

福地はなおも開化派の伊藤らを援軍にして、木戸に談じ込んだ。

「いずれ戯れのこと、それもよかろう」

木戸はそう決めて、伊藤を裁判長、福地を検事に、裁判官には山田顕義、弁護士には四等書記官でひょうきん者の安藤太郎《あんどうたろう》を選んだ。

早速、食堂に臨時裁判所が設けられた。被告席には噂の二人が座らされ、傍聴席には金子堅太郎、山縣伊三郎《やまがたいさぶろう》ら若い連中がつめかけてかたずをのんで見つめている。

裁判長の伊藤は、まず検事福地に論告を命じた。

もうすでに始まってしまった裁判を横目でにらんで頗《すこぶ》る不機嫌な年配者がいる。すっかり無視された形の日本国の裁判の大元締め、司法大輔（当時、大臣の卿は空席）の佐々木高行である。佐々木は旧土佐藩士の四二歳、ひところは木戸、大久保と並んで参議の要職にあり、使節団の中でも保守頑固党の頭領といわれた人物である。

「裁判の真似事といえば、跡形もなきことならばそれもよかろう。ところが、事の大小はあれど、実事のありたることをこのようにあからさまにしては、娘はもとより長野も恥辱であろう。両人の恥辱はすなわち、わが使節団の恥辱ではござらぬか」

男女七歳にして席を同じうせずという儒教の教えが生活を律している時代である。

佐々木はすぐさまやめさせようと思い、大久保に談じ込んだ。

「もはや始めたことでござる。今回は見過ごし申そう。以後はこのようなことがないように厳しく注意しておき申す」

といわれてしまう。司法大輔としては、断りもなく勝手に裁判を始められ、しかも部下の長野が被告席に座らされている。まことに憤懣《ふんまん》やるかたないが、どうしようもない。

裁判は進んで、安藤が弁護に立った。

「私は本件を弁護するにあたり、まず第一に陳弁せざるべからざるものがあります。すなわち、航海者の心得であります。いったい航海者の最も心得ざるべからざるものは、航海の針路、つまり羅針盤のとりようであります。しかしながら磁石の針は、土地の緯度によって多少の変化を免《まぬか》れず、ただこれのみに頼るわけにはまいりませぬ。そこで航海者の唯一拠りどころとなるのは、かの北斗星であります。この星、その位置万古より変わることなく、終天異なることがありません。よって大海に木の葉の如くただよい、方向を求める者はかの北斗星を一心不乱に望んで、航路を誤らざるようにはかるのであります」

なにを余計なことをと思っていると、安藤は大まじめに弁じたてた。

「さてさて北斗星はいずくにありや、その高度はいくばくなりやと真剣に天空を観察している折りも折り、のさのさと迷い出たるは夜這星なり。不意のところより出て、大いに目測を妨げるものは夜這星なり……」

傍聴席の空気がにわかにゆるんで、失笑がもれ、噴き出す者も現れた。弁護は続く。

「ただ、この技憎むべしといえども、夜這星もまた天然自然の理なり。夜空に星が動けどももとより自然の情にして、人力のいかんともすべきものではござりませぬ。どうか、本船の人々は、この理を了とし、しばらく堪忍、お見過ごし下さいますようお願い申し上げまする」

裁判長以下、この安藤の珍無類の弁護にはなんら抗する術もなかった。

「証拠不十分にて無罪放免、ただし、今後かような噂のたつような不行跡のないように厳につつしむべし」

に幕を閉じるのである。

伊藤が判決を下した。

こうして佐々木ら保守派が白眼視する中で、開明派による模擬裁判は、満場哄笑のうちに幕を閉じるのである。

＊大いなる賭

保守、開明の角逐《かくちく》（互いに争うこと）は船上の模擬裁判どころではない。国政レベルでも極めて激しい様相を呈していた。革命後にお決まりの熾烈《しれつ》な権力闘争である。

当時、日本のリーダー間では洋行熱が沸騰していた。「西洋を見てこなければ、新時代のリーダーたり得ない」というのが時代の風潮であった。岩倉、木戸、大久保もその例外ではない。自らの目で米欧を見、自らの肌で文明を感じなければ、西洋かぶれのアラビア馬を御していくことは難しい。特に大久保にその気持ちが強かった。

維新三傑の中でも西郷、木戸は大久保とはかなりニュアンスが違う。二人は旧体制をぶち毀《こわ》すことに精力の大半をすでに使い尽くしている。それまでの無理がたたってか、ともに病気がちであり、廃藩置県という大仕事をやり遂げたことで虚脱感を味わい、ともすれば引退の気に誘われ気味である。

ところが、大久保は違う。大久保は薩摩の内紛の中で祖父、父の遠島《えんとう》（流罪）、非職（失業）と三年にわたって辛酸をなめたものの、その後復職してからは巧みに陽の当たる場所を歩き続けて、十分に余力を残している。大久保は破壊時代の傑出した演出者でありながら、同時に新しい時代の建設者となりうる実力と意志をもっている。大久保は、どうしても海外を見ておかなくてはと思った。

使節団派遣のことが大隈重信から提案され「正院」で内定したとき、一部には大隈大使の線もあった。大隈自身もすっかりそのつもりでいた節がある。大隈は三四歳、肥前佐賀を代表して最年少の参議である。

大隈自身はそれまでに洋行の経験はないのだが、長崎を窓に外国人と積極的に接触し、耳学問で欧米文明を研究していた。特に博学のフルベッキについて学ぶころから、その知識は急速に進歩し、天性の記憶力に助けられ洋行帰りも驚かせるほどの西洋通になった。しかし、実地に見ていないのはいかにも弱い。とりわけ最近は弟分の伊藤博文が二度の外遊体験を基に目立って力をつけ、大隈の優位を脅かしつつある。いくら得意の弁舌ではったりをきかせても「百聞は一見に如かず」なのであった。

しかも大隈は外交に自信がある。長崎のキリスト教徒捕縛問題ではあの辣腕《らつわん》の英国公使ハリー・パークスと正面からやり合い、「万国公法」を逆手にとって一歩も退かなかった事績は、誰もが認めるところだった。その得意な外交分野の条約改正問題で主導権を握れば、これからの飛躍にとってまたとない好機である。大隈には、薩長何するものぞとの気概がある、旧世代に取って代わる大いなる野心があった。

ところが、大久保が動き出した。当時、政治的パワーにおいて大久保の右に出る人はいない。大久保はいつの間にか、大使に岩倉をもってくる。岩倉の大使なら誰も文句のつけようがない。維新の実績からしても天皇の名代としての公家の地位からしても、外務卿という職責や四七歳という年齢からしても、まさに適任である。

岩倉自身にしても、新生日本の代表として各国を訪問してまわることは、もとより望むところだ。当時、日本のナンバーワンは岩倉よりも一〇歳も若く、政治的パワーにおいては数段劣る三条実美である。三条は幕末の過激派公家としてのキャリアと、その家柄のよさ、人格の高潔さをもって上位にいる。岩倉は遂に終生、三条の上に出ることはなかったが、おそらく三条に対して、いわく言い難しの思いがあったに違いない。岩倉としても晴れの舞台への絶好の機会である。

大隈ではいかにも軽い。岩倉大使はすんなり決まってしまう。

するとが木戸も行くべきだという意見が出る。伊藤あたりが気を利かせたこともあろうが、木戸自身もむろん行きたい。木戸の気持ちを忖度《そんたく》すれば、いまや廃藩置県の成功で一息つき、長州の部下たち、井上、伊藤、山縣らが実務の実権を握っている。木戸としては大仕事を終えてのご褒美に外遊させてもらってもいい気分であったろう。もちろんビジョンメイカーとして欧米の実態をその目で是非見ておきたかった。木戸としてもまたとないチャンスだ。

しかし問題は留守である。木戸がいくことにまず三条が反対した。七卿落ち以来、長州に近い三条は、とりわけ木戸を頼りにしている。公家の相棒岩倉とともに木戸まで留守にされてはいかにも心細い。ところが薩長のバランスというものがある。大久保が出るなら、木戸も誘い出して長州派の勢力を削《そ》いでおく必要がある。それに木戸は最近特に開化の弊を言い立てて細かいところに口出しをしすぎ、若手官僚から煩《うるさ》がられている。あからさまにいえば、ちょっと洋行でもしてもらった方が仕事がやりやすいという事情がある。

留守にされて困るのは、むしろ大久保の方だ。なにしろ当時の大蔵卿というのは実質上の首相の位置に相当する。その実力ナンバーワンの大久保に、この問題山積の最中に一〇カ月も日本を留守にされては大問題である。

しかし、大久保はあきらめない。種々画策し、盟友西郷を重石にし、大隈、井上らに因果を含めて（帰国したら交替で二人を外遊させる密約があったという）、敢然と出かけていくのである。

岩倉、木戸、大久保の三人が外に出れば、残る内閣の顔ぶれは、太政大臣の三条実美（三五歳）、参議の西郷隆盛（四四歳）、板垣退助（三五歳）、大隈重信（三四歳）の四人である。ところが三条は海千山千の岩倉と違って、いかにも公家らしい品性の持ち主であり、英才とはいえやはりお飾り的存在である。

西郷、板垣は維新第一等の功績があり身辺さわやかだが、戦時にこそ力の発揮できる名将型で、平時の実務や行政能力はいかにも乏しい。この四人の中で、当面行政を担当しうるのはただひとり、大隈重信のみであった。

もっとも、大隈もひとりで仕事ができるわけはない。すでに参議になっている大隈はむしろ議する方で、実際の行政はその下で実務を担当する井上馨であり、その片腕の渋沢栄《しぶさわえい》一《いち》らであった。渋沢は旧幕臣ながら洋行体験もあり、困難を極めた徳川隠遁《いんとん》の地、静岡での行政に辣腕を発揮し、その能力が買われて大蔵省にスカウトされていたのだ。

変幻自在の大隈は、岩倉とんびに油揚げをさらわれたと見るや、それならそれでと策をめぐらした。当時、大隈は築地にあった旧旗本戸川播磨守《とがわはりまのかみ》の大邸宅に住み、白馬に跨《また》がって出仕していた。その屋敷には地方から青雲の志を抱いて上京してきた食客や書生が五、六〇人もたむろしていたという。

しかも、いまをときめく大蔵大輔の井上馨もその屋敷内に住み、伊藤博文もその隣に住んでいた。つまり大隈屋敷は、開明派官僚のたまり場であり、アラビア馬の厩舎の観を呈していた。そして常に天下国家を論じていたから、世人はこれを「水滸伝」に因《ちな》んで豪傑集う「築地梁山泊」と称していたのである。

「それは絶好の機会でござらぬか。大久保、岩倉というのは、もとより保守頑迷でいかん。あの二人を洋行させ脳味噌を入れ替えることができれば、われわれの仕事もぐんとやりやすくなる」

「さよう、黒田清隆《きよたか》の例もある。わが輩らの進めんとする開化の意味がよく理解でき中そう」

黒田清隆は、鉄道建設に大反対をしていたのだが、米欧を一覧してくるや、一八〇度考えを変え、「我、誤てり」と大隈、伊藤に陳謝したのである。

「たとえ頑固頭にそれほど変化がなかったとしても、少なくとも留守の期間中だけでも我らの思うようにできる」

「鬼の居ぬ間の洗濯だ！」

事実、彼ら開明派の官僚にとって、特に薩摩藩は保守的で仕事がやりにくかった。それに開明的といわれた木戸も最近は保守化してきて、やりづらい面があった。その点、大隈や井上は仕事をさせるとすごい腕を発揮した。

井上馨の仕事ぶりについては「快刀乱麻を断つが如く、決裁流れる如し」との評がある。親分肌の井上は広く人材を登用し、大まかなところを押さえて政治的に決断するや、あとはずんずん委《まか》せてやらせる方式で、山積する問題を片っ端から処理していた。

ところが、その大隈や井上にも煙たい存在があった。というのは、彼らは仕事はするが、その反動で驕りが見える。そのうえ、派手好みで、公私の区別がつかず、旧大名のような豪奢な暮らしをしてはばからない。

一方、西郷、木戸、大久保というのは、真の革命家というべきか、私利私欲に無縁であり、謙虚で質実で身辺清潔であった。とりわけ西郷は維新第一等の功労者と仰がれながら、なんら驕るところなく、相変わらず粗末な家に住み、百姓のような素朴な生活をしている。その西郷の生活そのものが、成り上がりの新進官僚への痛烈な批判となり、また全国の不平士族の心の拠り所になっていたのだ。

西郷の愛弟子横山正太郎《よこやましょうたろう》が前年、「時弊十カ条」を掲げて、衆議院門前で腹を切って抗議したのもそのことであった。西郷は横山の志を称え、「朝廷の百官、遊蕩驕奢《ゆうとうきょうしゃ》にして事を誤る」と痛罵した。西郷にとって大隈は「節操なき詐欺漢」であり、井上は「商人三井の番頭さん」なのであった。

西郷の人気は当時一世を圧していた。西郷の後ろには命知らずの正義漢がゴマンといる。敵にまわしてこれほど怖い人物はいない。大隈も井上も突かれれば弱みがある。

（もうひとり大鬼が残っているな）

大隈、井上はそう思ったに違いない。

西郷は多情多感である。保守的な旧士族や不平分子に同情的である。板垣も西郷に近い。開明派の重鎮、木戸がいればバランスがとれるが、それも洋行となれば保守派の突き上げに西郷が乗ってしまう恐れがある。

大隈、井上はにわかに心配になってきた。何か策を講じておかなくてはならない。当初、大久保の外遊に賛成していた井上が、出発間際になって急遽反対を唱えたのは、このへんにからくりがある。井上は辞職をちらつかせながら、大久保に迫った。大久保も井上の真意がどのあたりにあるのかを見抜いている。大久保はいった。

「さすれば、私の留守中は西郷どんに大蔵卿を兼任してもらい申そう。こころ安くして廃藩の後処理に邁進《まいしん》されよ」

もうひとりの大鬼、西郷をわが後ろ盾に取り込むことに成功したのだから、井上は了解して辞表を撤回する。

当時の派閥力学からすると、開明派に木戸、大隈、井上、伊藤があり、三条はその上に乗っている。それに対して、岩倉、西郷、大久保、板垣らが保守路線をなしていた。使節団を企画したのは開明派の大隈ラインだが、途中から岩倉、大久保チームが割り込んできて主導権を握り、相手側の総帥木戸を引っぱり込み、若手の伊藤を案内役にスカウトしたという構図になろうか。

留守は、西郷、板垣の保守に対し、大隈、井上の開明派の闘いになりそうだ。どう見てもそりが合いそうにない。木戸、大久保がいれば緩衝地帯になる。井上の後ろ盾が西郷というのもいかにも無理がある。これはもう一段、手を打っておかないとうまくない。

誰が首謀者なのか、大隈か井上か、あるいは大久保か、つまびらかにしないが、ここで異例の約定が洋行組と留守組の間で結ばれることになった。狙いは使節の留守中、留守政府に足かせをはめようというのだ。急速に根回しが進んで、使節の出発三日前、「十二カ条の約定」が閣議決定されるのである。

それは要するに重要なことは人事を含めて、海外組と相談して決めることにし、留守内閣の専横にはしないということである。

板垣はこれを見てさすがに色をなした。

「さすれば、派遣せられる使節は、言わず語らずの間に余《よ》ら内閣員の言動を監督することと為《な》るべし、さりとは奇怪至極！」

しかし、根回しはできていた。板垣の論がいかに正しくとも、いまさら通用するものではなかった。板垣の発言は宙に浮き、わが国の政治史上でも類のない「十二カ条の約定」が確認され、大臣、参議だけでなく、念のいったことには、各省庁の諸卿、大輔にいたるまで総勢一八名が署名捺印することになった。

こうして思惑が渦巻く中、使節団の出帆を迎えるのだ。

＊　志願

船はハワイのはるか北を抜けて日一日とアメリカ大陸に近づいていく。二度ばかり日本へ行く便船に会ったが、それ以外には洋上に見るべきものは何もなかった。

ただ一つ、時折目を楽しませてくれるのは、飛び魚とイルカの群である。

晴れた日の海は素晴らしい。空の青と海の青がはてしなくつづいて、キラキラと波頭が光る。地球という水の球体の不思議さを思わざるを得ないひとときだ。

少し風のあるような日、その紺碧《こんぺき》の海原の一画から、この美しい魚が現れてくる。胸鰭《びれ》を翼のように左右に広げ波の上にとびだし、その勢いで海上を滑走するようにとぶ。一尾一尾驚くほどよくとぶ。船の進行方向からとんでくるとき、そのスピードは増幅されとても速く見える。

「あ、とんだな」と思うと、船尾の方にいっている。四、五〇メートルはとぶ。細身でスマートでうろこがキラリと光って美しい。

シケの翌朝、甲板を散歩していると、よくその魚が青白い腹を見せて横たわっていることがある。夜のうちに大波とともに打ち上げられてしまうのだ。食い意地の張った連中はこれに塩を振りかけ機関室の屋根の上に並べて干物にした。これがまた洋食にうんざりしている者にはまたとない珍味で、特に酒飲みの人気を博した。

イルカも何回か姿を現した。いつも数十頭からなる大群で、この群がやってくると海面が浮き上がったり沈んだりするように見えた。実に陽気な愛嬌《あいきよう》のある動物で、まるで船上の観客にアクロバットショウを演じてみせているかのようであった。

「イルカだあ……」

と誰かが叫ぶと、船室からドタドタとかけだしてくる。

見物衆の期待に応えて、海上でお祭りでもやっているかのように、景気よく躍り上がり、そのまるまると肥った身体をキラキラと光らせた。群は舳先《へさき》からやってきて舷側でたっぷりショウをみせたあと艫《とも》（船尾）の方に去っていく。まるで船と戯れているかのように楽しげであった。

飛び魚ではないが、船上の岩倉一座にも、必死にとびはねてこの使節団に加わった連中がいた。

土佐の足軽の子、中江篤介《とくすけ》（兆民）もその一人である。中江は藩で人並みすぐれた才能を認められ、まず長崎遊学を許された。ところが、語学の勉強くらいではあきたらず、しきりに丸山の遊郭に出入りして天下国家を論じている。そのころ坂本《さかもと》龍馬の使い走りをしたこともあったが、長崎では舞台が小さいと思ったのか、藩の重役、後藤象二郎《ごとうしようじろう》にかけあって江戸に留学させてもらう。中江はその際、「これからは心を入れ替え、勉学に専念し、決して遊郭などに出入りはしません」と一札を差し出すのだが、江戸に着くやたちまち花街に出没し、留学費をつぎ込んで深川の娼妓と馴染みになってしまう。

重役の激怒を買った中江は、仕送りの道を断たれ、やむなく横浜に出て自活の道を求める。そしてカトリックの神父のもとで働きながらフランス語を習う。そして曲がりなりにも、仏公使レオン・ロッシュの通訳を務めるまでになる。

ところが維新になると江戸に舞い戻り、颯爽《さっそう》たる江戸前の才子、福地源一郎にめぐり会う。福地はそのころ英仏塾「日新舎」をやっていたが、中江はそれを手伝うことになる。一時、この「日新舎」は福沢諭吉《ふくざわゆきち》の「慶應義塾」を凌《しの》ぐほどの勢いをみせたが、福地は繁盛してくると授業料を懐《ふところ》にして吉原にくり込んでしまう。校長の福地がそんな調子だから、教頭格の中江もじっとしていられない。嫌いな方ではないから、ついつい中江までが深川に出かけてしまう。お陰で「日新舎」はたちまち左前となり、間もなくつぶれてしまう。二人はやむなく貧乏長屋にもぐり込み、語学を種に翻訳などしながら無頼な日々を送るのである。

福地はその後、旧幕臣のよしみか、渋沢栄一のひきで官に出仕し、伊藤博文と知り合って明治三（一八七〇）年にはアメリカへ金融財政制度の調査に随行することになる。

中江はその間も相変わらずぶらぶらしているのだが、そのうち岩倉使節団派遣のことを耳にする。中江は断然志願して洋行組に入れてもらおうとする。となれば、当然土佐の先輩に頼み込むところだが、前科があるからそうもいかない。聞けば、大久保利通が人材の登用に熱心で藩にこだわらず公平だという。とにかく当たって砕けろと大久保に直訴を試みることになった。

中江は大久保の邸に出向いて面会を乞うのだが、大久保は国家第一の多忙人間であるから、なかなかチャンスがない。七度面会を申し込むが、機会が得られない。

そこで中江は一計を案じた。この間に懇意になった馭者《ぎよしや》に頼んで、路上の馬車に直訴しようというのだ。中江は出仕前の大久保を門前で待ちかまえ、大声で馬車の中の大久保に訴えた。馭者は馬車を止め、大久保は時間がないからといって中江を車中に誘い込み、走りながら話を聞いた。そして大久保は、その熱意に感応して中江を留学生のひとりに推薦するのである。

民権の中江兆民に対して、後に国権を代表する平田東助もそうした留学生のひとりである。

平田は米沢藩の俊才である。大学南校で井上毅《いのうえこわし》らと同窓だが洋行の志抑え難く、当時担当役人だった山口尚芳（岩倉使節団の副使のひとり）に六回にわたって面会を申し込んだ。ところが、いずれも門前払いを食らい、ようやく七度目に面会の許しを得た。が、山口は取り次ぎを通じて「本日は政務多忙につき、一、二分しか時間がない。そのつもりで……」との返事である。平田はそれを聞いて憤然色をなし、取り次ぎの者にこう言い放った。

「留学志願のことは決して一身のためではありませぬ。国家のためを思わばこそ、こうして七回も面会をお願いしているのです。国家の大事は寸分の間に論じられるものではありません。今日の面会は、断然当方よりお断り申し上げる！」

平田は大学ルートを諦《あきら》め、南校をやめるとロシア語の勉強に専念する。そして数カ月……岩倉使節団派遣の噂を聞くのである。

「好機逸すべからず……」

平田は直ちに行動を開始する。まず一編の留学志願をしたためた。

「露国南下の勢いますます甚《はなは》だしく、黒竜江一帯の地方はすでにこれを占有して東方経略に余念なく、ことに徳川幕府以来の宿案たる樺太《からふと》の境界未だ決せず、余は一介の書生なるも東方問題いよいよ緊迫して何時《いつ》破裂するも知られざるを憂慮し、彼《か》の事情を究めて他日有事の日に備うるところあらん。しかれども国内に蟄居《ちっきょ》して単に露国語を講ずるのみにては靴を隔てて痒《かゆ》さをかくが如く思われ、如何にしても彼の国に留学し、実地について研究せんと焦心せり」

これを外務省に提出する一方、人材登用に熱心で侠気ある人物と聞いている井上馨に直訴を試みた。山口のところで苦汁をなめているから、七たび断られようともなお往《ゆ》かんの覚悟で出かけると、意外にも初回から会見を許された。平田はここぞとばかり熱弁を振るう。

「あいわかった。その意気やよし」

井上は親身にこれを聞き、その説を入れて伊藤博文に推薦することを約束する。それからわずか数日後、平田は念願の叶ったことを知らされるのだ。時に東助二三歳、後に内務大臣などを歴任し山縣有朋の片腕として政界に重きをなす飛躍台にとりつくことになる。

ところがここにひとり、天から降ってきたように、岩倉大使のお声がかりでこの船に飛び乗った人物がいる。佐賀出身の漢学者、久米邦武《くめくにたけ》である。大使に決まった岩倉は、この旅に是非とも学者を同行させ、見聞を記録にとらせようと考えた。これにはフルベッキの進言もあったはずだが、かねて親交の深かった鍋島閑叟《かんそう》の考えも反映していたと思われる。それも洋学者でなく漢学者を望んだのは、岩倉の出自や思想にもかかわる人選である。

実は初め、薩摩藩の儒学者、重野安繹《しげのやすつぐ》が候補に挙がった。ところが、重野は待遇や官位に不満があったらしく辞退し、久米にお鉢がまわってきたのだ。閑叟公から久米の評判は聞いていたのであろう、岩倉の頭に久米のことがひらめいたのに違いない。

久米は当時三三歳、鍋島家の家扶の職にあったが、その前はずっと閑叟公の近侍であった。久米は幼少時より大変な秀才で、藩校でも頭角を現し江戸の昌平校にも留学した。そして、帰藩してからは藩校「弘道館」で教えたり、藩の行政改革に尽力した。久米は、藩の高級官僚だった父の薫陶《くんとう》をうけて実務にも通じていたうえ、その学識と才弁を見込まれて、開明大名の筆頭に挙げられる閑叟公のセクレタリー役（秘書）に抜擢される。

久米はこの賢侯の下で学問だけでなく、現実の問題も大勉強した。そして岩倉が二人の息子を学問の盛んな佐賀に留学させるに際し、世話をしたのも久米だった。

もっとも久米にも以前から海外留学の意志があり、その機会もあった。最初は一八六七年のパリ万国博覧会のときで大隈重信と二人が予定されていた。ただ、これは諸般の事情でとりやめになったが、維新後、世子直大《なおひろ》の留学の話が持ち上がり、お付きとして同伴することになっていた。が、これも閑叟公の逝去で白紙に戻った経緯がある。それだけに岩倉大使からのこの僥倖《ぎようこう》ともいうべき報《しら》せには欣《きん》喜雀躍《きじやくやく》した。そのときのことを久米は後年こう述懐している。

「老侯（閑叟公）のお姿が目に浮かび、光がさっとさしてきたような思いがした。これは老侯の推挙があってのことだ、あの世にありてもなお、われに恩顧をお与え下さるのかと感激で涙が溢れた」と。それにしても旅立ちはあわただしかった。十一月五日に内示があって、十二日には出帆である。久米は早速鬢《びん》を切り、出入りの者に横浜に行かせて旅装を整えた。大小のトランク二個、洋服、毛布などである。服などは仕立てが間に合わないので古着を買うのが通例だった。随行記者として後に『米欧回覧実記』の大著を書くことになる久米は、まさに危ういところでこの船に跳び乗ったのだった。

十二月四日、横浜を出てから二二日目、やっとかもめの姿が見えた。姿が美しいわりに鳴き声のきたないこの鳥は、陸地が近いことの知らせだった。かもめは船の先になり後ろになり、賑やかにまとわりついた。

「いよいよ、アメリカからのお迎えだ……」

十二月五日になると、かもめの数はますます増えた。朝食時、書記官長田辺太一から報告があった。

「本船は明朝早くサンフランシスコに入港する。今日のうちにそれぞれ下船の準備を整えておくように……」

船内はがぜん騒々しくなった。

夢にまで見たアメリカにいよいよ着くのだ。じっとしていろ、という方が無理であった。用もないのに船内をうろつきまわり、意味もなく笑い、機嫌よく声をかけた。

船上での最後の夕食会が催された。船長も名残惜しげに挨拶し、すっかり親しくなったパーサーやドクターとも別れを惜しんだ。

一行はいずれも興奮気味でベッドに入るのも遅かったが、人それぞれの想いを乗せて、アメリカ号は深い霧の中を進んだ。

米国編

三章　サンフランシスコ

＊　驚き

明治四年十二月六日（陽暦一八七二年一月十五日）、早暁、サンフランシスコ湾口のゴールデンゲイト外に達したアメリカ号は、濃霧のため視界がきかず、しばらく停船して夜の明けるのを待った。

やがて黎明《れいめい》とともに霧がほのぼのと晴れ始めた。朝日を浴びたカリフォルニアの山々を背景に海岸線に延びる低い丘陵が黒々と見えた。船は再び動き始める。船足が速くなるにつれ、はるかな青い山脈はだんだん遠景に去って、海岸に連なる岩山が眼前に迫ってくる。

サンフランシスコの湾口は、金門の名のとおり、南北からせり出した丘陵が門の形をなし、そこが狭い水路になっている。そしてその先に内海が見え、蒸気船が煙をはきながら往来しているのが見える……。

「景色うるわし、二十二日の間、洋上を渡り来て、扶桑（日本）の東に初めて見る山水なれば、眺望する楽しさ謂《いわ》んかたなし」

久米は景色の美しさに感動しながら、印象を手帳に書き留める。そして画家が素早くデッサンするように、山容、岩石、草木、磯、砂浜……灯台などなど、目に映るものを片っ端からメモした。いよいよ記者の仕事始めである。

船は吸い込まれるようにその関門に入っていく。船客はほとんど全員がデッキに出て、初めて見る異国の景観に目を見張った。金門の口の広さは一〇〇〇メートルもない。しかも両側が崖のように急斜面になっているからより狭く見える。まさにカリフォルニアの喉元というにふさわしい、今、アメリカ大陸の懐に入っていく感じだった。

「万歳！」

「万歳！」

嬉しさの余りとびあがる者あり、抱きつく者あり、甲板の上は喜色に溢れた。

やがて右手に砲台が見える。レンガづくりの四層の堂々たる砲台である。ここまで来ると内海が大きく左右に広がっているのがわかる。

右前方の岬から、一隻のランチが真っ直ぐに航跡を残してこちらにやってくる。船員たちが右舷にタラップを降ろし始めた。みるみるランチは近づくと目前でくるりと向きを変え寄り添うように舷側につけた。早速、数人の者がタラップを昇ってくる。日本政府が委嘱している領事のチャールス・ブルックスや市の歓迎委員の人々で、新生日本のアンバッサダーを迎える先導役である。

やがて小さな島アルカトラス島の前に達した。すると、やにわに至近距離の砲台から大音響とともに祝砲が放たれた。一発また一発、轟音は湾上の朝の冷気を揺るがし、一行の気持ちをいやが上にも高ぶらせた。

船はその間もたえまなく進んで、いくつかの岬をまわると、にわかに市街の全景がパノラマのように姿を現した。海上にはいく艘もの船が停泊し、岸から丘の中腹にかけて四、五層の白亜の建物が並び建っている。まさに屋甍湧くが如しの壮観である。

船は一〇時にゆっくりとフロント波止場に接岸した。岸壁は黒山の人で埋まっている。

サンフランシスコ市では、咸臨丸《かんりんまる》以来一二年ぶりの大使節団の到着だというので街を挙げて歓迎態勢を敷き、市の有力者が早くから歓迎委員会をつくり、準備万端整えて待ちか

▲ゴールデンゲイトと岬の風景

▲サンフランシスコのウッドワード公園

まえていた。一般市民もエキゾチックな東洋の島国からの使節を一目見んものと岸壁に群をなしている。

船内ではあらかじめ着船の際に、不都合や無礼のないように訓示があり、下船の手順についても説明があった。にもかかわらず船内はごった返しており、混乱は避けがたかった。

まず大使副使が下船する。デ・ロング夫妻も一緒で、それには五人の少女もついている。黒人の大男が小さな女の子を抱えるようにして馬車に乗せた。少女の目は恐怖でひきつっている。

一行は馬車に分乗させられ、三つのホテルに運びこまれた。

大使グループは、ヨーロッパ調の格式あるグランドホテルに案内された。それはモンゴメリー街とマーケット大通りの交差する街の中心にあり、その界隈には銀行、ホテル、商店、劇場、会社などが集まっていた。総四階、一部五階建ての大建築で、道路を隔てて次のブロックにまで建物がまたがっている。

玄関からロビーに入ると、磨き上げられた大理石の床に驚かされる。滑りはしないかと気にかかる。豪華なロビーに続いて大きな食堂があり、三〇〇人が一度に食事できるという。その他一階には酒やタバコ、薬や果物、服飾品や必需品などを売るアーケードがあり、浴場店、理髪店、玉突き場なども揃っている。二階から四階がホテル部分で、部屋数は三〇〇に及んだ。

大久保利通も二階の一室に案内される。

驚きの連続であった。客間、寝室、浴室及び便所、みな備わっている。大きな鏡は水の如く、カーペットは花の如く、天井からは宝石かとみまちがうほどのビードロのシャンデリアがぶらさがり、ガス灯を点ずると七色に輝いて素晴らしい。窓には紗《しゃ》に花柄を織りだしたカーテンがかかり、霞《かすみ》を隔てて花を見るようであった。

ベッドに腰掛けてみると、スプリング仕掛けでやわやわと心地よい。洗面台の栓をひねれば清水がほとばしり出てくる。石鹸、手ぬぐい、マッチ、コップまで真新しいものが揃っている。わずかに指の先でベルを押せば、鈴のような音が一〇〇歩も先で鳴って女中がとんでくる。

（これが文明というものか）

ひとわたり部屋を点検すると、大久保はうなった。

各省の調査理事官グループはリッキハウスに連れ込まれた。ここは四階建てのシンプルなつくりだが、佐々木高行は最上階の部屋に入り、窓から外を見て「まるで雲の中にいる」ようだと思った。ところが荷物が届かない。気が気でないが、言葉が通じないからどうすることもできない。にわかに耳が聞こえなくなり、口がきけなくなったようで、まことに心許ない。

そこへ世話役の平賀がやってきた。平賀はテキパキとボーイに指示し、「今から探させますからご安心下さい」といった。お国でこそ司法省の次官だと威張っておられた佐々木もいまや、陸に上がった河童《かっぱ》同然で元気がない。平賀が八方周旋してようやく荷物が届いたが、佐々木は前途の多難を予感するのである。

使節一行が三つのホテルに分宿したのは、アメリカ側の配慮からだった。大使副使一行は最もグレードの高いグランドホテルに、各省の調査理事官一行は地味ながらそれに次ぐクラスのリッキハウスに、そして留学生らは一般的な商業ホテルのオクシデンタルホテルにであった。

しかし、オクシデンタルホテルが最も大きく、ロビーに入ると一階から五階の天井まで吹き抜けになっており、一行を驚かせた。

大久保利通の二人の息子、一三歳の彦之進《ひこのしん》（利和《としなか》）と一二歳の伸熊《のぶくま》（後の牧野伸顕《まきののぶあき》）も留学するために随行していた。部屋割りも決まったのでボーイに促され、ロビーの一隅にある小部屋に案内された。そこにはすでにアメリカ人の男女が三人、こちらを向いて立っている。

（妙な部屋に連れ込まれたな）

と、けげんな面持ちでいると、ボーイがドアを閉め、ゴトンという音がして部屋がまるごと浮き上がった。

「あっ！」

二人の少年は肝をつぶした。

間もなく部屋はとまってドアが開いた。ボーイが出ろと合図をする。廊下に出て後ろを見るとドアが閉まって小部屋の三人はあとかたもなく消えてしまった。大仕掛けの手品を見ているようだった。これがエレベーターなる文明の利器だとはこのとき知ったのだが、この設備はこのホテルにしかなかったのでたちまち評判となり、グランドホテルやリッキハウスの泊まり客も入れ替わり立ち替わり、初乗りにやってくることになる。振り袖姿の五人の少女たちはデ・ロング夫人のお陰でグランドホテルに泊まっている。他の留学生と違って特別扱いである。ただ、困ったことにはロビーでも食堂でもたちまち居合わせたアメリカの婦人たちに取り囲まれてしまう。デ・ロング夫人は得意げに、少女たちを紹介し、きものや帯を説明した。ご婦人たちは好奇の目を輝かせて、それにさわったり、あっちを向いてこっちを向いてなどと注文を出した。なかには直接問いかけてくる者もあったが、言葉はほとんど理解はできず応答もできなかった。少女たちは一刻もはやくそこから抜け出したいと思ったが、取り囲んだ婦人たちはなかなか解放してくれなかった。そこへ福地がやってきて助け船を出し、少女たちはようやく見世物の苦痛から抜け出ることができた。

＊ 熱烈歓迎と日の丸演説

そのころのサンフランシスコは人口一五万、全米で一〇番目の都市だった。天然の良港として、肥沃《ひよく》なカリフォルニアの玄関口として、メキシコ領の時代からその名は知られていた。が、近代的な都市として発展してきたのは、金鉱発見以来のわずか二〇年のことである。

一八四八年にこの湾に注ぐサクラメント川の上流で金が発見され、歴史に名高いゴールドラッシュが起きるのだが、そのブームが嵐のように駈け抜けていったあとも、ネヴァダなどで銀山の発見が相次ぎ、さらには大陸横断鉄道の建設もあって街は急速に発展する。特に大西洋と太平洋を結ぶ夢の架け橋といわれた大陸横断鉄道は世紀の大工事で、その完成がわずか二年半前のことであり、使節が訪ねたころのサンフランシスコはその銀山と鉄道のために大金持ちを輩出していたのだ。

『ニューヨーク・タイムズ』は一月十七日付の紙面でこう報じた。

「使節団は日本の帝国評議会の重要な高位を占める人々によって構成され、大使たちは日本において最もすぐれた能力と影響力をもつ人々であり、団員すべてが日本政府の派遣しうる最重要メンバーである」

到着の日から一夜明けると、猛烈な歓迎行事が幕をあけた。グランドホテルの一室には、次から次へと名士がやってくる。州知事が来る、陸海軍の将軍が来る、各国の駐在領事が来る。午後になると市長、高級官吏、著名な商人、富豪が挨拶にやってくる。サンフランシスコの有力者総出の歓迎である。

夕食後はホテルの前に一般市民が群れ集い、その数は四万人ともいわれた。軍楽隊が勢揃いして景気よく演奏し、声をあげて使節の安着を祝った。

大使副使も広場に面した二階のバルコニーに出て歓迎に応え、大使がスピーチし、デ・ロングが訳し満場の拍手を浴びた。この賑々しいお祭り気分の行事は、夜中の一二時までつづく。

次の日は日曜日だったので、一切の行事はお休みであった。使節一行も一息つくことができ、各人は気ままにホテルの界隈を散歩したり買い物をしたりして過ごした。

月曜日になると、また熱烈な歓迎行事が再開された。歓迎委員会の担当者が先導役で十数台の馬車を連ね街をかけめぐった。キンボウルの馬車製作工場やミッションの毛織物工場へもいった。キンボウルの工場では一五〇人の工員が働いており、蒸気機関を利用していた。ミッション社には白人が一〇〇人、中国人が二四〇人、そして日本人も二人働いていた。それからウッドワード公園に行ったが、この中には動物園、植物園、博物館、絵画館があり、公園の中央には噴水があり、大きな舞台があってダンスやショウが行なわれていた。

久米は、こう記した。

「西洋の植物園や動物園は、わが国の植木屋の陳列や動物の見世物と似ている。しかし、どうも本質はまったく違うようだ。西洋では細かく分類し分析し研究して、それを実際に利用し大きな利益を得ている。そのために植物園や動物園がある。わが国のようにただ珍しがるだけ面白がるだけと大いに違う……」

いったんホテルに帰って夕食を済ませると、デ・ロングの誘いでカリフォルニア劇場の芝居見物に行った。久米は大使のお付きということで、どこへでもついていく。一一時に芝居がひけると、さらに舞踏会があるという。大使はさすがに辞退したが、礼を失してはならないと若い副使や久米らは誘いに応じた。結局ホテルに帰ったのは午前二時であった。

翌朝はもう八時半に迎えが来ている。

「天気はよし、今日はサンフランシスコ湾を一巡しよう」と接待側は大張り切りだ。

大使副使以下、四六名、馬車を連ねて波止場まで行く。そこには歩兵一小隊が捧《ささ》げ銃《つつ》をして敬意を表し、楽隊が整列して盛んにマーチを演奏する。まことに晴れがましくも賑々しいことで、一行は導かれるままに蒸気船カピトル号に乗った。

歓迎委員会の面々はじめ官吏、富商も華やかに着飾った夫人や令嬢を伴って乗り込んでくる。船上にはパーティの準備が整えられ、楽隊もいればご馳走の用意も怠《おこた》りない。総勢百数十人を乗せ、船は賑やかに岸を離れる。

当地は海流の関係で冬でもそう寒くはない。しかもこの日はおだやかな行楽日和で、まことに春の日のように風もやわらかであった。

船は湾内の名所をめぐっていく。ゴールデンゲイト、アルカトラス島、エンゼル島……、そして島の砲台からは一三発の祝砲が放たれた。船はエンゼル島に着岸して多くの将士を乗せて合流し、船上は一段と賑やかになった。船は黒煙をたなびかせ、外輪から水しぶきをあげながら広いリッチモンド湾を北上し、サクラメント川の口にあるバレーホに着いた。

この水路の対岸はメイヤ島で軍の施設になっている。一行はここで造船所を一覧し、船上で盃を挙げスピーチを交わし食事を楽しんだ。ここは一二年前に咸臨丸を修理してもらったところで、勝海舟《かつかいしゅう》も福沢諭吉も、そして工部理事官として現に同船してきた肥田為良も訪れた思い出の場所であった。

次の日も次の日も歓迎行事は途切れることなく、一行はあちこちとかけずりまわった。鉱山機械の製造工場、義勇兵の行進、実業家の別荘、裁判所、議事堂、小学校、女学校、兵学校、大学、盲唖院、電信機局などなど。フェリーで対岸のオークランドへいき、そこから汽車で南のサンノゼへもいった。そこに高等裁判所があったからである。特に学校はいろいろ見ており、その授業内容から教師の数や給与、そして経営の内容まで聞き出している。教育熱心な木戸はその日、日記にこう記す。

「真にわが国をして一般の開化を進め、一般の人智を明発し以て国の権力を持し独立不羈《どくりつふき》たらしむるには、僅《わず》かな人材が出ても難しいだろう。その急務とするところは、ただ学校より先なるはなし」

自分は平生からこれを主張しているのだが、世人で応ずる者が甚《はなは》だ少ない。今日の視察でその念がまた沸々と湧いてきた、というのだ。

また、歓迎委員会はテレグラフの丘で電信について特別な演出をして一行を歓待した。というのは、このために六〇〇〇ドルをかけて電信線を敷き、ワシントンやシカゴと結び、大使副使と国務卿のハミルトン・フィッシュや電信機の発明者モールス氏とを交信させたのだ。文字通り、千里も離れた東海岸と瞬時に会話できる電信の威力と不思議さは、一行にとってもまた格別のものだった。アメリカ側はこの最先端技術を披露して、文明の一端を誇示したかったのに違いない。

サンフランシスコは西洋文明の西へ西への運動のいわば最前進基地であり、英米文明の凝縮されたモデルといってよかった。都市は文明の縮図であり、この街には小規模ながら文明のワンセットが揃っていたからである。一行は、これから始まる西洋文明のフルコースを前に格好の前菜を賞味することになった。

そして土曜日の夜には歓迎行事のハイライトともいうべき、大レセプションがグランドホテルで開かれた。これは会費二五ドルの晩餐会で、出席者は二〇〇名に及ぶ盛会となった。当時のカリフォルニアはサンフランシスコのいわば創業時代で、いまに名をとどめる事業家たち、マーク・ホプキンス、レランド・スタンフォード、コリス・ハンチントン、チャールス・クロッカーなどが盛んに活躍していた時代なのである。会場は杉の葉や生花で飾りたてられ、日米の国旗を交叉させ、正面に一段高い壇をつくって大使副使を座らせた。

主催者側の挨拶の後、岩倉大使が立った。

市側の歓迎に深甚の謝意を表するとともに、日米関係にふれてこう述べた。

「サンフランシスコは日本にとって極めて重要な最も近い港であり、その発展はそのまま日本の文明開化を促し、また日本の発展はサンフランシスコの繁栄を促す関係にあります。私たちは両国がさらに一層の友好関係を深め、互いに繁栄していくことを切望し、そのために最大の努力を傾けることを約します」

ついで伊藤博文が立った。日本人として、おそらく公式では初めての英語によるスピーチである。日本が旧体制を改革して近代国家になったことを述べ、さらにこうつづけた。

「今日、わが国が熱望していることは、欧米文明の最高点に達することであります。この目的のために、わが国はすでに陸海軍、学術教育の制度について、欧米の方式を採用し、海外貿易はいよいよ盛んになり、文明の知識はとうとうと流入しつつあります」

伊藤はこの機を逃さず、日本の開化を宣伝する魂胆だ。

「しかもわが国における進歩は、物質文明だけではありません。国民の精神的進歩はさらに著《いちじる》しいものがあります。数百年の封建制度は一個の弾丸も放たず、一滴の血も流さず、撤廃されました。このような大改革を、世界の歴史においていずれの国が戦争なくして遂げ得たでありましょうか」

七月の廃藩置県のことをいっているのだ。

「この驚くべき成果は、わが政府と国民の一致協力によって成就されたものであり、この一事を見ても、わが日本の精神的進歩が物質的進歩を凌駕《りょうが》するものであることがおわかりでしょう」

伊藤はいよいよ熱弁をふるう。

「わが使節の最大の目的は、文明のあらゆる側面について勉強することにあります。貴国は科学技術の採用によって、祖先が数年を要したようなことを、数日の間に成就することができたでありましょう。わが国も寸暇を惜しんで勉学し、文明の知識を吸収し、急速に発展せんことを切望しているのです。わが国旗にある赤い丸は、もはや帝国を鎖《とざ》す封印の如く見えることなく、今まさに洋上に昇らんとする太陽を象徴するものであります。そしてその太陽はいまや、欧米文明の中天に向けて躍進しつつあるのです」

万雷の拍手が起こった。しばし、鳴りやまなかった。新生日本の開化への烈々たる気迫が若い伊藤の燃えるような情熱のほとばしりとなって参会者の胸を打ったのである。

書記官の中には「ずいぶん風呂敷をひろげたものだ」とひやかす者もあった。しかし、アメリカ側には大変な好評で、翌日の新聞にはその全文が掲載され、それはニューヨーク、ワシントン、ロンドンへと伝播《でんぱ》していくことになり、文明開化を目指す日本の存在を全世界に宣言することになったのである。

久米は大使付きの記録係という役柄なので、グランドホテルに泊まっていた。そして、ここで初めて大使と親しく談話する機会を得た。岩倉は、なつかしそうに閑叟公の思い出を語った。

「公は英邁《えいまい》で政治に練達されていた」

久米は謙遜もこめてこういった。

「私どもは主人筋であるからそうお褒めいただくと大変嬉しゅうございます。が、やはりお大名育ちでおられたから、実際に触れては迂遠《うえん》なことや覚束ないこともございましたでしょう」

岩倉はただちにそれを打ち消して、

「いやいや、私は諸藩の英明の評判ある人物に多く会っているが、なかには不得要領な人物もありまた愚物もあった。が、閑叟公だけは意外な傑物だったぞ」

久米は、あらためて閑叟公の偉大さを思い誇らしかった。

一行にとってサンフランシスコは本来なら通過地点だった。しかし、街を挙げての余りの歓迎ぶりに到着以来、早くも一〇日がたってしまった。

ところが、さて出発と決定したところ、前途のシェラネヴァダ山脈に大雪が降り、鉄道が不通になってしまう。一行はやむなく出発を延期するのだが、サンフランシスコ側はなおも歓迎の手をゆるめなかった。アグリカルチュラル公苑でのポロ見学、太平洋を見渡す岩礁クリフハウスでのアシカ見物、オークランドの農園見学、ワイナリーでの葡萄酒試飲などなど、なかでも圧巻は郊外のベルモントにあるロールストン氏の別荘での宴だった。

ロールストン氏は、後に「サンフランシスコの父」といわれる人物で、「往くとして可ならざるはなし」の多角的な事業家であった。その中核事業はカリフォルニア銀行で、使節が訪れた車輌工場、ホテル、劇場など多くはロールストン氏の息のかかった事業であった。

その日、大使一行は三十数名、蒸気車でベルモントまでいき、そこから馬車で別荘に向かった。それは、美しい緑の丘にある木造三階建ての瀟洒《しようしや》な別荘だった。

玄関にはロールストン氏夫妻をはじめ多くのアメリカ人が迎えた。ロビーがあり、客室、食堂があり、奥まったところには全面鏡をはりめぐらせたヴェルサイユ風の舞踏室があった。什器《じゅうき》備品はいずれもルイ王朝風のもので、フランス文化への憧《あこが》れが感じられた。食堂から客間にかけては酒や食事の用意がされ、楽士が盛んに演奏している。参加するアメリカ人は約七〇名、計一〇〇名を超す盛宴であった。

鉄道王のマーク・ホプキンスも来ていた。招待客のひとり、市長のアルバート氏は、当時ワシントンにいた叔父への手紙でこの日のことをこう書き送っている。

「この日の宴はまことに盛会で、参会者は誰も楽しそうでした。何故なら、形式的なスピーチや乾杯は一切禁じられていたからです。みんな自由に好き勝手にしゃべることができました。私の隣には渡辺洪基《わたなべこうき》（二等書記官、後に東大総長）がいて、いろいろ話をしました。前に座っていた日本人は茶目っ気を出して『ベルモントの天皇に乾杯』などといいました。百数十人もの客を招けるような館はアメリカにもそう数はないでしょう。この館のように素晴らしく贅沢《ぜいたく》な邸が他にあるだろうかと疑うくらいです。

岩倉大使はサロンで美しい音楽や舞踏に酔ってしまい、『まるで夢のようだ』ともらしたそうです。舞踏室には何枚もの鏡がはってあり、クリスタルのシャンデリアが燦然《さんぜん》と輝いて、いくえにも鏡に映り、その華やかで豪華なことは驚くばかりです」

ロールストン氏の招待は、多分にビジネスがらみであった。商魂たくましいこの事業家は、当時の日本が盛んに貨幣鋳造や鉄道建設を進めていることから、持ち山の銀や自社製の鉄道車輛を売り込んでいた節がある。事実、カリフォルニア銀行には小判や二分銀などの分析を依頼しており、やっかみ半分の招待客は、この饗宴作戦を評して「ソロバンずくの宴」とかげ口をたたいた。

こうして二週間の長きにわたってサンフランシスコに滞在した一行は、初めて見る異国の風物とその熱烈な歓迎ぶりに鮮烈な印象をうけることになる。

大久保は、家族宛の外遊第一信にこう書く。

「一筆申し入れ候。

其以後いよいよもって相揃い無事のはず、めでたく存じ候。二十日あまりの船中にて候えども、海上滞りもなくさる五日（正しくは六日＝著者註）米国サンフランシスコといえる港に安着いたし候。二十日あまりの船中にて候えども、一日もあきたる事これなく、別しておだやかにて彦之進、伸熊も何もさわりなく機嫌よく、今にいたりても当所に滞在いたし候、ご安心なさるべし。着の日より毎日毎日けっこうなるご馳走にあい、そのうえ面白き見物ともにて日を送り候。来《きた》る二十日頃より当所発足、じょうき車にて一と七日ばかり車中にてみやこの華盛頓《ワシントン》と申す処へ参る筈に候」

そして火の用心や戸締まりのことなど細々とした注意を書き連ねた後、ホテルについて「そのけっこうなる事は詞にも筆にも尽されず候」と感嘆している。

一方、木戸孝允はロールストン邸に招かれた日、親しい友、杉山孝敏宛にこう書いている。

「その後ますますご精勤と珍重この事にご座候。小生も滞りなく、過《す》ぐる七日サンフランシスコへ到着、当地の人民の引受意外に懇切なる次第にてかえって日々寸暇も得ず、言語はもとより通ぜず、各国の礼節もあいわきまえず、ついては自ら心思を労し候事も少なからず、親切に束縛され候姿お笑察くださるべく候、市街などの形態はかねて伝承もこれあり、おおよその想像と格別相違い候様にも覚え申さず候えども、学校その他製作などにいたり候ては、なかなか小生の筆に尽くし難く……」

大久保が素直に文明の地に驚き感心しているのに対し、木戸の方は受け取り方もかなり屈折しておりニュアンスが違っている。

木戸は筆まめな人で、欠かさず日記をつけ、多くの手紙を書いているが、杉孫七郎宛の手紙では、サンフランシスコの歓迎ぶりはものすごく、その饗応のために当地の人は巨額の金を散財しており、ワシントンの議会でも日本使節を国賓待遇として五万ドルの接待予算を計上していることを報じてこう書いている。

「饗応入費などは謝絶仕《つかまつ》り候次第にも参り難く、さりとて食い逃げは相成申すまじく候あいだ、何か相応の報はつかまらずにては、独立国の体面も之なくと考え申し候」

歓迎は有り難いが、こう手厚い接待を受けては何かお返しをしなくては独立国の体面が保てないと、少なからず負担に思う心情が芽生えているのである。

四章　大陸横断・蒸気車の旅

＊スリピンカール

明治四年十二月二十二日（陽暦一八七二年一月三十一日）、一行はようやく出発することになった。いよいよ大陸を横断してワシントンまで約五〇〇〇キロ、東京からタイのバンコクまであろうかという途方もない距離を汽車で旅していくことになる。

大陸横断鉄道は、内海の対岸にあるオークランド駅から出る。一行は馬車を連ねて岸壁まで行き、そこからフェリーボートに乗った。オークランドの桟橋はそのまま駅になっていて、船が着くと乗客は下船した足でそのまま汽車に乗り込むことができる。実に便利な仕掛けになっていて一行を感心させた。

列車は五輛編成で、日本使節のために特別に仕立てられた貸し切りの列車だった。目的地のワシントンまでは七昼夜かかる。シカゴでは会社の経営も替わり別の駅で列車を乗り換えるため、ホテルで一泊するのが通例だったが、あとはすべて車中に泊まることになるから車輛も昼夜兼行のスリピンカール（久米の表現）、つまり寝台車ということになる。蒸気車はポーッと大きく長く汽笛を鳴らすとやおら動き出した。最初のうちは桟橋の上を走るのでまるで水上を滑走しているようであった。

久米は、にわかに忙しくなった。見るもの聞くものすべてメモをとっておかなくてはならない。まず「スリピンカール」の構造から点検を始めた。

車輛の中央に通路があってその両側に六つの小部屋がある。それぞれ二人部屋だから一輛で二四人を収容できる。前後には広い部屋があって、ここにはストーブが赤々と燃え、傍らに便所と洗面台がある。各部屋には真ん中にテーブルがあり、客はそれに対して座る。床にはカーペットが敷いてあるから快適であり、机の上でものを書いたり本を読むこともできる。夜はテーブルを片づけ椅子をつなげてベッドとし、上のフックを外すと壁が吊りベッドに早変わりする。装飾もなかなかこっていて天井には花紋が描かれ、その上に金を塗り油をかけて華やかである。そのうえ、ガス灯があるから夜でも書見ができる。ホテルの部屋を極小にしたようなもので、まことに簡便快適である。

とにかく日本では徒歩でなければ、ゆれる馬の背や窮屈極まりない駕籠《かご》で旅していたのだから、これがいかに驚異の乗り物に感じられたかは想像できる。

一行の数は一〇〇人余で横浜を発つときと余り変わっていないが、中身が少し違っている。というのは、中江兆民ら一群の留学生はサンフランシスコから先発して、それぞれの留学先に直行しており、代わりにサンフランシスコにいた岩山敬義《いわやまたかよし》や岩尾三郎《いわおさぶろう》が通訳として現地採用され、同行しているからである。

岩山と岩尾は、グランドホテルの久米の部屋の隣にいた安場保和《やすばなおかず》の部屋によく出入りしていた。安場は熊本出身であり、岩山も岩尾もその近くの出身で同郷というよしみがあったからであろう。岩山は薩摩の出身でカリフォルニアで牧畜の勉強をしていた。使節がホテルに着くと早速訪ねてきて大久保に会った。

「牧畜の勉強ばしとるとです。羊がよかとです。肉も食えるし、毛は織物に適しちょり申す。日本も今後はけものの肉を食べ、毛織物を常用することになりもはん」

大久保は以前からその必要性を認めていたので大いに賛成し、英語のわかる人物がひとりでも多く欲しかったので岩山に随行を命ずるのだ。

列車は湾岸をしばらく走って右に折れ、海岸山脈に入り込んでいく。鉄路は渓流に沿って進んだが突如真っ暗になって一行をびっくりさせた。トンネルなるものの初くぐりだった。

山間を抜けると広々とした平原に出る。カリフォルニアは日本列島と同じくらいの面積をもつ広大な土地だが、東にシェラネヴァダ山脈があり、西に海岸山脈があって、その間に南北に長い巨大な回廊状の土地を展開させている。現地ではこれをヴァレーといっているが、見渡す限りの大平原でメキシコ領時代から「乳流れ蜜溢るる」といわれた肥沃な土地であった。

列車はこの界隈の中心地ストックトンに着いた。ここには大きな精神病院があるので、一時停車して一行に見せようというのだ。

それは広大な庭をもつ大きな建物で、一五〇〇人もの男女の精神病患者を収容している。病状によって部屋を分かち、それぞれに看護人をつけている。重症の部屋には鍵をかけ、手足に枷《かせ》をはめ、便は垂れ流しの状態だという。それは一見して残酷とも悲惨ともいえる光景だった。

「サンフランシスコの人口が一五万人というではないか。とすれば、一〇〇人に一人が精神病患者ということになる……」

「いや、カリフォルニア全体の人口（四五万人）を考えねばなるまい……」

「それにしても、いかにも多すぎる！」

　久米らは同席の岩山や岩尾と議論した。

「この自然に恵まれたカリフォルニアの地で、何故かくも精神病患者が多いのか」

　新開地で食い詰め者が多いこと、優勝劣敗が激しくて落伍者《らくごしゃ》が多いこと、などいろいろ意見が出た。が、どうしても納得がいきかねる。その末にやっと辿り着いたのは肉食が精神病につながるという説で、「牛羊を食べるのも考えものだ」というのが久米らの結論であった。

＊　サクラメント

　夕刻、列車はサクラメントに着く。

　サクラメントはカリフォルニア州の首府だが、人口は当時まだ一万八〇〇〇人しかいない。シェラネヴァダ山脈から流れ落ちるサクラメント川とアメリカン川が合流する地点にあり、ゴールドラッシュの面影を残す小さな街である。使節はここで泊まる予定はなかったのだが、サクラメント側の熱烈な勧誘を断りきれず、とにかく一晩だけ逗留することになる。

ところが、この街は目抜き通りに木造二階建ての建物が少しあるばかりで、今日でいう映画の「西部劇」さながらの光景である。ホテルといってもごく粗末なものしかないから大使グループだけがニューオーリンズホテルに泊まり、理事官や留学生グループはそのまま列車に泊まることになる。そして食事だけは駅から歩いて五、六分のホテルに食べにいくことになった。

ちょうどその日は糸のような細い雨が降って冷え冷えとした夜だった。大使グループは若い書記官までがホテルに泊まって食事にも事欠かないが、理事官グループは年配の高官である佐々木や東久世まで暗いぬかるみの夜道をホテルまで歩いていかなくてはならなかった。泥水が粗末な靴をぬらし足は氷のように冷たくなった。

やっとの思いでホテルに辿り着けば、食事の準備ができていない。何処《どこ》でどう間違ったのかホテル側は知らん顔だ。

佐々木らの怒りが爆発した。

「何事であるか！」

係の書記官は平謝りに謝ったが、佐々木らはおさまらない。船中からの不満が鬱積《うっせき》しているところへこの事件だから、怒りは倍増した。翌朝、岩倉大使はわざわざ出向いて佐々木らに謝罪の意を表し、事務当局に厳重注意をすることになる。

この使節団、表向きは一つでも呉越同舟といっていい。とりわけ開明派の大使グループの書記官たちと保守派の多い理事官グループとの反目は上陸以来、さらに激しくなっている。

理由の一つは、アメリカ側が大使グループと理事官グループの接遇にはっきり差をつけたからで、ホテルもレセプションでの扱いもそうであり、また何事につけ、デ・ロングがわが縄張りとばかりに差配したからだ。

第二の理由は、言葉の問題である。海外に旅した者なら誰しも経験することだが、言葉のわからない者はどうしても萎縮し、言葉のわかる者は自然と尊大になる傾向がある。わずか一四歳の留学生、団琢磨でさえ、それを感じていた。というのは、団は黒田の殿様の配慮で、東京で少しだが英会話を勉強してきた。そのため、簡単な会話はできたのである。船中では少年など眼中になかった殿様や高官が、いざ外地に足を踏み入れ言葉がわからぬとなると、「どうぞよろしくお願い申す」などと低姿勢で通訳を頼んだりした。これまで格式張ってふんぞりかえっていた連中だっただけにおかしかったのであろう、団は

「愉快でたまらなかった」といっている。

少年の団にしてそうであるから、外国語の堪能な書記官にとっては尚更のことだった。しかも、大使随行の書記官には旧幕臣系が多く、田辺、福地、何礼之、林董三郎《はやしとうさぶろう》（林董《ただす》）、川路寛堂《かわじかんどう》（簡堂）ら、いずれも洋行経験があるエリートたちである。しかも、爛熟《らんじゆく》した江戸文化の洗礼をうけていたとあればなおさら教養の面でも蓄積があり、「薩長土肥の田舎侍奴が」という気持ちがある。パーティがあってもアメリカ側は自然、言葉のわかる書記官らを相手に選ぶとあって、その間のギャップがいよいよ激しくなっていたのである。

伊藤博文はその中にあって特異な存在である。一方の足を薩長に踏まえながら、片方ではその洋行体験や開明的な考えから旧幕臣たちとも心情を共にしている。そしてアメリカでの旅が始まると伊藤の出番もおのずから多くなった。

佐々木は、デ・ロングや伊藤が出しゃばり、書記官連中が跋扈《ばつこ》するのを見て、不愉快さがつのる。が、さりとて打つ手もなく諦めるしかない。そこで佐々木はその鬱憤を日記に吐出するのだ。

「書記官には旧幕人多数なれば、使節はじめ理事官等、維新の仇がえしを食わされる景況なり、笑うべし、これもやむを得ざることにて、今日は外国に出ては、いかなる豪傑もいたしかたなし……」

サクラメントでの歓迎行事も盛り沢山だった。

まず鉄道会社の機関車工場へ行った。ロッキーから西の鉄道で使用される機関車の製造工場である。次いで州議会の議事堂に案内された。まだ建築中で完成はしていなかったが、壮麗な大建築で、一行は螺旋《らせん》階段を上って塔屋からの景観を楽しんだ。また、議場内は広く天井からはクリスタルのシャンデリアが下がり、床には絨毯《じゅうたん》がしきつめてある。よほどの自慢だったのだろう、夕暮れには再度案内され、暗い議場にパッと電灯をつけてみせた。一〇〇以上の灯が一瞬にきらめいて全館が昼のようになった。

夜はホテルで晩餐会が開かれた。市内の有力者はすでに一五〇〇ドルを拠金しており、一行を三日間にわたって接待したいと申し出る。しかし、そうもいかない。「ご芳志は有り難いが先を急ぐので……」と大使は丁重に辞退したが、宴会は大変な盛会ぶりで十二時近くなってやっとおひらきになった。

＊シェラネヴァダ越え

翌朝、列車は午前三時に出発する。

小雪が舞う中を夜が明けて、八時十五分、列車は山麓《さんろく》の小駅コルファックスにつく。ここにしばらく停車して朝食をとるのだ。

そのころの大陸横断鉄道ではユタのオグデンから西にはまだ食堂車がついていなかった。そこで駅に食堂の設備をつくり、電信で連絡しあい、あらかじめ食事を用意して待っているのだ。列車がつくと乗客はわれ先にとびおりて食事にありつく。停車時間は三〇分と決められていたので、食事半ばで発車することもあり、食べかけのままあわててデッキにとびのり窓から乗り込む客も出る始末で大変混雑したという。

コルファックスを出た列車は、いよいよ山間の斜面にとりついていく。蒸気機関車の吐く息も苦しげになる。このあたりの山は岩石が露《あらわ》になっており、松の樹が多くてちょっと日本の風景に似ている。列車はいよいよ高度を増し、車窓にだんだん雄大な景色が展開する。鉄路は大きく迂回《うかい》しながら渓谷をよぎり橋を渡って山から山へと進んでいく。やがてケープ・ホーンという象の背のような眺望のいい所に出る。そのあたりは海抜一〇〇〇メートルで、眼下には深い谷があってその底に人家があり、豆粒のように小さく人や馬が見える。背後には雪をかぶった岩肌がそそりたち、そこここに樹木がとりついている。列車はここでしばらく停車して、一行に景観を楽しませた。

一〇時過ぎゴールドラン村をよぎる。このあたりはその名のとおり砂金のでる所で、車窓からも谷川に架設した砂金を採取する樋があちこちに見える。

鉄路はますます険しい傾斜になり、シャディランという所からは機関車を増結して三重連で登っていく。峰々には雪が舞い、松林の間を白い雪が吹き抜けていく。列車は牛の歩みを続けて、ようやく海抜二〇〇〇メートルのサミット峠に達した。そこには荒削りのトンネルがあり、それがこの路線の最高地点なのであった。

シェラネヴァダ越えは、わが日本でいえば木曾の山中を越えていくようなものである。しかも真冬の雪の中を居ながらにしてぬくぬくと春のような暖かさの中で越えていけるのだからこんな有り難いことはない。一行は文明の利器の素晴らしさにあらためて感嘆する。

トンネルを抜けると深い雪の中に埋もれるように小さな駅舎があり、そこで食事を用意して待っていてくれた。この日は雪崩《なだれ》で列車が数時間も停まり昼食がとれなかったので、ここで昼夜兼用の食事をとることになった。

列車はサミット駅で雪掻き車を連結し、夕闇の中を勢いよく雪をとばしながらトラッキー川沿いを往く。そして、久米らがベッドで安眠をむさぼっている間にこの山岳地帯を走り降りることになる。

翌朝、目を覚まして窓外を見ると、風景は一変して茫々たる漠野を走っている。アメリカン砂漠といわれる高原地帯である。ところどころに山があるが、一面の土漠でまだらに雪が残っている。列車はハンボルト川沿いに走り、小さな村駅で朝食をとった。あたりの山には一木一草もなく、日本ではついぞ見られない荒涼たる風景である。そしてこの界隈でインディアンの住まいをあちこちに見た。古代さながらの穴居生活をしているのだ。わずか数日前には文明生活のただ中にあったものが、いまはこうして原始生活の様子を目の当たりにする。

久米らは車窓から、顔を赤く塗り頭に羽毛をはさんだインディアンを見かけて、こんな会話を交わしている。

「インディアンは日本人と祖先を同じくするというではないか。今でこそ白人が天下をとってインディアンはまるで居候のように小さくなっているが、もとはといえば、インディアンの土地でござろう。そこへ白人が鉄砲をもって乗り込んできて、いわば乗っ取ったも同然ではござらぬか」

久米がこういうと、岩尾三郎が同調する。

「さよう、その恨《うら》みは深く、このあたりでは鉄道工事中、よくインディアンが襲ってきて妨害したようだ。鉄道が開通してからも物陰から毒矢を放って窓を開けていた乗客がやられて死んだこともある……」

「文明、文明というが、アメリカ人は結局、先住民族の国を蹂躙《じゅうりん》した乱入者で、原住民たるインディアンはまるで強盗に家財一切を掠奪された上に、その家から追い出されたようなものではないか……」

久米が厳しく批判したが、岩尾は動じない。

「いやいや驚くには足らぬ、現実世界は弱肉強食、すべて欧米諸国のやり方はそんなものでござる」

折しもインディアンがたたずんで、こちらを見ている。

「日本使節の座乗車というので、彼らも敬意を表しに来たのであろう。せめて、この亡国の民に一滴の同情の涙を贈ろうではないか」

午後五時、エルコ駅につき夕食をとった。人口三〇〇〇というから、このへんでは大きな村である。ここは石炭を産出するところなので鉄道開通とともに発展しているのだという。いよいよネヴァダが終わり、ユタに入る。

車輛から車輛へと渡り歩いて、伊藤が佐々木高行の部屋にやってきた。伊藤という人物は不思議な特技の持ち主で、反対派の人物とも隔意なくつき合う。佐々木など伊藤批判の急先鋒であるにもかかわらず、そんなところへも、のこのこ現れて気軽にしゃべっていく。

「二、三年前でしたか、先生は僕らを名付けてアラビア馬と申されたことがありますが、覚えておられましょう。余り勢いよく走るので危なくてしょうがない、との仰せでありました……」

「さよう、覚えており申す」

「そのとき、大隈が申しました。この勢いのいいアラビア馬を四、五頭もひったてて走らせなければ文明開化などすすみはせぬ、と。どうです……今日、こうやって大使節団を押し出してアメリカ大陸を横断するなど、まさにその勢いのしからしむるところだとお思いになりませんか」

　保守頑固党の頭領といわれた人物だけに佐々木も簡単には引き下がらない。

「いやいや、わしの議論に変わりはござらぬ。わずか四、五頭のアラビア馬がいかに走ったとて、国家の大事はなりもうさぬ。余り急いではかえって挫折《ざせつ》をいたす。よろしいか、お身ら調子に乗りすぎてはいかん。気を平らかにして、歩をすこしゆるやかにされよ。急にすすめて事を破るるより、天下衆人の歩がゆるやかに進むところに注意し、日々進歩し、遂に年を期し、大進化開化の域に至らしむる……これこそ天下を料理するコツではござらぬか」

　伊藤も食い下がる。

「今回の使節派遣のことについても、アラビア馬の元気をお認め下さいませぬか……」

「認めぬではない……が、われわれ因循姑息《いんじゅんこそく》の老人どもが必死になって手綱を締め申さばこそ、怪我なく済んでおるのじゃ。もしわれらが共に鞭《むち》をくれなば、いかんせん、必ず落馬事故を起こし、大怪我をすること必定でござる。願わくば心されよ」

＊　雪留めのソルトレークシティ

列車は夜中のうちに大荒野を横切りソルトレーク（塩湖）の北側を走り抜け、翌朝七時半、大盆地の東端、ロッキー山脈の支脈ワサッチが急角度に落ち込んでいる地、オグデンに着いた。

ここはアメリカ開拓の歴史上、まことに記念すべき土地である。一八六九年五月十日、東のオマハと西のサクラメントから進められてきた鉄道工事が、この駅近くのプロモントリーで遂に手を結び、大西洋から太平洋への架け橋が完成するのだ。ユニオンパシフィック会社の蒸気機関車１１９号とセントラルパシフィック社のジュピター号は同一線路上で接近し、最後の枕木に金の犬釘が打ち込まれ、関係者は狂喜して世紀の大工事の竣工を祝った。

使節一行はその鉄道の開通から二年半後にこの駅に着く。予定ではここで朝食をとり、直ちにユニオンパシフィック会社の列車に乗り換え、シカゴに向かうつもりだった。ところが、前途のロッキー山脈に大雪が降って線路が埋まってしまった。会社では人海戦術で雪かきをしているが豪雪のため簡単には復旧の見込みが立たないという。

やむなく一行はこの地域の行政の中心地ソルトレークシティへ向かうことになる。オグデンは人口三〇〇〇ばかりの小村で宿泊施設も整っていないからである。

ソルトレークシティは異相の街である。一方にロッキー山脈の支脈が屛風《びょうぶ》のようにそそりたち、一方にはゆるやかな傾斜地が広がって大きな湖につながっている。塩湖はすごく塩分が濃くて魚が棲《す》めず「死海」といわれ、市内にはヨルダン川が流れている。人口は一万四〇〇〇、キリスト教の一派で異端視されたモルモン教の本拠がある街である。

街は新開の土地らしく広々とした道路が縦横に走り、くぬぎの街路樹が車道と歩道をわけている。道はまだ舗装されておらず、街並みはごくわずかしかない。路にはガス灯もなく鉱油のランプが使われていて、まさに西部開拓の前進基地に迷い込んだような趣があった。

大副使、理事官などのグループは駅から近いタウンセントホテルに入った。木造二階建て一部三階の質素な造りである。にわかのことであり、大部分の随員や留学生らはそのまま列車をホテルにして過ごすことになる。

一夜明けると大雪である。一晩中、降り続いたのであろう、三、四〇センチも積もっていて、山も街も一面の銀世界であった。

車中の留学生らは新雪を踏んでホテルまで食事に通った。いずれも横浜かサンフランシスコで買い求めた短靴をはいている。その靴で深い雪道を歩いていくのだからその難儀なことは推して知るべしである。「濡れた足をそのままにしておくと腐ってしまうぞ」と脅かされ、青くなって長靴を買いに走る者もあった。

開通にはなお数日は要すると見たのか、中一日おいての二月六日、市側の歓迎行事が行なわれた。岩倉大使はここ数日気分がすぐれないので休養をとることになり、木戸、大久保らが出かけていく。ユタはまだ州にならずテリトリーといわれていたころだが、その政庁にいくと地元の有力者が一〇〇人くらい集まって歓迎の意を表した。

ついでモルモン教の教主であり、この街の創設者でもあるブリガム・ヤングを訪ねる。ヤングは当時七〇歳、堂々たる体軀の偉丈夫である。モルモン教は始祖スミスが倒れたあと、その甥だったヤングが継ぎ、教義を確立し組織をつくって布教に努める。しかし、その教義の特異性から異端視されて迫害をうけ、遂にニューヨークから追放されてこの最果ての地まで逃れてきたのだ。

当時は、その植民以来二〇年を経ており、小規模ながら街もそれなりにでき上がっていた。そしてモルモンの信者は、ネヴァダ、カリフォルニア、メキシコに広がりその数二〇万といわれていた。ヤングは、ある容疑で幽閉状態におかれていたのだが、木戸らを自宅

▲シェラネヴァダへ、プルーマー・カット

▲シェラネヴァダ越えの鉄道とスノーシェッド

▲ハンボルト荒野のインディアンの住まい

▲ハンボルト川とパリセード渓谷

▲モルモン教会の会堂

▲ソルトレークシティの市庁舎

に迎え酒果の接待をしてもてなした。

モルモン教の特色の一つは、一夫多妻主義である。七人の妻をもたないと天国にいけないという教えがあり、ヤング自身も当時一六人の妻と四八人の子供をもっていた。ヤングの事務所兼居宅とその妻たちの住まいは、今日でもそのまま保存されている。ビーハウスと呼ばれる妻たちの住まいは長屋形式の特徴あるもので、ひとり増える毎《ごと》に同じ形式の部屋を一戸ずつ増築していくようになっている。日本でもまだ妾《めかけ》をかこうことが珍しくない時代ではあったが、この教義の異常さには一行の誰もが目をみはった。

木戸も「世界の珍事」として三浦《みうら》梧楼《ごろう》宛の手紙にこう書いている。

「実に此の宗の奇なる一夫多妻を娶《めと》りすでにプレジデント・ヨングなるものは、当年七十余歳にて十八の妻、六十余人の子あり（久米の記述と異同あり＝著者註）、実に開化の国とはいえども、様々の弊あり、信仰する人民において合点のいかざること少なからず、文理学者などに至り候ては、すべて教育の弊を意外に嘆息いたし候」

大雪のお陰でアメリカ側もとんでもないところまで見せる結果になり、日本側もまた文明国アメリカの意外な一面をみることになった。

鉄道開通の見込みはなかなか立たず、一行は山麓にあるダグラス砦や学校などを見てまわるが、もとより小さな町のことで三日もたたないうちに行くべき所も尽きてしまった。

そして明治五年（一八七二）の正月がやってきた。使節はその元旦をこの雪の僻村《へきそん》で迎えることになる。大使はシャンパンを屠蘇《とそ》代わりに振るまい、新年の挨拶を述べ、夜にはデ・ロング夫妻をはじめ市の主だった人を五〇人ばかり招いて祝宴を開いた。ソルトレークシティの人々にとって東洋の歴史ある国の大使から招かれることは希有《けう》の機会であり、大いに喜び、はしゃぎ、宴のあとにはダンスがつづき午前一時まで歓を尽くすことになる。

使節一行は明日か明日かと出発を待ちわびるが、その後もまた大雪が降るという状況でいっこうに開通の気配がない。みな退屈の極《きわみ》に達したが、なす術《すべ》もない。国のことを思えば問題山積で猫の手も借りたいときであろうに、気があせるばかりでいかんともしがたい。文明の最新利器も大自然のいたずらの前には無力を隠せない。案内役のデ・ロングもこれには参ったとみえ、橇《そり》の一隊を組織して山越えを敢行しようかとさえ画策した。

ただ、ここに一つ慰めがあった。というのは、ホテルから一マイルばかりの山麓に温泉があったからだ。特に木戸はここがお気に入りで、馬車を駆って毎日のように出かけている。そこには四、五〇坪の木造の小屋があり、二五セントの湯銭を払って入る。日本のような大風呂ではないが深い湯桶で身体がすっぽり入り、温度も適度でなかなか快適なのである。木戸はそのころ痔を患っていたので治療にも好都合であった。

木戸は日記に書く……。

「正月五日　晴　十二時過　温泉に長与《ながよ》、野村などと至る
正月六日　曇　十二時過　肥田、渡辺、安藤らと温泉に至る
　余、日頃痔に悩まされこの温泉に浴して大いに痛所の寛なるを覚ゆ。帰
　途、安場、中山らと同乗して帰る。

長与専斎《せんさい》は時に三三歳、長崎のれっきとした医者である。木戸としては侍医のようなつもりで好都合であったに違いない。

一方、ホテルでは書記官連中が伊藤や福地を中心に退屈しのぎをやっている。「仮名手本忠臣蔵」にことよせて、岩倉一座に役を割り振ってみようというのだ。正月気分で酒も入っているから面白半分、部下が上司の棚卸しをする気分である。

「岩公は？」

「きついし、小言が多いから、薬師寺次郎左右衛門がよかろう」

「佐々木大輔は？」

「にくきところ、師直に決まり……」

かんかんがくがく議論の末、次のような配役が決まった。主なものを挙げれば次の通り……。

大星由良之助　木戸孝允　高　師直　佐々木高行
足利　忠義　鍋島直大《なおひろ》　桃井若狭之助　東久世通禧
主水河本蔵　大久保利通　猪　大島高任《おおしまたかとう》
定九郎　村田新八　となせ　安場保和
大星力弥　岩倉具弥　原郷右衛門　田辺太一
お軽　池田政懋《まさよし》

勘平については、自薦組が多くて人選に困ったらしく名がない。山田顕義は「オレにも何か役をくれろ」といったが、「背丈低く態度わるし」といって何の役にもつけられなかった。山田はまだ二八歳の若さながら、抜群の戦績で陸軍少将の位にある。ただ、一五〇センチという小男ながらナポレオンの崇拝者であり、いささか態度が大きかったのかも知れない。

派手な言動で日立つ伊藤と福地の名が見えないのは、舞台裏にまわっていた証拠である。そして、保守頑固党の一派が一様に冷や飯を食わされているのも面白い。特に福地は幕末、劇作家仮名垣魯文《かながきろぶん》らと交わり芝居の台本を書いていたくらいだから「忠臣蔵」はお手のものであった。


しかし、使節の面々は、ただ時間を無駄に過ごしていたわけではない。

サンフランシスコ上陸以来の見聞を反芻《はんすう》し、互いに意見も交換し議論を戦わせている。

伊藤はワシントンでの条約改正の交渉に備えて意見書を作成し、使節内での意見統一をはかっている。

また、佐々木はミンスローという人物に会い、こんなことをいわれている。

「日本という国は数千年の歴史をもつ文明国である。すでに人々は礼儀というものを知っている。日本に足りないのは百工技術や法律であって、道徳・宗教についてはむしろ他国より優れている。いまさら他国の宗教を採用する必要などどこにあろうか……」

佐々木は、わが意を得たりという思いで喜んだ。そして欧米のものなら何でも有り難がる軽薄な日本人より、かえってアメリカ人の中によほど日本の価値を理解してくれる人がいると嘆くのだ。

佐々木は、伊藤から「条約改正はキリスト教を信奉する国民でないと達成できない、何事も欧米風の風俗習慣にしなくては、わが国の独立は無理だ」という開化論を耳にし警戒感を強める。

そして日記に書く。

「独立国の特殊の精神迄《まで》犠牲にし、独立せんとするは、是《これ》独立にあらず、彼《か》に降参し、付属国となるなれば、いよいよその精神ならば苦心は無用、早く欧米州に熨斗《のし》をつけて渡す方安心ならん、その時に至らば、真に日本人は死してのちやむなり」

佐々木は心配になり、岩倉公に保守論を吹き込んでその同意を引き出している。こうして開明・保守のせめぎ合いは雪の山中でも鎬《しのぎ》を削っていたのである。

五章　ロッキー山脈と大平原

＊なお驚くに余りあり

明治五年一月十四日（陽暦一八七二年二月二十二日）、待望久しい開通の報《しら》せが来る。思わぬ大雪で一八日間も足止めを食った一行は、ようやくソルトレークシティを後にすることになる。

オグデン駅に戻ると、そこにはオマハからやってきた真新しい車輛が待機していた。久米によると「打って変わった上等」で、二両の食堂車までついているのであった。それは有名なプルマンがデザインした車輛で、内装も華やかで目をみはるようであった。東部の文明の風がさっと吹き込んできたような印象だった。

午後四時半、列車は動き出した。しばらく河沿いを走り、ワサッチの山間に分け入っていく。やがて岩山が壁のように両側にそそりたつ地峡を通り抜ける、デビルズゲイト、「悪魔の門」という意味である。やがて海抜二〇〇〇メートルのワサッチの峠に達する、オグデンから六七マイル（一〇八キロ）、高度差八〇〇メートルを登り切ったことになる。列車はここからやや下りになり、しばらくしてエヴァンストン駅に着く。そして前途のグライン川が増水し鉄橋が危険だとの報せが入ったため、この駅で一夜を明かすことになる。

翌朝九時三〇分、列車は出発し、いよいよロッキー山脈の心臓部に入り込んでいく。ところが車窓から見える景色はいつまでたっても平坦な原野があるのみで、聳《そび》えたつ山容もなければ深く切れ込んだ谷もない。あるのは、ただ野放図に広がる漠々たる原野のみである。

（これが山脈であろうか）

久米はわが目を疑い地図を取り出してみた。

確かにここはロッキー山脈のただ中である。ところがロッキー山脈というのは、北はカナダから南はメキシコの国境近くまで実に四五〇〇キロにわたる巨大山脈である。幅員も広いところでは一六〇〇キロに達するというから、日本列島がまるごと三つくらい入りそうなスケールである。アメリカ的な物差しでいえば、日本列島そのものがただ一つの山脈に過ぎない。ロッキー山脈には主な山脈だけでも十数脈あり、それが広大な地域に散在し、その間に大高原、大盆地があるのだから日本的な感覚ではとても理解しがたいのである。

今、列車が走り続けているワイオミングの原野もその大高原の一つだった。

久米はあらためて景色を見た。確かに遙か向こうに青い山脈が見える。そこには四〇〇〇メートル級の高山もあるのだが、二〇〇〇メートルの高原からみるのだからそれほど高い感じはしない。まるで関東平野から丹沢や妙義の山を見る感じである。列車はもう五時間も走っているが風景にさしたる変化はない。ところどころ、うねりのような起伏があるが、まるで大洋を航海しているようなものである。樹木もなく、鳥の姿も見えず、ただあるのは、まばらに生えた貧相な草原とまだらな雪と原野に延びる一条の鉄路だけである。

翌朝、列車はロッキーの最高地点、海抜二五〇〇メートルのセールメンに着く。しかし、ここも一帯の高原で見渡したところ遠景にしか山らしき姿はなかった。

久米は感慨をこめて手帳にしるす。

「米国の広漠なること、もとより耳食に飽きたれども、実況を目撃すれば、なお驚くに余りあり」

列車はいつとはなしに高原をくだり、やがてシャイアン駅に着く。ここから一本の支線が南に延びて天地の間に消えている。はるか遠くコロラドのデンバーに往く鉄路である。

「この荒漠の野、千里無人の境にて、目に青樹なく、鳥跡もなき地に、早く鉄路を造りて他日開拓の利を促す、その遠度を察すべし」

何もない野っ原に、こうして将来を期して鉄道を敷いておく、その遠大な構想とスケールの大きさに感嘆の声をあげるのだ。

岩倉使節が旅した一八七二年当時は、まさに後年いうところの「西部劇」の舞台そのものであった。そのころ、テキサスの南部にはスペイン人が野放しにしていった牛が繁殖して何百万頭も群れていた。それは誰のものでもなく、カリフォルニアの金やネヴァダの銀と同じく早い者勝ちの取り放題だった。テキサスで捕まえても一頭一ドルから五ドルにしかならなかったが、それを東部の市場までもっていくと、その一〇倍にも二〇倍にも売れる。そこで牛を捕まえて市場まで陸送する一攫千金《いっかくせんきん》の仕事が誕生する。その主役がカウボーイであり、そこに荒くれ男たちの活劇が展開されるのである。

岩倉一行が旅した時期は、そのキャトルドライブ（牛追い）が頂点に達したころで、一八七二年には実に六〇万頭の牛が北に運ばれてきたという。使節は真冬に旅したので砂塵をあげて移動する牛の大群にはめぐり会うことはなかった。が、西部開拓史上に名高い数々のカウボーイや保安官……二丁拳銃のワイルド・ビル・コックやトム・スミスが盛んに活躍した時代だったのである。

西部劇のもう一方の主役、インディアンもそのころ盛んに抵抗を続けていた。

白人がやってくるまで質素ながら平穏な生活を続けていたインディアンは、鉄砲で脅かされ狩猟地を奪われ、決められた土地に定住しておとなしい市民になることを強制される。ロッキー山中と大平原に住むインディアンは二〇万人余といわれ、北部のスー族やシャイアン族、中南部のコマンチ族やアパッチ族は特に勇猛でその名を知られていた。一八六九年から七六年にかけては白人との衝突は最も激しく、その間に二〇〇回にも及ぶ激戦が交わされた。

一八七一年、インディアン担当の長官に任命されたF・A・ウォーカー将軍は、父長的な温情主義でインディアンを遇したので有名だが、後年そのころのことを回想してこう述べている。

「毎年、わが国のフロンティアが前進するにつれ、わが国はヨーロッパの王国に匹敵するほどの広大な領土を獲得している。われわれは無限に豊かになっていく。しかし、その反面では、インディアンたちが元来わずかしかない土地の大部分を失って、より貧しくなっていく。この領土拡張はわが国に帝国の偉大さをもたらしつつある。が、同時にインディアンたちに悲惨と窮乏と貧困をもたらしているのだ」

ララミー駅を出た列車は、いつとはなしにネブラスカの大平原におりてくる。そしてオグデンより四日目の朝、ようやく人里に近づいたことを感じるのだ。大河ミズーリの河畔にある都市、オマハに到着したからである。

オマハはミズーリ河岸にあり、サンフランシスコとワシントンのほぼ中間地点にある。ミズーリは水運の大動脈であり、オマハはその水陸交通の要衝としてこのあたりで最も繁華な町である。人口一万八〇〇〇、背に丘を負い前に河を擁し市街ができていた。

ここで鉄道の経営会社がまた替わる。一行は駅を降りてフェリーで対岸に達し、別会社の列車に乗り込む。ミズーリ河に架かる大鉄橋はまさに工事中で特殊な工法で橋杭の基礎を固めていた。ここで一行は移民を運ぶための貨車同然の車輛が走ってくるのを目撃している。

列車は開拓地の最前線を走り抜ける。車窓からは楓《かえで》、櫟《くぬぎ》、楡《にれ》などの林が見え、開拓民の心意気が伝わってくる。このあたり一望千里、山を見ず、まったくの平地であるが、そのすべてが農牧の可能地なのだ。列車は翌朝まだ暗いうちに大河のミシシッピーを渡り、大平原をひたすら走り続ける。

オマハから八〇〇キロ、二六時間を費やして、ようやく列車は中原の大都市シカゴ圏内に入った。午後二時半、一行を乗せた列車は駅舎の大屋根の中にすっぽりと滑り込んだ。

＊ 風の街・シカゴ

久米はシカゴの第一印象をこう書く。

「駅舎の大なる、鉄軌の輻輳《ふくそう》（方々から集まる）せる、乗車貨車の雑踏せること雄都の繁昌を知る、従来のステーションは眇《びょう》たる児孫のみ」

未開の大地を三日にわたって走り続けてきただけに、シカゴの駅の雑踏と活気は強烈だったに違いない。これまで見た駅はまるで孫のようだと大げさに驚いている。

使節一行はトレモントホテルとグランドセントラルホテルに分宿する。シカゴは「風の街」の称があり真冬の寒さは格別といわれるが、その年はとりわけ寒かった。

久米は書く。

「旅館はミチガン湖の浜に近く、湖面を吹き来る風、凄其《せいき》として寒く、今夜は月色凍るが如くにて、一層の寒を添えるを覚えぬ」

使節到着と聞くと、早速、知事や将軍など有力者がホテルに訪ねてきた。そして、是非とも三日間にわたって歓待し市内各所を案内したいという。使節はその好意に感謝するが、スケジュールが遅れていることを理由に固辞する。

当時のシカゴは人口三一万、全米一の急成長都市であった。ミシガン湖はエリー運河やセントローレンス運河に通じて内陸の港となり、また鉄道の要衝として重きをなし、物資の集散地、取引場所として、極めて重要な位置を占めていた。ところが、前年十月に市街の中心部が大火にあい、二万戸を焼失するという大惨事に見舞われた。その損害額は五億ドルにも及ぶといい、いまだに職を失い、路頭に迷い、飢餓に瀕《ひん》する者少なからずの厳しい状況だった。

翌朝、大使らは早速、市内の視察に出かけている。が、火災からわずかに四カ月後のことであり、中心部は大半が焼け野が原で見るに忍びない状態であった。にもかかわらず、シカゴ市民は意気盛んで、復興の気に燃えていた。各地からの見舞金はすでに五〇〇万ドルに達しているといい、大使も見舞金として五〇〇〇ドルを当局に贈った。

さて、岩倉大使はこのシカゴで突如変身する。

大使のサンフランシスコで撮った写真を見ると、ひとり髷《まげ》をつけ羽織袴に靴をはいた出で立ちで珍妙ながらも一種の威厳を保っている。ワシントンでの写真を見ると、すでに髷はなくオールバックの洋装に変身している。その秘密は何か、このシカゴで「開化風邪」をひくからである。

具視はこの旅行に養子の具綱《ともつな》を同行してきている。が、すでに具定《ともさだ》、具経《ともつね》の二人の息子をニューブランズウイックのラトガース大学に留学させていた。具視は子弟の教育に熱心で、幕末一番の教育藩と評判だった佐賀藩にまず二人を遊学させ、さらにはフルベッキの薦めでラトガース大学に留学させていたのだ。その二人がシカゴまで迎えに来ており、親子四人がトレモントホテルで久々に再会することになった。

具視はアメリカ上陸以来、アメリカ人の親切な歓待ぶりに驚くとともに気をよくしていた。そして、とりわけ自分がもてることにも気づいていた。しかし、それは何よりも大使という職分のせいであり、具視自身の魅力によるものと自負していたであろう。ところが二人の息子と話をしているうちに、翻然《ほんぜん》として悟ることがあった。

息子たちによれば、具視がもてるのは何よりもその珍妙な髪型のせいであり、エキゾチックな和服のせいであって、それはむしろ見世物的好奇心の対象であり、開化を目指す新生日本の代表としてはよろしくないというのである。

それを聞くや具視は思い切りよくバッサリと髷を切り、洋装に一変してしまう。これを見た佐々木高行は驚き嘆き、苦々しげに日記にこう書いている。

「チカゴといえる所に着きたる頃、大使も何時とはなく断髪となり、衣服も是までとは違い洋服となれり、是は開化の米国風邪をひきたるか分からず……」

実は、この変身劇の背景には開化派の暗躍があったらしい。というのは、ワシントン駐在の初代公使ともいうべき森有礼《もりありのり》は弱冠二五歳の、とびきりの「開化先生」であった。条約改正交渉のためにも、開化日本を少しでもPRする必要を痛感している。それには岩倉大使自身がぜひともワシントン入りする前に開化すべきだと考えたらしい。そして二人の息子にそれとなく入れ知恵をしたというのだ。

大使と並んで、振り袖姿で人気を集めていた五人の少女たちもシカゴで洋装に変身してしまう。吉川利一氏の『津田梅子伝』によれば、その間の事情はこうである。
「国を発つとき娘らはサンフランシスコで洋服を買ってもらう約束であった。ところがデ・ロング夫人は容易にそれを買おうとしない。いつも振り袖を着せてあちこち連れまわった。いうまでもなく、米国人はその振り袖姿が珍しく、娘たちを取り囲み、袖をひき帯をなで、右にまわれ左にまわれとまるで娘たちを人形扱いした。とうとう我慢がならなくなって、娘たちは岩倉公に談判し、ようやくシカゴで出来合いの服を買ってもらった……」

しかし、当地の新聞が報じるところでは、伝統ある東洋の国からの姫たちは洋装に変身したために、「ただの小さな貧相な女の子になってしまった」と嘆いている。

こうして使節団の中でも異彩を放っていた岩倉公と五人の少女たちは、首都ワシントンの檜舞台を眼前にしてあえなくその日本流を放擲《ほうてき》してしまうのである。

一行はそれでも丸一日シカゴに滞在したので、あちこち案内され見学している。ミシガン湖から水を揚げる給水装置、最新式の消防器械、商品手形取引所などなど、回覧してまわった。

シカゴの新聞は、岩倉使節団を評して、「グラッドストーン首相が公人として、枢密院の中枢を伴って到来し、ビスマルクが政府首脳とともに、この国を訪れているのに匹敵する」と報じた。そして、つい三カ月前に訪れたロシアのアレクセイ大公（皇帝アレクサンドル二世の四男）の行状と比較して、日本使節の使命感溢れた熱心な勉強ぶりを報道した。というのはアレクセイ大公の方はバッファロウ狩りや女性に囲まれてのお楽しみ旅行の色彩が濃かったからである。その際、大公も五〇〇〇ドルの見舞金を贈っており、日本使節の迅速な対応にはそうした事情もあったのかも知れない。

その夜、九時一〇分、一行は東駅より列車に乗り込み、いよいよワシントンへの最終コースに入る。

＊開化の域、東海岸へ

列車は夜のうちにインディアナ州の北部を横切り、朝にはオハイオ州に入る。窓外の景色にも開化が進んでいく様子が見てとれる。農耕地の整備がすすみ、植林が目立ち、人家が増える。町の景観もだんだん美しくなり人の気配が賑やかになっていく。

午後三時頃、大河オハイオ河を渡った。河幅は二〇〇メートルもあろうか、河の水は黄色く濁り岸辺には氷がはりつき、流れはゆるやかである。対岸には丘がつらなり樹木が茂りとても景色がいい。列車が吊り構造の鉄橋にさしかかると、ひとときその上で停車し乗客に眺望を楽しませた。

久米はこう描写する。

「鉄紖《くみなわ》にて懸橋を架して、鉄路をその上にやる、縹緲《ひょうびょう》として空中を翔るが如し」

列車がピッツバーグの駅に着くと、デ・ロング公使の配慮であろう、使節一行は地元有力者の歓迎をうけ、わざわざ駅に降り、傍らの広壮なホテルで会食をしている。

こうして岩倉使節団は、西海岸から東海岸へ、未開から文明へ、まるで開化の順序をパノラマのように見ながら旅をしている。そして開化の歴史を想起し、一〇年、二〇年、三〇年前と比較しながら、種々議論し意見を交換するのだ。仮に使節がいきなりニューヨークやロンドンに上陸し、地方を見ずして帰国したら、文明の格差に対するショックは格段に大きく、その受け取り方も大いに違っていたであろう。

しかし、サンフランシスコに上陸し、サクラメント、ソルトレークシティ、シカゴと順に時間をかけて見てくれば、徐々に文明の階段を上り、発展の跡を辿るようなものだから、仰ぎ見るような文明の高峰にも登り口があり、ルートがあることを自然のうちに感得したであろう。

久米はこう記す。

「顧《おも》ふに四〇年前には、シカゴの大都会さえ、有力なかりしとき、オマハ以東の諸州土、みなロッキーの景況なりしなるべし、然るにいまシカゴは烟花《えんか》（はなやかに賑わう）の都となり、ミズーリの平地は人烟《じんえん》をみて、オマハもすでに都会をなせり、今日より四〇年の後は、オマハにもいかなる紅塵を簇《ぞく》し、さらにプレーリーの原野に、林村鬱茂して、移民の車を転送するを見るにならんか」

そして文明開化の原動力が、土地でもなく物財でもなく、結局は人の力なのだということを認識するのだ。

「顧みて我日本を回想すれば、至宝の人口は殆ど米国に同じ、その建国は是に百倍し、その土地は百分の三に及ばず、然るに野に遺利あり、山に遺宝あり、上下貧弱を免れざるは何故ぞ、蓋《けだ》し不教の民は使い難く、無能の民は用を為さず、不規則の事業は効をみず」である。

富国は自然に起こるものではない。いくら資源に富み広い土地があっても、それを掘り起こし耕す人がいなくては富にはならない。久米は語りかける。わが国のように「高尚の空理」をもてあそび、「浮華の文芸」に浮かれ、実業を軽んじ勤勉を怠っていては何もできるものではない。「今より国の為に謀るもの、それここに感発して、奮興する所を思わざるべからざるなり」と。

明朝、列車は大都市のフィラデルフィアを望見し、市街の近郊を走りぬける。車窓からの景観は特に印象的だった。

「旭陽連甍の間より光輝を映射し、市廛《してん》（店）の烟気は蒸々として雲を薫し、矗《ちく》たる突竈《とつそう》は天に朝し、屋壁は参差《さんし》として河浜に起こり、鉄橋数条の河に横たわりて、奇工を極めたるは、いかなる名都なるやと問うに、これすなわち有名なるフィラデルフィアにて、まさにスクイケル河の西岸を走行せるなり」

明治五年一月二十一日（陽暦一八七二年二月二十九日）、一行はうっすらと雪化粧をしたワシントンに到着する。横浜を出てから六九日ぶり、サンフランシスコを発してからも二九日の長旅であった。駐米弁務使（代理公使）、森有礼、同書記官、知事ヘンリー・クーク氏、連邦政府の応接係メヤー退役将軍、国会議員チップマン氏らが迎えに出た。一行は直ちに馬車に乗って、ホワイトハウスのすぐ近くにあったアーリントンホテルに入る。大使の部屋にはグラント大統領夫人から豪華な花束が届いていた。

六章　ワシントン

＊とんぼ返り

当時のワシントンは人口一一万、国会議事堂やホワイトハウスをはじめ大蔵省、農務省など、「広大壮麗なる」庁舎が連なる人工的な政治都市であった。ただそれだけに、街は閑散としていて寂しく、黒人の多いのが目立ち、商業的な繁華さは見られなかった。

当初のスケジュールによると、大使一行のワシントン滞在はごく短いものだった。大統領に謁見し、国務大臣と会見して条約改正に関して延期を要望しその意向を打診するのが目的だった。大雪その他で旅が大幅に遅れてしまっただけに、早く次の訪問地、英国へ旅立つ必要もあった。

しかし、サンフランシスコ以来の熱烈歓迎ぶりにすっかり気をよくした一行は、アメリカ側の好意的な対応に感激して、その程度で通り過ぎるのはちょっともったいないという雰囲気にもなっていた。事前の準備もよかったのであろう、ワシントンでの公式行事は順調に運んだ。

使節は到着後の四日目、グラント大統領との謁見に向かう。

一二時、大使副使は衣冠、書記官は直垂《ひたたれ》を着用し皆帯剣して、ホワイトハウスに赴く。玄関に入ると両側に儀仗兵が数十名整列して迎える。使節はまずブルールームに招じ入れられる。間もなく大統領グラントが、副大統領コルファックス、国務長官フィッシュらの諸官を従えて入場し、部屋の中央の椅子に座る。大使は大統領に向かって口上を述べた。

「わが天皇陛下の国書を進呈すること、我らにおいて無限の光栄なり」

終わると列を解いて談話し、ホワイトルームに移って大統領夫人、国務長官夫人に紹介される。謁見の儀式はそれで終わり、使節はホテルに帰館する。謁見は拍子抜けがするほど簡略で格式というものは感じられない。やはり共和国は違うなと、感じ入ることしきりだ。

しかし、その夜、同じホワイトハウスで大晩餐会があった。大統領、副大統領、各大臣、高官、将軍、実業家など有力者が綺羅星《きらぼし》の如く、また夫人同伴なので華やかさも一層であった。

そして二日後、使節は国会議事堂を訪れ、開会中の下院の議場で岩倉大使は次のような演説をしている。

「われわれは文明開化を目指して貴国にやって参りました。そして日毎《ごと》に新しい日の出を見るように、新しい知識に出会っております。（中略）我らの国のいくつもの河川から水が太平洋に流れ込み混じり合うように、お互いの国の利益は結びつくことでありましょう。我らに共通する太平洋の水がいったん混じり合うともはや分離できないように、国家間の友情も分かち難くなることを切に願うものです」

それに対して議長より挨拶があり、このあたりまではすべて順調に事が運ばれた。

ワシントンでの舞台まわしには二人の人物がいた。ひとりは駐日公使デ・ロングであり、もうひとりは駐米日本代表の森有礼である。

デ・ロングは西部出身の弁護士で、中央政界に打って出る機会をねらっていた。そして鎖国日本の扉を初めて開けた国の代表として、外交上のライバル英国公使のパークスと張

▲合衆国国会議事堂

▲ホワイトハウス前に建つ第７代大統領ジャクソンの銅像

り合っていた。岩倉使節団の旅が西回りの欧州からではなく東回りの米国からのルートになっているのも、サンフランシスコ以来の大歓迎の背景にもデ・ロングのそうした思惑があった。

また、森はまだ二五歳の代理公使の格であったが、持ち前の積極性と率直な性格でアメリカ社会にとびこみ、「若い国・日本」のスポークスマンとして獅子奮迅の活躍をしていた。

森は幕末薩摩から英国に派遣された留学生のひとりで、その後、米国にもわたり英語が堪能であり、特に国務長官のフィッシュに可愛がられたのが幸いした。フィッシュは弁護士出身の六三歳、五〇歳のグラント大統領をはじめ閣僚の中で最年長でありキャリア十分の政治家だった。フィッシュにとってこの東洋の元気のいい若者は、何も知らず初心《うぶ》で息子のような感覚があったに違いない。外交について国際法や礼儀なども含め、イロハから森に教えた。そしてワシントンや東海岸の有力者たちを紹介してくれた。

しかし、森はいかにも未熟であり、とびきりの開化論者であった。そのアラビア馬の森のところへ、サンフランシスコ以来すっかり勢いづいているもう一頭のアラビア馬の伊藤が合流したので、ついに二頭はとびはねてしまうことになる。

かくして、二月三日（陽暦三月十一日）、国務省にフィッシュ長官を訪ねたとき、事態は急転回する。日本側は大使副使五名、それに森小弁務使、一等書記官塩田三郎（ワシントンから合流）、サンフランシスコ領事ブルックス、アメリカ側からは国務長官のフィッシュ、次官のヘール、在日公使館付きの通訳ライスであった。

大使、副使は、森、伊藤の勧めもあり、アメリカ側の朝野に及ぶ大歓迎ぶりから見て、条約改正の本交渉を始めてみれば案外うまくいくかも知れないと思ってしまうのだ。

国務長官にその旨を伝えると、フィッシュはいった。

「使節のご要望とあらば、いつでもご相談に応じましょう。しかし、せっかく交渉を始めるとあらば調印までいきたいものです。それには正式の元首からの委任状がなくてはなりませんが、ミカド陛下の委任状をお持ちでありましょうな。それを一つ拝見してから談判にはいりましょう」

使節にそんな委任状はない。

「いやいや、われわれは天皇陛下からの信任を受けた全権大使であるから、その心配はご無用である。さような委任状がなくても信用して談判を始めてもらいたい。調印は後日ということで案文の合意にいたればそれでよろしいではないか」

「お言葉だが、世界には国際法という決まりがあり、我が国には我が国の事情がござる。というのは、我が国の大統領の任期はあと一年であり、もし大統領が代わるようなことがあると、我らの役職もすっかり代わることになる。それに批准すべき上院のメンバーも三分の一は入れ替わることになる。さすれば、任期中に事を決しないとせっかく交渉してもまた最初からやり直しになる可能性がある。つまり一気に調印までいかないと、お互いの苦労が実を結ばない恐れがあるのです」

聞いてみれば「なるほど」と思うが、なおも食い下がった。

ところが、フィッシュは頑としてきかない。

さて、困った。大使、副使は外交事情がわからないから伊藤と森の言葉に乗ったのだが、初手から暗礁《あんしょう》に乗り上げてしまった感じである。

使節はしばらく時間をもらって、その場でひそひそ相談を始めた。

フィッシュも意外な展開に困惑した表情だ。リングに上がった途端、最初の一発で相手が思いがけなくダウンしてしまったようなものである。手持ちぶさたでフィッシュは手許の紙に使節のメンバーの似顔絵など書きちらして答えを待っている。

日本側は必死に相談して、やっとこういった。

「それでは、本国にいって委任状を取り寄せますから、交渉だけはすすめてくださらんか」

ようやくその場を収めてホテルに帰り、早速、鳩首《きゆうしゆ》討議した。

しかし「十二カ条の約定」までしてきたのに、こちらで勝手にそれを破るのだから留守政府が簡単にウンというはずもない。それには書記官をやったくらいでは事が済まない。副使の誰かが帰国して閣議で事情をよく説明し、参議や関係諸卿を説得しなくてはならない。

誰が行くか、言い出したのは伊藤だから伊藤がまず行くべきだ。しかし伊藤ひとりではとても心細い。とすれば、パワーからしても薩長のバランスからしても大久保に行ってもらうしかない。そこで遂に大久保と伊藤が、とんぼ返りで委任状をとりにいくことになってしまうのである。

二月六日の夜、使節側主催の大レセプションがホテルで開催された。集う者は一五〇〇人という大盛会で、日本側にとって大きな出費であったが、サンフランシスコ以来の歓迎や、下院が承認したという接待費五万ドルに対するお礼の意味もあった。

アメリカ側がここまで腰を入れて歓迎し、条約改正についても好意的であったのには、それなりの理由があった。大統領は来年に選挙を控えていて予備選挙戦の最中であった。その当時、英国とは「アラバマ号事件」で敵対関係にあり、日本との外交で先手をとって英国の鼻をあかし、世論の喝采を浴びて選挙を有利に運びたいという思惑もあったのである。

ところで、司法理事官の佐々木はエビットハウスという別のホテルに泊まっていたが、条約改正交渉の風説を耳にすると「これは一大事」と、大使グループの宿アーリントンホテルにやってきて、大使副使をつかまえて詰問する。が、誰も口を濁して要領を得ない。

佐々木はその夜、日記にこう書きつける。

「高行、それにつき、甚《はなは》だ如何かと存じたるにより、使節館に至りて尋ねるに、木戸も判然たることを述べず、大久保は山口よりお噂のはずという。山口は大使より直にお聞き願いたいと申し、大使はご多忙にて逢うこともできず、何か高行などは度外となれり」

みな逃げをうち、佐々木はすっかり無視された格好である。

「これは畢竟《ひっきょう》、伊藤副使、森弁務使などは、なにぶん飛切論にて、立派に条約を改正してみせる見込みあるを、大使も副使もみな同意となりたる由なり、もっとも山口は一人不同意にてありたれ共、後には遂に同意したりと聞けり」

佐々木の考えでは、そもそも条約改正など一朝一夕にいくはずもなく、そのためにこそ各省より調査官を派遣して、米欧の諸制度、文物を実地に見聞し、おいおいに国情に沿って改めていこうというのに、ちょっとアメリカ人にちやほやされたからといって慢心し、軽率にも改正交渉を始めるなどもってのほかだ。が、なにぶんにも自分は敬遠されてしまって文句もいえない。やむなく日記に憤懣の情を吐露するのだ。

「岩公は持重家にて頼もしく思いたるに存外のことなり（中略）大久保も平素よりは幾分飛び切りの風に化せられたる光景にて」いかんともしがたしである。国の将来を思って心細いことこのうえなく、ただ詠嘆するばかりだ。

「すべて何事もお打ち合わせもなくなりたり、馬鹿親父と急開化組よりは見付けられたり、百年の後には論定まるべし、高行の論、当今には迂の極なり、嗚呼《ああ》……」

こうして使節首脳はフィッシュに会ってから一〇日ばかり、改正交渉のことでてんてこ舞いをし、二月十二日（陽暦三月二十日）、大久保と伊藤はワシントンを発ち、ニューヨーク経由でサンフランシスコに向かうことになる。

ところで伊藤が何故ここまで自信を持つに到ったか、少し説明の必要があろう。というのは、明治三年の十一月から四年の五月にかけて、伊藤は金融財政制度の調査のため米国に出張しており、その際の体験が大きな力になったと思われるからである。

当時日本は貨幣制度が混乱しており、緊急に貨幣の統一や金融制度の整備が必要だった。それを認識した伊藤は、調査団の派遣を建言し、直ちに認められて自ら理事官となり、英語に堪能な福地源一郎や芳川顕正《よしかわあきまさ》を随員にして、勇躍、米国にのりこむのだ。その際、デ・ロングの支援も受けており、ワシントンではグラント大統領にも謁見し、フィッシュや、大蔵省の長官とも会い、フィラデルフィアではナショナル銀行の頭取にも会って、有力者と交流を深めている。その百余日の滞在中、ホテルも一流の処に泊まり、各界の要人とも会い、アメリカの実態を学ぶことになり、まるで岩倉使節団の旅の予備調査を行なったようなものなのだ。サンフランシスコでのスピーチもワシントンでの条約改正交渉についても、その体験が大いに役立ったものと考えられるのである。

＊不平等条約

この条約改正問題は、その後三〇年も四〇年も日本政府を悩ませ続ける大難物であったが、使節一行にはそうした厳しい現実の認識がなく、比較的簡単に改正交渉ができるものと錯覚してしまったのだ。

使節首脳の目論んだスケジュールは次のようなものだった。

大久保・伊藤が委任状を取りに行っている間に、ワシントンで残留組が改正案をまとめて調印を残すまでに整え、本隊は英国に向けて発つ。調印は本国から委任状を書記官に持ってこさせ森有礼らが行なう。大久保・伊藤は日本から英国へ直行するという段取りである。

ところが、いざ具体的に交渉を始めてみると思うようにはいかない。日本側とアメリカ側の思惑が完全に違っている。日本側はアメリカの熱烈歓待ぶりから何事も好意的に寛大に遇してくれるものと期待したが、いざ現実に利害反する交渉になるとアメリカ側は簡単には譲歩しない。

大久保・伊藤がワシントンを発ってから六日目、早くも木戸は、今回の処置がいかに軽率に過ぎたかを猛省し、痛恨の思いにかられて日記にこう書いている。

「勅旨を再三熟慮せざるを悔いる、実に余らの一罪なり。このたびは条約みだりに森、伊藤の唱えるところは外国で結ぶは益有り、という。その実はその益も甚だ少なし」

不用意にはずみで打ってしまった石が大変な悪手であったことに早くも気づくのだ。

「今日のこと、すでに一着を失す、彼の欲するものはことごとく与え、我の欲するものは未だ一も得る能《あた》わず、この間の苦心かつその遺憾なるひたすら涙をのむのみ」

木戸をして「その遺憾なるひたすら涙をのむのみ」といわしめた不平等条約なるもの、何がそれほど問題であったのか。

第一の問題は、治外法権であり、領事裁判権だった。つまり日本の各地（開港市）に日本の主権が及ばない外国の飛地のようなものができて、外国の軍隊が駐留し犯罪が起きても日本の法律で裁くこともできないことにあった。

第二の問題は、関税自主権の喪失である。このことについては、明治三（一八七〇）年、アメリカに派遣された伊藤博文が現地から書き送った「建言書」の中でこう痛論している。

「わが国のような十分に開化していない国は、保護関税を実施しなければ文明を遅延することになる。かつてヨーロッパに遅れたイギリスがとった政策も、さらにはまたイギリスに遅れた米国がとった政策も『防衛関税』であった」。そして伊藤はわが国の税権喪失を「実に痛苦の至り」と評している。

当時の関税は一律五%と極めて低率であったことから、英米など工業国の安い製品がどんどん入ってきて国内産業を圧迫していたのである。綿織物、毛織物、砂糖など大量に安価で製造されるものに日本の手工芸的な商品が太刀打ちできるはずはなかった。

つまり、日本にとって幕末に結ばされた不平等条約は、目の上のたんこぶであり、これを除去して改正することが独立の権を全うするための不可欠な条件と映った。そして日本政府は早くからこのことを自覚し、このハンディキャップをむしろ梃子《てこ》として開化をすすめていくのだ。

米国側は関税について柔軟な態度を示しながら、一方でこう要求した。非開港場にも外国船を入港させること、内地旅行を自由にさせること、外国人にも不動産の取得を認めること、外国人と日本人の相互雇用の自由などである。交渉で判然としてきたことは、すべてはドライなギブ・アンド・テイクの取引で、情実の入る余地はなく、好意と交渉はまったく別物であることを自覚せざるを得なかったのである。

＊　五人の少女たち

ともあれ、異常事態の発生ですべてが狂ってしまった。

使節本隊はワシントンに留まって交渉を続けなければならない。当初はヨーロッパまで同行するつもりであった各省理事官や留学生の一部も、それぞれの目的地に向かって旅立っていく。

文部省の近藤昌綱はプロシャへ、今村和郎はフランスへ、工部省の瓜生震と留学する毛利公は英国へ発っていく。山田顕義ら兵部省のグループも、しばらくしてヨーロッパに向けて旅立っていく。

そして一行に彩りを添えていた五人の少女たちも、デ・ロング夫人から森有礼の手に渡され、当時日本公使館の書記役をしていたチャールス・ランマンの家に引き取られていく。ランマンは、上院議員の祖父や州の助役を父にもつ上流家庭の出身で、新聞の編集や国務省の司書の経験もあり、著作も生涯に三〇冊を超えるという文化人であった。すでに五〇歳を過ぎていたが子供がなく、妻と妹と三人で静かなたたずまいのジョージタウンに暮らしていた。その古風な二階建ての家は緑に囲まれ、知的で芸術的な雰囲気に包まれており、「小博物館」などと呼ばれていた。五人の少女がジョージタウンに引き取られてから五日目、ランマン夫人は津田梅の両親宛にこんな手紙を書いている。

「お嬢さんは今すぐ学校へ寄宿させるには余りに幼少に思いますので、森様からご指示があるまでしばらく私の方でお預かりいたすつもりでございます。悌、捨松《すてまつ》、繁《しげ》の三人は近所に住んでおります。妹と主人が毎日そちらに行って、お世話しております。みなさま学問の志が厚く感心しております。ことに梅は覚えがよろしく逢う人はみなその立ち居振舞いを好み、褒めております。これまでの教育がおよろしいこととお噂をしております。私たちはすでに梅とすっかり親しくなってしまいましたので、将来別れるときが来たらいかに悲しいことかと今から心配しております」

梅の母親初子もそれに対して葡萄の蔓《つる》をすきこんだ巻紙にお礼の手紙を書き、それは英訳されて『ニューヨークイブニングポスト』に掲載された。

こうして梅ら五人の少女はランマン一家の温かい庇護の下に、とりあえず英語の勉強から始めるのである。

ところで、この小さな女の子たちが、何故この時期にアメリカに留学することになったのか、その経緯に触れておかなくてはなるまい。

そもそもの発端は、その一年ほど前にワシントンを訪れた黒田清隆である。北海道開拓次官の要職にあった黒田は、開拓をすすめていくには是非欧米を視察しておかねばならないと米国を訪れる。そしてワシントンでは農務局長だったケプロンを日本に招くことに成功し、その後、数年ならずして開拓事業の面目を一新させるのだ。

その視察の旅で黒田の心を捉えたことの第一は「文明を進めるには教育こそ最重要なり」という確信であった。当時、森有礼もすでにワシントンに駐在していたので、二人は文明開化について、教育について大いに論じあった。そして欧米の女子教育の普及ぶりを見るにつけ、明日を担《にな》う子供たちのためには是が非でもその母となる女子の教育を始めねばならぬと論じるのである。

黒田は一歩進めて若い森にいった。

「日本の文明を進める近道は、教養ある外国人をめとるに越したことはない。ついては君、まず米国の婦人と結婚して範を垂れ給え」

そのころ三〇歳を超えたばかりの黒田は、二四歳の森に説く。さすがの急開化論者の森をもたじろがせる勢いだった。

森も黒田に提言する。

「国家百年の計は、女子の教育に待たねばならない。国に帰ったら、なんとか手だてを考えていただきたい」

直情径行の黒田は、帰国後間もなく教育に関する建言書を正院に提出し、こう述べる。

「開拓を進めていく要点は、山や川の地勢を調べ、道路を造り、地質を検査し、農業や林業、漁業や牧畜を盛んにして生活を向上させ、さらには人心風俗を美化することにある。それにつき欧米社会で一番感じ入ることは子弟の教育が盛んなことである。たとえば、幼児でさえよく豆と麦を弁ずることができるのは何故か、母親に教育があり知識があり、幼児を育てる段階ですでに子弟に教育を施しているからである。何故、母親に教育があるか。それは女学校があるからだ。そこで日本でもこれからは女学校をつくり、人材教育の基を立てなくてはならない。それには今、幼少の女子を選んで欧米の間に留学させることが必要である」

この荒っぽい、しかし若々しい遠大な構想は、岩倉をはじめ参議たちの同意を得るところとなり、開拓使の費用で日本初の女子留学生が派遣されることになるのである。

この留学生たちの学習期間は、最初から一〇年と考えられていた。しかも二〇歳を超えれば結婚適齢期を逸するという時代だから、幼少の娘を派遣する必要があった。ところが、いざ志望者募集となると、「恐ろしい海を越えて、夷狄《いてき》の国へ娘をやろう」という親はなかなかいない。黒田はやむなく娘をもっている開明派の官僚に呼びかける。そしてようやく五人の少女が選び出されたのである。

吉益亮の父、正雄は旧幕臣。当時、東京府の外務大録であり、上田悌の父、峻は元新潟県士族で海外経験ある外務中録であり、山川《やまかわ》捨松の父、尚江は会津藩の上級武士、兄健次郎はすでに開拓使から米国コネチカットに留学していた。

永井《ながい》繁は、幕末に洋行体験のある益田《ます だ》孝《たかし》（後に三井物産の総帥となる）の実妹であり、養父永井久太郎は旧幕臣、静岡県士族である。そして最年少の津田梅の父は、元佐倉藩士で当時開拓使農事吏員ですでに米国へ行ったことのある津田仙弥《せんや》であった。

父親たちはいずれも旧幕臣か佐幕藩の出身であり、洋行体験をもつか海外事情に通じている中級官吏であった。同じ留学生でも同行していく少年たちの場合、岩倉の子、具綱、大久保の子、利和、伸熊、山口の子、俊太郎、山縣有朋の子、伊三郎など、いずれも新政府の主流を歩む高官たちの子息であって女子留学生たちの父親とは際だった対照をなしている。

明治四年といえば朝野に洋行熱が盛んで、およそ志を抱く男子ならば少年といえども、海外留学に憧れる時代だったが、こと女子に関しては事情はまったく異なっていた。当時の常識からいえば、黒田や森の考えはいかにも先走っている。開明派の官僚といえどもわが娘を海外に出すことには二の足を踏む状勢だった。

しかし、かといって娘たちの派遣が必ずしも受け身の消極的なものであったとはいえない。そのころすでに西洋野菜の栽培に尽力していた津田仙弥などは、新しい時代の到来を見越して幼くして人並み優れた掌中の玉ともいうべき梅を敢然として旅に出すのだ。

出発の日、仙弥は娘へのはなむけに英語の入門書と「英語小辞典」の二部を持たせた。娘が喜びそうな絵草子や人形も行李《こうり》（トランク）につめてやった。仙弥がアメリカから買ってきた赤いショウルも肩にかけてやった。

そして「あんな小さな子供をひとり夷狄の国にやるなんて、親の気がしれないよ」という声を背に愛娘の旅立ちを見送るのだ。

小辞典の裏表紙には仙弥の字でこう記されてあった。

my dear daughter Ume, from the father Tsuda Senyah

Yedo Dec, 19th 1871

＊　肥田為良と別働隊

使節がワシントンについてから二週間ばかりたったころ、フィラデルフィアから「是非、当市にもお越しいただきたい」との招待状が舞い込んだ。フィラデルフィアは歴史ある名都であり、産業都市としても盛名を馳せ、人口からしても全米第二の都市であった。本来なら大使一行も最優先で訪問したい都市だった。が、当時の大使、副使は条約改正問題で忙殺されていたから、それどころではない。そこで、代わりに工部省の調査理事官肥田為良をリーダーに以下数名を派遣することになった。

一行は、肥田のほかに通訳として二等書記官の長野桂次郎、大蔵省（農業部門）から阿部潜、沖守固《おきもりかた》、工部省（鉱山部門）から大島高任、それに宮内省から村田新八、大使随行の五辻安仲、中山信彬《なかやまのぶあき》、それにサンフランシスコから通訳として随行している岩山敬義の計九名である。

フィラデルフィア側は実業家を中心に三つの委員会をつくり、万全の態勢で一行を迎えてくれた。岩倉使節の研究家マリーン・メイヨ教授（メリーランド大学）は、その熱烈歓迎の背景にあるものをこう記している。

「この視察旅行の契機となったのは、使節団自身の関心ばかりでなく、自信に溢れたフィラデルフィア自らの提案でもあった。あきらかに同市は、特別の大きな見返りを期待していた。フィラデルフィア側は最上のものを見せたがっており、日本を広大な市場にしようという意図が働いていた」

その結果として、肥田らは実に二五日間にわたってフィラデルフィアのあらゆる産業といっていいほどのものを精力的に見てまわることになる。そしてその間に、石炭と製鉄の町ベスレヘムへ三日間の小旅行までしているのだった。

その見学先は、フェアモント公園にある上下水道設備から始まって驚くべき広範囲にわたっている。製鉄、鋳造、鍛造、研磨、機械、エンジン、工具、造船、ボイラー、製氷機、農機具、花、野菜の種子、農場、牧場、車輛、クレーン、ガス、ドリル、旋盤、縫製器械、皮革、カーペット、金銀宝石、美術工芸品、出版社、本屋、ドラッグストア、ヤスリ工場、新聞社、活字工場、造幣局、商品取引所、海軍工廠《こうしょう》、炭鉱、鉄鉱石採掘場、鉄道、商工会議所、パルプ・製紙工場、学校などなど、訪れた箇所は五〇になんなんとしている。

しかも、その間には、たまたま火事があったからといい、早朝から火事場にかけつけて消防作業を実地に見学し、夜は夜で音楽会、オペラ鑑賞、レセプションが続くのだ。

フィラデルフィア側はこの歓迎行事について詳細な報告書を作成しているが、それによると、一行はまったく「疲れを知らぬ」勉強ぶりで、とりわけ肥田と長野の熱心さには、ほとほと感心している。肥田も長野もアメリカは初めてではない。肥田は長崎伝習所の出身で、咸臨丸の機関係として勝海舟らとサンフランシスコまで来ており、長野は新見使節の本隊に随行して、フィラデルフィアにも来ているのだった。

肥田は造船や蒸気機関に関する一級のエンジニアであり、いわば新興日本株式会社の技術担当常務といった役柄であったから、海綿（スポンジ）のように新知識や技術を吸収し、各工場の各工程ごとに鋭い質問を発し、原理だけでなく実地の操作についても納得のいくまで説明を求め、疑問があると何回でも実験させ操作してくれるように頼んだ。そしてポケットにたえずノートとコンパスをしのばせ、必要なことはすぐメモし、スケッチした。余りの熱心さにどこの工場でも予定の時間がずれてしまい、食事がとんでもない時間になることも少なくなかった。そして見るに見かねた工場側が、図面やカタログをホテルに届けようと申し出る始末だった。

一方、長野はなかなかの社交家で有能な通訳だった。幕末にやってきたときはまだ一七歳で、通訳として随行した養父の立石得十郎についてきたのだが、愛嬌者でもあり、トミ

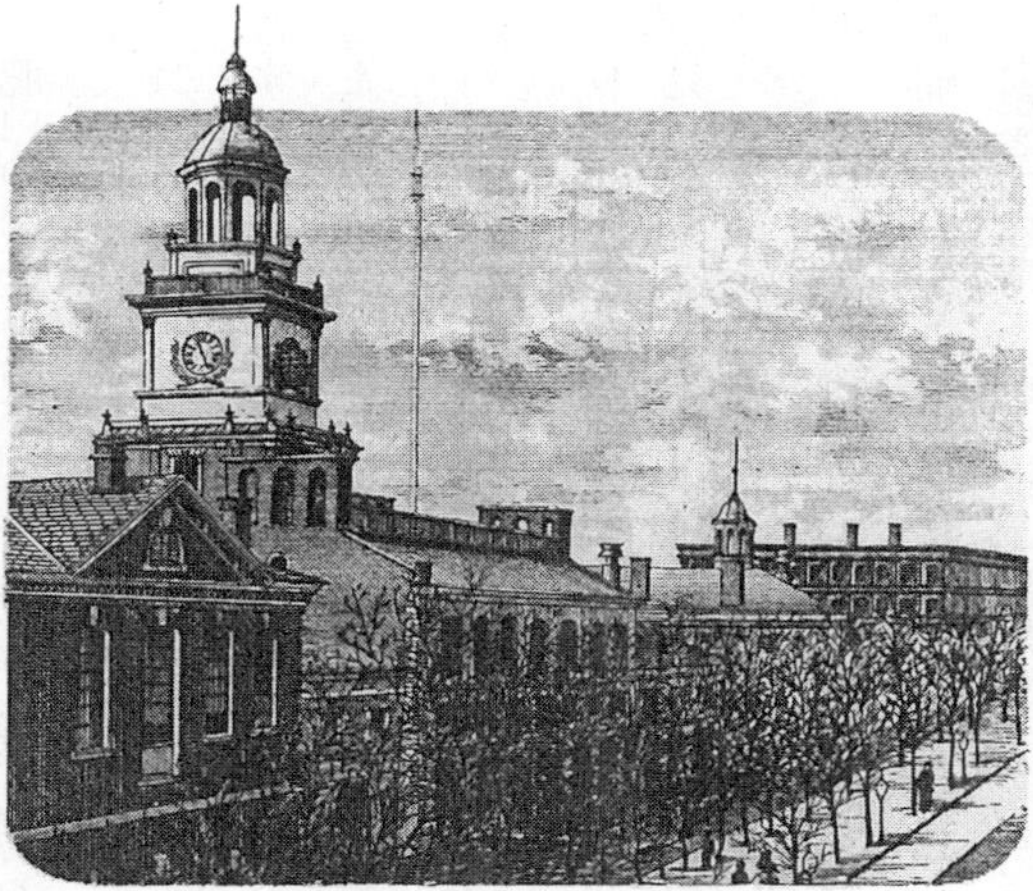

▲フィラデルフィアの独立会堂

▲フィラデルフィアの合衆国造幣局

ーの愛称で呼ばれ、「トミーポルカ」という歌までできるほどの人気者だった。

肥田の関心は当然ながら製造工業にあったから、阿部や沖は時折分かれて岩山を通訳にして専門の農業や牧畜の関係を見てまわった。

こうして二五日間、日曜を除く毎日、徹底的に世話をしてくれたフィラデルフィア側はさすがに音をあげて、「仕事上も体力上ももう限界だ」ともらしたというが、使節の一行はお陰で大変な収穫を得て再びワシントンに戻るのである。

＊　文明見学の日々と閑日月

ワシントン残留組は、アメリカ側の要求と日本側の要求が平行線を辿って簡単に妥協点が見つかるとも思えず、交渉は一種の膠着《こうちゃく》状態に陥《おちい》ってしまった。

やむなく一行はその時間を利用して、あちこち文明見学をすることになる。アメリカ側は公式の接待委員として退役将軍のメヤー氏をつけてくれたから、どこでもフリーパスで特別の便宜を与え懇切に遇してくれた。こうして褒巧院（パテント・オフィス）、印書局（大蔵省印刷局）、郵便局、勧農寮、スミソニアン学校、マソニックテンプルなど、市内の主なところに案内されている。

特に印象的だったのはパテント・オフィス、つまり特許庁で、中に入ると数十の部屋に分かれ、新発明の器械、雛《ひな》形などが展覧されていた。案内の人は、アメリカ人は発明の才に長じていると誇らしげに語り、大きなものは蒸気船、電信機、甲鉄艦の類《たぐい》から、家常日用、百種工芸、子供の玩具、香匳《こうばこ》の些末にいたるまで、「いささかでも新工夫をそえたるものは、すなわち採録して、雛形をこのうちに列す、その夥《おびただ》しきこと、名を問うも精神を耗尽すべし」である。

ここは自主独立、創意工夫を特色とするアメリカの意気盛んなところが遺憾なく発揮されていて、一行を大いに感服させた。

それから、アグリカルチュラルホールを見学する。それは「広大なる地を囲い、試験場となし、樹芸の実験をなす」勧農寮で、久米は詳細にその組織や機能を学び報告している。

そして米国が基本的に農業国であり、その成果が国の経済の基盤を成しているだけに、とりわけ農業政策に力が入っていることを指摘しているのだ。

そして要するに、新大陸の米国は、「欧州人民の開墾地」であるとし、バルチモアとかウィリアム・ペンとか、いずれも開拓者の名前であることを見てもそれは明らかだという。そして「ロシアもまた一個の開拓場なり」とし、米国は欧州移民の自主的開拓に拠《よ》り、ロシアは皇帝と貴族の隷農による開拓に拠るとしている。

穀物や肉類についてもその性質や肥料、飼料などの研究をしており、なにか新しい説が出ると早速試験場で実験をする。気候の観測にも器械の使用にも、理論と実践についての検討をしている。アメリカは農地が広いので粗放な耕作を行なっているが、それでもこのような科学的研究を怠らず、進歩を図っているのは驚きであった。

いずれにしろアメリカ大陸の広さは想像を絶するもので、列車が一週間走り続けても耕地は尽きるところはなく、なお未開墾地も十分にある状況である。久米はアメリカだけで世界全体が需要する農産物を供給できるのではないかとさえ思うと述べている。

そして、視察先は市外にものび、あるいはポトマック川に船を乗り出して砲台を見物し、バーモントまで出かけて初代大統領ワシントンの旧宅やその墓に詣でている。

『木戸孝允日記』（以下『木戸日記』）はその時のことをこう記している。

「風色静寂、英雄に事業を想思し、また多少の感を生ず、またワシントンの古宅に至り、ことごとく室中かつ遺物等を一見す、当時の質素思見すべし、そのとき当国の独立を援助せし仏国のラファイエット将軍の留宿せし室などもそのままに存せり」

革命の志士である木戸にとっては、独立戦争や南北戦争のことは、非常に身近な感覚で捉えられたのであろう。ワシントンやラファイエットへの同情もなみなみならぬものが窺《うかが》える。時あたかも一株の桜の樹があって花が咲きかけていた。木戸はその小枝を手折って襟にさし、故郷の春に思いを馳せている。

一方、会計官の田中光顕は、一行がワシントンに長居することになったので、にわかに財布の紐を引き締めにかかった。大副使は体面上もホテルを変えるわけにはいかなかったが、理事官をはじめ随員一同は一日五ドルですべて賄《まかな》えというお達しである。

早速、佐々木が文句を言い立てる。

「高行なども、元来土佐の寒族なれど、米国に出てはもはや日本の裁判長官と申す事にて、なかなかの重職なれば、いまさら肩を狭めるわけに参りかねる」

佐々木の言い分はもっともだと認められ、それまで通りエビットハウスに泊まり続けることになる。しかし、随員らは長期滞在用の安いホテルに移る。当時の観光案内書を見ると、最高級のアーリントンホテルは一泊五ドルだが、安いところは一ドルか二ドルで宿泊できた。その安宿の一つにウォームレイハウスというのがあって、久米などはここに泊まっていた。幕末の使節に随行してきた福沢諭吉も一八六七年にここに泊まっていることからすると、日本人に馴染みの宿だったのであろう。

ところで久米の相棒にワシントンから畠山義成《はたけやまよしなり》が加わることになった。

畠山は幕末の薩摩留学生のひとりで森有礼らと仲間であった。ロンドン大学に学んだ後、アメリカに渡りラトガース大学の法科を卒業した誠実で学究肌の人物である。英語をとてもよくしたので、帰国途中だった彼を欧州からわざわざ呼び寄せたのである。畠山は大使直属の通訳となり、以来久米とコンビを組むことになる。

ウォームレイハウスには、その二人が宿泊していたが、条約改正交渉とは直接かかわりがなかったので自由な時間があった。それでこの際、米国憲法を訳そうということになった。畠山が口訳し、久米が筆記する。

それを聞いた木戸が、「オレも仲間に入れろ」と、アーリントンホテルから毎日のように通い、まことに熱心であった。昼食になるといったんホテルに帰り、また来るという調子で根気よく勉強した。訳語についてはずいぶん苦労したらしく、「ジャスティス」を「正義」としたものの、「ソサエティ」の訳語がみつからず、「会社」とか「社会」とか、

「社交」とかいろいろ迷っている。しかし、この逐語訳の作業は一同にとって大変勉強になった。

このころ木戸は英会話を習うべく女教師について始めている。また、ホテルには鍋島直大や長与専斎などいろいろな人物が訪ねてきているが、その中に新島襄《にいじまじょう》がいる。木戸は森から新島を紹介された日、その印象を日記にこう書く。

「今日、新島に初めて面会す。同人は七、八年前、学業に志し、脱してこの国に至り当時すでに大学校を経て、このたび文部のことに尽力せり、頼むべきの一友なり」

新島襄は一八四三年、江戸一橋門外の安中藩の屋敷に生まれた。漢学、蘭学、英学を学ぶうちに脱国の志を抱き、一八六四年、単身で函館から海外へ旅立った。幕府や藩の後ろ盾もなく、国の禁制を犯しての渡航で吉田松陰らの志と通じるものがあった。水夫などしながらさんざん苦労してアメリカに辿り着き、有力者の保護をうけて神学校、大学校に進んでいた篤学の青年である。その間たびたび病にもかかったが、幸いにして命を長らえ勉学を続けていたのだった。それを知った森が岩倉使節団の随員になることを勧め、文部省の調査理事官田中不二麿の随行となったのである。

森有礼の跳ね上がりぶりと対照的だったこともあろう、木戸は新島の堅実で着実な考えがすっかり気に入り、以後なにかと贔屓《ひいき》にしていく。

「彼の厚志篤実、当時軽薄浅学の徒みだりに開化を唱えるものと異なり、余と彼交わることおのずから旧知を得たるがごとし、その益すくなからず、後来頼むべき人物なり」

木戸は新島を誘い、よく連れだって散歩に出かけ、夜は劇場にも行っている。

英会話といえば、やはり言葉が問題で、安場保和が急遽帰国することになる。

久米の回顧によると、初夏になって急に南風が吹きだし暑くなったので、安場が砂糖水を注文しようとメイドに命じたらしい。砂糖はシュガー、水はウォーターと覚えているから、メイドにしかるべく注文すると、彼女は煙草のシガーとバターを持ってきて澄ましている。

安場は愕然としてこう断ずるのだ。

「人民の膏血を絞った租税を、僕のような者の洋行のために浪費するのは忍び難い。よって断然帰国したい」

安場は元肥後藩士、四十歳、横井小楠《よこいしょうなん》の弟子であった。酒を好み、談論風発、古武士風の硬骨漢である。大久保に目をかけられ、大蔵省の租税権頭という、いわば今日でいう国税庁の局長くらいの役職にあったが、当時の武士の通性か数字に弱く、アラビア数字さえわからぬほどでホテルの階数も部屋の番号もよく間違えた。

安場は元来使節一行に是非とも必要な人間ではなかったのだが、大隈、井上らにいわせれば、「余りに頑固で攘夷の精神が強いので、この際、海外に出して洗脳すべし」ということだったらしい。一説によれば、大久保が大蔵省のお目付役にと安場を送り込んだのだが、井上らが敬遠して海外に出したとの噂もあった。ところが安場はなかなか欧米風に染まろうとはせず、許されて遂にワシントンから帰国することになる。

頑固党の僚友、佐々木高行もこの帰国話に触発されてか、「われも帰国せん」と申し出たがこちらは許されず、しぶしぶ旅を続けることになる。


さて、ワシントンで非常に目立つことの一つに黒人の多いことがあった。久米は当時の人口一一万のうち、四万四〇〇〇人が黒人だとしており、ある日、黒人学校を訪れている。新しい国、米国にとって黒人の扱いは極めて重要な問題だった。国を二分するかという南北戦争も黒人問題が発端であり、四年にもわたる流血の大戦争の末、ようやく黒人も白人と同じ人権を認められたのであった。

ただ、それ以来まだ日が浅く、差別の遺風は色濃く残っていた。変革がそう一朝一夕にいくわけもなかった。米国政府はそのため黒人専用の学校をつくり、その教育に力を注いでいたのである。その学校は生徒数が四〇〇〇人もおり、中には大学にすすむ者もいた。

久米は、欧米の奴隷制度について次のようにいう。

「そもそも欧州は鷙悍《しかん》（あらあらしく強い）の俗なり、役奴の悪習はエジプト、ギリシヤ、ローマの時代より、流れ来たり、一五〇〇年代の初めより、スペイン、ポルトガル、英および蘭の諸国に、航海植民を競い、黒奴を買って、植民の属地に輸送すること、一時盛んに流行したり」

その残酷なることは東洋古代の奴婢《ぬひ》の類とは違って目をそむけたくなるほどで、たまま古書店で見かけた絵図に奴隷狩りの様子が画《えが》かれていたとして次のように書き記している。

「白人はまるで動物を狩りするように鉄砲で黒人を捕え縛り、頭を数えて船に積み込み、暗い船底に詰め込んで羊や豚と同じように扱い、泣けば鞭打ち、死ねば海に棄て、糞食相混ざり、臭気堪えざるべからずの状態だ。そして植民地に着けば、頭を数えて税金をとり、上陸後には市場で売買し、買った人は一個の所有物とみなす」

まことに野蛮な風習で、東洋ではかってなきことである。中国では周時代（紀元前一〇〇〇年頃）にすでに、市場で人間を牛馬の如く売買することを禁じているが、欧米ではごく最近まで奴隷が存在しその売買をしていたとはまさに言語道断なことである。

西洋でもこれに反対する声はあって、一七六〇年代になって英国のグランヴィル・シャープなる人物が奴隷制度の非道なることを主張したが一般には聞き入れられず、特に米国南部では綿花栽培に好都合であったため黒人奴隷が盛んに用いられた。同じアメリカでも工業化がすすむ北部ではさすがに反対する人が増え、奴隷廃止論のリンカーン大統領の登場によってこの問題が火を噴いた。南部は同盟を結んで対抗、独立しようとし、遂に合衆国が南北に分かれて死闘を尽くすことになったのだ。

この戦争中、既得権益をもつ貴族や豪商は南に与《くみ》し、英国の議会でもしばしば南軍支持の意見が出たし、アラバマ号事件に象徴されるように現実に南軍に支援をしたケースもあった。

久米はこうした奴隷制度廃止までの顚末《てんまつ》を概観しつつ、人権を認められたといってもなお日浅く、長い習慣から抜け切らず差別は歴然としていることに触れ、黒人学校の視察から得た感想を次のように記している。

「ただ、中には早く自主せる黒人もあり、現に下院に選挙せられたる人傑もあり、また巨万を累《かさ》ねたる豪姓もあり、皮膚の色は、知識に管係（関係）なきこともまた明けし、故に有志の人、教育に力を尽くし、よって学校の設けあるところなり、顧うに十余年の星霜を経ば、黒人にも英才輩出し、白人の不学なるものは、役を取るに至らん」

才識は皮膚の色に関係なく、教育がすすんでいけば、黒人にも英才が多く出て、かえって白人がその下で働くようになるだろうと推量しているのだ。

改正交渉の方は、回を重ねるごとに歩み寄りのむずかしさが認識されるばかりで一向に進展しない。大久保、伊藤からもそろそろ何かいってきそうなのに、何の音沙汰もない。条約の一件も水入りなら、ワシントン見物も一段落である。

*　景勝地遊覧

アメリカ政府も長っ尻のお客さまにさぞ閉口しただろうが、放っておくわけにもいかず、六月中旬になるとメヤー退役将軍を案内役として使節を北部遊覧に連れ出すことになった。

一行は上院議員のバンクス将軍やその令嬢も含む総勢三〇人ばかりで、六月七日の夜、九時二五分、寝台車二両を特別に仕立てて出発した。夜が明けるころ日本に馴染みの深いラトガース大学のあるニューブランズウイックのあたりを走り抜け、初夏の緑濃い早朝の平原を行く。

六時四五分、ニュージャージーの駅に着くと、直ちに馬車に乗り移り、ハドソン川のフェリー駅にいく。ここには大駅舎があって交通客が雑踏している。久米らは馬車を降りて船に乗るものとばかり思っていると、馬車のまま船に乗せられた。

久米はこの仕掛けに驚き、次のように記している。

「船ははや桟橋を離れ、たちまち四面に波浪の漂うを見て、初めて車は船中にあるを知り、愕然四顧する間もなくて、ニューヨークの渡頭に着船し、輪響輷輷《ごうごう》として馬車をめぐりだす、たちまち海、たちまち陸、驚疑の間に変移す、制作の巧、快もまた極まる」

一行は馬車を連ねて市街を往く。仰ぎ見れば高架鉄道があり、ブロードウェイの大通りには馬車が行き交い、店々が連なり、実に汗が流れ出るほどの繁華街である。

使節は、そのブロードウェイに面した白亜の大ホテル、セントニコラスホテルに投宿する。

「ホテルに着してこの街に面せる室にいれば、時には万雷の至るごとく、時には大風の松林を吹くが如く、終日殷殷轔轔《いんいんりんりん》の声（轟《とどろ》くような車輪の音）、耳に充ち語言を乱る、その繁華かくの如し」

一〇時には馬車を仕立てて、市内見物に出かける。まず、南へ向かい島の南端バッテリーパークに至る。ここには遊園をつくり眺望台がある。おそらくそこからの景色であろう、久米は次のように書いている。

「水は穏やかに波浪をただよわせ、つなげる船は帆柱の林をなし、行く船は枯葉の浮かぶが如く、彼岸より煙を吐きて、此岸より笛を鳴らして出る船あり、この日は牢晴にて眺望もよく、ニューヨークの繁華は世に轟きたれば、常に十二分の想像にて思量したれども、なおも意外に出ること多し」

一行は街の中心地、いまのシビックセンターの界隈をめぐり、府庁、電信局、会社、新聞社など大建築の並ぶところを回覧し、イーストリバーの波止場をまわり、いったんホテルに戻って昼食をとったあと、午後の三時からは北へ向かい、豪邸が並ぶ高級住宅地を過ぎ、セントラルパークまでいっている。

当時のニューヨークは人口九五万、ブルックリンまで含めて一三五万といわれた。一行は一泊しただけで、あくる日、朝八時にはホテルを出て、イースト海岸より船に乗り、ハドソン川を遡って、景勝の地として有名なウエストポイントを訪れる。このコースはかつて世界最初の蒸気船をフルトンが走らせたところで、エリー湖に通じる海運の大動脈として、また避暑地で有名なサラトガへ行くメインルートとして、華やかな水上ハイウェイなのであった。

ウエストポイントはそのハドソン川が大きく迂回するポイントに突出した岬のような台地にあり、戦略的に極めて重要な場所である。そこに陸軍士官学校がおかれており、一行は一二時にその岸に着き、キャンパス内のゲストハウスと町のホテルに分宿することになった。

『木戸日記』によれば「この地の風光、州第一という。本邦の景色に彷彿《ほうふつ》として、別に自ら異なるものあり。ここはかつてワシントンが本陣を構えし処にして、この近方には古戦場少なからず」とあり、続けて「この辺の景色極めて妙、馬関の山水に似たり」と下関の風光を想起している。

一行はここに二泊して学生の調練を見たり、のんびり散歩をしたりして、しばし静養の時を過ごす。ただ、調練時の大砲や射撃の成績はよろしくなく、久米は「的中ははなはだ少なし」とし、こうした技術は日本人の方が優れていると書いている。

一行はそれから汽車でナイアガラに向かう。そのころアメリカ人が外国の賓客を接待するときのお決まりのコースが、ナイアガラの滝とサラトガスプリングだったらしい。汽車は小さな州都アルバニーを経由して半日ばかり走りやっとナイアガラに着く。

一行は、バッファロウのインターナショナルホテルに泊まり、アメリカ大陸の大自然が生んだ造型・大瀑布を見物する。七台の馬車をつらねてゆらゆらとする吊り橋を渡り、エレベーターで滝壺まで降りて水しぶきを浴び「実に世界の一大奇観」と感心している。

そしてその夜は、連邦政府のはからいであろう、ホテルでペリー来航時のフィルモア大統領と会食し歓談に時を過ごしている。

「当年七十余歳、かつてこの人、初めてコモドール・ペリーを遣わせし人なり、大使はじめ同食し往時を談ず」とある。地元の新聞によると、フィルモアも大使たちも楽しいひときを過ごしたようだ。

一行は翌朝七時半にこの地を発し、車窓から運河の風景などを興味深く眺めながらロチエスター、シュラキースを経て、夜の七時にサラトガ駅に着く。いかにもリゾート地らしい木造ながら瀟洒《しょうしゃ》なフレンチバロックの駅舎である。使節団の到着が報《しら》されていたらしく、駅周辺には物見高い見物客がわんさと押し掛け大変な混雑だった。暇を持て余している遊客が渦巻く中にオリエントの珍客が飛び込んでくるのだから、不思議はなかった。

サラトガというのは地形的には至極平凡な森林地帯で、若干の起伏があり池のような小さな湖はあるものの、風景としてとりわけ見るべきものがあるわけではない。古戦場としては有名だが、むろんそれだけで人を惹きつける力はない。この地がそれだけ人を集めるようになったのは、霊験あらたかとされる薬泉が出たことにある。が、さらにそれを決定づけたのは豪華なホテルを次々と建て、舞踏場やカジノをつくり、高級な避暑地として売り出し、ファッショナブルなリゾート地として著名人の夏の社交場に仕立て上げたからである。

そこにはグラント大統領をはじめ政財界、官界、ジャーナリズム、芸能界の一流人士が集まり、夏の間に重要な情報を得ようと思ったらサラトガにいかなくてはならないとさえいわれた。目抜き通りはブロードウェイと名付けられ、当時の宣伝文を見ると、「パリのシャンゼリゼも、ベルリンのウンテル・デン・リンデン（菩提樹の意）もかくや」と書いてある。

使節一行が泊まったのはグランドユニオンホテルで、ニューヨークの百貨店主、A・

T・スチュワートの経営になるものであった。中央に庭園を囲みベランダをめぐらし、同時に二〇〇〇人を容れるという大規模な食堂をもっていた。

一行は次の日、各種ある薬泉を試飲したり、小さな湖に出かけて船遊びをしたり魚釣りをしたり、あるいは鉄砲を撃ったり玉突きをしたり、当地の名物だというジャガイモの揚げものを食べたりして、思い思いにのんびりと過ごした。

一行はサラトガに二泊した後、鉄道でボストンに向かう。そのお目当ては当時開催されていた「平和祝賀大音楽祭」で、南北戦争と普仏戦争が終結して世界に平和がやってきたことを祝っての大イベントであった。そのためにボストンでは五万人収容という巨大な木造のコロシアムをつくり、ヨーロッパから一流の音楽家を招いたのであった。その構成は一〇〇〇人のオーケストラ、四〇人の独唱者、一万人の男女からなる大合唱団で、さらには、電気仕掛けで寺の鐘を鳴らし砲台からは大砲を撃ち放し、街ぐるみのいかにもアメリカ的なお祭り騒ぎだったのである。

一行は迎賓館的な格式あるホテル、リビア・ハウスに宿を定め、連日音楽祭に出かけることになる。ホテルは独立戦争時の志士「自由の子」ポール・リビアの名をとったもので、木戸は大いに気に入ったらしく「来米以来の美室」だといい、ボストンについても

「当地の人すべて待遇の情もっとも厚きを覚う。この地は米国中にても学者の多き第一という、風俗もまた他邦に勝れり」と書いている。

翌日は、接待係の案内で市内の主だった所を回覧した。

久米はボストンの印象をこう書く。

「ボストンは米国の都府中において、その繁昌最も久しくして、近年の人口の増加は他の諸都府に比すれば、やや鈍し、すでに十分の富庶《ふうしょ》（生活が豊かで人口が多いこと）に達したるに似たり」

ボストンは米国建国の都であり、新開国アメリカにあっては歴史ある古都であった。一行はまず全米で最初という公園コモン・パークを訪れる。次いで隣接する高級住宅地ビーコンヒルの「快美なる通り」を走り抜け、午後には大音楽会の会場に行く。

午後三時、音楽会は始まった。

大オーケストラの奏でる曲は巨大なホールに響きわたり、大コーラス隊がそれに唱和した。次いで宝石や金で飾りたてた歌姫が登場し、聴衆に向かって一礼すると万雷の拍手が起こった。やがて歌唱が始まると、その声は玲瓏《れいろう》として美しく、時には鶴の如く、時には鶯《うぐいす》がさえずるように、玉を転がすように場内に響きわたった。

次いで英国親衛隊の楽隊が緋衣熊冠（熊毛の帽子）の装いで演奏した。米国人独立の戦でとらわれの身となりながら「愛国心を堅くして屈撓せざる一曲」は、聴衆のこころを揺さぶり、感嘆やむあたわず、手を打ち足を踏み鳴らして、しばし鳴りやまなかった。

次の日の午前は、波止場から蒸気船で乗りだし港見物をしている。それにはボストンの有力者をはじめ饗応の人が、男女で五、六〇名も参加し、船内には酒果を用意して盛んにもてなした。

午後にはまた音楽会に出かけている。プログラムを見ると、バッハ、ベートーベン、モーツァルトなどの曲にまじって、ヨハン・シュトラウスの「酒、女、唄」もあり、シュトラウス自身が指揮している。使節一行にとって西洋音楽の本格的な初体験となった。

音楽会のあとには海岸で気球乗りに誘われている。これは軍が用意したもので、好奇心のさかんな木戸は早速それに乗り、三〇〇ヤードの上空まで昇っている。

一行は翌日、ボストンを発ち、途中スプリングフィールドに寄って銃器工場を見学し、ニューヨークに二泊したあとワシントンに帰着している。こうして連邦政府の接待による、二週間にわたる北部遊覧の旅を終えるのである。

七章　大失態

＊決死の委任状取り

一方、委任状取りの大久保、伊藤はどうしているのか。またまたロッキー山脈を越え、太平洋を渡って東京に辿り着き、さて閣議に出て事情を話し委任状をもらいたいと談じ込めば、留守政府はいい顔をしない。

「使節団は情報を収集するため諸国巡遊の旅に出ているのに、わずか一国を訪《おとな》うたのみで、にわかにその意思を変じ、一国でじゅうぶん知識を得たことを装って、ただちに条約改正の交渉ができるように思うのは甚だおかしい」

とりわけ、当面の担当者である外務卿の副島種臣《そえじまたねおみ》と外務大輔の寺島宗則《てらじまむねのり》が強硬で、とりつく島もない。副島は大久保の帰国から四日後、英国の代理公使アダムスの訪問を受けている。公使のパークスは賜暇で英国に帰国中であり、その代理としてアダムスが条約改正の一件について強く反対した。

「アメリカ政府は選挙目当てで、そんなことをいっているのだ。第一、日本政府は出発前に各国政府に条約改正の繰り延べを要請しておきながら、勝手に米国にとどまって単独交渉を始めたとあらば、他の訪問諸国への侮辱となり、日本への反感を生むばかりである」

当時、英米はアラバマ号の一件でも犬猿の仲であり、あるいは戦端が開かれるのではないかとの憶測さえあり、両国は日本における外交の主導権争いでもしのぎを削っていた。

閣議で激論が交わされたが、何も決まらなかった。三条や西郷は沈黙したままである。

アダムスは再三、副島を訪れて盛んに忠告をした。

「大部分が外国に出たことのない使節団は、サンフランシスコからワシントンに至る途上ずっと歓迎攻めにあったので、すっかり度を失ってしまったのではないか」

一方、アダムスが暗躍していると見た伊藤は、直接アダムスに会ってなんとか解決策を見出そうとする。そこで、米国ではなくどこかヨーロッパの小国を選んで各国から代表を派遣してもらい条約改正の大会議を開く案も出された。

伊藤はこの時点で、当初構想した米国との単独交渉案をとりさげ、英国の了解も得られる欧州での合同会議案に修正したようだ。現実の状況に照らして柔軟に対応していく伊藤の姿勢がうかがわれる。

　大久保、伊藤にしてみれば、フィッシュの面前で委任状を取ってくると広言してきた以上、手ぶらで戻るわけにもいかない。縷々《るる》説明をして、なんとか打開の道を探ろうとする。ところが、相手は名にしおう硬骨漢の副島であり重厚な寺島である。副島は学識抜群といわれた人物で理路整然として論陣を張り、寺島は海外経験の豊富さにものをいわせて一歩もひかない。他の閣員もアメリカの歓迎ぶりなど知らないから、何故、大久保までがこのような飛切論になったのか理解できない。

　さすがの大久保、伊藤も進退きわまって困窮の極に達した。むなしく日時だけが過ぎていく。放っておけば岩倉、木戸がワシントンで宙に浮いてしまう。こうなったら仕方がないというので、一説によると切腹するしかないというところまできた。それを聞いた副島はこう言い放ったという。

「切腹の儀は、ご勝手になさるべし。あえてお勧めもお止めもいたさず」

　が、ここまできてやっと助け船が出されたようだ。あの二人を見殺しにするわけにはいかない。なんとか面子《メンツ》上、委任状は出そう、しかし、軽々しく使えないような厳しい条件をつけることにしたらしい。そのあたりの事情は、萩原延壽《はぎわらのぶとし》『遠い崖　アーネスト・サトウ日記抄』にアダムスの言葉として次のように書かれている。四月九日（陽暦五月十五日）、太政大臣三条実美から森有礼代理公使（小弁務使）にあてて、つぎの訓令（電信）がおくられた。外務卿副島と外務大輔寺島の反対にもかかわらず、ヨーロッパでの合同会議案が採択された。

「欧羅巴《ヨーロッパ》の内にて各国の条約を改定せんと欲す。其が為め米国政府へ其全権を差出す事を求むべし。委しき事は次の郵船にて報ずべし。副使両人（大久保と伊藤）出帆は定り次第電信にて報ずべし」（『日本外交文書』第五巻）

その翌日、近く帰国するアダムスを私邸に招いた三条は、この決定を伝えるとともに、その理由をつぎのように説明したという。

「昨年の十二月（陽暦）、使節団が出発したころ、まだ国内の政情は安定していなかった。廃藩置県という大改革の結果がどうなるかについて、たしかなことは何もわからず、国民がこの変革を納得するまでに、まだしばらく時間がかかると思われた。条約改正をしばらく延期したほうがよいと考えたのは、この理由のためである。（中略）しかし、この数カ月の様子を見ると、政情の安定は政府の期待をはるかに超えており、国民は新しい体制を平和裡に受け入れている。その結果、条約改正は早ければ早いほどよいと、政府は考えるにいたったのである」

しかし、アダムスは、額面通りには受け入れず、次のような解釈をしている。

「日本の支配者たちの大目標は、自国が他のすべての諸国と同等であることをあきらかにすることにある。かれらは自国民の前で、日本が他の諸国よりも優れていることをしめそうとする傾向さえある。こころの中ではそうではないと感じていながらも、そのような傾向が見られる」

「武士は喰わねど高楊子」ではないが、実力もないのにプライドだけが高く虚勢を張るサムライの通性をそのようにとらえているのだ。

「長らく世界の他の地域から孤立してきた国にありがちなことだが、日本人は異常なほど虚栄心がつよい。日本の要請にしたがって、すべての条約締結諸国の全権代表が一堂に会するヨーロッパでの大会議、これほどかれらの虚栄心をそそるものはないであろう」と。

それでもまだ不安があったのだろう、強力なパワーの二人のことである、いったん委任状を出したら何をするかわからない。そこで誰か相当の人物を目付役につけるべしとなった。かといってあからさまにそうするわけにもいかないので、一計を案じ当時まだ英国に代表をおいていなかったので寺島を急遽駐英国公使に任命し、二人に同行させることになったというのだ。

当時、参議で閣議に出席していた大隈重信は『昔日譚』で、そのころのことをこう語っている。

「大久保といい、伊藤といえば、当時身に強大なる声望を有せしのみならず、大使たる岩倉はじめとして木戸その他の俊豪と協議のうえ帰り来りて要求せしことなれば、その所論の勢力また強大を加えしといえども、留守中なる我が政府にては外交の当局者たる副島、寺島をはじめ内閣殆《ほとん》どあげて反対せしより、さすがの両人もその意を達するに由なく、心ならずも再び米国に渡航するのやむをえざるに至れり」

＊天皇使節団の巡幸

この間、二人が東京に着いたのが三月二十四日（陽暦五月一日）、再び横浜からアメリカに向けて出航したのが五月十七日（陽暦六月二十二日）だから、五十日ばかりかかっており、いかに交渉が難航したとしても長すぎる。ということは、大久保、伊藤の長期の東京滞在には、もう一つの理由があったのである。

というのは、特に大久保にとっては留守中の国情が心配だった。とにかく廃藩置県という大手術の直後である。とりわけ職を失う士族たちの動向、隠退させられた旧大名たち、その代表ともいうべき島津久光公の動静、そして各地で頻発しているという農民一揆の騒ぎがあった。大久保はこの一時帰国を機に、それらの情勢を把握し必要な手を打つことを考えたものと思われる。事実、大久保が大隈に語ったという次の言葉はその間の事情をよく伝えている。

「使節の任を帯びて欧米諸国を巡遊するも、その大目的は速やかに内治外交を整理して、国家人民の安寧《あんねい》を保全し、幸福を増進せんとするにあるのみ。内国の闘争あることかくの如くなれば、如何にして安心して外に使いし、以て使命を全うするを得ん。殊に、わが郷藩の旧主（島津久光公）にして中央政府の施設（施策）に対し、慊焉《けんえん》（不満足）の情を懐《いだ》き、反対を表するかの如しと聞きては、なおさら心許なき次第なり。いかにしてこれを和らげ、また内顧を要せざることと為さるる以上は、再び出て大使の一行に加わるに忍びず」

そこで国内でもうひとつの「使節団」が企画された。明治天皇の西国巡幸である。それはこれまで御簾《みす》の中の存在でしかなかった天皇を直接、士族や民衆に知らせしめ、信頼を勝ち得、一般の不安や不満を和らげようとする狙いがあった。そして同時に鹿児島にも寄港し、天皇自ら親しく久光を諭さんと意図するものであった。むろん、西郷も随行して共に久光の意を伺い、できれば久光を上京させるように努力しようと決したのである。これによって大久保も初めて安堵し、やっと再度アメリカに行くことを決めたという。

また、他にも財政問題、金融貨幣問題、失業者対策など緊急を要することが山積しており、大久保と伊藤は、大隈、井上らと協議のうえ、内外呼応してその処理に当たる必要を確認したのであろう。つまり二人の一時帰国はいろいろな意味で諸問題を処理するうえで貴重な機会になったものと思われるのだ。

事実、大久保、伊藤が再び横浜を出帆した後、一〇日余り、明治天皇は西国への巡幸に出発する。それは若き天皇自身のためにも意味のある全国視察の皮切りであった。大久保はかねてより明治天皇を名君に育てる必要を痛感していた。そのため大奥の女官を追放して君側の改革に力を尽くし、盟友の吉井友実を侍らせてその教育に当たるように配慮してきた。全国を親しく旅し実情を見聞することは、今後の政治をする上で必須の研修旅行でもあった。

その朝、天皇は騎馬で皇居を出発し浜離宮で小休止したあと、ボートで品川沖に停泊する旗艦「龍驤」に向かった。随行する者、西郷隆盛、従道以下七〇余人、近衛兵一小隊がついた。中央マストには錦旗が掲げられ、祝砲二一発が放たれた。巡幸の最初の訪問地は、伊勢神宮だった。洋装の天皇は騎馬ですすみ、一行を迎えた民衆は、幕府時代の大名行列の大時代的な大行列に比べはるかに簡易な供ぞろえと衣裳に驚いた。人々は路傍に跪《ひざまず》き、あたかも神を拝むかのように柏手を打った。一行は次に大阪に寄り、さらには京都へ向かった。ここでは父孝明天皇の陵に詣で、そのあと京都の「産物博覧会」を視察し、中学校を訪れ授業を参観した。その後、兵庫、下関、長崎、鹿児島、丸亀を訪れて、各地で民情を視察し、とりわけ産業、教育、軍隊などについて認識を深めた。

この四九日間にわたった若き明治天皇の旅は、久光を上京させるまでには至らなかったが、天皇の威光を民衆に知らしめ、新しい開明国家のイメージをPRする点で大いなる効果があったのである。

＊外債募集へ

留守政府にとって治安の問題と並んで急を要する重大問題が資金であった。版籍奉還と廃藩置県で全国の土地を国家の収税基盤とすることに成功したものの、地租として実収が期待できるのは先の話であって当面の資金不足は深刻であった。特に当時の国家予算の三分の一を占める士族の俸給は多額を占めており、これが最大の財政負担になっていた。そこで従来の士族の家禄（サラリー）に代えて禄券を交付することにした。いわば、退職金を債券で支払うという方策である。

　これは当然、換金性のあるものにしなくては当面の生活費にも困ることになるので、実施に移すには買い上げる資金を用意する必要があった。そこで大蔵省では三月（陽暦）、外国からの借金で賄うことに決し、大蔵少輔の吉《よし》田《だ》清成《きよなり》を米英に派遣して外債募集に当たらせることになった。

　その勅旨には、新公債の金額は一五〇〇万から三〇〇〇万ドル、しかるべき銀行を代理に指名して公開で募集することになっており、秩禄処分のための資金以外に鉄道建設資金や鉱山の開発資金も視野に入れたものだった。

　それまでに日本政府は英国のオリエンタル銀行から、鉄道建設資金として一五〇万ポンド（七五〇万ドル）を借りていたこともあり、今回は米国でまず募集を試みるつもりだった。それには岩倉使節団がアメリカ訪問中で大歓迎をうけていることも好都合だと考えたのだ。当面の責任者である井上馨は、滞米中の大久保に宛てた公信の中で「大使巡歴の後へこの公債を以て米国へ赴き候は、実に無上の便宜」といっている。

そこで吉田清成は岩倉使節団の後を追うように、大蔵省の下僚である大鳥圭介《おおとりけいすけ》、南保、本田晋のほか、大蔵省雇いのアメリカ人ジョージ・ウイリアムズを随行させて横浜を発つ。ところがあにはからんや、その大久保は伊藤とともに、二月十三日（陽暦三月二十一日）にニューヨークを発ち四月初旬（陽暦）には太平洋上にあって帰国途中だったのである。吉田は大久保、伊藤と太平洋上ですれ違ったことになる。

吉田はサンフランシスコに着くと早速、カリフォルニア銀行のロールストンに会っている。ロールストンは一〇〇〇万ドル程度なら引き受けてもいいが、日本事情に詳しいオリエンタルバンクと共同引き受けが無難だという意向であった。

次いで、吉田は同行のウイリアムズの知己《ちき》でもあり、たまたまサンフランシスコに来ていた米国内務長官のコロンバス・デレノーに会う。デレノーは二〇〇〇万ドルまでなら米国で調達できるように尽力しようといったが、条件面での具体的な問題は不透明だった。

吉田はワシントンに着くと早速、大使副使や森公使に報告する。ところが、思いがけない反対論に出会う。岩倉や木戸は公家や士族の生活を脅かすような秩禄処分をそのように早急にすすめることに反対だったし、森は西洋流の考えから、それは財産権を侵害するものであり「家産を没収するに等しい暴挙だ」といって秩禄処分そのものに猛反対した。そして、そもそも外債募集のような仕事は出先の公使がやるべき仕事で、大蔵省が自ら出張ってきてやるのは職権侵害だと文句をつけた。

吉田は内国事情を説明して岩倉や木戸については了解を得た。が、森は聞く耳をもたず相変わらず強硬な態度を変えず、アメリカの新聞に内輪もめをさらけ出すような反対論を発表する始末であった。

木戸はそれについて日記に「国債一条に付き、新聞を出し不都合少なからず」と書いており、森が自己の意見を言い張って国益を損ずるようなことをするとお冠《かんむり》である。吉田と森は共に薩摩の留学生として英国に渡った仲であるが、考えや性格がまるで違っていた。吉田と森は激論を闘わせ、ついには物別れとなるのだが、吉田は井上馨に宛てて次のようにいっている。

森の言い分は西洋かぶれの議論で、「世襲の家禄をプロパティと考え、日本政府が文明国にあるまじき盗賊の如き真似をする」とまでいって反対し、「まことにあほらしき子供の議論にて、言葉の添えようもなき次第」とあきれ果てている。

一方、吉田は内務長官デレノーの線を詰めたが、政府の保障問題で当局に反対意見が多く実現は不可能という感触だった。ワシントンでの交渉に見切りをつけた吉田はニューヨークに行き、デ・ロングの紹介でロスチャイルド系のドイツ商人、ジェイコブ・シフに面会した。彼は二〇〇〇万ドル以上なら引き受けてもいいが、ロンドンやフランクフルトの事務所と相談する必要があり、それは電信や手紙では埒《らち》のあかない問題だといった。

吉田は森の妨害作戦にも嫌気がさし、このまま米国にいても交渉は望み薄と見て、六月八日、シフの代理人ジェネラル・ウィルソンを同行して英国に渡ることになる。

この間、留守政府には後に問題になる重要な人事が進んでいた。その一つは四月二十五日、江藤が司法卿になったことである。江藤は卿になるや、司法行政が未分化の状態にあるのを是正するべく活発に動き始めた。急進主義の江藤はナポレオン法典を拙速でもいいからと翻訳させる一方、各地の裁判所の独立をはかって猛烈に運動をすすめた。そして、「不正を正す」をモットーに、各地の訴訟を取り上げたから、それはまたおのずから長州閥の恥部をつつくことにもなっていく。

一方、山縣、西郷従道らは徴兵令を準備し、大木らは学制の発布をすすめ、大蔵省は戸籍調査、地租改正、藩債の処理、貨幣の統一、外債処理などを片っ端から片づけていく。岩倉本隊がワシントンで条約改正交渉で苦闘しているとき、留守政府は山積する問題の処理に邁進し、廃藩置県に伴う実務的な大改革をすすめていたのである。

＊ 大失態

丁度、そのころロンドンでは日本人留学生が集まって噂をしている。

「今度こちらへ来られる大使連中は、日本の政治の最高の有力者揃いだから、政府がそっくり洋行してくるようなものだ。ロンドンで見ていると最近の日本のやり方は余りに突飛で上っ調子で甚だ心配だ。大使副使が来られたら絶好の機会だから、直談判をして十分忠告もし、上滑りせぬようにしてもらわねばならない」

そのころの留学生にはキャリア十分の実務にも通じた人物も多かったから、手ぐすねひいて待っている。

ところが三月になっても四月になっても姿が見えない。五月になっても音沙汰がないので、これはおかしいぞと思っていると新聞に記事が出た。

「日本の使節は、条約改正交渉を正式に始めようとして、委任状を本国へ取りに行っている。日本はどうやらヨーロッパ諸国にも与えていないような特権をアメリカに認めようとしているらしい」

　これを見て留学生たちが騒ぎだした。

「それが本当なら大変だ。単独交渉などもってのほか、わが日本の不利になる。大使副使も外交事情がわかっていないのではないか。どういう経緯か知らないが、とにかくこれは食い止めねばならない」

　衆議一決した留学生は、手紙を書くくらいでは生ぬるいから、是が非でも誰かがアメリカまで出かけて膝詰め談判をしなければならないということになった。そこで尾崎三良《おざきさぶろう》と川北俊介が選ばれてワシントンまで行くことになった。ところがみな貧乏学生で、そんな余計な旅費など持ち合わせがない。かといって誰も頼る者がいない。そのころロンドンには駐英公使館もなければ、むろん日本の商社や銀行の出先機関もない。いるのは懐の寂しい留学生ばかりだ。二人でワシントンまで行くには、一〇〇ポンド（五〇〇ドル）くらいは必要だ。これをなんとか工面しなくてはならない。尾崎が知り合いの英国人マニアック氏に頼んで金をつくり、いわば決死の覚悟で大西洋を渡っていくのである。

　尾崎三良は三〇歳、父は仁和寺の大夫、三条実美に仕えて幕末その家士として活躍、龍馬ら志士とも交わった。明治元（一八六八）年、実美の世子公恭の留学に随行してロンドンに来ていた。後に法制局長官、貴族院議員、宮中顧問官になる人物である。

一方、北部遊覧を終えてワシントンに帰着した岩倉、木戸は、思いがけない訪問者を迎え一棒を食らうことになる。

それは駐日ドイツ公使のフォン・ブラントで、やはり同船してきた駐日英国代理公使のアダムスと合議のうえで日米単独交渉のぶちこわしにかかったのだ。

ブラントはいう。

「条約改正をどのようになされるかは知りませんが、最恵国待遇の条項をご存知でありましょうな。もし、米国へ何か一カ条でも交換条件にお許しになるとすれば、最恵国待遇の取り決めによって欧州各国にもなんらの交換条件なしにその特権を与えることになります。これはお国のために甚だ不利になると危ぶんでいるのですが……」

岩倉、木戸はこれを聞いて驚いた。とにかくその時点まで、両首脳は片務的最恵国待遇という条項を知らなかったのである。これはフィッシュの委任状以来の強烈パンチだった。

さらにアダムスがやってきて追い打ちをかけた。

「使節が米国滞在を勝手に延ばしたために、英独をはじめ各国への訪問が大幅に遅れ、諸国政府に対して甚だ礼を欠くことになっている。英国女王は近く避暑のためにスコットランドに出かける予定であり、早く渡英しないと会えないことになる。いずれにしろ、早急にロンドン到着の日程をお知らせ願いたい」

まさに泣きっ面に蜂である。

実はこのアダムス、駐米公使のソートンからいろいろ情報を得ていて、日本側の動きや米国側の対応も大略《おおよそ》把握していたのだ。

その一つは、デ・ロングに関するもので、明治元年に清朝政府が米欧諸国に派遣した使節団において当時駐中国公使だったバーリンゲームが演じた役をデ・ロングも担っているという風聞である。この清朝の使節団には三名の全権大使が任命されたのだが、その首席代表になんとバーリンゲームその人がなっていたのである。

日本人は誇り高い民族だから、よもやそのような愚策は犯さないだろうが、若い伊藤や森を操って暗躍する怖れは多分にあり、パークスとともに大いに懸念を抱いていたのだ。

そして、デ・ロングは欧州諸国の回覧にも随行して水先案内を務める魂胆であり、その費用として三万五〇〇〇ドルが払われることになったとの情報さえ流れていたのだ。日本政府の指南役を以て自負しているパークスにとっては、許しがたい事態であり、アダムスを通じて、その動きを阻止するとともに岩倉大使に手紙を送って、そのような屈辱的なことにならないよう強く進言をする手筈《てはず》となった。

木戸はたまらず日記に憤懣を吐き出すのだ。

「ホンブラント条約上につき一難論を吐出す。是また一の条理あり。実に条約上につき、そもそも森、伊藤らの議論を取用し今日にいたり、しばしばその損害を見る。才子の一時求名の説を看破せざるときは国家のこともまた危うし、余等《など》当地の形勢などに暗くして、先に迷惑せしを悔ゆ」

ワシントンはそのころ「炎暑焼くが如し」の状況にあった。その炎暑の中で木戸らは、ブラントやアダムスにこづかれ、アラビア馬にふりまわされてほとほと参っているのである。

尾崎、川北の二人がワシントンに着くのはそれから二週間ばかりしての夏の盛りだった。当時アメリカの上流階級ではすでに避暑の習慣が定着していて、政治家も官僚も実業家もそこそこの人たちはおおむね北の方へ避暑に出かけてしまう。いうなれば、暑中休暇で閑散としたワシントンに、日本の大使一行だけがポツネンと待っている状況である。

川北は長州出身で木戸と面識があったから、着いたのは夜遅かったのだが、ひとりで早速ホテルの木戸に会いにいく。

「ローマは一日にして成らずです。一夜づくりの文明開化など国を毒するばかりで、改正の単独交渉など害あって利なしです」と在英の留学生を代弁して痛論した。

木戸はもとより「わが意を得たり」の思いで、深夜にもかかわらず川北をしたがえて尾崎の宿まで出かけ、早暁まで論じ合った。

木戸は二人を翌日、岩崎大使に引き合わせて論じさせた。

「貴公らの議論まことにもって、もっともだ。しかも、はるばる海をわたって諫《いさ》めにやってきたとは感心だ」

岩倉は二人を褒め、断然交渉はとりやめにしようという。

が、「それにしても困ったものだ」とつぶやき、思案顔である。

それは、おそらくいったんこうと言い出したら梃子でも動かぬ鉄壁の如き大久保と、アラビア馬の伊藤の跳ね上がりぶりを熟知していたからであろう。

尾崎らは、これでお役目は果たしたと木戸のところへ挨拶に行った。

「岩倉公も木戸参議もご同意とあれば、われわれの目的も達しましたので、これからロンドンに帰ります。そして仲間の留学生たちも早く安心させてやりたいと思います」

「いやあ、ちょっと待て。大久保、伊藤が帰ってきたらどんな混乱が起こるやも知れん。折角お主ら来たのだから、今しばらく滞在して最後まで見届けてくれ。場合によってはわれわれとともに反対論をやってもらいたい」

木戸の要請に二人はロンドン行きを見合わせてワシントンに留まっている。一週間ばかりして問題の二人が帰ってきた。寺島宗則もついてきている。

尾崎は早速面識のある寺島を訪ねて事情を聞き出してみると、「あの人たちは突飛なことをやるので、私が止め役についてきた」という。尾崎も川北もこれを聞いて、ようやく安堵の胸をなでおろすのだ。

一方、大久保、伊藤の胸中はどうであったのか。

あるいは委任状を取ったからには、最後まで望みを捨てていなかったのか。しかし、ボルチモアまで来ると、畠山が木戸の遣いで迎えに来ていて、これまでの経過を説明し、岩倉、木戸の決意を伝えたので、ワシントンに着くまでにさすがの二人も戦意を失っていたと思われる。

今回の交渉劇、総括すれば最恵国待遇という条項の存在に無知であったこと、米国側の好条件、下関戦争の賠償金を免除するという申し出などにひかれてしまったこと、英国の反対があっては何事もすすまないという現実の読みが甘かったこと、つまりは最初から成功の見込みはなかったというべきなのであった。

米国側は下関戦争の賠償金を免除してもいいという次第で、欧州との合同会議案を出すことで、米国側のノーの返事を引き出し、それを口実に交渉を中止するというシナリオで、ようやく面子を立てるということになったようだ。

こうして半年にわたって、ワシントンと東京を股にかけてくり広げられた条約改正の一件は、断然中止と決定するのである。

国務長官のフィッシュには合わせる顔もないが、やむなく事情を述べて中止を申し入れた。

「条約改正のことはもとよりあなた方からのお望みでありましたから、私が応じたのであります。あなた方の方で中止なさるというのなら、なんの仔細もないことであります」

フィッシュは一同の顔をじろりと見渡して、

「まあ、大方そんなことであろうと思っておりました」とニヤリとされてしまうのである。

木戸はその日、ホテルに帰り独り机に向かう。

「余ら百余日苦心せし事も、二氏わざわざ帰朝種々議論を尽くし、五千里の海上、三千里の山陸を往来せしことも水泡に帰せり」

とりわけ神経の繊細な木戸のことである。その胸のうちは察するに余りある。

「故に国のために事を処するその始め、謹慎沈黙思慮を尽くさずんばあるべからず、余らこの地に到着し怱卒《そうそつ》（突然）の際この事に至りし元因（原因）実に遺憾に堪えざるものあり」

こうして新国家日本を代表する大物たちも若気の勇み足というべきか、国内に対しても国外に対しても大失態を演じ、初めは勢いよく乗り込んだワシントンから、終わりは消え入らんばかりに退去するのである。

八章　三都周遊

＊大統領の予備選挙

使節が滞米中の時期は、ちょうどアメリカ大統領の予備選挙が行なわれている時期だった。それはアメリカの政治制度の一側面を実地に見る好個（ちょうどいい）の機会であり、久米はそれについても熱心に観察し報告している。

その要点はこうだ。

アメリカの人は自主の精神に富み、誰にも分け隔てなくフランクで親しみやすく、公の選挙によって代議員を選び、公の議論で法律を定める。それは大統領についてもそうであり、一見すれば真の共和国であり、理想の形態のように見える。が、よくよく実態を聞けば、なかなか理想のようにはいかないようだとして、次のようにいう。

「然れども上下院の選士みな、最上の才俊を盈《みつ》ることは、到底得べからず、卓見遠識は、必ず庸人《ようじん》の耳目に感ぜず、故に異論沸起の後に、同意の多きに決すれば上策は廃して下策に帰するを常とする」

つまり、ポピュリニズムや衆愚政治に陥る危険性を指摘しているのだ。

実際、グラント将軍にしても南北戦争の英雄として人気高く大統領に当選したものの、現実には実務能力に欠け、取り巻きの意見に左右され、それがため賄賂《わいろ》が横行する始末だったのである。

そこで民主党は自由党と合同で、対抗馬として『ニューヨーク・トリビューン』の社長であり編集長だったグリーリー氏を擁立していた。グリーリー氏はもう七〇歳を超えているが知識人代表であり、軍人の代表であるグラントと一騎打ちの情勢にあった。グリーリー氏は老成した篤行の士であり、その評論を新聞に発表して全米の尊敬を集めていた人物である。

その選挙戦はアメリカ全土で沸くが如くであり、商人は商売を忘れ、婦人たちは家事を怠け、おのおのが推薦する候補者を押し立てて、まさに「平和時の戦争」をやっている。使節の一行は各地でその実情を目撃し、その只中を旅することになった。

「各都府に両党の集会、処処に堂屋を占め、大書して某党の集会場と張り出すあり、大旗に書して通街に掲げたるあり、市廛には両氏の写真を掲げ、各種の服飾に仕込みて売り出し、その喧《かまびすし》き一方ならず、いつくにも選挙の噂のみなり」

聞くところでは、上院の元老格だったサムナー氏が「グラントは大統領に不適だ」という大演説をぶったためにグリーリー氏が一時優勢に立ったが、今度はサムナー氏自身が批判にさらされて人気を落とし、逆にグラントの「寡黙で、従容たる態度」が人気を得て、フィラデルフィアではグラントが盛り返して優勢を獲得した。

その選挙戦はまるで商売の宣伝戦のようなもので、その裏には多額の金が動く仕掛けになっている。使節は今回の旅を通じ、各地で実業家の力が強く、政治もその勢力下にあるような印象を受けていたが、選挙戦でも実業家たちの影響力が大きいことを実感していた。事実、当時のアメリカ社会はマーク・トウェーンがいみじくも「金メッキ時代」と名づけたように、金、金、金の時代だったのである。

グラントは結局再選されるのだが、後世「お人好しの無能政治家」と酷評されたくらいで、誰かれとなく信じてしまい、詐欺師まがいの利権屋の跳梁《ちょうりょう》を許すことになってしまった。また、グリーリー氏は日夜、八方手を尽くして戦ったが、ついに大敗するところとなり、そのショックも重なってか心臓病が悪化し、選挙後三週間ほどで亡くなった。

岩倉一行はこうして旅の道すがら、アメリカの政治の実態に触れ、一方で共和国の利点を認めながらも、その背後にある金権体質も鋭く見抜いていた。

＊フィラデルフィア

しかし、傷心の使節団を、アメリカ側は前にもまして温かく迎えてくれた。その一番手が当時ナショナル銀行の頭取で金融界の大御所であったJ・クーク氏である。

クーク氏はそのころ五一歳の働き盛り、南北戦争時に債券を売りまくって巨額の戦費を調達し、戦時金融に目をみはるばかりの活躍をした人物である。

クーク氏は無類の客好きで、フィラデルフィア郊外のオゴンツというところに一〇〇万ドルをかけて豪壮な石造りの館を建て、常時客をもてなした。広大な庭園に囲まれた五階建てのこの館は客室が五二もあり、召使いは常時七〇人を数え、ちょっとしたホテル並みの設備であった。

客としてもてなされた人々は実に多彩をきわめ、極めて親しかった大統領のグラントをはじめ、各閣僚、上院議員、下院議員、外交官、実業家、さらにはクーク氏の会社の取引先の社員やその家族にまで及んでいた。主人がいなくても客の絶えることはなかったといわれ、クーク氏の伝記によると「ほとんど全ワシントンが招待された」とある。

久米は『久米博士九十年回顧録』（以下『回顧録』）で、こう書いている。

「居館は二重の石壁をめぐらしてあり、裏手の森の中には蒸気仕掛けの大扇風機をしつらえ、館に向けて常に清冷な空気を送って暑さをしのぐようになっていた。その森林より歩いて石壁の間を通り居館にはいれば、その壮美は賛辞に値する」

一行はそれぞれに部屋を与えられて二泊するのだが、翌朝になってクーク氏が出張先の鉱山から帰ってきて、夫人や令嬢と一緒に食事をしている。

クーク氏は、当時オレゴンを横断してバンクーバーに抜けるノーザンパシフィック鉄道の事業計画に没頭しており、「これが成功すると日本も近くなります」としきりに宣伝した。折から卓上にはとりたての西瓜《すいか》が供されていたが、クーク氏はその一つをとりあげてこう説明した。

「大地はこのような球体をなしており、これを西半球といい、このあたりが赤道直下で円輪が最も大きいところである。サンフランシスコのある北緯三十八度線はこのあたりにあり、これが大体みなさんの航海された海です。今、開こうとしている鉄路は北緯四十八度にあたり、バンクーバーから日本へ航路を開設すれば、このように距離が縮まるわけであります……」

クーク氏は教材の西瓜にナイフの線をいくつも入れながら、自らの夢を語った。使節の面々がどのような顔をしてこの大風呂敷を聞いたかはわからないが、掌に地球を軽々とのせて自在に料理してみせるクーク氏のスケールには少なからず驚いたに違いない。

岩倉一行は、クーク氏の館を辞して直ちにニューヨークに向かう予定であったが、フィラデルフィア当局から是非街にも寄ってくれと懇請され、固辞しがたく出かけている。

「府中の豪商みな愉悦し、わが一行を迎え、数日を淹留《えんりゅう》（滞在）せんことを請う。前途を急ぐをもってこれを辞す。よって直ちに車を命じ処処に誘引せり」

こうして使節は先に肥田一行が案内された上下水道や、造幣局や諸々の工場を見学し、夜は夜でフェアモント公園にある一亭で盛大な饗応を受け、帰途には舞踏会に誘われ、午前三時になってやっとホテルに帰り着く始末だった。

フィラデルフィアはそのころ人口が六七万、歴史的にも文化的にもそれまで訪れた都市の比ではなかった。しかも、その日の朝やってきてその夜にはこの盛宴を開くという早手回しの対応に一行もほとほと感心し、「友愛の街」にふさわしいその歓待ぶりに深謝するのだ。

＊ニューヨーク

岩倉一行はワシントン滞在中に何回か、ニューヨークを訪れている。最初はナイアガラとボストンに行く往復路であり、岩倉や久米など小グループは、フィッシュの別荘があるウエストポイントへ行く途次である。そのときもそうであったが宿はブロードウェイ沿いのセントニコラスホテルであった。しかし、本格的に街を歩くのは初めてといってよかった。

一行は馬車に乗って街を見て歩く。市庁舎、株式取引所、マーケット、波止場、図書館、聖書（バイブル）の出版社、新聞社など……そして当時スケールの大きさで有名だった百貨店「シュワルト」も訪ねている。

シュワルトとはスチュワートのことで、当時八一歳、資産一億ドルといわれ、新興アメリカを代表する成功者のひとりだった。彼は蔬菜《そさい》（野菜、青物類）を船で運ぶ仕事から始めて蒸気船の発明をきっかけに運漕会社を興して飛躍する。そして蒸気車の発明にあうや先見の明よろしく鉄道事業に鞍替えして大成功を収め、そのころは百貨店やホテル事業にも進出し、商都ニューヨークに君臨していたのである。

そのころ、ニューヨークでスチュワートと並んで三大富豪といわれていたのが、マンハッタンに広大な土地をもつアスター家であり、鉄道王のヴァンダービルトであった。

使節は馬車を駆ってブロードウェイを北上しセントラルパークへ出かけるのだが、その途上、五番街の三四丁目には「大理石の館」として有名だったスチュワート氏の豪邸を見、三五丁目ではアスター家の豪壮な五階建ての大邸宅を見ている。今日、エンパイアーステートビルのあるあたりである。

木戸は「ここに最も富豪の居宅あり、一〇〇〇万ドル余を蓄えるもの百余家ありという」と書いている。事実、このころのアメリカは南北戦争が終わったあとの産業勃興期のただ中で、いわば高度成長期にあり、マーク・トウェーンがいみじくも「金メッキ時代」と評したように、大成金を輩出した時代なのであった。J・D・ロックフェラーも三三歳だったが、すでに石油精製業で一家をなしており、カーネギーも三七歳の働き盛りで鉄鋼王の道を邁進していた。

岩倉一行は、そのいわば成金の豪邸通りを走り抜けてセントラルパークに達する。

しかし、その華やかなニューヨークの街にも別の一面があった。

「ニユウヨークに往来両回、昼遊夜行せしに車馬混雑の場、夜には妖婦羅列の淫坊と化し、常に人をして惴々《ずいずい》として自ら戒めしむ」

謹厳実直でお堅いことで知られていた久米は、街の角々に妖しげな女が立つ「妖婦羅列」に大いに顔をしかめたようだ。

一行はまた聖書（バイブル）の出版社を訪れて見学している。そして、キリスト教の聖書なるものが当時すでに三〇種類の言語に訳されて世界中に配布、販売されていることを知る。

「欧米の人、毎家毎人、必ず所持せざるべからざるのみならず、半月の旅行にも必ず手を離すべからざる書なり」

キリスト教の浸透ぶりは、米国へ来て一行が最も驚いたことの一つだった。大統領をはじめ有力者が率先して日曜日には教会に行き説教を聞いているという。一方で金儲けに熱中し、妖婦と戯れるアメリカ人が、他方でこれほどまでに宗教に熱心であることに驚く。思えば、商店の客室にもホテルの部屋にも必ずバイブルが備え付けてある。

久米は宗教の本質について教義の内容より信仰の厚さこそ大事だと述べ、「世界に行われる宗教は甚だ多く、妍醜《けんしゅう》（美しいと醜い）百般なりといえども、要するところは、神明を敬畏し、情欲を坊閑（抑える）するの旨に出ざるはなし」と書く。

一行もアメリカを旅しているとき、「貴殿の宗教は何か？」とよく聞かれたらしい。

「もし宗教なき人なれば、これを認めて喪心の人、荒野の民とし、慎んで交際を絶つに至る、蓋《けだ》し人に道の揆なきときは守る法もなかるべし、天を欺き人を誣《し》い欲にまかせて行う、これ実に恐るべきの甚だしき、啻《ただ》に獅虎《しこ》のみならざるなり」

情欲が盛んで権利意識の強いアメリカ人の間では宗教がそれを中和し、バランスをとるに不可欠なものであることを痛感する。ただ不思議なのは、教義を聞けば処女懐胎とか死囚復活とか、むしろ「荒唐無稽《こうとうむけい》」で「瘋癲《ふうてん》の戯言《ざれごと》」とさえ聞こえることである。が、人々が広くそれを信じて、品行を保つ上でも実効があるとすれば、大いに学ぶに値すると感心している。

一行はこうしてニューヨークの光と影の部分を併せ見ながら、再度ボストンを訪れることになる。

＊ボストン

前回のボストン訪問は連邦政府の案内であり、「平和祝賀大音楽祭」への招待が主であったが、今回はボストン市民挙げての招待であった。一行はイーストリバーの桟橋から船に乗ってロングアイランド沖を北上してプロビデンスに上陸し、そこから汽車でボストン入りをした。

宿は前回と同様、リビア・ハウスである。ボストン市民はサンフランシスコやフィラデルフィアと同じく歓迎委員会を組織して手ぐすねひいて待っていた。

ボストンは人口二五万、歴史ある古都であり、合衆国建国の地である。また、ハーバード大学、マサチューセッツ工科大学など名門校が多く、エマーソンやホーソンなど文人も多く住み、新開のアメリカの中では最も文化的香りの高い都市であった。

さて、一行を迎えたボストン側は、到着のその夜、早速大レセプションを開いた。

「夕四時より、ホテルにおいて、府中より饗宴を開く。会食のもの一八〇人あり、食後にスピーチあり夜一〇時に至りようやくに撤す、サンフランシスコ以来の盛宴なり」

延々六時間にわたる宴である。有力紙『ボストン・グローブ』は翌朝、一面全部を費やしてその模様を詳細に伝えた。

「待望の日本使節が昨日、ニューヨークからやってきた」に始まるこの記事は、宴会の出席者、席割り、スピーチの内容、食卓のメニューまで報道している。ニューヨークでも是非数日留まるようにいわれるのだが、それを断ってボストンに来ているのは以前からの約束があったからであろう。このためニューヨークの「長恨」を招くことになるのだが、ボストン側はその分、大いに気をよくしている節がある。

会場の中央には会議所の会頭ライス氏と岩倉大使が座り、その左右に副使と知事、市長らが交互に座り、森有礼の隣には七〇歳近い高名なラルフ・ワルド・エマーソンが座っている。

例の如くライスに始まるスピーチは延々と続くのだが、エマーソンも立って「日本が欧米文明を正しく受け入れ教育を非常に重視していること」に満足と共鳴の意を表している。テーブルのメニューに目を転ずれば、山海の佳肴珍味を一堂に集めた感がある。

スープ……………すっぽん

魚料理……………サーモン煮、アンチョビーソース

肉料理……………子羊の肩肉の煮込み
サーロイン・ローストビーフ
緑雷鳥の焙焼《あぶり》き
若鶏の焙焼き、家鴨の焙焼き
冷製飾皿…………松露添え七面鳥
羽毛つきたしぎ
魚のゼリー固め（自然池の魚）
鳩の野菜肉詰め　鶏のマヨネーズ添え
サイドディッシュ……フィレ肉のきのこ添え
グリーンピースラード仕込みの犢（子羊）の膵臓《すいぞう》
やわらかい蟹のパン粉揚げ
牡蠣の貝鍋煮
マカロニのパルメザンチーズかけ
千鳥、やましぎ、しぎ
果物・菓子………ぶどう、バナナ、メロン、梨

西洋梨、グレースプディング、ローマンポンチ
ヴァニラアイスクリーム、ビスケット
お茶……………コーヒー

使節の面々がどのように賞味したのかはわからないが、特製の絹地のメニューまでつくっての接待ぶりには大いに感じ入ったに違いない。

翌日、一行はボストン郊外四〇マイル（約六四キロ）の所にあるローレンスとロウエルを訪れている。そこは、メリマック川の水力を利用して製糸、紡織、染織、染色の工場を設け、盛んに綿布を織り出していた。

また月曜日には二手に分かれて招待に応えている。木戸・伊藤組は一〇人ばかりのグループでハドソンとマルブロウを訪ね、大久保・山口のグループはロードアイランドのプロビデンスまで出かけている。それぞれ地元有力者との会食があり、スピーチがあり、工場その他の見学があって、接待は懇切をきわめた。

こうしてボストン到着以来、歓迎攻めにあった一行は、ニューイングランドの落ちつい

▲ブルックリンへの渡船

▲ニューヨークのブロードウェイ

▲ハドソン川の運河

▲サラトガの街

▲ボストンの市街

▲ボストンのコモン・パーク

た風景と人々の温かいもてなしぶりにすっかり感激してリビア・ハウスに帰館する。そして、長かったアメリカの旅の最後の夜を、それぞれの感慨を胸に夢を結ぶのだ。

翌朝、使節一行は勢揃いして波止場よりランチに乗り、沖合に停泊しているキュナードラインのオリンパス号に乗り込む。オリンパス号は三五〇〇トン、当時、最新鋭のスクリュー式スチーマーである。ボストンの歓迎委員ら男女一〇〇余名は七隻のランチに分乗して港の出口まで見送りに出る。アメリカに残る森有礼や肥田為良らも船をチャーターして沖合まで見送る。

久米らはランチに乗り込むためにロングウォーフという埠頭まで来たが、そこで異様な光景を目にして思わず立ち止まった。オリンパス号に同船していく欧米人の中に、見送りに来ていた婦人たちと白昼堂々と抱き合い接吻して離れないカップルを三組も見たからである。

久米は思わず、こうもらす。

「公衆の面前で、いかにも厚かましいではないか」

それを受けて西洋通の仲間がいった。

「いやいや、さようなものではない。僕ら公衆の中、殊に日本全権大使の前なので、念入りに小笠原流の接吻をしているのだから、敬意を表して見てやるのが礼儀でござる」

一方、ボストンの歓待はその極に達し、オリンパス号の船上にまで別れの宴をしつらえ、見送りの人々も乗船して盃をあげ、スピーチを交わし、楽器を奏で、歌をうたい、砲台からは二一発の礼砲をとどろかせて別れを惜しんだ。

男女の風俗にはいかにしても馴染めなかった久米も、このアメリカ人の親切さにはすっかり脱帽して、こう記すのだ。

「米国の人は、外国人を視ること一家の如く、交誼に厚きこと同胞におけるが如し、殊にボストンに至りしより、五日の間府中及び付近の諸邑より、親睦・厚誼をいたせること最も懇切を極めたり、出船に臨み海口まで送り来たり、この盛饗を設けしは、実に東洋諸国の人をして、従前を回想し、慙汗《ざんかん》（恥じ入って汗をかくこと）背をうるおさしむるに堪えたり、この開明の際にあたり、鎖国の宿夢をさまし、世界交際の和気に浴せんこと、わが日本にありては、みな人喫緊《きつきん》にこころに銘せざるべからざるなり」

条約問題では大変な迷惑をかけたにもかかわらず、アメリカ人のこのおおらかで温かいもてなしぶりはどうであろうか。久米にはかつて幕末の長崎にやってきた外国船のことが頭にあった。せっかく漂流民をわざわざ送ってきてくれたにもかかわらず、米国やロシアの船を無礼にも追い返し陸にも上げなかった日本の仕打ちを想起していたのであろう。紅毛碧眼の人をまるで蛮族のように忌み嫌い、蔑《さげす》んできた東洋人の狭量な考えを思うとき、今さらながらその無礼に冷や汗が流れる思いであったのであろう。鎖国の迷妄を破り、今こうして万国交際の恩恵に浴するとき、あらためて開明の大事さを肝に銘じたに違いない。

久米はサンフランシスコ以来のアメリカの旅を総括して、こう記す。

「サンフランシスコに着せしよりボストンを出船するまで、米国を経歴しその実境を目撃したる情実を簡略にいえば、この全地は欧州の文化にしたがいて、その自主の力と立産の財本と溢れてこの国に流入したるなり、米国の地は欧州全土に比するといえど欧州は頗《すこぶ》る荒寒の野にて、その開化繁庶の域はその三分の一にすぎず、王公、貴族、富商、大社ありて、その土地、財産、利権を専有し、各習慣によりて国をなす、晩起の人はその自主力を逞しくするに由なし、因《よ》ってこの自由の境域を開きて、その営業の力を伸し、故にその国は新創にかかり、その土地は新開にかかり、その民は移住民にかかるといえども、実は欧州にて最も自主自治の精神に逞しき人、集まり来たりてこれを率ふる所にして、加うるに地広く土沃かに、物産豊足なれば、一の寛容なる立産場を開き、事事みな麤大《そだい》（こだわらず自由なこと）をもって世に全勝せしむ、これ米国の米国たる所以《ゆえん》なりというべし」

岩倉一行はこうしてサンフランシスコ上陸以来、二〇〇日余にわたって米国各地を訪れ、計り知れない文物を吸収し、条約改正問題では苦汁をなめたものの、フィラデルフィアやボストンでの温かい歓待ぶりにまた気を取り直し、次の訪問地・英国へと歩を進めるのである。

九章　大西洋上、米国反芻の日々

＊　百方後悔

ボストンからリバプールまでは、約二二〇〇マイル（約三五四〇キロ）、一〇日間の旅である。

「海上平穏、寸時の間も風波の憂いなく実に意外の仕合い、船将などもこの渡航、これまで一六カ度往返候えども、かようの事これなしと申しおり候」

岩倉は手紙にこう書いており、大西洋上の航海は意外なほど波静かで、一六回もこの航路を往復している船長も初めての穏やかな航海だという。

一行はこの間、長かったアメリカの旅を振り返り、ゆっくり反芻する。

それにしても大変な旅だった。サンフランシスコでは思わぬ大歓迎を受けて長居し、鉄道では大雪にあってソルトレークシティに一八日も足止めを食ってしまった。まあ、慣れぬことでもありそこまではやむを得なかった。が、問題はワシントンで欲を出してしまったことだ。新開の都市サンフランシスコ、新興のシカゴ、そして列車の窓から大陸の様子を実見して、あたかもアメリカ全体を見たように錯覚したのがそもそもの間違いだった。その後、フィラデルフィア、ニューヨーク、ボストンと訪ねたあとならば、アメリカの開化の程も知れ懐の深さもわかって、ああ軽々しくは改正交渉など始めなかったかも知れない。お陰で佐々木高行が心配した通りの結果になってしまった。

さすがにタフな神経の岩倉も、条約の一件はよほどこたえたと見え、ワシントンから三条実美宛にこう書いている。

「百方後悔仕《つかまつ》り候えども、今更いかんともなす能わず、ただただ恐縮の外なし、さりながら半途にして辞し申すべき訳にも至り間敷く候事、これよりは鉄面皮にて各国使命を遂げ候心得なり」

失敗に気づいたからといって途中で帰るわけにもいかない。そこで、あと一三カ国、鉄面皮で使命の旅を続ける覚悟だと伝えているのだ。

交渉中止に決めてフィッシュに面会したときは、アメリカ側の立場を考慮して、岩倉もずいぶん心を痛めたようだ。

今回のことでは国務卿のフィッシュをはじめ関係者にずいぶん迷惑をかけたし、滞在が長引いたため北部遊覧など格別の世話にもなった。にもかかわらず、なんら成果を出し得なかったのだからアメリカの世論もさぞ失望し、新聞なども不評を書き立てるに違いない。岩倉はそれを大いに心配したようだ。

ところが意外にも、国務卿も大統領もさして不機嫌な様子も見えず、新聞もとりたてて批判めいたことを書くでもない。そのうえ、フィラデルフィア、ニューヨーク、ボストンと歴覧すれば、「意外と申すは、諸都府人民の享応、実に尊敬丁寧を尽くし候事、驚くばかりにて候」で、まことに狐につままれたような思いである。

一方、神経質で心配性の木戸はどうか。ボストン最後の夜、友人の杉孫七郎宛に書いた手紙には、その心情がよくうかがえる。

「両使、五千余里の海上、三千余里の山野を往来し、弟（自分）ら百余日滞在あれこれ苦心せしことも一ミニュートの間に水泡に属し申候、元より弟ら不安内にて大任を受け、実にその責その罪免れ難く候えども、畢竟《ひっきょう》諺に言う〝生兵法は大怪我のもと〟と申候もこれらの事にて、万事その始めに沈黙思慮仕り候事が大事」であると猛省している。そしてフィッシュに会って交渉中止を告げたときは、あれほど「心中つらき事はいまだかつてなかった」と述懐するのである。

勇み足の張本人、伊藤もこの失敗には心底参ったはずである。委任状を持ってワシントンに帰着した翌日、盟友の大隈重信宛にこう書いている。

「両人帰朝百般廟堂を煩《わずら》わし候儀、水泡に帰し、今更弁解仕り候に辞柄（言葉）これなく、ここに至り一身の利害廃興固より顧念する処なし」

今回の大失態についてはまったく弁解の言葉もなく、一身のことはいかように処分されてもいたしかたなしとの覚悟を伝えている。

大久保はどうであろうか。残念ながらこのあたりの心事を示す記録がないが、改正交渉の一件を最も深刻に捉えたのは大久保かも知れない。

アラビア馬にそそのかされて軽々しく交渉を始めたことについては、まことにほぞをかむ思いであったろう。重厚な大久保にしては珍しい軽挙妄動だったというほかはない。大変な無理を承知で押し出してきた使節団だけに、「あわよくば」という気持ちがあったであろう。それだけにこの失敗の後遺症はずしりと重い。碁でいえば初盤において大失着を打ったことになり、それは勝敗の帰趨《きすう》に最後まで影響するに違いない。幕末以来の大久保の輝かしい政治的キャリアの中で、これほどの大ポカを打った例はないからである。

しかし、大久保はそう簡単に投げてしまう人ではない。いかに劣勢でも、しのぎにしのぎながら勝機を待つ驚くべき忍耐力と芯の強さをもっている。大久保は船上、岩倉と盤を囲みながら、あるいは中盤から終盤にかけていかなる変化が現れるやも、と達観したかも知れない。誰の目にも明らかな劣勢の局面が思いも寄らぬ相手のポカによって俄《にわか》に急転回することがある……。そこに碁の、人生のそして政治の、人為の及ばざる不思議を思い、一縷《いちる》の望みを託す心情であったかも知れない。

＊　米国、その長と短

条約問題は別にして、長い旅を通じ使節一行は、アメリカをどのように捉えたのだろうか。

雪深いシェラネヴァダ山脈を機関車を三台もつないで登っていくとき、久米はこう書いている。

「山複し路険なれども、車中には二重のガラスを鎖し、火炉温を送れば、春風の中に銀世界を眺め、華毯座穏にして険山を越ゆ」

冬の箱根や鈴鹿峠の寒風に吹きさらされての山越えを想うとき、まさに夢のような出来事と感じたに違いない。また、オグデンからは豪華な食堂車がついて有り難かった。まるで料理人や召使いを連れ歩いて旅しているようなもので、車窓から移りゆく景観を眺めながら食事をし談笑の時を過ごせるのはこの上ない幸せだった。

文明の利器の嬉しさは、この一事を見ても明らかだ。いまや、郵船あり、蒸気車あり、電信あり、まず交通通信機関の進歩あってこそ、こんな快適な旅もでき、繁栄の実をあげることができる。むろん基本は農業であり、工業である。しかし、商業、貿易がその利益を倍加する。汽船、汽車、電信などに代表される文明はいずれも素直に受け入れ、是が非でもこれを摂取し、開化を進めていかなければならない。これが一行の偽らざる感想であったに違いない。

しかし、風俗、習慣となるとそうはいかない。その面ではアメリカに大いなる違和感を覚える。

一つは、家族関係、とりわけ男女の関係である。久米はいう。

「最も奇怪に覚えたるは、男女の交際なり、夫婦交際の情は、日本にて婦の舅姑に事《つか》え子の父母に事う所を挙げ、夫の我婦に事うる道となせり」

つまり、日本では嫁が舅《しゅうと》や姑《しゅうとめ》に仕え、子が父母に孝行を尽くすように、アメリカでは夫が妻に仕える。久米らはあちこちで宴会に招かれ有力者の家庭にも招じ入れられているが、そこでの経験からすると、女性がむしろ主人然と構えていて、男性が侍女のようにサービスをする。船や汽車で男女が同席するときは、男が立って席を女性に譲り、女は遠慮することもなくそこに座る。ワシントンで鉄道馬車に乗ったとき、買い物かごをさげた女性が乗ってきたが、そのとき白髪の紳士が彼女のためにわざわざ席を譲った。久米は唖然として「まったく乾坤を反復したカカア天下である」とあきれ返るのである。

木戸もアメリカでは男たちがやたらに婦人に親切で、老人にはかえって冷淡なのを見て怪しんだ。あるパーティでそのことを話題にすると、側《そば》にいたアメリカ人が「米国でも親子の情は同じで、現に昨日の新聞にはこんな美談がのっている」と話し出した。

ある父親が酒のために破産して子供はてんでに働きに出なくてはならなかった。そのうちの一人が辛抱強く働いてホテルを経営するまでに成功した。そこへ落魄《らくはく》した老父が訪ねてきたところ、その子は二階の上等の部屋に泊めてご馳走をふるまい、三日間も父親を歓待して帰りには小遣い銭を渡し、宿代も飲食代もとらなかったというのだ。

木戸はこれを聞いて啞然とし、「アメリカでは無代飲食が親孝行か」と、顔をしかめたというのである。

また、ある席で家族の話が出たとき、老学者が木戸にこう問いかけた。

「これからヨーロッパをまわって久々に帰国したら、真っ先に無事を喜び談話するのは奥さんでしょう?」

「いやいや、いかに恋着せる愛妻でも、日本ではまず父母の安否を問うて祝福し、しかるのちに妻と談話するのが作法である」と木戸は答える。

老学者は大いに驚き、けげんな顔つきでいった。

「そのような国では、親が怠けて働かぬのではないか?」

木戸は「今日会った老学者の言葉から察すると、文明開化とともに〝忠孝の道は危殆《きたい》に陥る〟」と懸念するのだ。

久米にとってもう一つ奇怪なことがキリスト教である。

「欧米の各都、至るところに紅血淋漓《りんり》（血がしたたり落ちる）として、死囚十字架より下がるを図絵し、堂壁屋隅に揚く、人をして墓地を過ぎ、刑場に宿する思いをなさしむ、これにて奇怪ならずんば、何をもって奇怪とせん」

何を好んで刑場を再現するような残酷な場面を拝して祈るのか、それがすでに生理的に受け付けない。その上、教義なるものがまた奇怪で理解しがたい。久米はいう。

「新旧約書なるもの、我が輩にてこれを閲《けみ》すれば、一部荒唐の談なるのみ、天より声を発し死囚復活、もって瘋癲の戯言というも可なり」

孔孟の教えや四書五経を幹とし、儒教的合理主義を身につけた幕末の教養人・久米にとって、キリスト教の処女懐胎や復活の話はとうてい耳に入る話ではなかった。

しかし、十字架や教義について理解できなかった久米も、その宗教のもつ力には感嘆の声をあげている。そしてアメリカでは大統領はじめ政府の高官も実業家も一般市民も日曜日には必ず教会に行って説教をきき、各家庭にはバイブルが常備されて必読の書になっていることを知る。

「バイブルは西洋の教典にして、人民品行の基なり、これを東洋に比較して語れば、その

民心に浸漬《しんし》(だんだん心に染み込む)せること四書の如く、その男女となく貴重すること
は、仏典の如し」

つまり、キリスト教は、教義の是非は別として、人々の心に深く染み込み、勤勉の基に
なり品行を保つうえで大きな働きをしていることに気づくのだ。

そこで森や伊藤などの急開化組は、この際日本人もキリスト教になってしまえ、とさえ
主張した。佐々木はそれに危機感を抱き、日記にこう書く。

「日本の今日の如く孔子孟子も馬鹿、教えとするに足らず、釈迦も同断、甚だしきは大神
宮を何とも思わず、耶蘇《ヤソ》はむろん異端と見ること一体なり、なるほど米国にては耶蘇新教
をもっぱらにしてよく人情にかないたるも、日本にては固有の神道を基礎とし、これを助
けるにまた孔孟の道をもってし、いずれも人々真面目になるようにせぬ時は、人々随意我《わ》
が儘《まま》すべて人間の務めはなくなるべし」と憂うことしきりである。

＊　純平たる共和国の生霊

さて、アメリカの共和制について、一行はどう考えたのか。

それを要約すれば、久米の憲法に関する次の文章に凝縮されているといっていいだろ

う。
「かくのごとくに論理を尽くし、日月を経て、商定せる憲法なれば、その良善を尽くし、人心に入ること、なお天教を奉戴するが如く、いまに九六年、三七州の多くを致しても、敢えて違戻することなし、しかれども各州にて自主の権義を張り、大統領の権を抑え、民に党論の盛んなることは、また年を逐って増長す、欧州立国の人々は、傍観して米国の民が、昇平の日に戦闘するを笑い、共和国の民ならざるを幸いとするとなり」

ヨーロッパ人は米国の過度の選挙戦を批判し冷笑するが、アメリカ人はこの憲法や制度こそ理想のもので、その思想を信じて疑わないところがある。久米は自主自由、共和の思想に大いなる価値を認めてはいるが、一方では人為の法に完全なものがあるわけがなく、なにごとも一得一失だと留保をつけている。が、米国人は共和国の精神を信じて疑わず、これを世界に広めることを使命だと思っている。まさに「純乎たる共和国の生霊」なのである。

久米は共和国の弱点について述べる。
「共和国は自由の弊多し、大人の自由を全くし、一視同仁の規模を開けるは、羨《うらや》むに足るが如くなれども、貧寒小民の自由は放僻にして忌憚《きたん》する所なし、上下に検束を欠くにより、風俗自ら不良なり」

自主独立は結構だけれど、不教の民である貧寒の小民に自由を与えても放縦にながれ上下の秩序を欠き風俗が不良になる。それに共和政治の多数決なるものもにわかに信じがたい。大局を捉え、先見の明をもつ考えは、小局しかみえず、目先のことしかわからない連中には通じない。だから、多数の意見にしたがうと往々にして愚策をとることになってしまうのだ。

木戸もこのあたりを深く憂えて友人宛の手紙にこう書いている。

「本朝ただ開化開化と名利に相馳せ、友人知己も旧を忘れ、本を失し、軽薄をもって常となし候様、畢竟これらは儒も仏も耶蘇も何もこれなく、主として枝葉の利に移り上もって意となさるる処より生じ申すべく候」

つまり、孔子も釈迦もキリストも本とするところが何もなく、ただ物質上の利だけを追いかけて得々としている風潮にがまんがならないのだ。

「十年の後如何と杞憂《きゆう》なき能わず、すべて物は過ぎて誤り候も、及ばずして誤り候も同一致にて、何分にも速やかに全局の目もり相立て申さずでは前途御大事と存じ奉り候」

日本は、このままで十年もするとどうなるのか、早急に宗教、道徳、文化の側面も含めた国家の全体目標を立てないと、日本古来の美風も失い、そのアイデンティティも失ってしまうのではないかと警鐘を鳴らすのである。

もう四日も続いている青空に、にわかに雲が出て風がたち、遂に雨になった。いよいよ明日、一行は英国に着く。

英国編

十章　大英帝国の首都・ロンドン

＊　車馬喧騒の街

岩倉一行を乗せたオリンパス号は、ボストンを発って一一日目の七月十三日（陽暦八月十六日）、ウェールズとアイルランドの間にあるセントジョージ海峡に入ってくる。久米はいつも大使副使の傍ら近くにいたが、船上でこんな会話を交わしている。

「米国の新旧の都会を巡って、その構造・建設の壮麗奇抜なるを見、『驚く』の言葉を連発してきましたが、もうすでにニューヨーク、フィラデルフィア、ボストンの文明を観察しましたので、これからロンドン、パリを見てもこの規模の圏外には出ますまい。『驚く』の語も、もはや不要となりましょう……」

久米がそういうと、木戸、大久保がそれを受けて「軽くはいわれまいぞ」とたしなめている。

実際、六カ月余りにわたってアメリカ各地を訪ね歩き、見るべきものはおよそ見てきたという自負もあったのであろう、久米ならずともそう思ったとしても無理はなかった。が、木戸、大久保の胸にはまた別の思いがあったのであろう。

リバプールは海からマージイ川を少し遡ったところにある河川港である。船がその河口まで来ると、一隻のランチが迎えに出てきた。そこには英国政府の公式の接待係アレクサンダー将軍と通訳のアストンが乗っており、使節団の書記官で一足先にロンドンに先行した林董や外債募集のために在英中の吉田清成ら一〇余人の日本人も同船している。わざわざロンドンから迎えにやってきたのだ。

リバプールは大西洋の表玄関として繁栄を極めていた。六マイル（約一〇キロ）に及ぶ川岸には石垣をめぐらしたドックが並び、そこに停泊中の船の帆柱が林立して盛観だった。船が岸壁に着くと、知事差し回しのきらびやかな装いをこらした馬車が待機している。一行は上陸すると、すぐそれに乗せられ鉄道駅のあるノースウエストロンホテルに向かう。物見高い群集は広場を埋めて蟻の如くであったといい、ポリスが整列してようやく路を開き、一行はわずかに混雑をのがれて馬車に乗った。

英国では駅舎の建物がホテルを兼ねているところが多く、リバプールもステーションホテル形式である。一行はここで知事らの迎えをうけ、ホテルの食堂で昼食を共にしたあと、列車に乗り込む。列車はいきなり両側が崖のようなところを走る、そして市街の下の洞穴を二マイル（約三キロ）もくぐり抜けていくのだから、初手から驚きの言葉を発しなくてはならなかった。

列車は収穫期を迎えた田園地帯を行く。アメリカの広大無辺な粗大農地を見てきた目には「みな周密にて懇到なる」農地に映る。時に牧場があり、時に運河がみえる。所変われば品変わるで、車窓からの景色も様相を一変させているのである。

途中から日が暮れて夜の帳《とばり》の中をひた走りに走った列車は、一一時二〇分、ロンドンのユーストン駅に着いた。一行は直ちに馬車を連ねて、バッキンガム宮殿の傍らにあったバッキンガムパレスホテルに入る。

使節はなか一日休養したあと、七月十七日（陽暦八月二十日）、外相のグランビルを訪ね、ヴィクトリア女王への謁見を申し出る。ところが、女王は避暑のためにスコットランドの離宮に出かけてしまっていて当分帰ってこないという。英国の政治慣習では八月から三カ月くらいは議会もお休みで、王族はじめ貴族や有力者たちは田舎の別荘や避暑地で過ごすのが通例だった。使節団はアメリカに長居しすぎて勝手に遅れてきたのだから自業自得でいかんともしがたい。このうえ滞在がのびるのは業腹だが文句のいいようもない。

大久保利通はそのあたりの心情を、西郷、吉井友実宛の手紙でこんな風に書いている。

「当国の儀はあいにく避暑の折りにて、女王その他官員すべて出払い候おりからにて、余計に淹留《えんりゅう》（滞在）致さざる相かなわず、しかし、当国は名誉の（名高い）場所柄故、別段（特別）の見物所多く、是非三、四旬は相滞候、初めの積もり候間、十分目撃（見物）致したく候」

この文面からすれば、大久保はむしろこれを奇貨としてこの時点で三〇日か四〇日くらいはかけてイギリスを見て歩くつもりだという。アメリカでは条約改正の一件にふりまわされ、東京までとんぼ返りする羽目にもなり、腰を据えて文明見学をする余裕がなかった。だから今度こそじっくり西洋文明の諸相を見てみたいという思いが強かったに違いない。

英国人はこの使節団をどう見たのか、ロンドンの『タイムズ』から記事を拾ってみよう。

「現在ロンドンにいる外交使節団の全権らは、日本の政府と国民は、先進諸国によって享受されている、最高の文明の果実を手に入れたいとの希望を表明している。日本国民は、われわれの科学知識と機械技術を、十分に理解する能力のあることを自ら証明した。彼らには政治的手腕の面で、われわれと優劣を競う能力がないなどと考えるならば、大いなる過《あやま》ちとなるであろう」

さらに、岩倉を「優れた知性と教養の人物」とし、「有力なる人物」である寺島宗則が初代の駐英国公使になることに歓迎の意を表している。

「これらの人物は、イギリスより歴史が古い王国における偉大な官吏、偉大な貴族というだけではなく、自国にとって重要かつ極めて有益な革命を、命を懸けて成功させた政治家でもある。彼らの発揮する権力は、よきにつけ悪しきにつけ、われわれの通常の理解を超えた影響力をもつ」

そして、日本の指導者層における特性に言及して、こう書く。

「日本人には、際立った知性並びに道義的勇気が備わっているように見える。日本の歴史や伝説は、彼らが見習うべきモデルとして、勇敢さと誠実さを物語っているのだが、これらの性格は、ヨーロッパにおける、ある種の最も質の高い道義に匹敵するものがある」

そして、ロンドンが避暑の時期で閑散としていることを懸念して、こう報じている。

「イギリスの抜きがたい生活習慣のために、王室および政府関係者のかなり多くが不在の時期に、使節団がわれわれの地を踏むのは極めて遺憾なことであり、失礼がないように配慮するのが接待に当たる関係者の義務であろう」

また、その数日前には『タイムズ』の投書欄に「B」とのみ記した人物からの手紙がのった。これは灯台建設の技師として明治三年から日本で仕事をしていたリチャード・ヘンリー・ブラントンが休暇で帰国中に出したもので、その経験から次のような内容のものであった。

鉄道、電信、灯台建設など日本で実施されている多様な近代化事業については英国人が大きな役割を果たして来たのだが、それにもかかわらず、英国での日本への関心がうすいといわざるを得ないとして、次のように述べる。

「豊かな鉱物資源、美しい風土、豊饒な植物、聡明な国民、開明的な政府、これらを考えると、日本人の努力が成功することは殆んど疑いの余地がない」

そして、「わたしはアメリカ流の騒々しく、且つ大袈裟な歓迎ぶりと、この国が張り合うべきだと主張するつもりは毛頭ないが、使節団を構成する人物の高邁な性格と、かれらが抱いている称賛すべき目的とを紹介することにより、かれらがそれにふさわしい歓迎、イギリスについて好ましい印象をあたえるような歓迎をうけることに、多少なりと役立ちたいと願っている。さらにひとこと付け加えれば、かれらは自分たちの存在が無視されるかどうかについて、極度に敏感な国民である」。

当時のロンドンは大英帝国の最も華やかなりしころであるから、すでにアメリカを見た一行の目にも驚きの連続だった。人口は三二五万、街は四階から八階建ての大建築で埋まり、テームズ川には一三本の橋が架かっていて、そのうちの四つの橋には蒸気車が走っていた。それまで訪れた最大の街がニューヨークで、人口はブルックリンを含めても一三五万といわれ、ハドソン河にもイーストリバーにもまだ橋がなかったころである。テームズの両側に展開する風景はその開化度の高さを実感させたであろう。

とりわけ目新しいのは見上げるような鉄の橋の上を轟音をたてて走る汽車の姿であり、地中の洞道を煙を吐いて疾走する列車の姿であった。「ロンドンの市中は、天を走る車あり、地を走駛する輪あり、制作の奇工を極めたり」と感嘆せざるを得ない。

市街の中心地にある鉄道駅の界隈はこうだ。

「車輪は雷の如く驟轟《しゅうごう》して、人の頭上を奔走し、駅を出て駅に入る、車に搭する客は、蜂の如く屯し、車を降りる客は蟻の如く散ず」

また、街にはいろいろな乗り物が走っている。中には二階建ての馬車もあり、梯子《はしご》で上階に昇るようになっている。「一車の乗るところ六〇人に及ぶことあり」というからかなり大型である。そのころの統計によると、ロンドンにはこの種の馬車が、六頭立て一四〇〇輛、二頭立て八一〇〇輛、一頭立ての車数知れずというのだから、その賑わいも推して知るべしである。

駐日公使として有名なハリー・パークスは当時賜暇で一年間帰国していたのだが、アレクサンダー将軍とともに使節の案内役を仰せつかっていた。一行は彼らをガイド役にして馬車で各所を見てまわる。シティ、セント・ポール寺院、ウエストミンスター寺院、国会議事堂などなど、テームズ川に沿っていけば、海軍省あり、大蔵省あり、堂々たる石造りの大建築が並んでいる。

久米は「その気象の宏大なる、米のワシントン、ニューヨークも、ロンドンに比べるとまるで田舎町のようだ」ともらしている。

事実、チャーリング・クロスもリーゼント通りも、すでに今日見るような繁華街になっていた。また、セントジェームス公園も、中央に池をしつらえ丘をつくり木々を植え、周囲の官庁街に自然の風趣を添えている。ニューヨークのセントラルパークは街のはずれにあり、まだまだ粗野な趣があったが、ロンドンの公園は街中にあって一段と完成度が高かった。

久米はロンドンの街についてこう書く。

「府中に観るべき場所は、枚挙に遑《いとま》あらず、大略を挙げれば、九〇〇個の寺、二〇〇〇個の公学校、一五〇〇個の私学校、一〇五個の病院、四〇〇〇個の清貧館、五五〇〇個の諸官庁あり、（中略）、その他会館、ホテル、料理屋、酒店などは算するに遑あらず……」

まさに世界一の繁華を誇る街だけに観るべき所が多く、一行は連日、足を棒にし目を皿のようにして文明の諸相を見て回ることになる。

＊ 来客、山の如し

使節が泊まったバッキンガムパレスホテルは、その名のとおりバッキンガム宮殿のすぐ傍らにあった。一行が着くと、その日のうちから意外と思うほど客がつめかけてくる。

『木戸日記』にはこうある。

「十五日（旧暦）、晴、客の来ること山の如く終日接待、蜂須賀《はちすか》華族も来訪、細君と市中に同居のよし、夫妻欧州に遊ぶはこの人をもって初めとす」

これは徳島の若殿・蜂須賀茂韶《もちあき》のことで、若い夫人同伴の留学であった。

翌十六日の日記にも、

「今日も来客絶えず、秋月華族も昨日当国へ渡来の由にて来訪、品川《しながわ》弥二郎《やじろう》、青木周蔵、静間彦助、伊藤玄白などもプロシャよりわざわざ渡来来訪せり」とあって、その後も連日来客が絶えない。

というのは、そのころの日本はいわば第一次洋行ブームともいうべき時期で、多くの名士、華族・大名、留学生が欧米に出かけていた。なかでもロンドンはその文明の頂点にあったから当然数も多かった。しかも、そこへ大使節団がやってくるというので、ドイツやフランスにいる連中までがドーバー海峡を渡って会いにきたのだ。

洋行組の大半はむろん、留学生であった。当時どのくらいの学生が出ていたかというと、明治六（一八七三）年の文部省の調べでは、全域で三七三人（うち、官費の者二五〇人）である。国別ではアメリカとイギリスが一番多く、在英留学生は官費の者だけで五四人、ほかに自費留学生や華族の旅行者などを含めると一〇〇人近くいたらしい。

官費の留学生の中には実学中心のグラスゴーの大学や造船所で勉強している者が少なくなかったが、ロンドン界隈でむしろ目立つのは自費組の華族や高官の子弟たちである。それには新政府が奨励したこともあるが、開明的な大名や公家、そして新政府の高官たちは資金的な余裕もあり、新しい時代に適応すべく子息を海外に出して勉強させようとしたのだ。

三条実美も長子の公恭を前年からイギリスに留学させており、木戸も嗣子《しし》正二郎を同じく英国に留学させていた。そのため木戸はロンドンに着くと早速正二郎を呼び寄せているし、公恭についてもいろいろ面倒を見ている。

先に条約改正の一件でワシントンまで諫言《かんげん》にやってきた尾崎三良は、三条家の家扶で公恭の留学のお供としてやってきたのだ。尾崎はそのころの留学生事情を自伝の中でこう述べている。

「英国ロンドンすなわち欧州文明の中心ともいうべき所に来てみれば、汽車、電線の蜘蛛《くも》の如く、大建設高楼の軒を連ねたる、ただその繁昌を見るのみにて言語はまったく通じず聾唖《ろうあ》者の如し。何が何やら全く不可解の域に入りたるが如く惘然自失するのみ……」

海外留学の志はよしとしても、英語の片言も解せずやみくもに出かけてくる者もあり、途中で挫折する者も多かった。とりわけ、華族や要人の子弟には目的も意志も薄弱で能力にも劣る者が少なくなく、真面目な者はノイローゼになり、不真面目な者は金にあかせて遊びに逃避するといった具合で、三条公恭なども結局身体をこわしてしまう。

が、青雲の志をもって留学してきている若者には、使命感に燃え、社会経験もある者が少なくなく、天下国家を論じ国のために身を挺して働こうという気概に溢れていた。そこで使節一行の宿へもどんどん訪ねてくる。なかでもベルリンからやってきた青木周蔵と品川弥二郎はその最たるもので、木戸らは彼らを水先案内人にして欧州文明の実態に迫ろうとするのだ。

＊シティとウエストミンスター

使節はロンドンにおいて、日本にはない二つの象徴的な地域を見た。一つは経済の中心シティであり、一つは政治の中枢ウエストミンスターである。

シティはロンドンで最も古くから街を形成した部分で、大英帝国の核ともいうべき経済活動の中心である。面積わずか二四〇ヘクタールほどのところに一六万人が住み、銀行、会社、取引所などが集中し、繁忙を極めていた。

この地域は特別な行政区で一種の独立権をもっている。その証拠に外の街との境界に門があり、ロンドン市長がその鍵を握っている。国王といえども、市長の許しを得ないとこの門を入ることができない。それは日本では考えられないことで、久米はシティという不思議な存在について次のように書いている。

「之を別段なるコルポレーションの地として、自然に不羈独立《ふきどくりつ》の体をなせり、貿易都府は、その生理すべて工商の業に属し、会社を協結する極《きわみ》は、全府一体をなして共和政治の体なり、蓋《けだ》し、共和政治なるものは、元会社の流行甚《はなは》だ盛んなるにより、遂に治体を創《はじ》めたるものか」

久米の理解では、商工業が中心の街、特に国際的な貿易を行なう都市は、いわば町人たちの自主力が強くて、その財力からしても一種独立の気風をもっている。そして構成員が集まってコルポレーションなる会所をつくり、事を相談し決める。それが次第に政治行政をも支配し、自然のうちに共和制を形成するのだと。かつて日本にも堺や博多のような商工業都市があり、そこでは町人の力が強力で、ある種の自由都市、自治都市の様相を呈していたことを想起したかも知れない。

▲ウエストミンスターの議事堂

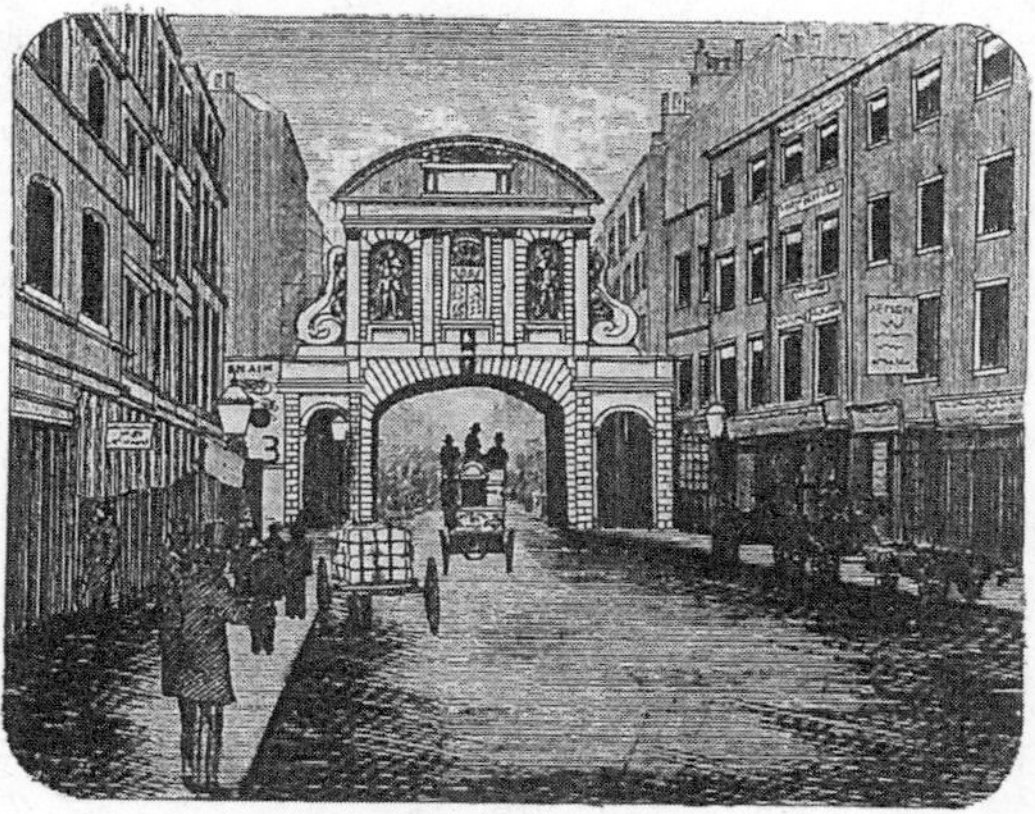

▲ロンドンのシティ、その門の一つ

もう一つが、やはり自由の権利をもっている地域ウエストミンスターである。その中心は堂々たる議事堂の大建築であり、そこには大寺院や大審院も併設されていた。ここが大英連合国の政治の中心地である。ただ、英国の政体は純然たる共和制の米国とは違って、独特の君民共治の政体である。

そのからくりは、どうなっているのか。上に皇帝をいただき、立法府たる議会は二院制である。貴族院と衆議院に分かれ、貴族と州民の代表によって構成される。議院の議長は皇帝が務め、議院の召集も解散も議長の権限である。が、それはむしろ形式的で、現実の立法は議院によってなされる。

さて現皇帝はといえば、ヴィクトリア女王ですでに在位三五年に及び人気が高い。その間に一二回も内閣が代わり八人の首相が誕生しているが、女王は悠揚として変わらず国家に安定をもたらしている。

貴族院は四七三人によって構成されるが、貴族は一部を除き世襲である。そこで、これまでもしばしば貴族院廃止論があったが、依然、貴族院は健在である。それは、貴族がそれだけ隠然たる力をもっている証拠でもあった。

その理由は何か。久米はこう分析している。

「貴族の国会に最も権力あるは財力にあり、およそ国のために公益を興すも、国安を保持するも、威力を伸べるも、商議の結局は財用に帰す、貴族は郡村の地を領有し、村民に迎望されて、その地租を納め富裕の人多し、英国公益のことは、多く貴族の財本にてなれり、故に何事も公費を出し、民力を集め事業を企てる、資本を公醵《こうきよ》（広く集める）するにおいては、貴族の承諾にて、成否を決すること多し」

要するに財力が権力の基をなしているのであり、それがまた公益のための仕事をする資格でもあるというのである。

それに対して下院はどうか。それは全国から公選された議員六五八人で構成される。

「下院の議員は、国の州郡にて、自主の人民中より、公選にてあげたる名代人にてなれり、自主民とは、自家を生理（生活）する財産身代ありて、国内一個の人民たる義務を満足に弁する人の謂《い》いにて、之を名づけて選権者という」

しかし、ここでも選挙権があるのは一定の財産収入がある人で、税金を納める力のある人に限られる。したがって、「国中の士民、政治の学術に達し、国論に志望あるものは、大抵有産の子弟にて、州都にありても庶民より尊敬せらるる人なり、その択《えら》ばれて代議士となりパーリアメントに出席するは、極めて栄誉なり」ということになる。

そして国民の一番の関心事は何かといえば、要するに租税であり、それをいかに徴収し、いかに配分するかが政府の最重要の問題だとしている。

下院は改進党と保守党に分かれ、議会でも左右に着席して議論を展開する。そしてこの二大政党が交代しながら国政を担当している。その趣旨は「改進党の政府にて歩を進め、保守党の政府にて之を完美にし、自ら終始をなして、改良に赴く状況あり、是公党のもっとも、国政に益あるところなり」という。

さて、その下院の様子を見学したときの印象について、『実記』はこう伝えている。

「白髪の老人も、温厚の君子も、俊秀の青年もあり、あるいは議論英発し、あるいは循環説明し、仰ぐあり、伏すあり、あるいは黙座し、あるいは沈吟し、あるいは文を草し、あるいは書を閲《けみ》し、中には画を模写する人もあり、意態万状にて、百花の燦爛たる観をなす」

こうした議場の風景は徳川幕藩体制の下に慣らされた目には意外であったであろう。

「そもそも人民の公選にて、議員を出し、立法の権を執るは、欧州一般の通法にして、政治の最も支那《シナ》日本に異なるところなり」

久米は考える。この方法は遠くローマ時代から伝わってきているもので、どうやら交易をベースにして発展してきたものと察せられ、「時代により変化したれども、畢竟《ひっきょう》は商業を重んじ、会社協同の風俗により生せるなり」と断じている。

それに比べ、中国や日本は元来、農業を主体とし自給自足を原則としてきたので、交易や商業を余り重く見てこなかった。日本では特に「士農工商」という身分制度を設けて、商を最下位においてきた。町人や金銭をいわば蔑《さげす》んできたのだが、そこが西洋と一番異なる点だと理解するのだ。

米英をまわって実態を見てみると、日本のようにお上ではなく商工業者が大きな力をもっている。それはそこから生み出される富、財産がものをいうのであって、それが民権のもとであり、その上に選挙があり代人があり、それによって構成される議会で政治が行なわれている。そこでは財産の増殖とか保護が最も重要な課題とされ、その権利が重視されている。それが英国の政治のやり方であり、商工業や貿易の重要さを前提にした方式なのだと理解するのだ。

＊ 文明の武・野蛮の武

使節団はロンドン市中の見学の傍ら、周辺地域にも出かけた。とりわけ一行には世界最強を誇る英国海軍についての関心が高かった。英国側も自慢で案内したかったのであろう、その本拠地であるポーツマスへ誘った。一行はロンドンを列車で発ち、その途上まずブランドフォード・フォーラムに立ち寄り、そこで陸軍の大調練を見物し、その翌日、ポーツマスに赴く。ここはワイト島を前に大きな湾を形成していて対岸のサザンプトンは大英国の南の玄関口といわれていた。

この地では有名な提督だったモンティ元帥を訪ねて昼食をご馳走になり、そのあと名高い軍艦「ウエリントン号」を見学している。それは英国にとってスペインの無敵艦隊に勝利した輝かしい歴史的モニュメントであった。次いで造船所を回覧し、そこで新発明という軍艦を見せられる。それは軍艦の歴史でも一時代を画した「デヴァステション号」であり、全艦が厚い鉄で覆われ、船橋をはさんで二基の旋回砲塔があり、二門ずつ計四門の大口径砲を内蔵していた。また、三連製の蒸気機関と二軸のスクリューをもち、一二・五ノット（時速二三キロ）のスピードも出せた。石炭の貯蔵能力は一八〇〇トンに達し、それは米国まで無寄港で往復できることを意味した。この最新鋭艦の一番の特徴は、回転式の砲台にあり、敵に向かって自由に砲身の方向を変えられる点である。

久米はその模様をこう記録している。

「艦上に両筒の円形砲台ありて施転すべし、甲鉄の厚さ八インチより一〇インチなるを以て全艦をつつむ。この砲台甲鉄艦は、英国軍艦中の王にして、世界最強の甲鉄艦、一もこれが敵手となるあたわず、英国は海軍に力を用い、ますます精を求めて、かかる艦を創製す」

一八七一年の統計によれば、英国海軍の経費はほとんど一〇〇〇万ポンド（日本の総予算を二割も上回る）に達し、所有する軍艦は七種の甲鉄艦、計六〇隻、蒸気軍艦、運送船を合わせれば五〇〇隻に及び、これに装備せる大砲は一万八〇〇〇門だという。

久米は、英国海軍がかくも盛大であるのは何故かについて書く。

「英国の属地は、五州中に散有し、国民の利益は常に海上貿易にあり、船舶の出入り一日絶えれば、民に菜色《さいしょく》をあらわすと謂うほどなれば、これを防御するには、海軍を壮にせざるべからず」

英国の植民地は全世界に散在しているので、そのシーラインを防御するには大海軍を維持しなければならないのだ。かつて薩英戦争や下関での海戦で、英海軍の威力の一端を見せられていた一行は、その本拠地で軍事力の威容を目の当たりにすることになる。

使節は、別の日、ウエストミンスター橋の畔から「小火輪船」に乗ってテームズ川を下り、ウールウィッチの大軍需工場を見学している。それは広大な敷地に展開する大工場で、久米はその印象をこう記す。

「その製作の盛大繁還なる、ほとんど人をして敵四境にあるものの如く疑わしむ、全欧州において造兵器場の盛大なること、この地を越えるものあらず、その勇名は世界に轟《とどろ》けり」

近代では「強兵」は「強い兵」だけではならず、その背景に「強力な兵器」をもたねばならない。この大工場は、そのことを一行に認識させるに十分だった。しかし、使節がその盛大さを賞賛すると、所長のウエード将軍は意外にも恥じるようにこういった。

「いや、これらは結局人の血を流させる凶器でしかない。なんで文明世界にあるべきものといえようか。私はこれを愧づ」と。

また、別の日には陸軍の大演習があるというので、アレクサンダー将軍、パークス両氏の案内で出かけている。久米はそこで、英国陸海軍の存在にふれて次のように書いている。

「英国は海軍が主で、陸軍は従である。内国の政治は安定しており、公明平正で、人民は法を守る心に篤く、勉励風をなし、和協して自主を遂げ幸福満悦する者が多いので常備兵の用意は少なくて済む」

当時の英国陸軍の常備兵は将校を含めて一九万一〇〇〇で、そのうち六万三〇〇〇はインドに駐留し、二万八〇〇〇はその他の植民地に駐在している。したがって国内に常備せる軍隊は一〇万にすぎない。それは米国も同じ事情で、さらに少ないという。

「米国は四辺にほとんど陸兵の強敵がない。カナダ、メキシコ、インディアンの土人に備えるだけでいい。故に常備兵はわずかに二万人を置くだけ、あとは予備義兵にて足りる。海軍の敵は、大洋を渡り来る者にすぎず、故に常備の軍艦を省機し、募艦の法にて足る。米国の海陸軍が、共に常備の少ないのは外敵が遠いからであり、英国は三面に海軍の敵を受けたるを以て海軍の備えは甚だ壮なり、陸軍の敵に到っては、直接受けざるをもって一〇万の軍にても余りあるべし」である。

ところが、国境を接する欧州各国ではそうはいかない。フランス、ドイツ、オーストリア、ロシアの常備軍の多さは驚くほどである。

これについてある米国紳士がいった。「ヨーロッパ諸国では、人民より巨額の税金をとりたてて軍備を拡充し、互いに競い合っている、実にバカバカしいことだ」と。久米も同調して「そもそも兵は凶器なり、戦は危事なり、殺伐を嗜《たしな》み、生命を軽んずるは、野蛮の野蛮たるところなりて、これをサヴェージといい、これをバルバリーといい、文明の君子深く憎むところなり」。

しかし、現実にはそうもいかないのは何故か。久米の解釈はこうだ。

「文明国では国内治安よろしく、外敵のためにのみ軍備がある。未開で野蛮な国は内国で争いが絶えないので、それに備えて軍備をする。だから、野蛮の武を好むは、自国相闘うにあり、文明国の兵を講ずるは外敵を防御するにある」と。

そして久米は文明国における軍備の必要性について考える。

「一家の財産を守るには戸締りを厳重にして窃盗を防ぐべし、村や町の財産は警察を強化して強盗から守るべし、それには兵隊を必要とはしない。しかし、全国の財産を守るためには軍隊が壮でなくてはならない。列国相持し、大小形を異にし、強弱互いに相制する日に当たり国を防御するの兵は、常に廃すること能わず、これ文明国の常備兵ある所なり」

国内では法により治安は保てても国際社会はいまだ無法の社会であり、力が事を決する社会である、したがって、国力を強めて外敵に備えなくてはならぬというのだ。だから、四面が海で囲まれ、「切迫に海陸の敵を有せざる国は自国の治安を保有するに、無用の軍備を要せざるはまことに国の幸福なり」なのである。

＊電信寮・郵便館・博物館

ところで、ロンドンで視察した中で使節団が最も関心を抱いたものに電信寮と郵便局がある。それは、いずれもビジネスセンターであるシティのただ中にあった。それは当時の最先端技術であり、アメリカでも瞥見《べつけん》はしたが、ロンドンはいわば世界の経済中枢であり、その通信網は国内はむろん、全世界にまで広がっているのだった。

電信寮は、一八七〇年から組織が政府機関の下に統合されたのだが、新社屋は完成せず、まだ古い社屋の中で作業が行なわれていた。そこは電線が錯綜し、デスクも込み合って通るのもやっと、という状況だった。そこには幾種類もの電信機や印字機などがあったが、その中で特に目をみはらせる器械があった。それは電報を移送する仕掛け、いわゆる気送管で、円筒形の容器に入った電報を鉄のチューブの中を圧搾空気の力で飛ぶように移動させる。そのチューブは地中にもぐって道路の下をくぐり、街の郵便局や駅や新聞社に通じているのであった。視察の間にも久米の傍らで「ポン」と音がして容器が飛び出てくる。開けるとその中に電報が入っているというわけで、一行も驚かざるを得ない。

久米は英国の国際的な電信事情について次のように書いている。

「本国の西海岸より、スペインの角なるジブラルタル、それより地中海底を過ぎマルタに至り、さらにエジプトのアレキサンドリアより陸路スエズに至り、紅海の底を過ぎてアデンに至り、インドのボンベイより内地を貫き、それよりペナン、シンガポールに至りてオーストラリアに達す、たいてい半地球を貫通して、日々相報告す、世界の事はなお之を掌に見るがごとし」

いながらにして、遠くインドやオーストラリアのことまで掌にのせるように情報が集まってくる。

情報は細い電線を通じて市街を走り抜け、山を越え海を渡り、瞬時にして伝わる。「雷公日夜その役をとる」、まことに不可思議といわざるを得ない。

それから一行は中央郵便館を視察する。この施設も手狭になったらしく、隣接して五階建ての大規模な新館が建築中であった。

「郵便の法は、米欧各州において、およそ貿易を盛んにし、文教を普《あまね》くする国は、ことに緊要なる務めとす、大都には必ず郵便館をおいて之を総括し、郵便の券子印刷して全国に売りさばく」

英国でも四〇年前までは、駅々に馬を繋ぎ、それを走らせて配送したのだが、いまでは全国に鉄道が通じ、スコットランドの奥地でも三日あれば届くようになった。

また、貿易のために郵便の制度、施設は不可欠であり、また、人の交際にも教育にも絶大な効用がある。電信と郵便という通信機関の発達が近代の文明にとっていかに大事であるか、一行はこの視察によって、よく理解できたであろう。そして、大英帝国繁栄の背景にこうしたコミュニケーション手段の充実があることを実感したのだ。

その間、一行はハリー・パークスの新しい邸に案内されたり、内務卿の豪華な邸宅を訪れたり、各種の博物館などを見たりしている。それは当時の欧米文明のいわば最先端をいく施設であり、一行の学習にとって極めて優れた教材だったといえる。

最初に訪れたのは、サウスケンジントンにある博物館である。ここは、一八五六年に設立された常設の博物館で、その狙いは英国の製品が技術的には競争力をもちえても、工芸的、デザイン的には劣っているとの反省から、各国の優れた製品を展示して国民の奮起を促し関心を高めることにあった。

また一八五一年に開かれた記念すべき第一回万国博覧会の大建築、クリスタルパレス（水晶宮）は、当時郊外のサンジハムに移築されて、一種のエンターテイメント施設に変貌していた。一日、一行は、そのクリスタルパレスを訪れている。それは、新時代の素材たる鉄とガラスでできた大建築で、長さは三〇〇メートルを超え、高さは三〇メートル余に達し、前には広々とした庭園を配し、その威容は人を驚かせるに十分だった。

外には樹木や草花を植えて散策によろしく、中には珍品を陳列し、種々の娯楽施設や飲食施設もあって人を飽きさせない。

一行はここのレストランで夕食をとり、夜には盛んに打ち上げられた花火を見物し、ホテルに帰ったのは一一時になっていた。

使節はサンフランシスコ以来、各地でいわゆる博物館、植物園、動物園、絵画館、図書館の類をいろいろ見てきているが、ロンドンで大英博物館を見物するに及んで、久米は博物館なるものの効用について次のように総括している。

「博物館を視れば、その国開化の順序、おのずから心目に感触を与えるものなり、蓋《けだ》し、国の興るや、その理蘊《りうん》（理の根源から）の衷よりひもとくこと、我爾《がじ》として（にわかに）然るものにあらず、必ず順序あり、先知のもの之を後知に伝え、先覚のものも後覚を覚して、漸をもって進む、之を名づけて進歩という、進歩とは旧を棄て、新きを図るの謂《いい》に非《あら》ざるなり、故に国の成立する、自ら結習あり、習いによりてその美を研し出す、知の開明に、自ら源由あり、由によりてその善を発成す、その順序を瞭示するは博物館よりはよきものなし、古人いう、百聞は一見に如かずと。まことに目視の感は、耳聴の感より、人に入ること緊切なるものなり」

十一章　憲法・羅紗《ラシャ》・鉱山

＊木戸孝允と青木周蔵

このころの『木戸日記』には、青木周蔵と品川弥二郎の名前が連日のように出てくる。長州の後輩である二人を木戸がベルリンから呼び寄せたのだ。青木は後年、自叙伝でこう書いている。

「木戸翁は大いに再会を喜び、留学以来修得または見聞せしことどもを何くれとなく談話せんことを求め、種々質問を起こされたれば、予もまた放胆的にこれに答え、愉快に数時間を費やせり」

木戸は、青木を現地講師として連日のように勉強することになる。木戸にとって洋行以来最大の関心事は、憲法、宗教、教育だったが、その宗教について青木に熱心に聞きだしている。

「欧米人はどうしてこうもキリスト教の信仰に熱心なのか」

青木はヨーロッパにおけるキリスト教の歴史を説明し、その長所を挙げて人間社会にとっての宗教の大事さを説いた。

木戸はそれに対して「しからば、日本人はキリスト教徒になる必要があるか。アメリカ人の中には文明開化をすすめ条約改正をするためにはこの際、日本人もキリスト教徒になるべきだという説があり、日本人の中にもそれに同調して天皇自らキリスト教に改宗すべしと極論する者までいるが、君はどう思うか」と聞いた。

折しもそのとき、伊藤博文がその部屋に入ってきた。

青木はその過激派の張本人が伊藤とは知らず、自説をとうとうと述べた。

「それはとんでもないことだ。人心の基礎ともいうべき宗教について軽々しく是を変えるということは大乱を招くことになる。ヨーロッパではそのため三〇年にわたり宗教戦争が起こり、特にドイツではそのための争いが絶えず地獄図絵を繰り広げることになった。宗教については寛容の説が有力で、無理に改宗するなどもってのほかである」

木戸はしばらく沈黙していたが、いきなり伊藤に向かって激しく怒りをぶつけた。

「青木氏の論ずるところは貴公の平生の説とはまったく正反対ではないか。貴公のいうことは、一切信用できない！」

その勢いのすさまじさに伊藤ら一座の者は声も出なかったという。

衆人環視の中で面罵《めんば》された伊藤はすっかり面目を失ってしまい、青木も品川も思わぬ事態の進展に驚愕したようだ。品川がその場をなんとか取りつくろおうとしたが、とりつく島もなかったという。

木戸は、当時西本願寺から派遣され欧州視察に来ていた僧侶の島地黙雷《しまじもくらい》や赤松連城《あかまつれんじよう》らの訪問をうけて、日本の宗教はどうあるべきかについても、しばしば論じ合っている。木戸は島地に言っている。

「本邦の徒、無法に開化開化と騒ぎ、教法も勝手に悪口す。開化とはまる裸になりて宗旨も教えもなく済ますと思うは浅ましきことなり」

木戸は青木の宗教談義を聴いて頓悟したというべきであろうか。

木戸と伊藤の間には前にも触れたようにアメリカに上陸以来、隙間風が吹き始めていた。伊藤の過激開化論や軽薄才子ぶりや高価な葉巻を吸うなどの贅沢ぶりが木戸には気に食わず、さらにはワシントンでの条約改正の一件が災いして木戸の機嫌を大いにそこねていた。それに弟分と思っていた伊藤がだんだん大久保利通に傾斜していくことも意にそわなかったろう。そこへ青木の説を聴くに及んで、それまでに鬱積していた伊藤への不満が爆発したものと推察される。

　このことがあってから木戸はいよいよ伊藤を疎《うと》んずることになり、伊藤もしぜん木戸を敬遠することになる。以後、『木戸日記』に伊藤の名がほとんど出てこなくなるのも、その間の事情を物語っている。


　木戸のもう一つの関心事が憲法であった。それについて、木戸は青木に問う。

「コンスチツーションなる語の意味はどう解釈すべきか。聞くところによると、イギリスに起源をもち、政府人民協同一致して国政を料理するのは最も公平なる方法というべし、現に米国の政治を見ても、実際に公平に行なわれているように見える。米国であった人の多くは、日本も将来コンスチツーションを制定して、専制政治を廃すべし、というが、それについて君はどう思うか」

　青木は答える。

「コンスチツーションはラテン語で『一国の基本法』という意味であって、政体の君主制と市民共和たるとは問いません。国あれば、必ずコンスチッツーションがなくてはなりません。徳川の制度はすなわち、わが国のコンスチッツーションです。ただ、洋の東西によって、法文の精粗繁簡、自由主義の発現せると否との差あるのみです」

青木は憲法の歴史を説き、英米仏独の比較をする。「米仏は自由主義の度合いが強くて共和制度であり、英独は互いに似て君主・貴族制度の度合いが強い。その根本的な違いは『君主と人民との関係及び人民の国政に参与する権利』の二つである。つまり、イギリスでは個人の自由は十分に尊重するけれども平等に権利あるものとは認めない。即ち、ある程度の財産のある貴族は優越権をもつことになる。プロシャではその度合いがもうひとつ高い。

フランス人のいう自由主義、平等主義も結構だが、全国民を十把ひとからげにして同じ権利を認めるというのは、結局、社会の秩序を根本的に変えることを意味する」。

これを聞いた木戸は、感慨にたえないような表情を浮かべ、ひそかに涙したという。木戸にしてみれば、アメリカ滞在中、アメリカ流の民主共和主義を吹き込まれ、わが日本をいかにすべきやと思い悩み、文明開化をすすめていくと、自由が過度にわたり、忠孝の道はすたれ、男女の区別も上下の区別もなくなってしまう恐れありと心底から危惧《きぐ》していたからである。

木戸はひとところ共和主義をよしとし、大隈や伊藤ら開化先生の棟梁格であった。しかし、日本の現実が開化、開化で上滑りになっていくのが我慢ならず、またアメリカの共和主義を目の当たりにして、その考えに疑問を生じていたのである。

木戸はおそらく、青木周蔵の話に一つの救いを見出したのであろう。

「共和国のコンスチツーションは、わが日本人の以て模範とすべきものには非ずと信ず」

とその日、力をこめて日記に書いている。

ところが、アメリカより親近感のもてそうなイギリスの憲法を研究しようと思うが、英国はコモンロウの国で経験から割り出した実体的な条文しかない。国家の基本法として勉強するにはどうにもわかりにくい。その点、ドイツの憲法は理路整然としていてわかりやすいという。しかも、ドイツ通の青木周蔵がいるから、なおさら都合がいい。木戸はそこで青木にドイツ憲法を翻訳してくれるように頼み、ベルリンを訪れたときにまた議論しようと約束するのである。

青木や品川は二週間ばかりロンドンに滞在して、木戸と毎日のように会い意見を交換したあと、八月二日にドイツに帰って行った。

＊大倉喜八郎と大島高任

そのころ、一風変わった人物がホテルに訪ねてくる。独立独歩、自費でビジネス視察をしてまわっている町人、大倉喜八郎《おおくらきはちろう》である。

大倉は越後新発田《しばた》藩の庄屋の息子だが、幕末江戸に出て商人となり、戊辰の戦乱に乗じて鉄砲を扱い、またたく間に財をなす。そして維新後、平和到来と見るや、新しいビジネスを求めて世界視察の旅に出た。岩倉一行のルートを後追いするように横浜からサンフランシスコ、ニューヨークと視察して、使節がアメリカでもたもたしている間にロンドンにやってきて、すでにおおむねイギリスの探索も終えていたのである。

木戸、大久保は、そのことを耳にするや、早速大倉をホテルに招いた。

「いま、ヨーロッパに多くの日本人が来ているが、それはみな政府や藩から派遣された留学生や役人ばかりである。その中でただひとり、日本の商人中で奮発して欧米の実業を視察してまわるというのは、まことに奇特なことである。是非とも視察の情況、感想などを聞かせてもらいたい」

当時の状況からすると、一介の商人がいまをときめく明治国家の大官に招かれたのだから異例のことだったに違いない。が、もとより大志を抱く大倉のこと、臆することもなくその見聞を報告し意見を申し述べた。

「わが国の将来は、必ず衣食住が西洋風に推移していくに違いありません。とりわけその衣服である毛織物は、必ず日本で製造しなくてはなりますまい。現在の兵隊服にしても、是非ともこれを羅紗《ラシャ》の洋服に改良しなくてはなりません。むろん民間の需要も増えてくるでありましょう」

大倉は軍の御用達として大森海岸などで大砲の試し撃ちをしばしば見ているが、たまたま大雨にあい兵隊の服がびしょ濡れになってどうしようもなくなったのを知っている。そのころは上下とも粗末な綿の小倉《こくら》服だから肌について動きにくく、これでは外国と一戦を交えるにも甚だ不都合だ、是が非でも兵服は西洋風の羅紗にしなくてはならない、と思っていたのだ。

「私はすでにマンチェスター、リバプール、グラスゴーなどでの羅紗工場を見てきましたが、みな大規模にやっております。小さいものでも数十万円、大きいのは数百万円の投資をしてやっています。日本でもこれをつくれるかどうか、わかりません。仮に服地まではできないまでも毛布くらいは織れるでありましょう。そこで私はとにかく製造機械を買って日本に持ち帰りたく思っています。また、原料の羊毛については、日本でも緬羊《めんよう》を飼育できるか、いま研究しているところです」

羅紗は舶来の貴重品で、江戸時代の感覚では極めて高価な織物のイメージがあった。

久米は書いている。

「わが国では錦と同様に一寸四方の坪いくらというくらいの高価なもので、西洋貿易の主要品として珍重され、大名行列の際の行列の中心である槍の鞘《さや》は羅紗か革で美麗に造り上げて群集に誇示したものだった。鍋島藩の鞘は羅紗で、雨天でも濡れずそのままで平気だったのが自慢だった」

つまり江戸時代は長くオランダの専売品で、とびきり高価な品物だった。それが西洋では大量安価につくられ、兵隊服はむろん一般大衆の衣服にも大々的に需要されているのだから驚きだった。

そこで西洋事情に明るい者の間では、毛織物の国産化は軍需としても民需としても不可欠なことと して常識化しつつあった。大久保はもとより殖産興業の重要性を早くから認めており、サンフランシスコで羊毛の研究をしていた岩山敬義からもその事情を聞き、ボストンをはじめ各地でも毛織物製造の工場を実地に見学していた。そこで大久保は大倉の言をよしとし、共に協力して毛織物産業を興すことについて真剣に話し合うのである。

なことで知り合ったのかはわからないが、そのころ冶金鉱業を学んでいたらしい。

英国の視察を終えた大島らは次にドイツを訪れるのだが、その際大久保は視察の便宜をはかり、費用の拠出についても承諾している。帰国後、大島はこの欧米視察の成果を基に日本の冶金鉱業の近代化に尽力し、日本鉱業会の初代会長にも就任している。

十二章　産業革命の本拠地を往く

＊　造船所と蒸気車工場

使節のロンドン滞在はもう一カ月半にも及ぶ。

しかし、女王の帰京はまだまだ先である。パークスらが気をきかせたのか、あるいは大久保らの希望があったのか、使節一行はその時間を利用して英国各地の巡覧の旅に出ることになる。まずリバプール、そしてマンチェスター、それからスコットランドを回り、ニューキャッスルやシェフィールドを回ってこようというのだ。

旅に先立ち、パークスはいった。

「総じて日本や支那の諸国は誠に気候もよろしく物産も豊かである。国民は恵まれた土地の分配を受けているから、それに甘えて事業を怠り働かぬからだんだん貧弱になる。英国民はその反対に僻隅の瘠薄《せきはく》の土地（欧州の片隅の瘠《や》せた土地）を与えられ、いかに働いても満足な産物が得られないので、地中より石炭と鉄を掘り出して器械をつくり蒸気力で工業を興し富強をなしてきたのだ。これからその実態をご覧に入れるから、とくと学習されよ」

八月二十七日（陽暦九月二十九日）、一行はユーストン駅から特別仕立ての車輛に乗った。岩倉、木戸、大久保、伊藤ら大副使の他に、通訳をつとめる何礼之や林董、畠山義成など日本側は九名だった。何礼之は旧幕臣、長崎の唐通詞（通訳）の家に生まれ中国語をよくしたが、その後、英語を習得して通訳となり当時は英学塾も開いて、なかなかの人気だった人物である。どういう事情だったか、久米は山口副使とともに一日遅れて出発している。

一行は、まずリバプールを訪れる。いつの時代どの国でもそうであろうが、地方都市へ行くとおのずから歓迎ぶりも熱が入る。リバプールでも市長や商工会議所の会頭をはじめ有力者が先頭に立って使節団を迎えもてなした。一行は鉄道駅にあるウエストロンホテルに滞在し、五日ばかりかけて街の各所を見物してまわることになる。

リバプールは英国第二の都市であり、重要な港だった。

久米は書く。

「一八〇〇年のころまでは人口八万二〇〇〇に過ぎなかった都市だが、五〇年には三七万六〇〇〇、七一年に五〇万人を越えている。毎日平均ニューヨークへの出船は三四艘に及び、ボストンへは八艘、ほかの港へ一一艘、計五三艘ずつ、日々連綿として、アトランティック洋に出て、西に向かい航するとなり」

大小さまざまな船があったのであろうが、それにしてもこれは大変な繁昌ぶりである。

実はこのリバプール、かつては国王承認の海賊の基地であり、海の荒くれ男たちはフランスやスペイン船の積荷を襲い、その利益を国王に献上して称号や名誉をもらうようなことをしていた。十八世紀後半からは奴隷貿易の要港となり、アメリカ大陸への移民の基地にもなった。それが産業革命以降、綿や羊毛と工業製品との交易の要衝となり、特にアメリカとの貿易の重要な港に成長したのだった。

使節団は、市内の商議所、府庁、ドック、造船所、郵船会社、港、博物館、学校、礼拝堂など、手当たり次第に見てまわった。それは貿易に必要なインフラストラクチュアがいかなるものかを如実に物語るものだった。

その最大のものはドック群である。それは河岸一〇キロにわたっており、市街との間に高い塀をめぐらし、あちこちに門がある。そこを入ると倉庫やクレーンが並び、船を停泊し修理するためのドックが続いている。造船用のドックもあるが、そこには扉がついていて、水を抜くことができる。

穀物倉庫にも案内されたが、レンガと石で造られた六階建ての建築で、ここでは穀物がバラで扱われていて注目を惹いた。扱い商品は米国から輸入する小麦ととうもろこしが主だが、それを大きな箱状のものに入れて吊り上げ六階まで運ぶ。それからはベルトコンベアで徐々に下層階に運ばれる。その間に各種装置があって穀類を乾燥させ、また塵埃を取り除いていく。ゴム製のコンベアシステムはまことに流れるように便利で一行を感心させたが、それは当時最新の設備で、リバプールで発明されたばかりのものだった。

石炭の積み下ろしの現場も見た。ここでは箱状の石炭貨車が鉄路で屋上に運ばれてきて、それを大きなクレーンが持ち上げて船上に移し底を開けて下ろす方式をとっていた。久米はこれを「鶴頸秤」と書いているが、その目覚ましい活躍ぶりに目をみはった。

また、次の日に造船所に赴くと、クレーンの装置はさらに大規模になっていた。久米はその「鶴頸秤」について、「西洋にておよそ港頭、船廠、工場、講堂、鉱口等、すべて重荷を積卸しする場所には、この器械を設けざるなし、諸貨輸出入する地においては、最も必需の器械たり」と書いている。

それに引き換え、日本の状況はどうか、海外との貿易が開けていないので、そうした荷役設備もない。そもそも西洋人は肩で重荷を運ぶことがなく、馬の背に重量物をのせることもない。人でも牛馬でも必ず車輪の力を利用する。クレーンなども車輪の力をうまく利用したもので、この点はどうみても日本人は知恵が足りないと思う。

それから荷物の梱包という問題がある。日本から送る荷物はせいぜい米俵に見られるように六〇キロくらいだし荷造りも貧弱だ。それに対して、欧米ではその数十倍の何トンものものを運ぶから梱包も堅固である。日本では西洋の船で積み卸しをすると荷を損傷すると不満をいうが、それは梱包が粗末なためである。荷造りや梱包ということも、貿易を盛んにし遠方まで荷を運ぶには極めて重要なことだと気づく。


さて、造船所では、巨大な船がどのように造られていくのかを見学し、そのからくりを熱心に勉強する。鉄板が曲げられ、リベットで繋げられ、それをクレーンでドックに運んで組み立てる。仕事は分業化していて、各部分の仕事をしている人はその部署のことしか知らない。

「すべて製作場に図引の肝要なること、人体に脳あるが如く、工業の綱領となるなり（中略）、画工は画をなし、輪人は輪をつくり、染工は染め、塗り師は塗る、分業ますます分かれ益多くして、諸器ますます精緻を致す、ただ之を総うるは、図と雛形とにあり」

つまり設計図や雛形というものがあって全体を総合し、各部分はそれぞれの職工がうけもって仕事をしていく。「そもそも、凡百の製作もその実はみなかくの如し、たとえば汽車を製作するも、時計を製作するも、陶器をつくるも、器皿や布帛の製作も、みなしからざるはなし」である。

その後、石炭と鉄の街、ニューキャッスルで工場を見たときも、案内する人にいろいろ聞いてもわからないことが多かった。それぞれの専門があって、自分の専門以外のことはわからないのである。

「凡《およ》そ、一場に業を操るものは、自己の分業を精細に知得するのみ（中略）、一ヶの製造を起こすには、諸名人集まりて、興業を構え起こし、各人みな分業によりて、その適当の職を努め、衆美を合わせて、一物を製し之を売り与えて、利益を納めるまで、多少（多く）の人物を要するものなり」

つまり、米欧において工業が盛んで生産性が高いのは「分業の原理」によることを、使節一行は、アダム・スミスの『国富論』をひもとくまでもなく、実地に見学し得心するのである。

そして最終日には、近傍にある鉄道交通の要衝だったクルーまで出かけ、鉄道王国イギリスの代表的な蒸気車工場を見ている。そこでは、その大がかりな製作ぶりにあらためて感嘆の目をみはるのだ。

「この工場の製作の盛んなるを見て、その一年の製作の値を聞けば、誰も愕然としてその盛大ぶりに驚くならん。しかして英国に鉄軌車を製造する工場はここだけにとどまらず、マンチェスターにもグラスゴーにもバーミンガムにもある。その他にもいくらもある。この数多の工場の製作品を英国中に用いるとすれば、狭い英国の島は機関車と車輛でいっぱいになってしまう。思うにその製作品はいずこへ運び出すのかと問わざるをえぬ」

とにかく、この工場では一週間に蒸気機関車が四輛もできる。客車、貨物車輛はその数十倍で、五〇〇〇人の職工がよってたかってつくりあげる。一年に換算すれば大変な数の車輛である。しかもイギリスにはこれに類した工場が各地にある。いったいこんなに多くの機関車や車輛を次々とつくってどうするのか、狭い島国のイギリスは車輛で溢れてしまうではないか。

案内人はさらりと答える。

「いやいや、われわれは世界のことを考えている。売り先は北の大国ロシアから未開の大陸オーストラリアにまで及んでいる」

なるほどそうかと思うが、なお実感を得ないでいたところ、実際に使節一行がその後、欧州大陸を旅してロシアまで行くと、確かにマンチェスター製の汽車が走っている。さらに聞けばインドの大陸にも中国の大地にも鉄道を敷く計画が進んでいるという。考えてみれば日本だっていまや工事は進行中で、汽車、車輛の注文を英国に出しているのだ。

久米も納得して書く。

「鉄道成れば、車もまたこれに従う」、まさにしかり、「ああ、盛んならずや」である。

つまり、一行は分業が一製作場や一国内にとどまらず、国際的にも行なわれており、各国がそれぞれ得意の製作に励み、その産品を交換し貿易という形で互いに相補っていけば、双方が富国への道を歩めることになることを理解するのである。

＊煤煙都市・マンチェスター

リバプールを後にした一行は、産業革命発祥の地ともいうべき綿業の中心地ランカシャーへ赴く。しかも、蒸気機関車の元祖スチーブンソンが世界で初めて汽車を走らせようと企画した記念すべきルートを辿ってである。それは一行にとって、産業革命の総本山への巡礼の旅といってよかった。

途上、セントヘレンズで下車、有名なガラス工場を見学する。この工場では主に板ガラスをつくっており、それは窓ガラスなどの建築資材として需要され、また一部は鏡に使用される。

マンチェスターでは商工会議所を中心に歓迎の態勢を整えていた。使節一行はその案内で綿紡績工場、毛織物工場、製鉄工場、さらには学校、牢獄まで見てまわり、五日間も滞在して、各所で手厚い歓待を受けた。

マンチェスターは人口三五万、イングランド第三の都市である。リバプールとの間に運河が通じているので、両市は船で重量物を運ぶことが可能だった。この地はランカシャーの中心地であり、第一の見物は綿糸・綿布工場だった。英国にとって綿工業は産業革命の尖兵となった極めて重要な産業である。翌日、一行はその代表的な工場を訪れる。それは地下から建て起こして九層もある大建築で、その規模の大きさに目をみはらせた。綿紡績のからくりはすでにボストンで視察していて概要は理解していたが、綿を打つ段階の工程が違っており工夫のあとがみられた。

歴史を振り返れば、綿は元来インドの特産であり、欧州各国にとって垂涎《すいぜん》の貴重な商品だった。インドは恵まれた風土をもち、豊かな農産物の供給地であった。ヨーロッパは香辛料も綿もアジアから輸入するしかなく、欧州はその対価として輸出するものがなく結局、金銀で支払うしかなかった。英国はスペインやポルトガルに遅れて大航海に参入するのだが、遂にその武力でイベリア勢力を撃破し制海権を握る。そしてスペインやポルトガルの独占していた奴隷貿易の権利を奪い、その利によって支払い代金を稼ぐことになる。

その後、英国で綿業が盛んになるのだが、それには三つの要件が必要だった。第一にはインド綿に代わるアメリカ綿の採用、二つにはその長繊維のアメリカ綿に適した機械の発明、第三にはそのアメリカ綿の安定供給だった。英国が自国製の綿布の生産に成功するのは一七七三年であり、それはジェニーの紡織機やカートライトの機械の発明に拠《よ》るところが大きい。そして綿の供給地としてのアメリカ南部でのプランテイション農業が発展する。それを支えたのがアフリカからの低賃金の奴隷であり、英国はアフリカからの奴隷をアメリカに運んで儲けた。これが有名な三角貿易で、英国はその金で綿花を購入し、それを工場で綿布にして輸出した。それこそが英国工業化の最初の富の蓄積につながるのである。

したがって、かつて米国で南北戦争が起きたときにはその輸入が途絶えたため大恐慌に陥り、工場は閉鎖され街には失業者が溢れ餓死する者さえ出た。それは、わが国でいえば連年の大凶作にあったような状態だったという。市当局は三〇〇〇万ポンドという巨額の資金を調達して救済したという。工業がいかに原料の供給に依存しているかを如実に示す好例といえた。

しかし、そのマンチェスターもいまや綿布だけでなく、より高次の機械工業製品の製造基地になっていた。運河沿いには巨大な鉄工所、機械工場、倉庫などが並んでいた。それは英国工業のシンボル的存在であり、「世界の工場」として自信に満ちていた。その自信のほどは、一行の工場見学の際に見られた次のエピソードからもうかがわれる。

ある綿紡績の工場で、木戸が技師に聞いた。

「この器械を外国で模造する者はいないのか」

「ドイツでそれをやる者がいたが、彼らは遅鈍で不器用でとても真似はできない。後日、曲がりなりにそれが成功したとしても、そのころには英国は遙かに優秀な器械を発明しているから問題にならぬ」

と冷笑せんばかりの様子だった。

木戸の本心は「日本でもこの器械を輸入すれば、比較的容易に綿紡績はできる」との考えであり、しかしその先となると「模造される恐れがあるが、それを防ぐ方法はないか」と心配したのだが、その技師の頭にはそんな懸念は少しもなかった。

当時、工業技術や設備において確かに英国は他国より一歩進んでいた。が、すでに一部では米国とドイツが英国のそれより優れたものをつくり出しており、英国を猛追していたのだった。

この頃になると一行もかなり旅慣れて、各地の歓迎や接待行事にも適当に対処する余裕ができていた。というのは久米の記録によれば、その夜、芝居見物に誘われているが、一部の者だけが行き、多数は宿で休養をとったという。実際に芝居やオペラ見物は言葉もわからず閉口した。終日見学に忙しく、疲れて少しでも早くホテルに帰って休みたいのが本心だったからだ。しかし、せっかくのご招待を断るわけにもいかないので、儀礼を欠かさぬ程度に何人かが出席する、つまり適当にサボる術を身につけたといえるだろう。

とりわけ難儀なのはダンスパーティで、夫人同伴の夜会も相変わらず多かった。久米の目にはその英国女性はどう映ったのか。新開のアメリカとは違って、英国の婦人たちは沈着従順の風雅が見えると述べている。

マンチェスター最後の日には、ワッツ氏の大店《おおだな》である卸問屋を訪れている。ここは大規模な五階建ての建物であり、各階に絹布、ビロード、サテン、緞子《どんす》、木綿、更紗《さらさ》からレース、造花にいたるまで品が揃えてあり、まるで数ある店舗を一堂に集めたような感じであった。商品の中には当地の産もあれば、他の都市から仕入れたものもあり、優美で繊細な品はおおむねフランスからの輸入品であった。

それから学校、取引所、タウンホールなどを訪ね、夜には市内の商社の主催により、ホテルで宴会が催され、一三〇人の盛会だった。

一般の英国人には「日本は絹と黄金の国」というイメージが浸透しているらしく、洋服姿の一行を見て「何故美しい絹織物を着ないで羅紗の洋服を着るのか」といい、日本では「日常でも黄金の小判が使われているのか」といった類の質問をされた。

こうして一行は五日間にわたったマンチェスター視察を終え、市民の盛大な見送りをうけながら汽車に乗り込む。出発に際しては線路に爆竹を仕掛けて賑やかな送別風景だった。

＊　貴族の荘園と工業都市グラスゴー

列車が郊外に出ると、車窓からの景色もきれいになった。当時のマンチェスターは煙害都市の典型であり、街にはスモッグがたち込め大気も石炭のすすで薄汚れていたからである。

それだけに郊外に出ると、空気は清浄になり、空も晴れやかになった。列車はしばらく田園地帯を走り、やがて美しい湖水地方にさしかかる。英国についてからは何処《どこ》も平地で山を見ることがなかったが、ようやくここで青い山脈を目にしている。

「初めて山嶺の重畳せるを見る、この時天も快晴となり、初めて晴朗なる一碧の天を見る、気色甚だ爽やかなるを覚う」

列車はランカスターを過ぎ、湾を半周するようにして景勝の地を往く。このあたりはたかだか一〇〇〇メートルに満たない山々だが、一行は久しぶりに山と海の風光に接し、なだらかな草山に悠々と群れる羊の姿を眺め、こころを慰めるのだ。

列車は夜八時半、グラスゴー郊外のビショップトンという小駅につく。当地の貴族ブランタイア氏よりかねてから招待があり、その日は同氏の別荘アースキンスハウスに泊まることになっていたからである。

駅には出迎えの馬車が待っている。一行は案内の人も含めて一一人、そこから薄暮の中をしばらく走ってクライド川畔の別荘に赴く。久米はそのときの情況をこう書いている。

「ブランタイア氏、親しく玄関口まで迎え、導きて各名に寝房を与え、更衣をせしむ」

各人は部屋に入るとマンチェスターからの旅のほこりをはらい、「髪を櫛《くしけず》り、面を洗い、口をすすぎ、衣を振う」。むろん晩餐会の用意ができているので、本来なら礼服に着替えなくてはいけないところだが、夜も遅いからと許しを乞うて平服でサロンに出る。

「ブランタイア氏は、款待《かんたい》の為に元帥のジェームス・ホープ卿を招きたれば、この室にて面会款接をなし、主人の娘両人にも握手款接をなし、是より手をのべて会食堂に赴く、食饌美を尽くせり」

このジェームス卿は、幕末日本に来たことのある提督で、ロシアの軍艦が対馬にやってきて上陸し占拠したとき、勝海舟らが巧みに英国の力を利用して追い払ったことがあるが、そのときロシアを退却させた英軍艦の艦長なのであった。

「食おわりて談話をなし、十二時に至りはじめて撤す」とあるから、そのころの思い出話などを交えて話が弾んだのであろう。

そして一行はこの館を基地にして、翌日から三日間、グラスゴーやグリノックを見学してまわるのである。

グラスゴー市の人口は四三万八〇〇〇、大西洋貿易はむろん東洋貿易の基地として、綿紡績、造船、製鉄などの工業都市として隆盛を誇っていた。

久米は、グラスゴーの印象についてこう書く。「雨のふらざる日ありや」というほどの湿霧多く、陰雨の降り続く劣悪な気候条件の下で、至るところ工場をつくり、煙突を林立させている。夜間にこれを見ると「炎火を噴き、赫赫天を焦がし、ほとんど火炎あるかと」疑わしめるほど活発な操業ぶりである、と。

グラスゴーは造船所で有名だが、それはクライド川の湾口のグリノック周辺にあり、当時その船台では一二隻の船が建造されていた。そして、その一つの船台では世界一といわれた大型船「シチー・オブ・チェスター号」を建造中で、船長は四八〇尺（約一六〇メートル）、価格は一二万ポンド（六〇万ドル）の巨体は一行の目を見はらせた。

次いでウオーカーの白糖工場を訪れる。ここは八階建ての工場で、その工程をつぶさに見学しているが、キューバなどから輸入した糖汁を最高階から流して順次精製し、六昼夜を費やして白い砂糖にする、その大がかりな設備に驚嘆している。

幕末、わが国の手工業は綿業と製糖業に代表されており、開港以来、安価良質な外国製品の流入により、日本の幼稚な工業生産はとても太刀打ちできなかった。特に薩摩は琉球など南の島を支配下において黒糖をドル箱にしていただけに、大久保利通らにとって白糖工場の視察は強い関心の的だった。

翌日、一行は、工場見学から一転してブランタイア氏の荘園を見学する。

「耕稼の場所には、大なる麦倉を建て、また水車にて麦粉を挽《ひ》く場あり、常に男一二人、女八人をいれてその業をとらしむ」とある。水車を利用した製粉所があり、常時二〇人が働いているという。

当時のイギリスの貴族や豪家は、広大な土地を所有し、地代をとって小作人に耕作させ、管理は執事に任せて、本人は「労苦せずして衣食に豊足す」状況にあった。ブランタイア氏のクラスになると、年間の地代収入は二〇万ポンド（一〇〇万ドル）にも及ぶというから、世界一の巨船「シチー・オブ・チェスター号」を毎年買っても余るほどの金額である。

厩《うまや》には一六頭の馬がいる。今日でいえば、大きなガレージに豪華な自家用車がずらりと並んでいるようなものであろう。その他、乳牛、犬、イタチが多く養われ、ガラスの大温室には熱帯産の名木が栽培され、五人の者が日々その世話をしている。また、その近くには自家ガス発生所があり邸内のガス管に供給していた。

一行は館内をくまなく案内してもらっているが、台所、諸料理所、洗濯所、裁縫所などいずれもなかなかの仕掛けで、家中で使う僕婢は常時一四人であったという。

本邸はロンドンのケンシントンにあり、冬の間はそちらにいて、季節のいい夏の時期になると田園にやってくる。当家の経理は一切、家宰（エイジェント）のウイルソン氏に任せて、主人一家は悠々たる生活ぶりである。英国貴族の多くは議会に出て政治に関与するのだが、それは幕藩体制下の大名の生活を連想させるものがあった。久米はしきりに鍋島藩の経営と比較考量し、英国の貴族が贅沢な生活をほしいままにするのと、日本の大名が比較的質素な生活をするのとではかなり違うと感じている。

一行はこの一週間くらいの間に、一方では煤煙もうもうたる近代工場群に身を置き、一方では静かに広がる貴族の領有地を散策し、英国社会の多面性を見てとることになる。

そして久米は英国の政治形態についても思いをめぐらし、次のように総括している。

「英国の都鄙を観察するに、ロンドンのウエストミンスター諸区においては国君の威権厳にして、立君の光をみる、ロンドンのシティおよび各都府を過ぎれば、会社の自由盛んにて共和政治の態あり、野村を回れば、貴族豪姓の権利大にして、貴顕政治の態をみる、英人かつてこの三様の治を併せて、英国の政治はなれりというを奇怪とせしに、その地を過ぎ、その情を観察すれば、真に一種の妙機ここに存したるを覚う、これ他に故あらず上下の社会、互いに相依頼するところの自由に任じて、その法を商定せしめ以て政府を成形し、保護を尽くしたる、実効によるものなり」

英国の複雑な政治制度の実際を理解するのはなかなかの難事だと思われるが、こうして実地にいろいろのものを見ながら勉強することで、その概略を理解するのである。

＊評判高き日本人

グラスゴーといえば、使節が訪問する数カ月前、大倉喜八郎がこの街に通訳の手島《てじま》をつれて視察に来て、権威ある「グラスゴー倶楽部」で一場の演説をぶって評判になっている。手島とはフィラデルフィアで勉学しているところをスカウトしてきた手島精一《せいいち》で、後に東京職工学校（東京工業大学の前身）を創る人物である。大倉は横浜のオリエンタルバンクから紹介状をもらってこの地を訪ね、デービッド・エス・ミラーという事業家に会った。ミラー氏は遠来の客を厚遇しいろいろ視察の便宜を与えたあと、一夕、格式あるその倶楽部に誘い、大勢の会員の前で何かスピーチをするようにいった。

大倉は固辞したが、強く請われるままに演壇に立った。

「私は東洋から来た日本人であります。わが国には貿易について二つの言葉があります。一つは居貿易、一つは出貿易です。居貿易とは自国にあって外国人と商取引をすることで、出貿易とは自ら外国へ出て商取引をすることです。わが日本は支那とともに東洋にあって、いずれももっぱら居貿易ばかりをしていて、自ら進んで外国へ出て出貿易をする者は絶無であります。

ところが、いまや世界各国との通商が開かれるに随《したが》い、貿易が盛んになるべきことは当然であります。そして居貿易の国は衰え、出貿易の国は栄えるのは必然の勢いであると思います。そこでわが国もこれからは居貿易から出貿易に一転せざるべからずと考えます。

私はわが国人に先駆けて世界各国の貿易状況を視察するために来たのです。幸いにこの業務に豊富な経験を有せられる各位より、ご教示を賜ることができれば、是を両国通商の基本として、その進歩発達のために努力する決心であります」

このとき大倉は三六歳、背は低いが凛とした志高き青年実業家で、その臆することのない堂々たる演説は大いなる驚きと称賛をもって迎えられ、満場の喝采を浴びた。

グラスゴーには、日本人の留学生が少なからず来ていた。幕末長崎に来て商売をしていた有名なトーマス・グラバーがスコットランド出身であることもあり、その人脈もあってスコットランド人はかなり日本と馴染みがあった。そしてお雇い外国人についても、古典教育重視のオックスフォードやケンブリッジ出身者に対して、実学に強いグラスゴー大学出が重視される傾向があった。とにかく産業革命のシンボル的存在であるジェームス・ワットも自由貿易や資本主義理論の元祖ともいうべきアダム・スミスもこの地の出身者だったからである。

久米の親戚筋で佐賀藩の有能な技術者であった丹羽雄九郎も当時グラスゴーの造船所で

働いており、ロシアの軍艦の設計を担当して評判になっていた。

丹羽は三〇歳、維新後、横浜の造船所で働いていたが、それがフランス式なのが気に入らず、また明治政府になってから軍人がのさばりだして仕事に干渉するので嫌気がさし、見切りをつけ英国に勉強に来ているのであった。

久米はその丹羽に会って直接話を聞いている。

「最初は大工職で雇われて木部を塗る工場にまわされた。こちらでは塗工の仕事は一日分何インチ四方と定めてあるが、彼らの不器用なことは驚くべきもので、我は四倍の仕事をして認められた。さらに木目を塗りだす仕事でもその敏活さと手際の綺麗さで称賛され、設計部にまわされた。まあ、造船術の中枢は設計図面にあるのだが、いざそれをやってみると鈍い英国人の一日分の仕事は我にとっては楽なもので、いまや二等設計士になってしまった」と大気炎を上げたという。

そのころ英国の新聞でその天才ぶりが評判になった日本人が二人いた。そのひとりはロンドンで秀才をもって知られていた菊池《きくち》大麓《だいろく》（後の東大総長・数学者）であり、もうひとりが丹羽だったのである。丹羽はある種、天才肌の人物で直言居士であり奇矯癖があったが、菊池と並んで日本人の優秀性を天下に知らしめた代表的な人物だった。

十三章　スコットランドの休日

＊　エジンバラ界隈

使節一行は、すっかり世話になり親しくもなったブランタイア氏の家族に別れを告げて、列車で古都エジンバラに向かう。

エジンバラはグラスゴーとは極めて対照的な街である。列車が谷底のような位置にあるプラットフォームに着くと、見上げるような位置に古城がそびえたっている。ここはスコットランド王国の王城の地であり、それだけ歴史と風格を感じさせる街である。

久米はエジンバラを評して、わが国でいえば奈良のような歴史的な名所で「山巒《さんらん》秀美で海に近く、国人はこれをギリシャのアテネに比して新アテネともいう」と書いている。

一行はプリンセス通りのマウント・ホテルに宿をとる。前には緑の谷があり、その向こ

▲スコットランド、古都エジンバラの風景

▲エジンバラ城

うに木々の間から旧市街が見渡せた。

そして例の如く、エジンバラ城、議事堂、裁判所、詩人スコットの像、大学校、産業博物館、アーサーズ・シート、ホリルード宮など、いわゆる名所旧跡を巡り、さらにはゴム工場、紙工場、スチームエンジン製作所、櫛やアクセサリー工場などを見学している。ホリルード宮にはヴィクトリア女王が避暑に来ていて滞在中のはずであるが、それには関せず宮殿内を見学することができ、悪名高き女王メアリーの寝室や抜け道についてもしっかり観察している。

また、当時日本では航路の安全を図るために盛んに灯台をつくっていたのだが、そのお手本はこの地にあり、当地の出身者であり、日本で指導に当たっていた灯台技術者のブラントンも帰国していて一行の案内に立った。そしてそのころ最も尖端的な技術の象徴だった有名なベル・ロックの灯台へも船で視察に出かけている。

ところが、連日の強行軍で岩倉大使の体調がすぐれない。そこでハリー・パークスが気を遣って二、三日の静養を勧めた。大使を公務から解放して景勝の地ハイランドへお忍びの旅に誘い出し、気楽な時間を過ごしてもらおうというのだ。

岩倉は側近の久米、畠山の他は、医者の福井順三だけを連れて、あとは案内のパークスとアレクサンダーと通訳のアストンら計七人のグループで、ハイランドへ出かける。

元気のいい勉強グループは、伊藤博文を先頭に、大島高任、宇都宮三郎《うつのみやさぶろう》、林董の四名で、再度グラスゴーへ視察に行く。宇都宮三郎は、当時三九歳、尾張藩の元藩士で、江川太郎左衛門らから砲術や化学分析を習い、維新後は工部に属して、セメント、耐火レンガ、炭酸ソーダ、醸造など各方面で大活躍、後には大技長として重きをなし、日本の化学工業の祖となる人物である。

残る木戸、大久保らは、当時エジンバラにいた由良《ゆら》某の案内で、グラントンから船に乗り、フォース湾の対岸にあるブルントアイランドに遊んでいる。

『木戸日記』によれば、銀行家のキッド氏やユルキー氏などと会食し、忙中に閑を得てこちらもリラックスした時を楽しんだ。キッド氏邸では家族総出で歓待してくれた。

「ヒハナ（ピアノ）を弾じ、また舞踏を催し、ついにまた余らも舞踏に誘い、あるいは玉を争い、実に近来の一興なり。市府と異なり田舎の興情修飾少なくしてもっとも妙」と木戸は大変な喜びようだ。どうやらこのとき、木戸も大久保もダンスに誘われたらしく、イギリス娘と抱き合って一世一代のダンスをしたらしい。

また、キッド氏はその姓が木戸に似ていて、娘がオリエンタルバンクに勤務する夫とともに当時日本に駐在していることもあり、特に親しみを覚えたのであろう。木戸は「交情も自ら妙」と記している。

相当うるさ型だったらしい岩倉大使とも離れ、ハードスケジュールの文明見学もひとまずお休みにして、木戸、大久保らもしばしの時をくつろいで過ごすことになる。

＊ ハイランドへの小さな旅

さて、岩倉グループはといえば、エジンバラ駅から汽車で北上し、フォース湾の有名な異形の鉄橋を渡ってハイランドの山水に分け入っていく。

久米の筆も自然のびやかになってくる。

「欧羅巴州《ヨーロッパ》に於《お》いて、山水の勝に名ある地三つあり。一に瑞士《スイス》、二に以太利《イタリ》、三に蘇格蘭《スコットランド》なり。西洋の人は遊歩を好み、山水を愛し、路をまげ嶮を越えて、遠く尋訪するをいとわず」

もとより日本人も、山水を愛することにおいては人後に落ちない。こころも軽やかに二泊三日の小旅行に出かけていく。

一行は汽車で中部スコットランドのアソールまで行き、ここのホテルで名物の鹿肉を賞味し、その後アソール侯爵の荘園を訪ねている。

「谿に望み、白石造りの館を建て、前面に奇峻なる数峰水際に起こって緑樹に包まれ、夕陽これに映じて、晩霞がたなびく、殊のほかすぐれた景色だった」

そして一行は眺望を楽しめるように無蓋の馬車に乗って山水の地を往く。この界隈は山あり湖あり谷あり橋あり、ピトロクリまで行って、ここから汽車に乗りダンケルドまで南下する。ここは小さな村だが、かつてスコットランドの王城の地であったことがあり、どことなく古雅なたたずまいをもっていた。そして、その夜はダンケルドのバーナムホテルに泊まる。

久米は書いている。

「ホテルは甚だ大ならず、石造に木材をもって文をなす、村の寺に似たり、この夜、同宿の男女、七、八名と、同案（テーブル）にて食す、ハイランドの民はその俗朴魯にて、交際の儀もまたまことなり、山村の遊は、軒冕（高位高官）の気を忘れて、反《かえ》って一味の真趣嘉すべきを覚う」

一行は、久しぶりにこころからくつろいだのであろう。格式も身分も忘れ、ただの旅人として同宿の人々と談笑の時を過ごしたに違いない。

翌日は「村舎の櫓《やぐら》に霜花をみる」というから、すでに晩秋初冬の気候である。馬車をやとって近村を徘徊《はいかい》する。

貴族キャンベル氏の荘園を横切り、テイ川の北を走る。ここには小さな峠があって馬は疲れて難渋し、一行は馬車から降りて散歩を試みる。この日は薄曇りで風なく遊行に好適であった。峠に至れば湖を見晴らす場所があってこころゆくまでその雄大な景観を楽しんだ。そして細長いテイ湖を迂回《うかい》して夕刻、湖尻のキリン村に達する。スコットランドの日は短く午後四時で日没に近く、この夜はここにある小さなホテルに泊まることになる。

このホテルは池に臨み、その対岸に小さな砦が見える。まだ、明るいので久米らはそこまで行ってみようと村人の案内で丘に登った。するとその村人がいうには、「実は息子が横浜で商売をしているのです。その日本から使節がこの僻村に来られたというのは僥倖です。どうかちょっと家へ寄ってください」。

そこで案内されるままに訪ねると、池に面したその家では炉に薪《まき》をくべ妻も娘も総出で迎え握手し、「片田舎のことですから談話の他には酒肴もありませんが……」といいながら歓待した。

▲インバースナイド付近の風景

▲インバースナイドの滝

翌朝は六時にホテルを出発して、馬車を走らせカランダーを経てトロサックスの湖を見下ろす石造りの「造営頗《すこぶ》る美なる巨館」のホテルに寄り、ここで朝食をとっている。トロサックスというのはこの一帯をさす名称で、風光のよさをもって知られた観光地であった。このホテルには数カ月前にもブラジルの国王が投宿したとかで、ホテルの主人兄弟は、続いての日本使節の訪問に大喜びした。そして朝食が終わると、

「路には馬車を用意し、湖には汽船を艤し」、バグパイプを演奏させて一行の馬車を先導した。久米はその模様をこう記している。

「一路また黄葉の林に入り、日光陰映し、瀏 湸《りゅうりょう》（高らかな）の声、車を導きて林間を走る、恍（うっとり）として仙界をわたるがごとし」

その日はよく晴れて風もなく、穏やかな日和だったらしい。黄色く色づいた木々の下を、もの淋しげなバグパイプの音色が流れる。

「日色ほがらかに、四方に風声なく、静かに廃葉の枝を辞するを聞く、スコットランドの山水いよいよ出てて、いよいよ奇なるを覚う」

枯れ葉の落ちる音が聞こえるような静寂の中で、一行はハイランドの小遊をこころゆくまで満喫する。

山道を進むとやがて山間の小さな湖に出る。スコットの詩「湖上の麗人」で有名なカトリーン湖である。そこには山崖に沿って木造の古雅な長い桟橋があり、その先に小さな蒸気船がとまっている。一行は馬車を降りて、ひんやりした大気の中をそぞろ歩いて船に乗る。

ホテルの主人兄弟も同船して船は湖上を奥へ奥へと分け入っていく。両側は山をなし、得もいわれぬ景色の中を船がゆく。すると、そこに上水門がある。聞けば、ここはグラスゴーの上水源で、この水を二五マイル（約四〇キロ）遠方の街まで引いているのであった。

一行はストロチャナーで上陸し、見送りの人々ともここで別れる。山道で振り返ると遙かに帰り往く汽船が見え、ホテルの主人が盛んにハンカチを振っている。一行もまたそれに応えてハンカチを振るのだ。

それから嶮《けわ》しい山道を越えると広々とした大きな湖に出る。歌にも名高いロッホ・ローモンドである。一行はインバースナイドという有名な滝を見ながら、渡し船の桟橋近くのホテルにつく。ここで小休止して茶をのみ、また汽船に乗り込んだ。ローモンド湖は細長く二〇マイル（約三二キロ）もあり、両側には奇峰が連なっている。その間に牧場や貴族の館が見え湖上には島や岬が交互に現れ、船上からの景色は飽きることがなかった。

こうして岩倉グループはハイランドの小旅行を終えて夜遅くエジンバラのホテルに帰るのである。

久米は後年この旅を回想して、「京都嵯峨の奥から保津川谷の景を探って近江の高島郡に出るような神秘な景地であった」とし、「我らの過ぎるところには貴族の荘園を見、人情の純朴なるを察し、風俗の状態より活きた歴史を目撃してみると、都会の繁華にあって鉄臭煤気の中を奔走する生活と、さてどちらが幸福かとつくづく考えたのである」と述懐している。

十四章　富強の源・石炭と鉄

＊アームストロングとキャンメル

岩倉一行は、それぞれにスコットランドの休日を楽しんだあとエジンバラで合流し、十月二十二日、朝一〇時ホテルを出発し、東北部最大の工業都市ニューキャッスルに向かう。しかし、特に招請があったのであろう、その途上、ガラシールス駅で下車し、羅紗工場を見学、またメルローズ駅でも下車、雨の中を有名な寺院を見物し、ホテルで地元の有力者と会見している。そして再び列車に乗りニューキャッスルの駅に着けば、市長や会議所のお偉方が緋色の正装をして迎え、駅の休息所で会食・スピーチの段取りとなった。早くも猛烈な回覧スケジュールの再開である。

ニューキャッスルは当時人口一二万八〇〇〇、英国第一の石炭の街であり、世界的に有名な鉄と兵器の街でもあった。ステーションホテルに泊まった一行は、翌朝アームストロング卿の迎えを受ける。氏は画期的な性能をもつ大砲の発明者であり、その製造会社の創業者でもあった。

「アルムストロング氏は、齢《よわい》七十に近し、丈高く六尺余、言寡《すくな》く温々たる老翁にて、容貌愚なるが如し」と久米は記している。アームストロングの名は、幕末維新の志士たちにとって馴染みが深い。アームストロング砲は薩英戦争のときに英国軍艦に装備されていて、鹿児島の街を灰燼《かいじん》に帰せしめたところからその威力が知れ渡った。佐賀藩が早くからこの後装の施条式大砲に目をつけて輸入し、江戸邸に隠し持っていたのを、維新後大村益次郎が召しだして上野の彰義隊攻略に使った。そして、この新式の大砲の一発が戦局転換のターニングポイントになったのである。

一行は、その兵器工場を発明者自らの案内で見学する。その一棟に入れば、大砲が一二門、野戦砲が四〇余門、製造中の大砲が一四門ずらりと並んでいる。そして構内の試射場では新発明のガトリング砲の試射を見る。これはアメリカのウエストポイントでも見たものだが、二五〇発の弾丸をわずか七秒で撃ち出す回転式の新鋭銃で、久米は「猛烈なる軍器なり」と驚嘆している。薩英戦争や長州戦争の経験からしても、西洋列強と事を構えることがどういうことを意味するかを理解したに違いない。

一行はこのあと、近郷のゴスフォース炭坑にいく。そこではリフトで四〇〇ヤード（約三六六メートル）の地下までもぐり込み現場を見学している。岩倉大使以下全員、「ゴム製の外套」を着用し、手に「用心灯」をさげ、地下水が流れ足元の定まらぬ坑道を一マイル半（約二・四キロ）も歩いて採炭現場までいったという。

地上を旅する限り、イギリスの風土は決して羨《うらや》むべきものではない。まだ、十月の初旬だというのに日照は短く、霧雨のみ多く、土地は瘠せて荒涼としている。わが日本の実り多き秋とは雲泥の差である。しかし、その貧しい恵まれない風土のイギリスが何故、今日の富強を勝ち得たのか、一行はその真因を考えざるをえない。そして、その一つの原因がこの炭坑にあり、地下数百ヤードの暗闇から石炭という富を掘り出していることに気づくのである。

「英国の富は、石炭と鉄とを以て、器械を運し、綿毛麻を紡織せるを眼目とせり、その羊毛は遠く豪州より輸入し、その綿花はアメリカ諸国より輸入し、その麻はインドから輸入し、亜麻はロシアから輸入す」

本来これらの原料は、若干の羊毛を除いてはイギリスでできるものはほとんどない。原料は東洋や南洋の諸国にある。その原料のある国は、それを加工して販売する力がなく、欧米諸国に利を奪われているのは何故か。久米はこう観察する。

「人民の遊惰なるなり。試みに之を見よ、東洋の西洋に及ばざるは、才の劣なるに非《あら》ず、知の鈍きにあらず、只《ただ》済生（生命をやりくりすること）の道に用意薄く、高尚の空理に日を送るによる」

才知の点では東洋人、ことに日本人は西洋人に劣らない。ただ、西洋人の素晴らしいところは、刻苦勉励《こっくべんれい》して理学、化学、重学の三学を開き、その原理によって器械を工夫し利器を発明したことだ。久米流の表現でいくと、それは「力を省き、力を集め、力を分け、力を平均《ひと》しくする術を用い、その拙劣不敏の才知を媒助し、その利用の功を積みて、今日の富強を致せり」ということになる。だから、東洋人とてそれに気づいて努力し工夫をすれば追いつけないはずはないという論理になる。

「東洋西洋の開化の進路において、すでに甚だしき隔絶をなしたれども、その実は最も開けたる英仏にてもこの盛んを致せるは、わずかに五十年来のことに過ぎず、世界に開化の遅れたる国はなお夥《おびただ》しく、起こすべき利は甚だ広し、いやしくも本に反《かえ》りて之を求めれば、為すべきこともまた多し」である。

ニューキャッスルに三泊したあと、一行は繊維の街として著名なブラッドフォードに赴く。ここでも駅からホテルまで群集が沿道を埋め、通行さえ難儀であった。

翌朝一〇時、汽車に乗って二四マイル（約三九キロ）ばかり郊外にあるソルテア村を訪ねる。ここにはタイタス・ソルテア卿のアルパカの製造工場があり、その福祉的な経営で全国的に有名であった。アルパカは羊の一種で、光沢があり絹糸に似ているが、繊維が長く織物になりにくいので廃物とされていた。それをタイタス氏が苦心惨憺《さんたん》の上その紡織に成功し、高価な製品に仕上げ大工場に発展していたのだ。氏は働く人のために住宅、教会をつくり、病院、学校をつくり、養老院までつくった。村人はみなタイタス一家を仰ぎ見て尊敬し、ソルテア村は理想的な工場村として名高かったのだ。

次いで一行は鉄鋼の街シェフィールドを訪れる。ここにはキャンメル氏の大工場があり、その重役をしているウイルソン氏がその豪邸を宿に提供してくれた。翌日は早速、工場見学に赴く。その盛大なことは驚くべきものであり、久米はこう記している。

「この工場の盛大なること、一区の広域中に、大小の煙突、参差として天に朝し、石炭の煙は墨を撥くが如くに、大空を滾して驀起するは、暴風大雨の至らんとする景色をなす」

創業者のキャンメル氏は七〇余歳で小柄な老人であったが、なお元気で一行を迎えてくれた。聞けば、二五年前には小さなヤスリ工場でしかなかったことを知らされる。わずか四半世紀の間にこの驚くべき大をなしたのであった。それから各工場をまわり、ベッセマー式の鋼鉄製造法、車輪、スプリングの製造工程などつぶさに見学する。

＊公爵の館・チャッツワース

翌日は、一〇時から馬車を駆って郊外に向かい、デボンシャイアー公爵の館を訪ねる。シェフィールドの街を出るとなだらかな丘がうねるように続く。のびやかな風景が展開し、まるで昨日の工場風景がウソのようだ。やがてその丘の合間に一条の流れが見え、そこに堂々たる白石の三階建ての館がある。全国的にも有名な公爵キャベンデシッシュ家の本拠チャッツワースハウスなのだ。

馬車が門に入り玄関に至れば、家従の人が迎接して一室に招じ入れられる。そこは三面に書棚をめぐらした大広間で、公爵が迎えて握手し挨拶を交わす。それから自ら立って館内の案内をしてくれた。久米は書いている。

「是より諸珍器の房室をまわる、西洋の俗は器物を箱にいれて閉蔵することなし、ことごとく房内に陳列し、客に示すを以て栄とす」

陶器を陳列する部屋もあり、そこには古伊万里の逸品がならんでいる。久米は郷里の陶器だけに感慨深く、想うに伊万里の逸品は日本にはなくすべて欧州にて保存せられ、「日本ではかえって見ることは稀なるべし」といっている。

やがて食堂に招じ入れられ、公爵の母、夫人などと会食した。その献立は久米によると、スープ、魚、牛ロース、鶏肉、野菜などで特に変わりはなかったが、その素材がよいせいか、特別に美味《おい》しかったと記録している。そのあと、浴室、台所も見て、庭に導かれる。これがまた広大な庭園で、花園あり、温室あり、刈り込んだ美しい庭園もあり、背後にある丘山からは樹木を切り開いて階段状の流れをつくり渓流の音を響かせている。

久米はその状況をこう描写している。

「山上より林樹を切り開きて、懸瀑をつくり、水は上層より一幅の組練となりて下り落ち、水底は石をしき磴《とう》（段坂）をつくる、水は級級に下がり、中間にてたちまち跳りて回散するは、貫珠の繖《さん》（傘）を舞すが如し、また集まり落ちて瀑となり、磴を転回して下る」

庭の一隅にはガラス張りの大温室があった。そこには熱帯地方の樹木を育て、芭蕉、棕櫚《しゅろ》、椰子《やし》、竹、ゴムの木などが繁茂している。この温室は、実はジョセフ・パックストンがつくったものだった。彼は一八五一（嘉永四）年に開催されたロンドンの万国博覧会の主建築、クリスタルパレスを設計した人物なのだ。パックストンは元来、この邸の庭師だったのだが、六代目の当主にその才能を見出され、設計家として遇され、熱帯植物を育てるための施設として一八四〇年に、当時まったくの新素材だった鉄とガラスでこの温室をつくり上げるのだ。世界に進出した英国では、そのころプラントハンターと称して特に熱帯から植物を持ち帰り育てることが流行《はや》った。そしてこうした温室をつくることがステータスシンボルになり、さらには都市のシンボルとしての公共建築に発展していくのだ。

その名門の公爵家は、六カ所に荘園をもち、年収は優に二〇万ポンド（一〇〇万ドル）を超えるという。一行を迎えた七代目の公爵はその夜、日記にこう書いた。

「今日、日本の使節が訪れた。七、八人の日本人と案内の公使ハリー・パークスとアレクサンダー将軍である。その他、使節が宿泊しているというウイルソン氏と数人のシェフィールドの人が一緒だった。私は館内を案内してまわった。台所も地下倉庫も庭園もである。彼らは非常に興味をもったようで、特に噴水を褒めた。大使は英語をしゃべらないが、通訳を通していろいろの質問をした。大変インテリジェンスのある人物と見受けた。彼らは昼食をとったが、なかなかよく食べ、よく飲んだ。英語をしゃべる日本人も数人いた。想像では英国で教育を受けたこともあるようだ……今日は終日晴だった」

久米は「英王の宮殿もここには一等地を譲る」と書いているが、この堂々たる贅《ぜい》を尽くした館は英国貴族の一つの頂点を示すものに違いなかった。

＊狐狩り、富豪の歓待、地下宮の宴

使節はこの後、スタッフォード州のボールトンにあるビールの工場を見ている。それは広大な敷地に展開する大工場で、社長のオールソップ氏が自ら馬車を駆って案内した。また、この社長は狐狩りが好きで、バーミンガムに宿をとった一行をわざわざ大掛かりな狐狩りに招待している。

大久保は自らも好んだが、狩猟好きの盟友西郷宛に詳しくその状況を伝えている。

「ウスターといえる所にて狐狩りを一見したり。その集まる場に至るに、狩人六〇人位みな騎馬なり、狩犬五〇〇〇疋《びき》（五〇疋の間違い＝著者註）相競うて群れをなし、各屯所を出立、一時に馬を乗り出し、狩山に至って、犬を進退するにラッパを用い、犬狐を追い出して一斉に之を追うて、この山よりかの山に至れば、狩人の騎馬一同鞭《むち》を挙げて之に従う、また犬に隊長あり副長あり衆犬みなこの長の進退指揮を待つ、実に競馬の勢い、犬隊の規律、廻歴中の一奇観なり」

そしてその後に小さな字で説明がある。

「この騎馬の内に八五歳の老人あり、太く逞しき馬に打ち乗り凜然として他に先きを譲らず、その容態あたかも中老の人の如し、聞くとこの老人、狩りあるごとに未だかつて行かざることなしと」

まさに実況報告の観がある。

この狐狩りは大がかりな割に一疋の獲物もとれず、竜頭蛇尾に終わったのはいかにもおかしいが、大久保の手紙にはそのあたりの記述がない。

さて一行はその後も、バーミンガムの工場、刃物、ガラスなど、あちこち視察しているが、その間に美しい城として有名なウォーリックにも出かけている。それはさして大きな規模ではないが歴史ある名城で、市中にも古びた家が多く、久米も「こんな古風な街は珍しい」と書いている。

ここでは州知事の自宅に招かれ、家族と晩餐を共にしている。知事は医者で資産家でもあるらしく三階建ての家に住んでおり、最上階には「博物館」と称していろいろなものを収集してあった。幼い娘が「ぜひ観てくれ」と案内するので上がってみると、その子が一つ一つ詳しく説明をして久米を感心させている。英米で博物館、展覧会などが盛んなことが、こうした個人レベルにまで影響を及ぼしているのではないか、と強い印象を受けている。

一行はさらに古都チェスターの近郷にも足をのばす。それは、当地の豪家トルマッシュ氏からの熱心な招待があったからのようだ。この邸はローマ時代の砦跡ピーストンに近い小山の上にあり、城砦のようなつくりの重厚な館である。当主トルマッシュ氏は七〇余歳ながら矍鑠《かくしやく》（年をとっても丈夫で元気）として自ら駅まで迎えにきて馬車を駆って邸に案内した。

使節一行はこの邸に三日間も泊めてもらい、家族らとも親しく付き合い、くつろいだ時間を過ごした。トルマッシュ氏は本来実業家だが、国会議員を三六年も務める名望家で、夫人をはじめ家族総出で歓待してくれた。

翌朝目を覚ますと、素敵な光景が広がっていた。

木戸はその時のことを日記にこう記している。

「快晴　臥室（寝室）の窓より外面を望めば、風光甚だ妙、臥室は数層の上にして樹上の風のために動揺するは、数丈眼下にあり」

小高い丘の上にある館のそれも三階にあるのだから眺望はすこぶるよかったはずだ。窓のあたりに大きな樹木の葉が揺れている。その向こうには一面に平坦な農場がのびやかに広がり、ウェールズの青い山並みも遠望できた。

そして八時半、家族とともに食事をし、九時には家を出て主人の案内で近郷にあるミントンの陶器工場を見に出かける。それは英国の誇る有名な工場で、久米は伊万里焼の知識があるだけにその『実記』の記事でもしきりに蘊蓄《うんちく》を傾けている。

そのあくる日は、近在にあるノーウィッチの大規模な岩塩の地下洞窟を見物に行く。ところが馬車を走らせて駅まで着くと、汽車はいましがた出発したところだった。トルマッシュ氏は迷うことなく汽車を追いかけて馬に鞭を入れた。その意気たるや壮者もしのぐほどで、一行は思いがけなくも汽車との競走を経験することになった。ノーウィッチの村民は「日本の大使来《きた》る」というので駅で待ち受けていたのだが、着いた汽車は空っぽで肩すかしをくわされてしまった。すると砂塵を上げて馬車が疾走してくる、それが大使一行の馬車だとわかると、村民は生き返るように元気づき歓声をあげて迎えた。小さな村の家々は旗をあげ寺では鐘を鳴らして祝意をあらわした。

ここの塩岩の厚みは四メートルもあり坑口は巨大である。石炭の坑道と違って塩坑は清潔で明るく、一行は釣瓶《つるべ》仕掛けの籠で坑道に降りたがそこには広大な空間ができていて、七万本のローソクをともして宴席を設け一行を歓迎した。久米はそれを「地中に一の華都を幻出す、開坑以来かかる壮観をなしたるは、この回を併せて只《ただ》二回あるのみ」といい、会食する者は男女一〇〇余人であったと記している。

三日目には、トルマッシュ氏は自宅内を案内した。それは全館石造りの重厚なもので外面にはツタをはわせて、室内はみな天井が高く爽快だった。その建築には一〇〇万ドルを要したという。厩舎には一二頭の馬がおり、その中の一番高価な馬は一頭一万七〇〇〇ドルもしたという。館の周辺も案内されたが、そのあたり一帯がトルマッシュ氏の所有地で、小作料をとって耕作させているのだとの説明であった。その総面積は、わが国でいえば一五万石の領地にも相当するやに見えた。

その後、このあたりの中心都市、人口三万五〇〇〇のチェスターを案内された。この街はローマ時代から開けたところで、白壁に黒い梁を組み合わせたハーフチンバーの建築が珍しく、独特の雰囲気をもった街である。一行はここで裁判所や教会を見物する。そして、いよいよ一カ月余にもわたった巡遊の旅を終え、ロンドンへの帰途につくのだ。

＊　大久保の苦衷

再び、蒸気車上の人となった一行は、思い思いにイングランド巡遊の旅を反芻した。

車中は、おおむね大使副使四名と久米、畠山の六人がひとグループをなし、伊藤と書記官らがもう一つのグループをなしていたようだ。大使グループでは、岩倉と木戸が話し好きで、大久保は無口、もっぱら聞き役である。ただ、黙って煙草をふかしながら、それでも興味深げに聞いていたという。

木戸と大久保は、いろいろな意味で対照的である。大隈重信の評によれば、「木戸は洒々落々、思うことはなんでもしゃべる。詩もつくれば歌も詠む。ことに風流韻事に通じていて遊ぶことも好きで陽気であった」。それに対して「大久保はとにかくしゃべらない。武骨無粋で岩壁の如く、冷たく近寄り難かった」という。

しかし、この評には大隈の偏見もあるようで、久米の印象では大久保は一見、冷厳そのものに見えるけれど、その実は温かい人情家で、岩倉や木戸の話にしても微笑しながらよく聞いていたという。

岩倉はといえば、なかなかの社交家で、宴会の席でも話題に事欠くことはなかった。しかも、かなりの酒好きで家族宛の手紙にも「会食が多くて困るが、日本のように大酒を飲まないのは良い風習だ」などといい、続けて「時折は酒が足らないことがあって物足りない」とホンネをもらしている。

あるとき、その無口な大久保が口を開いた。

「私のような年取った者は、これから先のことはとうていダメだ。もう時勢に応じられないから退くばかりだ」

日頃、剛毅で有名な大久保の言葉だけに久米も驚いてこう反問した。

「それはあべこべではございませんか。今日のわが国の政治の中心になっている者は、西洋でボーイというような若い者ばかりです。英国などはこれに反して、たとえばスコットランドの判事などわざわざ白髪のカツラをかぶって法廷に臨むくらいで、国内でも国外でも年配の人がいなくては、人民が敬意を抱きません」

大久保はまだ四三歳であり、人生五〇年時代とはいえ、隠退を口にするにはいかにも早すぎる。

「まして閣下の如きは、これから肝心な仕事をしていただかねばなりません。もし、国に帰って閣下が退任されるようなことがあったら、この進歩の時代にボーイばかりで政治をやらねばならず大変なことになってしまいます」

「財務はどうする？」

大久保がいった。

「何、財務？」

そばで聞いていた岩倉が口を挟んだ。

「いや、久米の説が本当だ。今、年配の者が退くのは道理ではない」

しかし、大久保はそれっきり一言も発しなかったという。

後日、大久保は英国での心情を親しい後輩である大山巌宛にこう書き送っている。

「どちらに参り候ても、地上に産する一物もなし。ただ、石炭と鉄とのみ。制作品はみな他国より輸入して之を他国に輸出するのみなり。製作所の盛んなることはかつて伝聞するところより一層にまさり、至るところ黒煙天に朝し、大小の製作所を設けざるなし」

大久保にしてみれば、アメリカ、イギリスと回覧してきて、その富強の本はわかってきた、これに追いつく法もないではない。しかし、先立つものは金である。

岩倉も木戸も、現実に金の心配をする官職にいたことはない。ところが大久保は現に大蔵卿であり財政の大元締めである。新生日本の台所を預かる大久保としては、何事に手をつけるにも先ず金が必要だった。

大久保は夢想家ではない。極めて現実的に物事を考えるリアリストである。大久保はこの旅で、造船所を見、蒸気車工場を見、炭坑、製鉄所、紡績、織布、ガラス、白糖工場を見た。四通八達した交通網や郵便電信網をみた。その背後に、いかほどの資本が投下されたかを考えたに違いない。

生まれたばかりの日本株式会社は、二百数十もある、それも大半が赤字の会社を合併して大整理をしている段階である。廃藩置県の結果、職を失ったサムライたちに退職金を払わねばならない。その資金繰りの困難さは想像を絶するものがある。現に大蔵省から吉田清成が来ているのも英国で一〇〇〇万ドルの外債募集をせんがためであった。もし、外債募集に成功しても元利の返済は厳しく、支払いが滞れば相手の思うつぼで、関税を差し押さえられ、土地をかすめ取られ、独立の権を危うくすることになる。

当時、日本では新橋—横浜間の鉄道工事が進み、めでたく開通したばかりであった。が、それも英国から一〇〇万ポンド（五〇〇万ドル）を借りてのことであった。しかし、鉄道建設もまだ緒についたばかりで、これから全国にそれを敷設していかねばならない。その資本はどうする？

外債募集の当面の責任者、吉田清成は盛んに関係筋と折衝していた。できれば今回はオリエンタルバンクの世話にはならない心づもりだったが、そうもいかなかった。米英で思うようにいかないと見た留守政府は、最初の募集目標額を修正してきた、建設資金も含めての二五〇〇万ドルは無理と見て、当面どうしても必要な分、つまり秩禄処分に必要な一〇〇〇万ドルに絞って募集するように訓令がきた。吉田は寺島らと協力して結局オリエンタルバンクと交渉し、その引き受けでやっと借り出すことに成功するのだ。が、それも使節一行が大陸に旅立って後のことだった。

大久保の頭には、大隈、井上の顔がちらつく。若い伊藤や吉田の姿が浮かぶ。大久保は久米にいっている。

「自分は幕府を倒して天皇の政治をなそうと考えた。そしてその事業は成り、やることだけはやった。しかし、そのあとはどうも困る。こうして西洋を歩いてみると、われわれはこんな進歩の世には通じない……」

帰国後、内務卿として殖産興業の先頭に立ち、「大久保独裁」とまでいわれた人物も、イギリスの富強を目の当たりにして、そのあまりの格差に呆然自失していたというべきであろうか。

十五章　再びロンドン

＊第二の失敗・大金喪失

こうして岩倉一行は、五週間にわたり、都市八カ所、村落一〇余カ所、製造工場など五〇カ所になんなんとする見学を終えて、久しぶりに薄暮のロンドンに帰ってくる。

ちょうどその日は、皇太子の誕生日に当たっており、また新知事の就任日でもあったため、ロンドン市内はいたるところガス灯が点ぜられ、祭日のような賑わいであった。

「数カ月群村を回り、著名の都府も歴覧したれども、倫敦《ロンドン》にはいれば、その繁華格別なり、殊にこの盛辰に際したれば、不夜城に入りたるが如くなり」

しかし、その華やかなロンドンの風景とは裏腹に、一行の帰京を待っていたのは、まことに嬉しからざる事件であった。というのは、一行が余裕資金を預けていた銀行が破産してしまったからである。当時使節団のメンバーや在英留学生を含め日本人が預けていた総額は二万五〇〇〇ドルともいわれたから、千両箱二五個にも当たる大金を喪失してしまったことになる。

この事件、そもそもの発端は元長州藩士の南貞助にある。南は高杉晋作の従兄弟にも当たるのだが、留学先のイギリスで英米で銀行を経営するアメリカ人ブールス兄弟と知り合い、そのすすめで銀行業務を手伝うようになった。

ブールスが南を引き入れたのは、当時日本からの旅行者、留学生が増えて、その資金を扱うことが有利だと目をつけたからである。南は破格の待遇をうけチャーリングクロスの事務所に陣取って新時代の国際ビジネスマンという威勢だった。海外出張組は昔も今も同じようなもので、言葉もわからず万事不案内だったので、言葉のわかる日本人がいてくれれば自然頼りにするようになる。

岩倉使節が米欧を回覧するというニュースが入ると、ブールスは早速行動を開始した。大グループの大名旅行だから大金をもっているはずだ、是非それを預かれというので、南をわざわざニューヨークまで派遣した。南は同郷の木戸や会計官の田中光顕に会い、しきりに金の預け入れを勧誘した。

「欧米では現金を持ち歩くのは時代遅れである。金は銀行に預けて、あとはチェックで必要なときに必要な場所で必要な額だけ現金化すればよい。欧米の人たちはみんなそうしている。銀行に預ければ安心だし、預けている期間、利子がついて自然に金が増える」

おそらく、そんなことをいって誘ったのに違いない。一番のお目当ては会計官田中光顕がもっている五〇万ドルの大金である。しかし、田中は頑として受け付けなかった。

「いやしくも公金を手許から離すわけにはいかない。利息などつかなくて結構だ」

やむなく南は、大使、副使、随員らのポケットマネーを狙うことになる。岩倉使節団の出張手当は破格の優遇ぶりであり、大多数の者がかなりの余裕金をもっており、大半の者がそれを預けることになった。

当時の海外出張手当は、欧米諸国の水準に合わせたのか、お雇い外国人の手当を基準にしたのか、国内の庶民からすれば法外ともいえる高額であった。

その金額を示せば、次のようである。

	支度料	別段手当	月手当
大使	九〇〇両	六〇〇両	五〇〇両
副使	五四〇両	五〇〇両	四〇〇両
一等書記官	三七五両	一五〇両	二五〇両
二等書記官	二五〇両	一〇〇両	二〇〇両
三等書記官	二五〇両	八〇両	一八〇両
四等書記官	一八〇両	七〇両	一五〇両

支度料と別段手当というのは、出発時に支給される一回限りのものだが、月手当は出張中、毎月現地で支給されるものであろう。とすれば、旅行中の旅費、宿泊費は当然官費賄いであるから、懐は自然と豊かになる。

この金額がどの程度の値打ちをもっていたかはなかなか難しいところであるが、そのころの海外留学生の費用は年間一〇〇〇ドルが相場であった。旧黒田藩の留学生、金子堅太郎の場合は殿様の格別のはからいで二〇〇〇ドルも支給されていたが、これは例外である。

そのころのホテル代は高級なところで五ドル、中級どころで二～三ドル、安宿は一ドル前後、長期滞在用のところもそれに応じて安かった。横浜からサンフランシスコまでの船賃が一等で二七五ドル五〇セント、二等で一七五ドル五〇セント、アメリカの大陸横断鉄道の料金がサンフランシスコ—ニューヨーク間で一等一四〇ドル、二等一〇三ドルである。

給与水準はどうかといえば、サンフランシスコの小学校での教師の月給が一二五ドル、教頭が二七五ドル、初任給は五〇ドル、リバプールの造船所の職工が熟練工で八〇ドルという記録がある。

したがって、これを現代に換算すれば、いくらくらいになるのか。ものによって違ってこようが、三〇〇〇～五〇〇〇倍くらいの見当であろうか。とすれば、月二〇〇両の手当は、六〇万円にも一〇〇万円にもなり、大変な高額である。しかも、これらは現地欧米での物価との比較であって、それを日本の国内価格や給与水準からすれば、さらに数層倍になる。

そこで、一行の中にはにわか成金になった感じで派手に使う者もいるけれど、使わないでも済む金だから旅が長くなれば相当額の余裕金をもつ者が出てくる。もっとも、ワシントン以来の緊縮財政で当初の取り決めどおり支払われたかは保証の限りではないが、それが南を通じてブールスの銀行に預けられた。そのうえ、その他に欧英留学生に支給すべき金まで担当者が預けてしまっていたので、その預金総額は二万五〇〇〇ドルにも達したのである。

折しもロンドンに視察にやってきていた大倉喜八郎も、利子がつくからとしきりに勧誘された。しかし、大倉は乗らなかった。『大倉鶴翁伝』によれば、その言い分はこうだ。

「日本人が預けたいといっても、少しばかりの金は面倒くさいといって断るのが当然であるのに、銀行の方から預かりたいというのはどうも不審でならない。私のいま持っている金は四万円ばかりあるけれど、これはみな粒粒辛苦こさえたので、もとより目的があってのこと、利息をとろうがために、はるばるこんな遠方まで持ってきたのではない」と強情に預けなかったという。それにしても四万円という金額は豪勢なもので、当時の大倉の財力の大きさを示している。

ところがワシントンまで諫言にやってきた尾崎三良は、在英留学生の代表ということで留学資金の管理を委任されていたのだが、南貞助の誘いに乗せられ、それを預けてしまったのだ。さて毎月の手当を引き出そうとブールスの銀行に行ってみると店は閉まっていて支払い停止だという。「さあ、大変！」と大騒ぎになった。

大副使はロンドンに帰った翌日、急遽この件について相談しており、たまたま在英中の吉田清成に早速調査を命じている。

この被害は意外なところへも及んだ。そのころ、ヨーロッパを旅行中だった佐々木高行もそのとばっちりを受けた組である。ウィーンの視察を終えて、宿を引き払ってロンドンに帰ろうと銀行に行って小切手を出すと、「この店はもう閉めました、お支払いはできません」とやられてしまう。佐々木は唖然とし途方にくれるが、仲間の有り金をかき集めてなんとかパリまで辿り着き、随員の岡内重俊がロンドンまでやってきて岩倉大使に泣きつく羽目になった。

使節本隊も公金こそ難を免れたが、メンバーの大半が虎の子をやられてしまった。木戸の日記には、「バンク困難の一条につき、人々狼狽の色あり、その形様筆また及ばず」とあり、その状況が思いやられる。

なかでも最大の被害者は、一等書記官の塩田三郎で六〇〇ポンド（三〇〇〇ドル）にものぼる大金を預けていた。塩田は名だたる吝嗇家《りんしょくか》（ケチな人）であっただけにそのショックは激しかったであろう。しかし、木戸の日記にも「塩田書記、平生交情刻にしてその愛金」とあり、あまりにケチで人のつき合いも悪かったと見えてそれほどの同情を買っていない。塩田には「鬼」というニックネームもあったらしく、早速、いたずら者が川柳や狂歌をつくっている。

鬼の目に　涙バンクの　ご分散
爪に火を　ともして貯めた金をすて　さすが塩田は辛き目にあう

英仏二カ国語をよくしたという俊才もかたなしである。
いかにも孔孟の徒らしく女遊びにも縁のなかったらしい久米邦武は、その風采からしても「仙人」といわれており、やはり一五〇ポンド（七五〇ドル）の被害にあった。
狂歌はいう。

白脛に見とれもせぬに一五〇　ぽんと落とした久米の仙人

元気がいいのは伊藤博文や福地源一郎である。宵越しの金はもたぬと派手に使っていたらしく預ける余裕もなかったのか、被害もなかった。

預けしを失うもまた為替なり　万古不易と誰かいうらん

ブールス銀行が何故破産したのかはよくわからないが、事後処理に当たった尾崎三良の後日談によると、どうやら最初から怪しげな銀行で、南貞助を含めて巧妙な詐欺に引っかかったというのが真相のようだ。

この大金喪失は、米国での条約改正一件に次ぐ大失態である。

当然のように、岩倉大使についても辛辣な狂歌がつくられた。

条約は結び損ない金とられ、世間に対しなんといわくら

国がかりの大名旅行である、薩長主導の官費旅行である。大金を使って、時間を空費して、法外なお手当をとって、どれほどの効果ありやという痛烈な批判がある。とりわけ、

限られた学費で苦学している反薩長の留学生にとっては業腹なものがあったに違いない。また、廃藩置県後の処理で猫の手も借りたいほど大忙しの留守政府の身になれば、当然の批判だといっていい。この狂歌はそうした連中の心情をよく表しているといえよう。

＊西郷、破裂弾上に昼寝

さて、その後の東京はどうなっているのか。

西郷ら留守政府の連中は、岩倉一行が出かけたあと、廃藩置県の後処理に忙殺されている。廃藩置県の後遺症は旧大名や武士階級にはむろんのこと、農民階級にもじわじわと出てきた。当座はその大改革の意味することも理解できず、ただ唖然としていたものが、だんだん政策が具体化して生活に響いてくると、あちこちから不満が噴出してくる。実務の中心は大隈や井上馨が仕切っているが、大局は西郷が重石のように抑えにならなくてはならなかった。

当時、政府の緊急の課題は金策であった。新政府は旧藩の借金を肩代わりしたうえ、大名をはじめ武士たちの年金を払わなくてはならない。そこで先にもみたように大蔵省では外債募集のため、吉田清成を派遣することになる。

第二の問題は、廃藩置県やそれに伴う相次ぐ大改革によって不平不満をつのらせている不穏分子の鎮撫《ちんぶ》である。それは百姓に始まって旧武士階級はむろん、上は島津久光を筆頭とする旧大名勢力の不満に表れていた。それは大久保が委任状を取りに一時帰国したときすでに問題になっており、それがきっかけで天皇の西国巡幸が企画されたことは前述の通りである。

その狙いの一つは、天皇の権威を誇示することであり、保守反動の巨魁となった島津久光をいかにして懐柔するかであった。ところが久光は、待ってましたとばかり天皇に「十四カ条の建白書」を提出してしきりに抗議する。

「方今のご政体にては、ご国運日を追てご衰弱、万古不易の皇統も、共和政治の悪弊に陥せられ、終《つい》には洋夷の属国と成りせらる可《べ》く形勢……」と痛烈に開化の風潮を非難し、共和政治の悪弊を推進する悪者として西郷、大久保らを糾弾し、是非とも政府から外すように直言するのである。

西郷が八月十二日付で大久保に書き送った手紙によると、久光の難物ぶりはひどく、「貴兄をはじめ私どものこと、よほどお申し立て相成り、ことに私儀一番の重罪のことにて、是非このもの退去あらせられたく、さもなく候わばご上京遊ばされずとのこと」と、ほとほとその扱いに困っている。

さてもう一つの問題は、政府内の反目である。東京ではそのころ、反薩長の急先鋒である江藤新平が台風の目となって一嵐来そうな雲行きである。

江藤は、佐賀出身、大久保より四歳、木戸より一歳年少の三九歳である。頭脳明晰、企画力旺盛、果断にして実行力に富み、また「議論倒れ」といわれた佐賀藩で鍛えただけに舌鋒鋭く「人に触れなば人を斬る」といわれたほどの暴れ者であった。

佐賀藩士時代、「二股膏薬《こうやく》」といわれ最後まで倒幕に踏み込まなかった殿様・直正公にしびれを切らし、断然脱藩して京都に上り謹慎を命じられるが、維新になると颯爽と返り咲いて新政府の重要ポストにつき、その有能さで岩倉や大久保にも目をかけられていた、いわばもう一頭のアラビア馬なのだった。

使節が横浜を出帆するころは、左院の副議長の職にあり、「衆議を尽くして審議する機関」としての左院の構築に努めていたが、明治五年四月に初代の司法卿に転ずるや、今度は勇躍して司法権の確立に挺身することになる。

江藤は配下の裁判所に「訴を断ずる、敏捷、便利、公正」と方針を明示し、「獄を折する、明白、至当にて冤枉（無実の罪）なく、かつ姦悪をなすものは必ず捕らえて折断、敢えて逃るるを得ざらしむ」と、公正、迅速、簡易な裁判を目指して疾駆した。そしてその勢いの赴くところ、正義の味方「スーパーマン」よろしく、勇猛果敢に薩長体制の恥部をつつき始めた。

当時の官制は未分化で、大蔵省なるものが国家行政の中枢を占め、財務、行政、司法の三権を一手に握って強大な権力をもっていた。大久保の留守中、その大蔵省の実権を握っているのが井上馨で渋沢栄一をはじめ、松方正義《まつかたまさよし》、陸奥宗光《むつむねみつ》、芳川顕正ら多くの俊英を配下において、廃藩置県後の山積する問題を次々と片づけていた。その仕事ぶりは目をみはるばかりであったという。

ところが、井上という男は仕事もやるが権勢をふるうことにも目に余るところがあり、しかも公私のけじめがつかない。濁った水でもなんでもかまわず呑んでしまう方である。そのころの地方官庁はすべて大蔵省の管轄であるから、中央の親分がその調子なものだから、地方の二流、三流の役人も小井上を気取って専横をほしいままにする。

江藤はその状況をこう指摘する。

「地方庁は、行政・司法の二権を掌握し、頗《すこぶ》る横暴をきわめ、或いはご用命と称して富豪に迫りて金を献ぜしめ、或いは、言を託して人民の財産を没収し、これを訴えんとすれば訴えるところは同じく地方官庁なれば、訴えるその効もなく、みな恨みを呑んで痛憤せり」

そこで江藤は司法権を大蔵省からもぎとって、不正邪悪を正そうとする。それがまた極めて厳しく、情状酌量などなまぬるいことは許さない。

ところが井上はといえば、誠心誠意仕事をしているつもりで、その間にちょっとつまみ食いするくらいは役得と心得てはばからないから、自然衝突が起きる。

「江藤のような堅いことをいっていては仕事はできぬ」と猛反発する。

明治初期のジャーナリストで歴史家でもあった三宅雪嶺《みやけせつれい》は、後年、江藤と井上の相克を評し、こう述べている。

「比較的多く正義を重んずると、比較的実利を重んずるとに分かれ、相反するに及ぶ。前者とて実利を忘れず、後者とて正義に無感覚にあらざれど、重きをおく点において一致せず」

しかし、江藤には薩長の専横をたたかんという下心があり、井上には維新回天の功もない佐賀の「遅れて来た若輩」が何を生意気な、という気持ちがある。互いに譲らず、いずれ破裂は時間の問題という情勢である。

そこへまた大きな黒い霧が発生して、江藤に格好の攻撃材料を提供した。山城屋和助の兵部省公金流用事件である。

この事件は元長州藩士野村三千三《のむらみちぞう》が山城屋を名乗り、兵部省の御用商人として兵器の輸入などを手がけて大変な羽振りだったのだが、それが生糸相場で大怪我をし資金運用と称して同郷の山縣有朋が兵部大輔をしているのを幸い、その公金を借りだした事件である。大金を懐にした山城屋は生糸商売の本場パリに乗り込み、起死回生の策に出たらしい。ところが、そのついでにパリで豪遊しているところをみつかって評判が立つ。和助は尊皇攘夷《じょうい》の志士として京都で活躍しているころから遊びの方も達者で、木戸と同じく祇園に愛人がいたというから、あるいはパリジェンヌの魅力にとりつかれたのかも知れない。一説によると、その派手な遊びぶりは貴族夫人との情事にまで及んで社交界の話題になったという、パリ駐在の鮫島公使の耳に入ることになった。

この報告は直ちに本国になされ調べてみると山城屋が兵部省から借りだした金は六四万両にもなることがわかり大問題となった。これは兵部省予算の一〇%にも達するベラボーな額である。

この事件は当時すでに兵部省内部では問題になっており、薩摩出身の会計官種田政明がひそかに調査をすすめ陸軍少将の桐野利秋に報《しら》せた。山縣は窮地に立たされ、明治五年七月には辞表を提出するに至る。これを耳にした薩摩出身の多い近衛兵の中には「姦賊斬るべし」といきまく者もおり、一時騒然たる雰囲気になった。

天皇に随伴して鹿児島にあった西郷にこの報せがいき、西郷は急遽呼び戻されて帰京する。そして山縣の代わりに、にわかに近衛都督なる職についてその統御にあたり危うく事なきを得るのである。しかし、それを見た江藤が黙っていない。桐野は桐野で軍隊を動員して山城屋の事務所を封鎖しようとするが、江藤は司法権の侵害なりとそれを排除し、司法省の手で調査を始める。

山縣から電信で事態を知った山城屋は、急ぎ帰国し返済をはかるが万策尽きる。そこで一切の関係書類を焼き、五年十一月、兵部省の一室で割腹して果てるのである。

結局、この事件、兵部省の会計責任者船越衛が責任をとって辞任し、山縣は追及を免れることになった。不正嫌いの西郷のことだから、本来ならここで山縣を追放してもおかしくなかったのだが、それに目をつぶったのはいかにも苦渋の選択だったに違いない。というのは、国内の情勢は不穏で、一方に久光らの大不満があり、一方に農民の一揆が多発し、反薩長勢力の活発化する中で当面政権内の亀裂を恐れたのであろう。あるいは西郷従道の斡旋があったかも知れない。とりわけ軍事力の強化が必須の条件であるとき、大村益次郎を失ったあとに山縣ほどの軍政能力をもった者は他に見当たらなかったのであろう。つまるところ、西郷は山縣をかばう形になり、政治生命を断つには至らなかった。西郷が大久保宛に「当分破裂弾上に昼寝致し候」と書き送っているのは、そうした背景があってのことであり、西郷としてはまるで地鳴りのする活火山上に寝転んでいるような気分だったに違いない。

＊伊藤博文と福地源一郎

その間、伊藤博文は何をしていたのか。

英国に来てからは大使副使の間にも仕事の分担がおのずから決まってきたらしく、条約改正交渉には岩倉大使、寺島公使らがもっぱら当たり、大久保、伊藤は大蔵省、工部省関連の仕事、木戸は憲法、教育の分野という感じである。伊藤はそれ以外にも留学生の整理処分問題と新規に外国人教師を雇用する仕事に当たっている。

明治五年時点での海外派遣留学生は、選考過程にも問題があり玉石混淆で高額な必要経費に対して余り効果が上がっていないという批判があった。大蔵省でもやりくり予算の中で、それが大きな負担になっていた。そこで留学生の実態を調査し、存続すべき者と取りやめにする者とを判別する必要があった。乱暴な言い方をすれば、見込みのある者だけ残して、役に立ちそうにもない者は追い返せということである。

伊藤は十一月四日付でこの問題について、次のような意見書を大隈参議、大木文部卿、井上大蔵大輔宛に送っている。

「当初、各省各県より之を派出し、何の方法を以て選択し何の成業を以て企図とせるか、一定の規則なきより、漠然その原因を知るに由なし、ここにおいて修めるところの学科、居るところの学塾、みな生徒の自選独決に出でて、敢えて之を指令するものなく、その学を転じ、その居を移すもまた敢えて之を咎《とが》め否とするものなし」

それまでの留学生の派遣はかなりいい加減で、泥縄で行なわれていたケースが多く、人選にも情実がからみ留学目的も漠然とし、語学の準備もなく、また効果のない学生が相当数いたようで、大蔵省としては大鉈《おおなた》を振るいたい事情があった。伊藤は、この件について現地の教授らにも意見を聴取していたらしく、「ロンドンの学士チャレス・クラハム氏の意見書」なるものがあり、自分も同意見なので、これを訳出して送るからよく検討して善処されたいといっている。

その意見書は『海外各国留学生心得』と題するもので八条からなっていた。趣旨は明治五年七月に学制が改まったのを機会に留学生に帰朝を命ずるもので、例外としてすでに中学科を卒業し大学校（専門学校含む）に修学する者は除くという内容になっている。

この留学生問題は、当然のことながら現にロンドンにいる学生のあいだでも大いに話題になっており、英国の初代公使として赴任してきた寺島宗則について、当時は大弁務使と呼んでいたのだが、こんな狂歌がつくられた。

　はきだめに　だいべんむしが這うてきて　取調べとは糞があきれる

外務省や文部省のいうことは杓子定規で管理臭があり、学生にとっては大いに気に入らなかったのだ。

また、日本の急速な近代化のためには、各種の教育、特に技術教育が緊急に必要だった。そこで工部省では山尾庸三（長州ファイブ、幕末密航留学した五人組の一人）中心で、工部大学校（後の東大工学部）をつくることになり、その主任教師を雇うことになった。そこで伊藤は幕末、英国に留学したときの縁で、ヒュー・マケ・マジソンに人選を依頼した。マジソンは東インド会社のサー・ジャーディン・マセソンの一族で、大商人であったから、ウイリアム・トムソン卿、ランキン博士、ウイリアムス博士など著名な学者と親しく事は万事好都合に運んだ。その結果、斯界の大家だったランキン博士の推挙でグラスゴー大学を卒業したばかりの二五歳のヘンリー・ダイアーが赴任することになるのだ。

そして使節がパリにあるとき、いよいよ日本行きが決まり、二等書記官の林がパリから呼び戻されて、ダイアー教授らを案内して帰国することになった。ダイアーは創設期の工部大学校の教頭となり、他の七人の招聘《しょうへい》教授とともに日本近代化の技術教育において大いなる貢献をする。

林は帰国後もこれが縁で、工部省の役人として工部大学校づくりに尽力することになる。当時の日本はとにかく緊急に工業技術者を養成する必要があったため、文部省とは別に工部省管轄で独立して工部大学校をつくったのである。これにより日本への技術導入は大きな成果を上げていくことになる。

伊藤博文は疲れを知らぬ元気者で八面六臂の活躍ぶりだが、海外でも相変わらず女性に親切で、英国でもさる貴婦人とよい仲になったとの風聞がある。しかし、愛妻のお梅にはこまめに手紙を書いており、またお梅からもたどたどしいながら真情あふれる書状が届いて、その交情の深さを思わせる。

七月二十日、ロンドンから出した手紙にはこうある。

「七月三日、あめりかより出帆、同十五日（註：正しくは十三日）に此地に到着いたし候間御安心くだされたく候。日本より出足の後は無事にて、一切煩《わずら》い候事も之なく候間御案じくだされ間しく候。出足の節つ申し残し置き候通り、万事御気を付け、目の治療、小児の世話行きとどき候様、致し御依頼候居る。くわしき書帳は後の便りにて申し進むべく候。先はあらあら芽出度《めでたく》かしく。

七月二十日　　ひろふみ

お梅どの」

十一月三日には夫人から手紙が届いており、それに応えて平仮名を多用して次のように書き送っている。お梅は芸者あがりで、読み書きがまだ不十分だったからだ。

「九月五日の手がみ、十一月三日に相とどき、先々お障《さわり》なく御くらしの由、目出度《めでたく》ぞんじ

まいらせ候。また写真一枚確かに受け取り申し候。我が事もあいかわらず無事に暮らし候間、御あん心くだされたく候。（中略）

このたびの手紙は、よほど字もよくかけて、よみやすく、さだめし御手習いの勢いにこれあるべくとぞんじ候。しかしながら、かなのつかいかた、まだじゅうぶんにおもい申さず、よくよくおんおぼえなさるべく候。山尾さん（山尾庸三のこと）も近べんに御こしのよし、さだめてにぎやかなることと悦入り申し候。（中略）

この手紙のとどくころは、初春の花のひらきたるころにて、さぞけしきよきありさまを御たのしみと、うらやみながらしたため申し候。

先はあらあら御返事までに申し進め候。朝夕御いとい可被成り候。めで度かしく。

十一月三日　　ひろふみ

お梅どの」

さて、才気煥発のいたずら者福地はどうしているのか。福地は書記官仲間でも一筋縄ではいかぬ暴れ者で通っていた。ただ、木戸孝允と上司の田辺太一にはすっかり心服していて意外にも素直だったというが、大久保とはそりがあわずむしろ反抗的であった。ロンドンのホテルで大久保に呼ばれて部屋に行った際、日頃の思いを単刀直入にこうぶつけたという。

「私が閣下によく思われていないことはよくわきまえております。私は事に際してすぐ意見を申し述べる、つまり即知（その場ですぐに働く知恵）をもって得意としておりますが、閣下はそれを危険のこととして退けられる。ですから、もし閣下に容れられようとするなら、即知を控えることと思うのですが、どうしてもそれができないのです」

大久保は、そのとおりだといい、それを知りながら何故実行しないのかといった。

福地は、昂然として言い返す。

「即知は私にとって、いわば天与の才であります。閣下の知遇を得るというただそのことのために、天与の才を隠して愚を装うのを潔しとしないのです」

大久保は応える。

「そこに己《おのれ》の才を喜ぶ君がかえって愚に陥るゆえんがある。およそ政治家として立つには、まず長（上司）の信を得るのが第一である。むろん条理に背《そむ》き正義にもとってまでへつらうのはよろしくないが、長上の信を得るためにひたすら努めるのは大切なことだ」

そしてこう諭すのだ。

「君はなお春秋に富み（まだ年が若く、先が長いこと）他日に大志を抱く俊秀である。いたずらに才を誇り知に驕《おご》るといった弊を改めて、深慮熟考の風を養うべきであろう。さもないと国家の器となることはできず、才を抱いたまま世に認められずに一生を終えることになるだろう」

この忠告は懇篤親切なものであったが、やはり福地の耳には入らなかった。

福地は帰国後、『東京日日新聞』の主筆として活躍し、その後は代議士にもなるのだが、政治家としては大成することなく、晩年に戯曲・小説なども書く文人生活を送ることになる。

＊岩倉と華族商法

さて、岩倉大使はどうしているか。公家大名の代表として公務の間を縫って士族授産ならぬ華族授産に頭を悩ましている。

岩倉は家族宛の手紙にこう書いている。

「英国は世界を引き受け器械をつくり商売を盛んにする国柄故、いずれも製造の仕掛けの壮大なること実に意想外のことで、……とても筆舌に述べ難くいずれも目をおどろかすばかりに御座候」

そして岩倉は、英国貴族の生活ぶりを見るにつけ、日本の公家たちの行く末を思う。そしてこれからは工業や運輸にも目を向けなければと考え、とりわけ鉄道事業の有望性に目をつける。そこへ旧大名の蜂須賀茂韶が、家令である小室信夫と訪ねてくる。蜂須賀はまだ二十代、旧徳島藩、二五万石の若き殿様である。維新の際には率先して版籍奉還を主唱した開明派大名である。その蜂須賀も日本における鉄道の必要性を痛感し、公家や大名の資本を集めて東北に鉄道を敷く計画を語った。そして、具体案として蜂須賀家でまず一〇〇万円を出資し、他の華族にも呼びかけて出資金を募るつもりだから協力してほしい、政府としてもこれを許可し支援してくれないかと要望している。

岩倉はその提案をよしとし、早速そのころ、ロンドンに来ていた上杉家の執事千坂某や前田家の家令堀嘉久馬にも意見をただし、その賛同を得てこの地ではやばやと建言書をつくり上げている。

事実、新しい時代を迎えて、当時不安におののいていたのは士族ばかりではなく、旧大名や公家も同じであった。使節団に随行した留学生に華族が多かったのも、その危機感を物語っている。廃藩置県によって領地や地位など諸々の特権を失った彼らは、将来の方向を真剣に模索していたのであった。

岩倉は英国の貴族と比較しながら、自国の現状についてこう慨嘆する。

「顧うに、金ある者はその利を得てこれに衣食し、才ある者はその力を用いて之に衣食す。これ経済分業の大要なり。いまやわが国は未だその法備わらず、金ある者その力を用うるにあらざれば衣食すること能わず。才ある者も金なきときは、その力に衣食すること能わず、これ故に金ある者は守銭奴となり、金なき者はその才を伸ばすことを得ずして、ますます貧に至る」

当時、華族は家禄を保障されていてまだ余裕があったから、金のあるうちに先の計画をしっかり立てる必要があった。ところが現実には、いたずらに金を空費する者、奸商（悪い商人）にだまされて財を失う者、あわてて料理屋や小売商を始めて「名利ともに失う者」が少なくなかったのである。

華族留学生にもその例は少なくなく、東伏見宮の場合などその典型であった。宮の場合、家僕付きで年に六〇〇〇両も七〇〇〇両も費消して大した勉強もせず、本人はしきりに帰りたがっているのだが、その理由もたたず困っているときであった。岩倉はその相談にも乗るのだが、折しも父宮が逝去されたとの報せが入ったので、それを好機として帰国することになる。

岩倉は、これら華族のいわば棟梁格、相談役というべき存在で、その暮らし向きについてもいろいろ心配している。

「ああ、わが国をして欧米二州の如く鉄道の株あらば、華族をしてその財本を以て鉄道の株を所有せしめば、座してその利を獲て衣食することを得て今日の如く方向に迷わざるべし」

こうした経緯でロンドンから三条実美宛に郵送された「東北鉄道敷設に関する建言書」は、後に日本鉄道という形で実現し、所期の目的を達することになる。

また、華族銀行の設立も企画され、華士族の資金を集めて資本とし、殖産興業のテコにしていく着想も英国滞在中に胚胎したものといっていいだろう。

＊大久保、あまねく歴覧致し候

さて、大久保の英国巡覧の感想はどうか。西郷、吉井宛の十月十五日付の手紙に次のように書いている。

「廻覧中は段々珍舗見物いたし候。首府ごとに製作場あらざるはなく、そのうちなかんずく盛大なるはリバプール造船所、メンチェストル（マンチェスター）木綿器械場、グラスゴー製鉄所、グリノック白糖器械所、イデンハロク（エジンバラ）紙漉器械所、ニューカッソル製鉄所（これはアルムストロング氏の所建、アルムストロング小銃大砲発明の人にて、今に存在同人案内を以て見るを得）、ブラットホール絹織器械所・毛織物器械所、セッツフィールド製鉄所（是は汽車の車輪その外一切の道具を製出す）、バーミンハム（バーミンガム）麦酒製作所（是の製作所の広き一二里に達するという）、ガラス製作所、チェスターのうちイーストウィッキ塩山などは分けて巨大にして、器械精巧を極めたり、之に次ぐに大小の器械場枚挙に遑《いとま》あらず、英国の富強をなす所以《ゆえん》を知るに足るなり」と各地の視察先を挙げ、さらに「もっとも感ずべきは、いずれの僻遠に至り候にても、道路橋梁に手を尽くし、便利を先にする馬車はもちろん汽車の至らざる所なし、蒸気発明なき以前は水利にて手を付けたるものと相見え、およそ掘割にて船を通し候なり」と書く。

そして、「いったい田舎の風俗はロンドン府とは大いに違い、相比すれば少しく淳朴に之あり、至るところ懇親の待遇米国と異なることとなし、器械所の外その首府の支庁は言うに及ばず学校牢屋裁判所古寺古城その外名所旧蹟あるいは劇場に至るまで普《あまね》く歴覧いたし候」

この行間から大久保がこの旅で大勉強をしたこと、そして「普く歴覧いたし候」という言葉に「見るべきものは見たぞ」という自信のほどが窺われるのである。

またスイスで勉学中の親しい後輩、大山巖宛に十一月二十日付で次のように書き送っている。

「この度の廻歴は誠に面白く、およそ有名の場所々々は経過いたし、（中略）英の富強なる所以を知るに足るなり、殊《こと》にスコットランドは人質風俗を異にしやや淳朴の風あり、山川地形はわが国の風景に彷彿《ほうふつ》として佳絶を極めたり、およそ右首府々々の貿易あるいは工作の盛大なる五十年以来の事なるよし、しかれば皆蒸気車発明あって後の儀にて世の開化を進め貿易を起こすも半ば汽車に基すると相見え候なり」

そして内地の最近事情として、明治天皇の西国巡幸のこと、文部省の学制改革のこと、三府七一二県に大小の裁判所をつくること、兵部省での悶着《もんちやく》、山縣辞表提出のこと、久光公の建白書のこと、朝鮮国の無礼のこと、はたまた琉球において台湾からの海賊に五〇人も謀殺されたこと、など書き連ねている。

そして最後に大山の勉学ぶりに触れ、「閣下御勉励殊に近来良師を御求めなされ候趣大慶これにすぐるものなし、これ天閣下を恵み給う幸福なり、同衾《どうきん》の機会あらば必ずご猶予なされまじく候」と書き、さらに自身のとんぼ返りにも触れて次のように書いている。

「僕も暫時帰朝、およそ五十日余逗留、メリケンより当国まで出かけ候までにて、盲聾にていかほど駆廻り候ても、ただ形容をなでまわすのみ、いわゆる履を隔てるの心地にて時としては長嘆せざるにもあらず御笑察下されたく候」

そして追啓として、豚児（二人の息子）はご沙汰の通りフィラデルフィアに留学することにしたと書き添えている。

さて、英国での滞在も終わりに近くなったころ、一行はロンドンの勧農寮を見学している。英国は緯度からいえば樺太に近い位置にあり、ほとんどが温暖の地である日本列島とは基本的に風土が違う。しかし、メキシコ湾流という比較的暖かい海流のお陰で緯度の割には寒くなく、車窓から見た限りでも山が少ないだけに農牧場は広く、手入れもよく行き届いている感じだった。

久米は米国や日本の農地と比べて次のようにいっている。

米国は「元来地価廉く、雇賃貴く、その農耕の目的は広き地面を貪り耕して、蒔種収穫の期会を誤らざるに止まるゆえ、未だ農業の進歩、精到を慮るに遑《いとま》あらず、故にわが日本の如く、有限の地を耕して、植物を改良し、土質を化進し、培育を懇悉し、以て収穫の量を益す目的において、自ら反対せり、英国は、貿易製作を以て、国利の目的とする国にて、農業国を以て世に著れざれども、近代に至り、その農業の進歩も、また欧州列国より推され、最上の等位におる」

そして、この国は元来、「土壌は肥沃《ひよく》ならず、耕種に適せず」なのだが、近年国民の農業に勧奨すること甚《はなは》だ厚く、特に大土地所有者の貴族がその財力を投じて土地の改良、開墾、農業技術の進歩に指導力を発揮し、その結果、単位面積当たりの収穫量では欧州でも第一等に位置するようになったという。

そして英国では鉄道や工業への資本投下もほぼ済み、貴族や金持ちがその資本を投ずる先がなくなって、勢いそれが所有地の農牧地へと向かったとの認識を示している。英国でも農業は一種の賤業とみなす傾向があって、その術理を深く研究する者もいなかったが、近年にいたり農事の研究が進み各種改良が施されて、収穫量が増大してきている。

そして英国の農事が狭小の土地でいかに多く収量をあげるかを目的にしているので、これは我が国にとっても参考になることが少なくないと述べている。

十六章　大英帝国と日本

＊ハリー・パークスと寺島宗則

使節一行は英国入りしてからもう三カ月もたつのに、暑中休暇中とあってお目当てのヴィクトリア女王との謁見はまだ実現しない。しびれを切らしたのであろう、遂に条約改正に関する折衝を始める。

大英帝国は、当時宰相がグラッドストーン、外相がグランヴィル、当面の担当が公使のハリー・パークスである。第一回の会議は十月二十二日（陽暦十一月二十二日）に行なわれた。アメリカでのこともあり英国では発航以前の線に戻って相手側の意向打診という形になった。岩倉大使は特に治外法権の撤廃にこだわったが、相手側の意見は強硬である。英国側の要求は、キリスト教、内地雑居、内地旅行、であり、日本側の要求である領事裁判権については時期尚早として取り合ってくれなかった。そしてそれに関して引き合いに出されるのが、トルコやエジプトの例であった。

大英帝国と日本の位置関係は、わが初代駐英公使ともいうべき寺島宗則の待遇にもあらわれており、寺島は新任とはいえ、ロンドンの外交界にあって甚だ影の薄い存在だった。

これについては、大倉喜八郎が憤慨した話が残っている。というのは、寺島公使が各国公使とともにバッキンガム宮殿に招かれ、その参内する姿を大倉が見かけたのだが、いかにも粗末な服装で風采もあがらず、しかも中古の馬車に乗っている。大倉はこれでは日本国の代表としていかにも情けないというので、その夜、寺島を訪ねて詰問した。

「何故、大日本帝国の全権公使の体面を保ち、堂々たる馬車、服装を整えて参内しないのか」

寺島は憤然として応える。

「その言一理なきにしもあらず、だが、よく考えてもみよ。余の席次は締盟四八カ国中の最末席である。如何《いか》に乗り物や服装を堂々たらしめたとしても、その勢力なきを如何《いかん》せん。要は、挙国一致、奮励努力して実業を興し貿易を盛んならしめ、国家の富強を図るにあるのみである。かくのごとくして初めて国威が向上するに至らば、公使の位置もおのずから高まらん。一に貴公らの奮励をまつのみである」

新開国アメリカでの森有礼の華やかな評価と派手な振る舞いに比べ、最盛期の大英帝国での寺島の評価と地味な言動は対照的である。それには個人の資質や人柄の違いもあろうが、歴史の浅い新興国アメリカと歴史ある大英国との総合力の差が如実にあらわれている証左（証拠）といっていい。

世界に冠たる大英帝国にとって、アジアとはインドであり中国であって、日本はその先にある文字通りファーイースト（極東）の小島でしかなかったのである。

しかし、それにもかかわらず寺島は決してひるまず、重厚、沈着に交渉を進めた。当時、日本で最も外交事情に通じていたのは寺島であり、そのキャリアは薩英戦争にまで遡り、キリスト教問題でも経済問題でも実戦を経てきているだけに現実的で、最も信頼のおける外交のエースだった。

したがって改正交渉のお相手は表向きグランヴィルと岩倉大使だったが、実質的にはパークス対寺島の交渉だった。その内容を要約すれば、日本側の要求は横浜駐在の英国の兵隊の撤退であり、下関償金の件であった。英国側は、駐屯する兵については当初二〇〇〇名のインドの兵だったものが、今は三〇〇の海兵隊に減らしており、治安状況をみながら、漸次減員するとの方針を伝えた。また、下関償金の問題は残額一国五〇万ドルの扱いであったが、日本側が通商関係の実権と引き換えに放棄を希望したのに対し、英国側は、外国人の内地旅行や私用船の沿岸貿易の参加を認めない限り、免除することはできないと言いはり、最終的には支払期限の一時的な延長で決着した。

また、治外法権の撤廃と関税自主権の回復については、日本に公正な裁判制度が整い、法律も整備されることが条件となるといい、関税についても別種の譲歩がない限り認められないということで、平行線を辿るばかりだった。

そして改正交渉について、トルコやエジプトがしきりにひきあいに出されたのだが、それにはそれなりの理由があったのである。というのは、オスマントルコは日本より約十年前の一八四三年に英国と不平等条約を結んでいる。それは関税自主権の放棄と領事裁判権を認めたもので、日本との条約と内容は瓜二つなのであった。その後、オスマントルコがその不平等を是正すべく改正交渉をすすめており、それは日本の先行モデルともいえたからだ。またエジプトは、当時オスマントルコの属領になっており、同じような不平等条約を適用されていた。英国側から見れば、日本はどうやらトルコやエジプトと同列に置かれていたといえるだろう。

そこで、必ずやなにか学ぶ点があると考えたのだろう、使節は福地源一郎をトルコ、エジプトに派遣し調査させることになる。

三回に及んだグランヴィル外相との会議について総括すれば、英国側は、日本側の「独立」への強い願望を感じとり、何らかの譲歩をしない限り、内地旅行や沿岸貿易の利は得られないとの認識に達したことであり、日本側もギブアンドテイクの原則を貫かない限り、進展はないものと認識したことであろう。

寺島は「いったん外国に与えた権利はなかなか挽回しがたい」と述懐しているが、米国においても英国においても、現実の厳しさを実感したのが、条約改正交渉の結論といえるだろう。

＊　僅々、四〇年間のことに過ぎず

さて、使節一行は総体として、英国をどう見たのか、どう理解したのか。

『実記』の中からその要点を抜粋してみよう。

英国は「欧州の西北隅にある、両個の大島と、五五〇〇個の小嶼《しょうしょ》とを合わせて成りたる国」にて、「人口は三一八〇万あり、その形勢、位置、広狭、及び人口は、ほとんど我が邦と相較す」。だから、この国の人は、つねに日本を「東洋の英国」だというのだと述べている。

ところがその営業力（経済力）を比較すれば、その格差もまた甚だしい。近年の統計によれば、全英国の民、その労働人口は八九一万であるが、動物船車の力は四四〇〇万人に匹敵し、蒸気器械の馬力は、人口一一人につき平均一馬力を有する。したがって大国フランスも蒸気力を勘案すれば、英国に劣るという。しかも、英国は世界中に植民地をもち、アジアにインド、オーストラリア、ニュージーランド、北アメリカには合衆国の北にある広土、南アメリカにはパナマ、アンチル島など、地中海にはジブラルタル、マルタ、紅海のアデン、マラッカの先にはシンガポール、支那の南には香港、阿弗利加《アフリカ》には七カ所の州岬をもち、およそ海上交通の要衝は多くその所轄としている。全世界の航路、ほとんどみな自国の支配下に帰し、海路に郵駅を置きたり。その面積を総計すれば、露西亜《ロシア》の広さをも凌駕し、我が国に比すれば七六倍に相当する。その人口も二億四三三二万に達し、英国人が「我が国に日没を見ず」と豪語する所以《ゆえん》もここにある。

元来、英国は農業国ではない。食料の自給率は低く、大量の穀類、肉類を他国からの輸入に仰いでいる。英国が他国に比して格段の国力をもちえたのは、その工業力にあり、要するに鉄と石炭の二つに集約される。

鉄と石炭の利は工業全般に拡大する、その典型的な事例が紡織業であり、綿、羊毛などの生産である。原料の綿、羊毛を外国から輸入し、それを綿布、毛織物にして輸出する。そして紡織に始まった工業は、いまや鉄の器械類すなわち、蒸気車や蒸気船、大砲や小銃、諸々の工業機械へと展開し、英国をして「世界の工場」たらしめている。その工業と貿易こそが富の源泉なのだ。

英国で不足する穀類は欧州の農野であるゼルマンや露西亜に依存し、肉類は牧畜の国オランダに依存する。

「オランダ人はいう、オランダの港戸を塞いで、牛羊を出さずんば、英人は木綿の中に餓死せん。英人之に答えていう、英国より牛を買わずんば、オランダ人は塗泥の中に生葬せんと」

この譬えは英国とオランダの相互依存関係をよく表している。

さて、米英の政治を見てきて、最も印象を受けたものは何であったか。そこでは財産に対する考えの違い、政治における眼目の違いである。

日本においては士農工商という考えが根底にあり、指導層というべきサムライはむしろ財産や経済を軽んじ、それは町人の扱うべきものという考えが支配的であった。したがって政治の目的も米英と日本ではおのずから異なる。

「支那日本の人民は、原来農耕自活の風儀宜《むべ》にて修身を政治の主義とし、財産を重んぜざるにより、立法上にて肝目の主義を欠きたれば、民権いかん、物権いかんにおいては、ほとんど馬耳東風なるのみならず、反《かえ》ってその権を抑圧して、蛮風移俗の良摸とするものの如し、故に政治国安の論は、常に財産上に於いて注意をなさず、君子小人判然として別界をなすにより、漸漸に貧弱に陥るを到せり」

ところが米英では反対に財産、金銭を重んじ、その獲得や保護を政治の目的にするから富裕になっていくと見るのだ。

東西の国々が隔絶した別世界に住んでいる時代はそれでもよかったが、今日のように東西の交通が開け貿易交際の世になると、国の独立を全うし国益をはかっていくには、従来の考えではとても立ち行かない。米英の政治に対抗して策を講じなければ、むなしく国益を損ずるばかりだ。我が国でも政治をつかさどる指導層が財産や金銭を軽んじているようではいけない。

「国民上下一和して、第一に財産を重んじ、冨強を致すに、注意を厚くせざるべからず」である。

「英国は商業国なり、国民の精神は、挙げて之を世界の貿易に鍾《あつ》む（集める）、故に船舶を五大洋に航通し、各地の天産物を買い入れて自国に輸送し、鉄炭力を借り、之を工産物となして、再び各国に輸出し売り与う、これその三千万の精霊が、生活をする道なり」

そして英国が島国であり、面積においても人口においても、日本と類似していることは、特に使節一行の英国への関心を高めた。そして米国での視察が予習の役を果たし、英国ではより広く深くその富の源泉について勉強をすることができたといえよう。

そして久米は欧州各地を回覧しての感慨として、次のように要約している。

「当今ヨーロッパ各国、みな文明を輝かし、冨強を極め、貿易盛んに、工芸秀で、人民快美の生理（生活）に悦楽を極む」。しかし、それをよく観察すれば、その繁栄富庶《ふうしょ》も「千八百年以後のことにて、著しくこの景象を生ぜしは、わずかに四十年にすぎざるなり」である。そして試みに四〇年前の欧州を想起してみよといい、次のようにいう。

「陸に走る汽車もなく、海を駛する（速く走る）汽船もなく、電線の信を伝うることもなく、小舟を運河に曳き、風帆を海上に操り、馬車を路に駆り、飛騎を駅に走らせ、兵は銅砲燧《ひなわじゅう》銃をとりて、数十歩の間に戦い、羅紗は富家の美服にて、綿布は海外の珍品たり」

現在時点だけで見れば、確かに英国と日本の差は気が遠くなるほどだ。が、その歴史を振り返ってみれば、僅々四〇年前はそれほど大差はなかったのではないか。とすれば、英国の富強の源を知り、そのからくりがわかった今日、それを着実に学び摂取していけば、遠からずして追いつけるのではないか、なにもそう悲観することはない、と懸命に言い聞かせている一行の気分がこの一節から伝わってくるのだ。

＊　文明開化の光と影

岩倉一行は十一月五日（陽暦十二月五日）、ようやくにして女王に謁見する運びになり、セビルローで新調した大礼服に身を固め、女王差し回しの列車に乗ってパディントン駅から郊外二〇マイル（約三二キロ）のウィンザー城に赴く。

駅には四頭立ての馬車が待機していて、一行はそれに乗り城門へと進んでいく。門前には熊毛帽子に深紅の服装に身を包んだ儀仗兵が整列して捧《ささ》げ銃《つつ》の礼で迎える。

ヴィクトリア女王は、当時五三歳、すでに在位三五年を数え、大英帝国の繁栄をバック

▲ウィンザー城

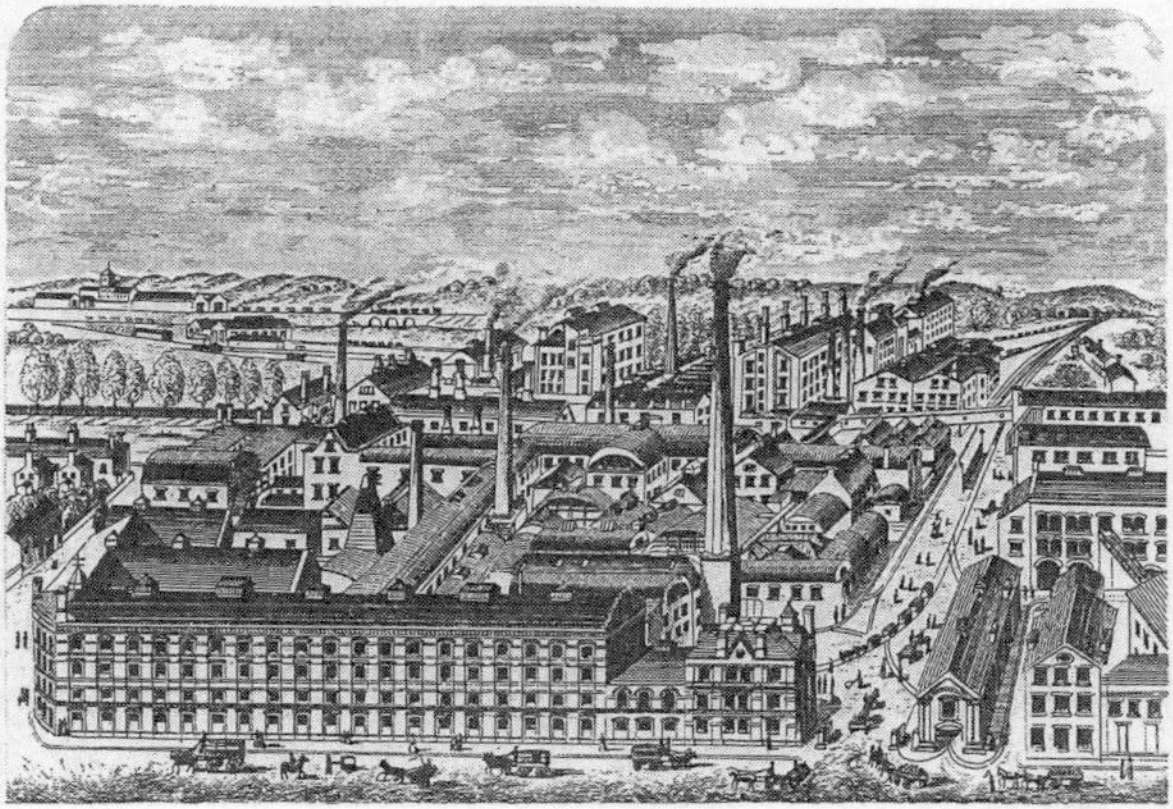

▲ウーリッチのビスケット工場

に「世界の女王」ともいうべき存在だった。謁見の間にはいると、女王は中央の玉座にあり、右に王子エジンバラ公、王女ベアトリスが侍り、左側には外務卿以下文武の高官が列《なら》んでいる。

岩倉大使は一歩をすすめて恭《うやうや》しく敬礼し型どおりの挨拶をし、国書を奉呈する。そして女王からも書面で答辞があり、そのあとこんな会話が交わされている。

「天皇陛下はお健やかですか」

「はい、極めてご健勝です」

「イギリスをご覧になって参考になりましたか」

「ええ、各所を回覧させていただき、益するところ大、甚だ欣快の至りです。英国政府列びに貴国民より懇切なる待遇を受け、こころから感謝しております」

「先年、王子エジンバラが貴国を訪問した際には、貴国政府より格別丁重なおもてなしを受け、われわれも深く感謝しております」

明治二（一八六九）年七月、王子エジンバラ公が訪日したときには、まだ国内には西洋人を不浄とする考えがあって、明治天皇に謁見の途次、二重橋の上でわざわざ「禊身の祓《はらい》」をしたことがある。岩倉大使らは当然このことを承知していたから、女王の挨拶が皮肉とも受け取れ面はゆかったに違いない。

　そのあと別室で饗応にあずかっているが、女王や王子王女は出席せず、外相も他用で席をはずしている。その翌日六日には第三回の岩倉、グランヴィル会談が行なわれたが、両国の主張は平行線で進展はみられず、この日で交渉を打ち切っている。七日には日本側から、英国政府の諸長官、各国大使公使、有力実業家などをホテルに招いて答礼の宴を張り、九日には皇太子ウェールズ殿下より招宴にあずかっている。こうして外交的な公式行事も終えることになる。

　久米らは「世界の女王」に謁見することで、あらためて思いをめぐらしたであろう。実に世界は大変化の時代を迎えていることを。そして米国が日本の門戸を開いたのもその「世界気運の変」によるものであることを、ひしひしと実感したに違いない。『実記』にいう。

「昔時、この国の起らざる以前に世界の貿易の行なわれしは、地中海の四周より阿弗利加、亜細亜《アジア》に波及せるのみなりしに、この国起こり欧州と相競い、遂に背後に廻り出て、太平海の航路の一線を開き、清国より南洋印度にも及ぼさんと欲するところより、嘉永の季にペルリ氏を使節としてわが日本に送り、その機会を拓き、爾後《じご》米人は日本清国に貿易懇親を求むるの意もっとも切なり」

英国においても女王との謁見が遅れたことが、怪我の功名というべきか、かえってこの長期間の英国各地の巡覧を可能にしたのだ。結果からみればたっぷり時間をかけて地方も巡覧し、じっくり学ぶことができた。米国を入門編とすれば、英国回覧はその本科であり本論であったともいえるだろう。特に在米中は、ワシントンから東京までとんぼ返りして見学もままならなかった大久保、伊藤にとって英国での四カ月は大きな意味をもったといっていい。

そして思うのは、その営業力、経済力、技術力の根本にあるのは、英国人の気象（気性）であり勤勉さである。英国には「時は金なり」という言葉があり、ロンドンの街を歩けば、人がまるで足の底が地につかないかのように忙《せわ》しく歩いている。各種の工場ではわき目もふらず労働者が働いている。

久米はその観察からして、次のように結論づけるのだ。

「英の全国は黄金花を結び、百貨林をなして貴賤上下、悉《ことごと》く皆昌平鼓腹せんと、それ然りそれ然らんや、そもそも安楽は艱苦《かんく》の結びし果にて、富貴は勉強の開きし花なり、英国の富庶世界に冠たるは、その人民の営業力他に超過せるによる、是を以て是をいえば、英国に住するもの、頃刻《けいこく》（しばらくの間）も懶惰《らいだ》するを得ず、かつて聞く、スペイン人は終日眠るをもって業とす、またいわく英人の足附は地に着せずと」

あわただしく公式の行事を終えた一行は、次の訪問地フランスへ出発すべく準備に多忙だが、木戸と大久保は、その間をぬってロンドンの恥部ともいうべきイーストエンドの貧民街の視察に出かけている。

接伴係アレクサンダー将軍を案内人に、随員は畠山だけのお忍び視察だが、『木戸日記』はそのときのことをこう伝えている。

「この地区の極貧人の宿泊所等へ、六、七カ所に至る（本邦の木賃宿と称するものの如くにしてその貧困なる有様尚一倍せしが如し、二ペンス、三ペンス位の宿賃）、また、貧人あるいは水夫など子女ダンスの処あり、是へもまた四、五カ所誘引せり、又シエスタへも四カ所案内せり、その中一カ所はもっとも貧人の至る所にして、一人、一ペンスなり、また、一小路に誘引す。ここは貧人極隘の小屋を構え、そのなかシナ人もまた一家を構え、二十一年前当国に来るという、阿片《アヘン》を吸いし様子、案内余ら見せし也。ここに英国の一婦人アヘンを用いて廃する能わずという、この婦人とカルカッタのもの同床あり」

当時のロンドンの貧民窟は聞きしに勝るものだったらしい。アヘン窟などは妖気がただよって不気味でさえあったという。

久米はその日、視察から帰ってきた木戸や大久保にその感想を聞いている。

木戸はいう。

「貧民窟というより悪漢の巣で、その状態はただ言語に絶するという他はない。シナ人も二、三人いたが、アヘンを吸い、トバクなどしていた。幸い日本人がいなくてよかった」

大久保は、同行した畠山に「あれを見て世の中が浅ましくなった」とのみ述べている。

当時のイギリスは繁栄の頂点にあったといっていい。ある歴史家は大英帝国の最も華やかな黄金時代を、ロンドンで第一回万国博覧会が行なわれた一八五一年から、ヴィクトリア女王がインドの皇帝に就任する一八七六年までの二五年間としているが、岩倉一行が訪れたのは一八七二年であるから、まさにその繁華の最中にあったといっていい。ところが、自由放任の初期資本主義の時代であるから、富める者はいよいよ富み、貧しい者はいよいよ貧しい状況にあった。そのころすでに労働者のストライキもあり、社会福祉政策の萌芽も見られるが、概してマルクスの描いた矛盾そのままの社会だったのである。

イーストエンドはその影の極だとしても、岩倉一行は日々の旅行の中でイギリス社会の影の部分も見ており、『実記』でも久米が再三にわたりそのことを指摘している。

「窮民の多きことまた他国に比すればほとんど高等ならん、英倫の人口二三〇〇万（イングランドのみか）にて、救済を受ける貧民一〇〇万人に過ぐ、都部の人みな生活に刻苦す、家業の計算甚だ周密なり」

実際、街には裸足の子供が多勢いて、靴を磨いて銭をせびり、売春婦は角々に立って客を引いている。

一方、貴族や実業家は広大な土地をもち、莫大な収入を得て、田園には豪壮な館を建て高価な美術品を集め、ロンドンの高級住宅地にはマンションをもって贅沢三昧の生活をしている。「英国の民、その富めるものは繁華奢侈《しゃし》を都府に競い、幽趣雅淡を山園に楽しむ、人生の快楽をほしいままにするというべし」である。

イギリス周遊の旅でいくつもの貴族、実業家の館を訪れ、実地にその生活を見てきた直後だけに、イーストエンドの印象はことのほか強烈だったといわなくてはならない。

木戸、大久保にしてみれば、目指す文明開化のお手本が、一面でこんなにも醜悪であることに落胆したに違いない。

「いいところだけとれるか」

「わるいところも一緒に入ってくるか」

単純軽薄な文明開化の賛美に少なからぬ懐疑を抱いたに違いない。

当時の日本は貧しくともまだ純朴な美しい社会であった。後にイギリスの駐日公使になるオリファントは、一八五七年エルギン卿に随行して初めて日本を訪れたとき、その印象をこう書いた。

「われわれの部屋には錠もなく鍵もなく、開放されていて、宿舎の近辺に群がっている付き添いの人たちが誰でも侵入できる。またわれわれは誰でもほしくなるようなイギリスの珍品をいくつも並べておく。それでもいまだかつてどんなとるにたらぬものでもなくなったことがない」

江戸末期日本を訪れた外国人は、異口同音に日本人の素朴さ、モラルの高さ、治安のよさ、人情のこまやかさに驚いている。若きオリファントもこうした日本人の生活態度に言い知れぬ感動を覚え、今から日本が文明開化していくにしたがって、この美風がこわされはせぬか、この珠玉のようなナイーブな緑の島の住人たちが、欧米文明に汚され、傷ついていきはしないかと恐れるのだ。

「日本にとってこの光明（文明開化）の後から極めて深い暗黒がやってこなければ幸いである」。オリファントのこの言葉は極めて暗示的である。

木戸、大久保、そして久米の胸にも、あるいはオリファントと同じような思いが電光のようにかすめていったかも知れない。

欧州編

十七章　麗都・パリ

＊　天宮に至りし心地

岩倉使節の一行は、一二二日に及んだ英国回覧を終えて、明治五年十一月十六日（陽暦一八七二年十二月十六日）の早朝、ホテルを出て馬車に乗り、まだ残月のある静かなロンドンの街を走り抜けてヴィクトリア駅に向かった。

「街路のガス灯もほのくらくに明かりて、人の往来も絶え、ものさびしき市街を、ロンドンの名残と走り行きて、蒸気車に上りぬ」

ホームには英国政府さしまわしの特別列車が待機しており、寺島宗則をはじめ残留組の佐々木高行や在英留学生など数十人が見送った。

列車は市街地を抜けてイングランド東部の平原を走り、約一時間でドーバー海峡の波止場に着く。ドーバー海峡は狭いところで二〇マイルくらいしかなく、晴れた日には対岸を望みうる距離である。が、その日はあいにく視界がきかなかった。鉄道と船の連絡は便利につくられていて列車を降りると直ぐそこが乗船場になっていた。

四カ月間、行を共にしてきたアレクサンダー将軍やアストン氏ともお別れである。砲台から一九発の礼砲がとどろき、船は静かに英国の地を離れた。

「頗《すこぶ》る美麗なる」と久米をいわしめたこの船は、霧の立ち込める茫々たる海を渡って、二時間足らずでカレーに達した。いよいよ欧州大陸の玄関口である。新しい土地への旅はいつもながら一行の気持ちを高ぶらせた。

岸壁には、フランス政府より接待係としてアペール将軍とシャノアン大佐が、それに駐欧州公使ともいうべき鮫島尚信ら日本人数名が迎えに出ていた。上陸すると、兵隊が整列して捧《ささ》げ銃《つつ》の礼をし、駅の近くのホテルに案内された。一行はここで昼食をとった後、パリに向かうのである。

久米はカレーに着いた途端、別世界に入ったことを感じる。わずか海峡を一つ隔てるだけで、こうも雰囲気が変わるものかと思う。第一に、言葉の感じが違う。イエスがウイになり、卵のエッグがウッフになる。久米には英人の発音は「沈鬱」に響き、仏人のそれは

「激越」に聞こえた。意味がわからないだけに、音感の変化が一層強く感じられる。「食膳の設けもとみに調味を変ず」とあるから卓上にも変化が表れ、ワインに始まってカッフェに終わる昼食は楽士の演奏付きで、トーストと紅茶中心のつつましやかな英国の食事とはおのずから趣を異にしたのであろう。

列車は広平の原野を走る。車窓から見る景色も通過していく駅舎のつくりもどこか英国風とは違った。しかし、冬のフランスは日が短い。やがて陽は没し、列車はすっかり暗くなったパリ北駅に着く。天蓋に鉄骨とガラスを張りめぐらした大きな駅である。

一行は直ちに待機していた馬車に乗り移り、イタリアン大通りを走り抜ける。

久米は、そのパリの第一印象をこう記している。

「皜皜《こうこう》たる層閣、街を挟みて聳《そび》え、路みな石を甃《しゅう》し（敷きつらね）、樹を植え、気燈を点ず、月輪正《まさ》に上がり、名都の風景、自ら人目を麗し、店店に綺羅《きら》を陳《つら》ね、旗亭に遊客の群がる、府人の気風また英京とは趣を異にす」

パリは一八七〇年代、すでにあらかた今日のような姿にでき上がっていた。特に中心部はオペラ座の外装が工事中であったほかは、ほとんど変わりがない。六、七層の白石の高楼が道を挟んでびっしりと並び建ち、広い大通りは街路樹に縁取られ、ガス灯が連珠のように輝いている。走り往く馬車から眺めれば、樹木のシルエットを透かして美しく飾られたショーウィンドウが明るく、レストランで談笑する人々の姿が見える。

煤煙で汚れ喧騒のただ中にいるようなロンドンからやってきただけに、一行は夢見心地でパリの街を走り往くのだ。

馬車はグランドホテル前を通り、ギリシャの神殿を想わせる荘重なマドレーヌ寺院の前を曲がって、広々としたコンコルド広場に出てくる。中央には白石のオベリスクが屹立し、そのロータリーをまわっていよいよシャンゼリゼの大通りに入ってくる。両側には黒々とした森が見え、街路樹が整然として並び立つ。道はやや上り坂になり、やがて正面に雲に入るかとさえ見える堂々たる凱旋門が眼前にせまってくる。

宿舎は、その凱旋門に面して建つ三層の館である。フランス政府が使節のために提供してくれたもので、以前はトルコ公使館に使われていた瀟洒《しようしや》な建築であった。

翌朝、部屋の窓から見れば、凱旋門は目の前にあり、シャンゼリゼの大通りが眼下に展望できる。まさに「景色壮快にして絵の如し」である。

パリは当時、人口一八〇万、ロンドンと並んで世界に冠たる大都市であり、その壮麗さにおいてはロンドンの比ではなく、まさに世界一の「麗都」の名声をほしいままにしていた。

フランスは欧州大陸のほぼ中央に位置し、ルイ十四世、ナポレオン一世の治世を通じて、その首府たるパリは全ヨーロッパの富を集めた。そしてナポレオン三世と知事オウスマンの尽力により、世界でも最も美しい都市を目指して大改造が加えられ、この二〇年足らずの間に壮麗な街につくり上げられたのであった。

が、そのパリもわずか二年前、新興国プロシャとの戦でまさかの敗戦を喫して侵攻され、さらには世界初の労働者政府の樹立といわれたコミューンの乱があって傷つく。しかし、岩倉一行を迎えたパリは、その痕跡をそこここに残しつつも、戦乱のやつれも見せないかのように、あでやかにその姿態を露《あらわ》にしていたのだ。

一行はチエール大統領との謁見までの数日間、それぞれ自由にパリを見物する。

そのころ、お上りさんに人気の第一の名所はパノラマ館であった。それはシャンゼリゼの西側にあった円形の大建築で、久米も早速見物に行っている。

「パリ府中に観るべきもの、実に枚挙し難けれども、初めてこの府に来たり、みな託意

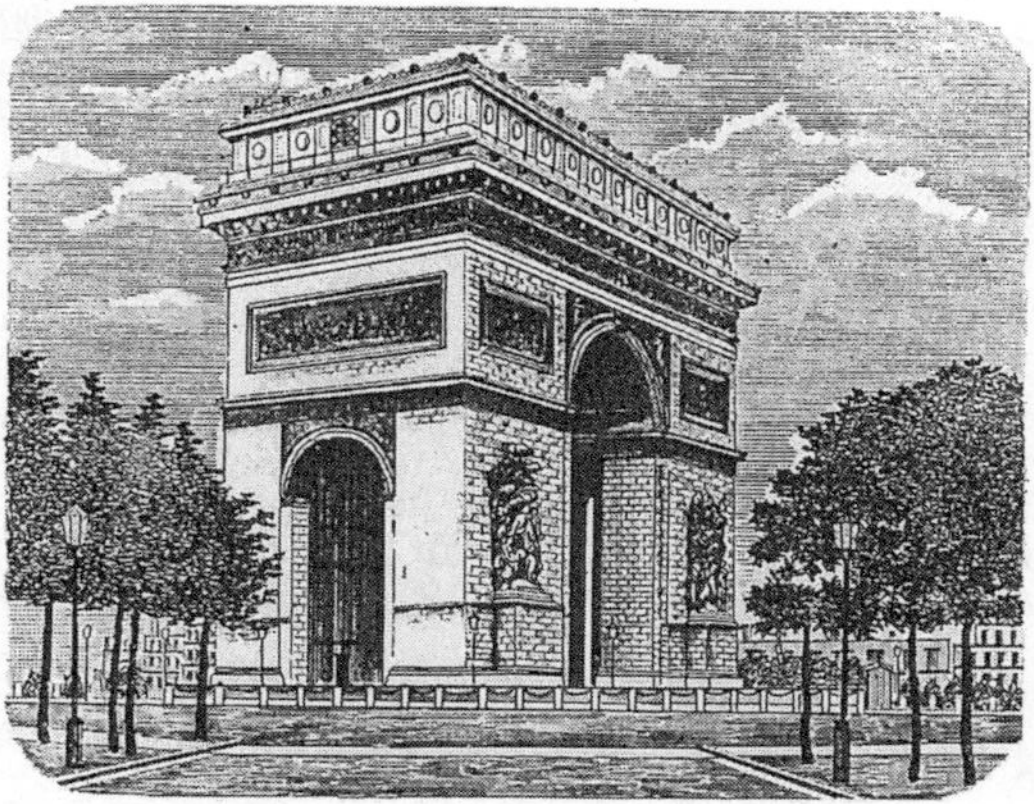

▲パリの凱旋門

▲コンコルド広場とオベリスク

（心をよせる）する観場あり、人造になりて、天設（自然）を欺《あざむ》く、奇々怪々なること、文明の精華とも名つくべきものにて、これをパナラマ館という」

木戸も到着の翌日、大久保らと連れだって出かけている。

中に入ると階段があり、それを昇ると大きく視界が開けて周囲一面に大パノラマが出現する。まるで、人をしてその場に居合わせたような臨場感を与える新機軸の見世物である。前年まではナポレオン一世がイタリアを破ったときの情景を描写したものだったが、当時は普仏戦争時にパリがドイツ軍に包囲されたときの情景に変わっていた。

一行にとって、フランスはプロシャに敗れたばかりの国である。しかも、パリはコミューン騒ぎで仏人同士が殺し合う悲惨な内戦の戦場と化した街である。その上、ビスマルクのドイツに五〇億フラン（九億五〇〇〇万ドル）という巨額の賠償金を課せられた国である。使節団は、うらぶれて意気消沈したパリを想像したに違いない。

ところが、現実はどうだ。

ちょうどクリスマス間近であったこともあろうが、目前にあるパリは、敗戦もコミューンも賠償金も、まるで忘れたかのように華やかに息づいているのだった。

ロンドンは工業において貿易においてまぎれもなく世界一の繁忙を極め、活力に満ちていた。が、こうしてパリにやってくると、まるで鉄臭煤気の喧騒の工場から緑陰清風の都、雅《みやび》な離れ座敷へでも出てきたような感じがある。街を歩けば、到るところに「酒店、割烹店、茶・珈琲店あり、樹陰に椅子をおき、遊客テーブルに対して飲む、盛夏に涼を納し、晴夕に月をみる」、風流この上ない。久米はどうやらパリの魔力に魅せられてしまったらしい、「まるで天国のようだ」と手放しの褒めようである。

＊チエール大統領とコミューン

十一月二十六日（陽暦十二月二十四日）、いよいよ大統領との謁見である。午後二時、フランス政府の迎接使が騎兵一小隊を引き連れて迎えの馬車とともにやってくる。大使一行は大礼服に威儀をただし、前後を騎兵に守られながら官邸のエリーゼ宮に向かった。

パリの絵入り新聞『ル・モンド・イリュストレ』の謁見の絵図によると、外相レミュザをはじめ高官を従えたチエール大統領の短軀が目立つ。木戸、大久保がなかなかの長身だっただけに殊更《ことさら》である。

そのチエール氏は、当時七五歳、貧困から身を起こし、弁護士、ジャーナリストを経て政界に進出する。ルイ・フィリップ内閣の下では外相まで務めたが政変で失脚する。が、その後また雄弁をもって返り咲き、コミューンの際には選ばれて鎮圧責任者となり、その収束に成功し大統領に推された人物である。

カール・マルクスは「あの醜怪な一寸法師のチエール」といい、エンゲルスは「油断のならない狐」と批判したが、大久保らの耳には「暴徒を圧伏した豪傑」と聞こえていた。

謁見でのチエールは、久米の目には「温和で小柄な翁で、容貌は尼のごとし」と映った。が、プロシャとの戦いに敗れたあとの極めて困難な状況下でよく国を支え、毀誉褒貶《きよほうへん》半ばするとはいえ、とにかく短期間にパリに安全と華やかさを取り戻した立役者であった。

岩倉大使は国書を奉呈し、チエールはこう挨拶する。

「貴国皇帝陛下が諸君の如き抜群の功臣を特命全権大使として、わが国に派遣せられしは、わが国一同の深く欣快とするところである。殊に、貴国は近時頗《すこぶ》る開明の域に進み、天然及び人造の物産も極めて豊饒《ほうじよう》なりと聞く、将来互一の増進交誼の親密とを期待す。尚、諸君の望むところは何事も喜んで斡旋するから、腹蔵なく申し出られよ」

『ルタン』紙は、岩倉使節団の大統領とのレセプションの様子を次のように伝えている。

「使節団員はいささかもとまどった様子は見られなかった。正装に身を固めた彼らはこの上なく自信に満ちた様子であった」

新年の祝賀には一行はヴェルサイユ宮殿に赴いている。当時、政府機関や議会はまだヴェルサイユにあり、パリ市内には戻っていなかったからだ。

『木戸日記』によると、その模様はこうである。

「正月元日、快晴、九時ホテルを出て十時にヴェルサイユにつき、ホテルで小休止し食事をする。そして十二時半、元知事の官舎においてチエール大統領に面会し新年の祝辞をのべる。同行のものは大使副使ほか、鮫島尚信、塩田三郎、池《いけ》田《だ》政懋《まさよし》そして公使館付の書記官長野桂次郎である。

各国公使そのほか、百余人堂に満つ、それより宮殿にいたり、離宮、庭園など回覧する、諸室には珍器画額などを見る、その中に初代ナポレオンその他、諸王が使った馬車をみたが、その華やかで美しいことは人の目を驚かすに十分だった。四時過ぎ、ホテルに帰る」

木戸の日記は短いけれど毎日記録されており、久米の『実記』に記載してないことが記録されているケースも少なくない。

さて、ヴェルサイユに何故新政府が置かれていたのか、それについて、久米はコミューンの解説も含めて次のように書いている。

「ヴェルサイユ府は、パリ府の西北にあり、汽車の往来一時を費やさず、府中の人口一〇万にすぐ、ルイ十四世の宮殿あり、甚だ宏麗なり、地形は岡阜により、モンワレアン山の砲台を隔て、パリと相望む、形勢壮んなり。前年プロシャ軍がパリを包囲したとき、パリの政府は西南のボルドー府に立ち退き、プロシャ王はヴェルサイユに本陣を据えたり、七一年に新生ドイツの皇帝ウィルヘルムに戴冠する儀式が行なわれたのも、このヴェルサイユ宮殿である」

そして普仏の間に和平が成り立ち、フランスの代表としてチエールが選出されたのでボルドーからパリに本拠を移そうとしたところ、パリにはレッド・レポブリカン、つまり過激な民党の一派が蜂起して労働者政府を打ち立てたので、チエールは本陣をここヴェルサイユに移してコミューン一派の鎮圧にかかった。パリに通じる鉄道や道路をすべて封鎖し、向かいに位置するモン・ヴァレリアンの要塞とで挟み撃ちにし、ついに「暴徒、賊徒」を圧伏せしめた。それによりナポレオン三世は英国に亡命し、仏国はまた共和制に返ってチエールが大統領に選ばれるのだ。

チエールはそのときヴェルサイユ宮殿内のオペラ劇場を議院として使うことにし、それ以来二年を経過しているが、まだそのままの状態にとどまっているのだった。

コミューンの内乱は実際、どのようなものであったのか。

当時ちょうどパリに滞在していた薩摩藩出身の前田正名《まえだまさな》は、そのときの状況を次のように伝えている。

前田は少年のときから留学志望を抱いていたが、藩からの留学生に選ばれず、兄や仲間と語らって英和辞書をつくって出版し、その費用を捻出したという独立独歩の青年だった。ところがパリに来て勉強するうちに言葉のハンディもあり、また有色人種だといって侮蔑されることもあり、とても白人にはかなわぬという意識に陥る。そして劣等感にさいなまれて、一時はほとんど病気になるような状態だった。

ところが、コミューン騒ぎが起こるに及んで転機が訪れる。というのは、その白人同士が醜く戦い殺し合い、市街戦のさなかには食料も尽き、犬・猫・ネズミまで食べつくすような餓鬼畜生の世界に陥った。前田は、それを目の当たりにして文明の民も一皮むけば同じ人間だと思い知るのだ。それによって心境に大変化が起き、劣等感から解放されることになる。

久米はコミューン時の痕跡として凱旋門に残る銃丸の痕も記録しているが、特に天文台を見学したとき、その乱暴狼藉の痕を見て次のような感想をもらしている。

「往時コミューンの乱に、賊より小銃を撃ちかけて乱暴をなし、その弾丸にて砕かれ、いまは廃物となりて、壁にかけたるあり、プロシャ軍の禍いより、コミューンの禍い最も猛なり、文明の国も、中等以下の人民にいたりては、なお冥頑《めいがん》にして鷙悍《しゅうかん》なるを免れず、西洋各国、上下に通じ、風俗美なりといわば、また大なる誤りなり」

前田や久米には当時の士族、サムライに共通した矜持《きょうじ》があり、エリート意識がある。いわゆる大人と小人の考え方で、世のため人のために仕事をするサムライ層と、自己一身のことだけで精いっぱいの大衆庶民を小人とする考え方である。

文明を誇る西洋の社会にも、品位あり教養ある紳士淑女もいれば、不逞《ふてい》の輩《やから》、不教の民も多く、自己を規制できず、放縦に流れる人間がいると見た。それは階級意識にも通じるものであろう。久米ら儒教の徒たる士族的視点からすれば、コミューンの徒は暴徒であり賊徒なのであった。

＊暦制改革、太陽暦へ

話は少し遡るが、十一月二十一日（陽暦十二月二十日）、本国よりロンドン経由の電信で、使節に寝耳に水の報せ《しら》が入ってきた。日本政府は閣議で断然、太陽暦を採用することに決定したとのことであり、「来月つまり十二月三日を、新暦明治六年一月一日とする」という報せなのだ。

これは大改革である。とにかく、それまでの日本の太陰暦はもう千年も続いてきた暦であり、国民の生活全般、特に農作業や諸行事に深くかかわっている。またその暦は伊勢神宮の専売となっていて御幣なるものを広く国民に頒布して、神官の収入はそれがため莫大なものだった。それを「世界の気運」にしたがって一気呵成《いっきかせい》に欧米基準、いわば当時のグローバル・スタンダードに合わせてしまおうというのである。

これには使節一行もびっくりした。書記官の中には事務が「煩雑になるばかりだ」と不満をいう連中もあったが、一方では「英断なり」として留守政府のアラビア馬がまたヒットを飛ばしたと歓迎する者もいた。

この暦制改革の勧進元は大蔵省で、その中心人物はといえば、大隈重信である。その回顧談によれば、その間の事情はこうである。

まず、維新改革によって、それまでの給与体系が年俸制から月給制になった。ところが旧来の太陰暦では二、三年に一度閏月《うるう》を置かなくてはならない。つまり閏年は一年が一三カ月になる勘定で、月給も一三回払わなければならない。ところが来《きた》る明治六年はその閏年に当たるというので、この際、財政困難のときでもあり、一気に改革してしまえという論であったらしい。

それに、役人の休日は毎月一と六の日、月に計六日、年にして七二日あった。その他、五節句あり、大祭日あり、寒暑に長い休暇あり、それ以外にもいろいろの休日ありで、実際に執務する日数は一六〇日から二〇〇日くらいであったという。これは懶惰《らんだ》遊逸の風を増長、政務渋滞の原因にもなっており、維新に伴う諸事一新で、その惰気を一掃する契機にすべしという考えだ。

それに第一、外国との交際、貿易、交信などいよいよ盛んになるとき、国際間の暦日の不統一はまことに不便である。現に岩倉使節団の面々も現地の暦と日本暦とダブル・スタンダードで困惑していた。

また、廃藩置県で大名、武士をはじめ特権を剝奪《はくだつ》されているのに、神官のみが暦専売の特権を保持するのは不公平なりとの説があり、太陽暦の採用によってその特権を剝奪することは四民平等の理想からいっても良策とされた。

そしてここでバッサリ太陽暦に改めれば、本年の十二月がほとんど消えうせることになり、大蔵省としては役人の給与をほとんど二カ月分節約できる妙案なのだ。

廃藩置県、使節団派遣と相次ぐ大決断で勢いがついていたからであろう、留守政府は敢然として断行に決するのだ。

このころ、宮中の大原重美から岩倉大使宛に手紙が届いた。大原は具視と親しく従兄弟にあたり、陽暦採用当時の国内の状況を伝えて興味深い。

「実に非常なご英断で驚きいる次第です。皇国未曾有《みぞう》のご改革で、いろいろ物議をかもすことでございましょうが、人々が慣れれば別段弊害もないと存じますが、しばらくの間は戸惑うこともあろうかと、実に突然のご改革と存じます」

そして次便では「新暦の施行につき人民が異論をとなえ、蜂起するのではないかと案じたところ、一向になにもおこらず、元旦は慣例の通り喜んで春を迎え、各戸の松飾など変わったことはない」と拍子抜けしたかのように報告している。

実際のところ、これは日常習慣の大変革だから、民間も大いに驚いた。が、さりとて反対する理由もなければ特別な不便もない。ただ、素直に従うだけで、市民はみな現実的な知恵を働かせ柔軟な対応を示したようだ。たとえば、農業の面からいえば陰暦のほうが便利な点も少なくなく、当分は次のように三様の暦が並行して使われたという。すなわち陽暦そのままは官庁関係に行なわれ、都会では陽暦の一カ月遅れが使われ、農村では陰暦のままを使ったという意味である。

こうして多少の戸惑いや摩擦はあれ、一石三鳥ともいうべきこの大改暦令は、意外とすんなり日本社会に受け入れられていくのだ。

十八章　フランスの底力

＊フランス銀行

さて、岩倉がイギリスから出した手紙によると、米英でスケジュールが大幅に延びてしまったので、これからは「大国二十日ずつ、小国十日ずつ走り廻る候つもり」とある。そこで当初は冬のことでもあり、次は南国スペインとポルトガルを訪れるつもりだった。ところが折悪しくスペインに政変が起こり治安が不安定になった。そこで察するところ、しばらく様子を見ていたのであろう。が、スペインはとても収まりそうにないので、ベルギー、オランダ、ドイツへと回ることにしたのだが、それには相手国側のスケジュールの調整もあり手間取ったのではなかろうかと推測される。

しかし、米英での経験と同じく、一カ所に長くいるとそれだけ多くのことを学ぶことができる。使節一行は、例の如く各所の視察に精を出すが、「見たいところがあれば何なりと申されよ」という大統領の言葉に甘えたのか、一日、フランス銀行の金庫の中を見せてもらうことになった。同行を誘われたドイツ贔屓《びいき》の青木周蔵は、「ビスマルクに大金を抜き取られた空っぽの金庫など見てもしょうがない」と悪態をついたが、一行は折角の機会だから「ナポレオン一世のつくったという空の大金庫を見せてもらうのも一興なり」と出かけていく。

さあ、行ってみて驚いた。鉄のドアを三つも潜り抜けて貯銀庫に入ると、棹銀と円銀が袋にいれて積んである。よく見ると日本の銀貨である。

「こんなにも多く日本の銀を持ち込まれたか」とひとりがいうと、案内のフランス人は「いや、フランスはわずかで、ロンドンのイングランド銀行に行けば、まだまだ沢山の日本貨がある」と澄ましている。

幕末開国時のどさくさに、日本の銀貨が海外に多量に流失したことはよく知られている。欧米と日本の金銀の交換比率が大幅に違っていたため、日本では金が国際相場の半分以下で買えたのである。したがって目先の利く連中は、日本の金貨を買いあさり、一時はゴールドラッシュ並みの狂乱を引き起こしたのだ。

　また、貨幣制度の混乱に乗じて贋金や純度の低い銀貨を正貨と無条件で交換することを約束させられ、純度の高い日本の銀貨が大量に流失した。ある統計では安政五（一八五八）年から明治十六（一八八三）年までの間に、日本から流失した金銀は一億五〇〇〇万ドルにも及んだという。その一部であろう日本の金銀貨と、一行は思いがけずパリでめぐり会うことになった。

　さらにドアを押して奥へ入ると、そこはまさに黄金の部屋であった。大きな部屋が二つあって金塊を棹にして積んである。小は五〇〇〇ドル、大は一万ドル、その総額は一億九〇〇〇万ドルにも及ぶという。空っぽかも知れないと疑っていた金庫に、黄金の棹が無造作に薪《たきぎ》のように積み上げられているのだから、驚かざるを得ない。そのころの日本の国家予算は五〇〇〇万ドル弱である。ドイツに支払う賠償金が九億五〇〇〇万ドルというから日本の国家予算の一九年分である。その巨額の賠償金を抱え、支払いを続けながら、なおかつ金庫にこれだけの金銀を蔵しているのだ。

　フランスは何故、これだけの財力をもっているのか、その源泉は何か、一行はあらためて考えざるを得ない。

＊ 農は諸業の大本なり

ヨーロッパの地図をあらためて眺めてみると、フランスという国は、欧州大陸のほぼ中央に位置し、東にアルプス、南に地中海、南西にピレネー、西にビスケー湾を控え、最も気候・風土のいい場所を占めている。イギリスの場合、緯度でいえば樺太、カムチャッカの位置にあるが、フランスはそのずっと南にあり、しかも南東部を除けば、大半は山地らしきもののない農耕可能な沃野である。

その上、一七八九年の大革命によって、封建的大土地所有制が解体され、ナポレオン一世によって自作農がつくりだされた。それが勤労意欲を高め生産性を上げ、プチブルすなわち小金持ちをフランス全土に生み出し、フランスの富の基礎をなしているというのだ。

久米はそのあたりのことをこう分析している。

「仏国はナポレオン一世の烈（目覚ましい改革）により、民法の権定最もよく整理し、その宜《よろ》しきを得たるを以て、財産保護の道あまねく届き、全国を通じて富裕の戸多く、財を民に積むこと各国みな及ばず」

そして有名なナポレオン法典やナポレオン三世の福祉政策に言及する。

「ナポレオン一世、多士を集め、民法を修定して、人民の財産を保護し、権利を全くせしむることを謀れるは、各国みな称美し、模範とするところなり、爾後《じご》も気運人事の移変によれば、益々《ますます》これを修美にし、ことにナポレオン三世の代に至り、潤色せる（色艶よく仕上げる）所多く、全国の富庶は欧州第一なり」

また、フランスには英国ほどの貧富の差がないとして、その原因を商工農業のバランスや地方分散の利に拠ると論じている。

「仏国は三民の生業普《あまね》く立ち、土地もまた腴壌《ゆじよう》（地味が肥えていること）に属すれば、人民の各地方に散処すること、大抵平等にて、その財産もまた之に準じて平等なり」

また、久米はデーラン博士の説として、次のように書く。

「農は諸業の大本なり、たとえば、商人ありと雖《いえど》も、その売買する物品なければ、業を施す所なし、その物品を化生する（形を変えて成長させる）は、農にあらざれば能わず、故に国を興さんと欲せば、此に注意し、農を勧奨する道を尽くすを、至急の務めとす」

この説は、どうやら高崎正風《たかさきまさかぜ》の受け売りらしい。というのは薩摩藩士の高崎は岩倉使節の本隊に遅れて明治五年一月、左院派遣の調査官としてフランスに直行、主にパリに滞在して税法、行政、農業などについて学んでいた。デーラン博士には同五年の十月から三カ月にわたり毎週農事に関する講義を受けており、その結果を帰国後、報告書として提出しているからである。

『実記』の農業論には、この高崎ノートを下敷きにしている部分がかなりあるようで、日本の農業については、水田・水稲偏重の農業を改め、畑作、畜産などを振興し、適地適作を努めること、これまで原野のまま放置されている土地を開墾すべきことなどの提案をしている。そしてそのために農事試験場や、農業学校、農業博覧会などの必要性を強調しているが、これらは殖産興業策の一環として明治政府に採用され、農業近代化の指針になっていくのだ。

また、久米が仏の経済状況について自信ありげに記述している背景には、久米の友人西岡の紹介で、経済学の碩学《せきがく》モーリス・ブロック博士に教えを請うたことに拠っているようだ。ブロック博士は、チエール大統領とも親交のある高名な経済学者で、西岡がそこで学んでいたのである。

そのブロック博士の説では、巨額の賠償金もフランスにはそれほどこたえないという。

「そもそもドイツ国民は貧乏でフランス人の資金を借りて経済のやりくりをしている。平和の際は、フランス人も別に貸金の取り立てを厳しくしないが、今回のようなことになって大金がドイツに流入すると、これらの債権の回収を厳しくする。さすれば、いったんフランス政府からドイツ政府に金は流れても、結局個人の手で取り戻すことになる。まあ、五〇億フランといっても七年もあれば全額回収してしまうだろう」

事実、フランス政府がドイツへの賠償金を払うために国債を募ったところ、これがたちまち売り切れた。それは国民がそれだけの財力をもっている証拠であり、国家の信用が高い証左でもある。その間、フランス・フランはほとんど下落せず、チエールは賠償金の支払いを早め、ビスマルクやグラッドストーンを大いにくやしがらせたという。

久米は感に堪えない調子でこう書いている。

「国の貧富は、政府に財を蓄うの豊歉《ほうけん》にあらず、人民の貧富にて定まる、プロシャ政府に金塊を積めども、全国の民みな貧なり、故に金塊民手に落ちれば、すなわち流れて仏国に帰る、九億ドルの金はこれを仏国の政府より出し、プロシャをして債をわが仏民に償わむるのみ、この国の財多きこと、人傑の多きことは、実に欧州の精華というべし」

イギリスにおいては、貧富の差、富の偏在が大きい。一方に大貴族、大富豪がいるかと思えば、一方にその日の暮らしにも事欠く貧民が多い。聞くところによれば、ドイツもイギリスに事情が似ているらしい。

それに、イギリスの民は、一〇のうち八は商工業に従事しており都市中心であるが、フランスの工業は四程度で、農・工・商のバランスがよくとれている。イギリスは土地が貧しく気候寒冷でやむなく工業に拠って立ったが、仏国は土地豊かに気候温暖で恵まれているから、それほど工業に依存せずとも生活ができる。つまり土地資産を含めたストックの厚みと財の平準化にフランスの底力と余裕の秘密を見出すのだ。

＊ 公益質屋・労働者公園・下水道

一日、一行はセーヌ河畔にあるオテル・デ・モニー、つまり造幣局を訪れ、次にはモントピエテー、つまり公益質屋を訪ねている。パリには政府が設置したこの種の施設が二〇カ所もあり、そこで質物をとって金を貸している。貸し金のシステムは、一年貸しで年利は九分、利息さえ払えば幾十年でも借りていられる。その間、質物を流すことがない。また、一年内に返済すれば、利息の率はそれだけ安くなり、今日借りて明日返してもよい。もし、一年たって元利とも払えないときは、半年猶予して質物を売り払う。しかし、売却代金が元利及び手数料を超えれば差額を借主に払い戻す。

久米はこの仕掛けにいたく感心し、フランスの財政まで総括して次のように述べている。

「仏国の財政と、貧民救済の法とは、甚だ行き届きたるものにて、畢竟《ひっきょう》この国は、商法に巧者なるが如く、経済学にも富み、多士輩出するにより、その理財の巧みなること、深遠奇計なり」

さて、久米がフランスの福祉政策、労働者保護、貧民救済について、もうひとつ感心していることがある。それは労働者街につくられた公園、ビュットショウモンである。それはパリの東部の工場や製作所の地帯にあり、ここに職工のための公園をつくったのだ。それは一〇〇エーカーほどの丘で、そこに樹を植え、丘を削り、岩石をそびやかし、足りないところは石灰で石をつなぎ合わせ、奇岩の風景をつくり出した。巌壁からは水を注いで滝を落とし、丘底には池をつくり、それに臨んで高阜を起こし、その上に遊亭を設け、吊り橋を配し、ここより俯瞰《ふかん》すれば、パリの街を一望のもとにすることができる。「パリの遊園中にて、眺望の濶にして、山水の奇、雅韻あるは、この苑を以て第一とすべし」と称賛している。

ナポレオン三世については対外政策に失政多しとの評があるが、市民の生活や福祉、貧民救済の策においては治績が多く、久米の評価も非常に高い。

「ナポレオン三世が、仏国の大統領に推挙せられしより、遂に帝位に登りセダンの戦に敗れて普国の軍に降《くだ》りしまで、二二年の間は、まさに欧州の開化駿進の際《きわ》にて、仏国の冨耀を全くし、ますます欧州に輝かしき功績は、その治績の最も着目すべきところたり」「殊に雇工細民のために、勧奨救助の良法を与えたる功徳は、かえってナポレオン一世の上に出ると、世に賞誉せらる」としている。

久米の頭には徳川の将軍や鍋島の殿様のことがあったのかも知れない。中等以下の人に厚くする、いわば徳治の政治を名君のしるしとする東洋的思想が根底にあるようだ。ナポレオン三世は「馬上のサン・シモン」ともいわれ、フランスの下層階級に人気があった。サン・シモンは名門貴族の長男に生まれ、軍部についてアメリカ独立戦争に参加、フランス革命後、政治・経済・倫理の再編を探究し、独自の産業社会主義を唱えた社会主義思想家であった。ナポレオン三世は、青年時代この思想に触れて多大の影響を受けた。それは貧富の差の激しい英国を見てしまった直後だけにさらに印象的だったものと思われる。

さて、もう一つ、パリならではの観光の目玉が下水道見物である。それは地底八メートルのところに大溝、中溝、小溝をはりめぐらしたもので、各地区から下水が渓流をなして流れ集まり、やがては河に注ぐ。地中のもう一つの町ともいうべき大構造物であった。これはまさに「パリの壮観中の一たり」であり、一行の長い旅の中でも最も珍奇にしてまた臭気芬々たる経験であった。

この壮大な仕掛けも実はナポレオン三世の事績といってよく、一八五〇年代に七五〇〇万フランを投じて竣工した。ここの汚水は日に一億立方メートルが出るといわれ、七マイル離れたアニヤ村に導き、近傍農家の耕作肥料として、なおその余りはセーヌ川に流すのだという。ロンドンでは糞尿も含めてテームズに流していると聞いたが、パリでは糞尿は下水に流す前に夜半に車で集めて村落に運び肥料にしているという。「みな腐を化して霊に返すの道というべし」とパリの下水処理を称揚している。

＊パリの日本人

さて、パリにも当時多くの日本人が来ていた。『木戸日記』によれば、ロンドンと同じくホテルに「来客絶えず」で、留学生の西園寺公望《さいおんじきんもち》や西岡逾明、別働隊の村田新八や由利公正、それに島地黙雷、西村某、鈴木某などと次々に会っている。

なかでも頻繁に会っているのが、同郷の後輩山田顕義である。山田は兵部理事官として使節一行とワシントンまで一緒だったが、明治五年二月十七日（陽暦一八七二年三月二十五日）、随員の原田一道《はらだいちどう》とパリに先行し、その後はずっとパリを拠点に欧州各地を視察しながら軍事の調査に当たっていたのである。

山田は長州藩士の家に生まれ、藩校「明倫館」で学び、柳生新陰流の剣を習い、さらには吉田松陰の門をくぐった。そこで久坂玄瑞や高杉晋作と親交を結ぶ。松蔭亡きあとは村田蔵六（後の大村益次郎）に兵学を学び、久坂玄瑞などと外国船砲撃を企てその指揮をとった。その後、幕府軍との戦闘で抜群の功績を挙げて頭角を現し、維新後、兵部省が新設されると大丞《だいじょう》となり、特に函館五稜郭の戦における功労により陸軍少将に挙げられた。

山田は、一五〇センチそこそこの小男だが、大村益次郎の下にいるころ、「知恵のかたまり」「用兵の天才」といわれ、小ナポレオンの異名をとった。大村が凶刃に倒れたあと、新政府の陸軍編制は山縣有朋と山田顕義に引き継がれる形になる。ただ、山縣が極めて政治的、行政的であったのに対し、山田は戦略、戦術に長じ、より実戦向きであったといえるだろう。そんな事情もあって、山田は大阪に造られた兵学寮でフランス士官とも親しくしており、いわば薩長出身にしては珍しいフランス派だったといえる。

その山田は当時三〇歳、パリ滞在でその考えは大きく変わったといわれる。それは軍事天才としてのナポレオンではなく、むしろ法治国家をつくったナポレオンに傾倒したからである。山田は「これからの世界は軍事でなく法律だ」と考え、日本の近代化も不平等条約改正も、強兵より法律の整備が先決と見たのだ。

木戸とはその文人的なところや理想主義的なところで気が合っていたのであろう。山田はその後、軍事からは遠ざかり、司法大臣を四回も歴任し、日本大学の前身である日本法律学校を創立し、法典の制定とその普及教育に尽力した。

そのころ、日本から二つのグループがパリにやってきた。一つは東本願寺の法主現如上人の一行で、その事務長格は成島柳北《なるしまりゅうほく》である。時代の大きな変わり目で、仏教界もいかにこれに対応していくか苦慮しており、西本願寺系の僧、島地黙雷らに対して東本願寺は法主自らが洋行視察に出かけてきたのだ。

もう一つは、司法省から派遣されたグループで、河野敏鎌《こうのとがま》をはじめ一行五人である。本来なら江藤新平も来るはずだったが、政事多忙で来られず、旧幕臣の俊才で後に民権ジャーナリストになる沼間守一《ぬまもりかず》、薩摩出身で警察制度の確立に尽力する川路利良、熊本藩出身で後に伊藤博文の懐刀として明治国家の立案者になる井上毅らがついてくる。

成島柳北のグループはグランドホテルに、河野グループはルーヴルホテルに泊まる。この二つはいずれも当時、日本人がよく泊まった有名ホテルである。しかし、日本人もだんだん事情がわかってきて、最初の何日かはこうした一流ホテルに泊まっても、滞在が長引くにつれてもっと安いホテルに移っていく。

柳北の場合、一泊二〇～三〇フランするグランドホテルから、一泊五フラン程度のロードビロンという小ホテルに移り、さらに月極で三〇～六〇フランのコルネイユ・ホテルに移っている。五フランで約一ドルの換算率である。

柳北は、将軍家の侍講（進講を司《つかさど》る役）の家に生まれた名門出の秀才で、幕末は「兵馬の人」として仏人の指導の下に歩兵隊長を務め、さらには会計副総裁も務めた人物である。いわばアンシャンレジームのエリートであり、幕府瓦解とともに「無用の人」として生きることを選んだ人物である。しかし、その柳北をスカウトし「有用の材」たらしめんとしたのが現如上人で、柳北はその誘いに乗ってパリにやってきた。

野武士のようなプロシャに敗れたナポレオン三世のフランスは、田舎ザムライの薩長に倒された徳川慶喜《よしのぶ》の幕府に似ていた。江戸文化を代表するような粋人・柳北は、いわば風流旗本の生き残りであるから、おのずとパリの都雅・風流にも馴染んだであろう。

その上、パリには知り合いの旧幕臣がゴマンといる。岩倉一行にも田辺太一、福地源一郎、安藤太郎、池田政懋らがおり、フランス政府側にも幕末軍事顧問として来ていたシャノワンがいる。駐仏公使館の長田銈太郎や栗本貞次郎も旧識の仲であり、司法省から来ている沼間守一も幕臣であった。

江戸の粋を知っている田辺や福地も久しぶりに風流な都に辿り着いた思いがあったであろう。柳北の日記『航西日乗』によると、彼らは連日のように連れだって美術館を訪れ、ブローニュの森を散策し、酒楼にのぼり劇場に遊んでいる。

「この日、安藤、池田二子とボア・デ・ブロンの公園に遊ぶ。瀑布ありて極めて清幽愛すべき地なり、ザングレイ楼に飲む、食事頗る美なり、帰途酔に乗じてリュー・ド・アンボアスの娼楼に遊ぶ」

薩長主導の維新政権に背を向ける江戸幕府の残党たちは、こうして、しばしパリの歓楽の巷《ちまた》に耽溺《たんでき》するのだ。

さて、本隊の岩倉大使はといえば、大統領の謁見から一カ月もたった一月二十六日（以下、すべて陽暦）、外相のレミュザと会って条約改正の一件について会談している。

その状況を見ると、大使の交渉態度はすっかり板についてきており、これまでの二国での経験が生きていることがはっきりとわかる。

ワシントンではなにもわからない少年のようにナイーブであり、森や伊藤やデ・ロングのいうに任せる状況だったといってよかろう。ロンドンでは国際外交の本場だけに、経験豊かなベテランに任せるほかはなく、主役はハリー・パークスと寺島宗則であり、岩倉はまだ謙虚な青年のように見えた。しかし、パリでの交渉になると、これまでの学習効果が出て、岩倉は外交使節としてもようやく壮年の域に達した風が見受けられる。

レミュザは日本の現状では直ちに内国旅行を認めることが無理だという岩倉の意見に理解を示し、ある制限をつけて徐々に認めるように希望した。

その代わり、キリスト教徒の弾圧については極めて強硬で「この宗旨一条は、仏国において深く憂慮しているものであり、日本政府にても、他の文明諸国がとっているような寛容の法を採用、直ちに実行されるように」と強く要望した。

岩倉は、それに応えて、「いずれ自由にいたすつもりである」と、かなり柔軟な態度に出ている。宗教問題に熱心だった木戸も宗教については寛容主義が国際的な主流になっていることを知り、禁止するのではなく、選択を人民の自由に任せる方向に傾いている。

こうして米英仏三国での交渉を通じ、使節も世界の外交事情、その勢力関係を実地に学習しその力関係を把握できたものと思われる。そして結局のところ、現時点では「英仏が主導であり、中でも英国がイニシアティブをとっている」と認識したであろう。国際外交の舞台ではアメリカはまだ新参者でさしたる影響力はもっておらず、ドイツはさらに新来で発言力は弱く、つまるところは何事も英国を説き伏せないと先へ進まないことを学んだといっていい。

条約改正に関する交渉は、事実上パリで終わったという感触である。

＊　要塞と教練

さて、一行はシャノワンの案内で、パリで最も重要な軍事施設ともいうべきモン・ヴァレリアンの要塞を訪れている。

普仏戦争のときにビスマルクから「この要塞を渡せば和議を結ぼう」といわれたが拒絶した要塞である。丘は高くないのだが、「特に超然として、パリの近郊に抽つ」で実に形勢を得たりである。ここの屯所はそう広くはなく、常備の守備兵は一五〇〇人、兵営の前には大砲一二〇門、砲車約五〇〇台を備えている。

翌日は、もう一つの重要な要塞、ヴァンセーヌ城に赴く。ここはパリ市街を挟んでモン・ヴァレリアンと対峙《たいじ》する位置にあり、チャールス五世の築造したという城には五四メートルにも達する高塔がある。その最上階に上って一望すれば、「パリ府を隔ててモン・ヴァレリアンの砲台とまさに相対す、パリ東方の要害なり」である。場外には広い平原があり、一万二〇〇〇人の兵を集めることができる絶好の訓練場であった。

ここでも武庫を見ているが、久米は先の普仏戦争に中立を宣言していた米国の兵器があるのを見て、国際関係の現実について次のように書いている。

「西洋各国の交際礼は、陽に親睦を表するも、陰は常に権詭相猜す、いったん不虞《ふぐ》あるに臨めば、局外中立の義を立てるも、またただ陽面のみ」

そしてクリミアのセバストーポリでの戦にも言及し、こう書く。

「英仏合従するというも、実は仏その中におり、陽は英に結び、陰はロシアを援けたりと、欧州兵機の権謀は、詭諮百端（わるだくみをはかること）なり、当時仏、日、露、墺、みな全国皆兵の法制を立て、辺には戎隊を森羅して不虞を警す」、白、蘭、デンマーク、スウェーデンのような小国は、ハリネズミが毛を逆立てるようにして国を守るしかない、公法を締約して、和平を持し、国勢を平均したとしても、なかなか油断はできない。「ああ、是各国の気を張り志を属し、駸駸《しんしん》富強に強進する所以《ゆえん》か」として、国際関係の現実、その裏表、複雑さを強調している。

その後、城外にある教練場に案内される。そこでは三〇〇人もの生徒が行なうジムナスティックなるものの実地訓練を見て、久米はその様子を詳しく書いている。ドイツに敗れて臥薪嘗胆《がしんしょうたん》を強いられたフランスが、一方で流行の源といわれ、天宮の如しといわれながら、若者たちがこのように懸命に訓練している姿を見て、感動を禁じえなかったのだ。

十九章　文明都雅の尖点

＊パレ・ロワイアル

岩倉一行のパリ滞在は結局二カ月にも達するので、その間に各所を見学する。ノートルダム寺院、コンセルバトーレ、サンジェルマン・デ・プレ、サンシールの兵学校、裁判所、牢獄、フォンテーヌブロー、ボア・デ・ブローニュ、香水工場、チョコレート工場などなど、いずれもパリ市内か、外へ出ても郊外の域を出ず、六〇日間をもっぱらパリで過ごすことになる。

しかし、イギリスでの見学先が、主として工業であり、製鉄や石炭、綿紡織や手織の工場、造船所や車輛工場であったのと比べ、鮮やかな対照をなしている。フランスの工場見学の代表的なものを挙げれば、セーブルの陶器とゴブランの織物であり、クリストフルの銀器や工芸的な門扉やバルコニー柵の工場だということになる。

セーブルは、パリ郊外のサンクルー宮の近くに国営の工場として存在する。ルイ十四世時代、財政に辣腕をふるった宰相コンベールの伝統を継いで、国が保護して美術工芸的な高級品をつくらせているのだ。

場内には作品が陳列してあり、即売もしている。染め付けのものは「玲瓏洞徹して、真画よりはさらに美麗」であり、価格も数千フランから数万フランもしている。セーブルの陶磁器といえば、欧米でも最高の評価を得ており、その値の高さに誰も疑問を呈さない。

久米は伊万里焼きに想いを馳せる。父親が伊万里の代官をしていただけに、久米は陶磁器についても相応の知識がある。伊万里、鍋島の焼き物は薄くて硬く密度が濃くていいのだが、どうもデザインが野暮でいけない。もし都雅な装飾を施すことに成功すれば、セーブルに負けない品がつくられ、高価でも売れるだろうと思案をめぐらしている。

一行は、セーヌの北岸にあるゴブラン織りの工場も視察している。久米は「ゴブランとは羊毛の糸をもって織りたる文錦の名なり、その織法は日本にて西京のつづれの錦に似たり」と説明している。ところが、その織り方の精密なること、風景人物までまるで油絵のように描き出してとても織物とは思えない。

「その精美にして繊巧を極め足ること、実に布帛類の絶品にしてもっとも不貲《ふし》（非常に高価なこと）なり」

一行はすでに英米の王侯・貴族・富豪の館で、それが壁面を飾っていかに珍重されているかを見ている。その「奢美の最上」ともいうべきゴブラン誕生の秘密を本家本元で実地に見ることになるのだ。

セーブルの陶磁器にしろ、ゴブランの織物にしろ、パリ工芸の代表的なものだが、いずれもイギリスのそれのように器械で量産するものではない。むしろ手工芸的なもので、「半開世界の工産」である。したがって文明がすすんで工賃が高くなってくると、この種の手工芸品は採算が合わなくなって衰微するのだが、フランスは国家が保護して技術を維持している。それが仏国製品の評判を高める一因にもなっており、久米はこの施策を「実に嘉賞すべし」と評価している。

その結果、「仏国制作の巧なるは、欧州第一にてその技倆《ぎりょう》精粋機巧にして、風致を極め美麗を尽くし、よく人の嗜好に投合す、故に世界の流行物は、常に仏国に源す」ということになる。

欧米人種の住むところ、常にパリは「文明都雅の尖点」であり、英国人がいかに世界一の繁栄を誇ろうと、婦人のファッションとなればパリの流行を追い、ロシアの貴族がいかに豪華豪奢を競おうと、つまりはパリに憧れる。まさにフランスは流行の源泉なのだ。

そのため「各国の有名な会社、一としてパリに出店せざるなし」で、一方ではパリの最新流行の情報を集め、一方で自国でつくった品物をいったんフランスに輸出して、メイド・イン・フランスのラベルを貼って価値を高めて再輸入する。

事実、岩倉一行はフィラデルフィアの布帛工場を訪れたとき、その実例を目にしているし、カリフォルニアのワインについても同様のことを聞いた。「米人にても国産なれば賤悪と思い、欧州の舶来を尊ぶ風あり」であり、同じ製品が運賃や関税や手間を加えて高価になって戻ってくるのに、かえってそれを喜んで買うのだ。案内人は恥じて「米国人の迂遠なるを嘆息せり」といったが、そうさせるだけの信用、ブランド力がパリには確かに存在しているのだった。

そのパリの雰囲気を象徴するような商店の一画が、パレ・ロワイアルである。久米はその華やかな商店街の様子をこう描写している。

「パレ・ロワイアル宮は、中央に方庭を抱きたる大庭園なりしを、下層を市廛《してん》（店）とし、百貨を鬻《ひさ》がしめたり、ここに珍頑、奇器、奢美《しゃび》の品、風流の具、金光玉華を聚《あつ》めて、陳列して売り、酒店、食店、その中に混じり、中央の方庭には、緑樹陰を展《の》べ、夜は気燈を照し、四囲の市廛より、百貨の光彩を輝かすは、黄金の気、庭を包んで起こるともいうべし」

きらびやかな店舗、レストラン、庭園の実景がよく描かれており、その場の浮き立つような雰囲気が伝わってくる。久米ら書記官連中も公務の間をぬってここへ出かけていく。

パリ通が説明する。

「フランス人の社交と商売に活発なるは、その言語、態度に愛嬌があり、顧客の歓心を得て、親依の念を起こさせるにある。その商品の風致よく陳列されて、客の嗜好を動かすため、諺にも『田舎者が一度パリの店の前を通ると財布をはたいてしまう』とあるが、その通りだという」

久米たちも、とある店で二、三品物を見ていると、妙齢の美人が出てきて応対する。値切ってみたが、なかなかまけない。フランス語のわかる者があだこうだとかけ合っていると、にわかに「まけましょう」ということで買うことになった。勘定をすませて、さて品物を受け取ろうとすると、お荷物になりましょうからお帰りまでにホテルにお届けしておきます、という。

「皆様は、日本の大使のご一行とうかがいましたが、どうぞお名刺をくださいな。おまけしないと素手でお帰りになりそうですから、無理におまけしてさしあげます。その代わり、お帰りになりましたら、お食事のときにでも市中散歩のとき、パレ・ロワイアルのマドモワゼルの店で小間物を買ったとお話しくださいな。きっと他の方も行ってみる気になり、これがご縁で他の方々にもお会いできればとても嬉しいのですが……」と愛嬌をふりまいた。

さて、ホテルに帰ってみると、美しく包装された品物がちゃんと食堂の隅に置いてある。見るとそこに名刺がはさんであるから、しぜん話題になる。そこで、その夜の食卓はそのマドモワゼルの店の噂でもちきりとなった。

翌日になると、書記官連中が、われもわれもとその店に出かけ、なにやかやと買い物をして得意顔で帰ってくる。一行の間ですっかり「パレ・ロワイアルの美人店」と評判になってしまった。

久米らは「これではわれわれは、あのマドモワゼルに命じられて、日本大使一行に広告をしたようなものだ」と笑い合う。ところが、それが決して憎らしくもなく、不快でもない。まことに自然で、いつの間にか財布をはたかされ、宣伝までしてしまったことに気づく。そして「さすが、パリの商法は軽妙洒脱なり」と感嘆するのである。

＊ パリは人をして愉悦せしむ

使節一行は当時の世界の三大都市に滞在したので、その見聞を基に比較を行なっている。都市はまさに文明の縮図であり象徴である。

久米はこう述べる。

「ロンドン、パリ、及びニューヨークは、世界三大貿易都府と称すれども、その趣自ら別様なり、米国の貿易の主意は固より欧地に異なり、ロンドンは世界の天産を輸入して、自国の製作力を加えて、再輸出するを主意とす、故に之を天産物の市場なりと名づくべし、パリは之に異なり、欧州工芸の地にて、流行の根元なれば、之を世界の工産物の市場と名づくべし」

世界の大都市はいずれも貿易の要地であるという認識であり、国際的な交易が富を生む最大の要因だという考えに基づく。米国は綿花や穀物といった天産物の、英国は綿毛織物や器械製品の、仏国は工芸品や流行品の輸出地だということになる。

そして各国の製作品の特徴についてもこう書く。

「英国の工業は器械を恃《たの》む、仏国は人工と器械を相当たる、英国の産物は堅牢を以て勝つ、仏国は、繊華を以て勝つ」、そして「仏国の製作の巧みなるは、欧州第一にて、その技倆精粋機巧にして、風致を極め、美麗を尽くし、よく人の嗜好に投合す、故に欧州の流行物は、常に仏国に源す」と。

久米はまた当時耳にしたのであろう。「ロンドンの食い倒れ、パリの着倒れ」の語を引用し、「人間の生活がだんだん豊かになっていくと、生理的な欲求からより高度なもの、お洒落や文化や美的なものに移っていく。文明が進むとは、食、衣、住の順序で豊かさがすすみ、その求める重点が量より質に変化する、より贅沢になり美的になっていく」ことを実見し感得したようだ。

その意味でも、久米がニューヨークを「喧騒の都」、ロンドンを「雄都」、パリを「麗都」と表現しているのは、その文明度を的確に表現しているように思える。そして街の雰囲気、気風、治安を含めた意味での「人気」についてもこういう。

「ニューヨークよりロンドンに至り、ロンドンよりパリに至れば、人気一層に一層によろし、パリは以て世界の遊観園とも名づくべし」

事実、「パリの日曜日には、諸遊苑みな車馬喧鬧《けんどう》（賑やかで騒がしい）し、男女群をなし、鼓吹舞踏するあり、喫茶飲酒するあり、真に一週間の休暇日なり」で、実に楽しげである。その点、英国はピューリタン的なまじめさや実直な勤勉さを連想させるが、フランスはカトリック的な怠惰《たいだ》やラテン系の享楽的な性質、そして遊び好きな国民性を連想させるのである。

都市の印象についてもロンドンとパリは対照的だ。

「ロンドンの街は地下の鉄路あり、地上の車道あり、天上の鉄路あり、人民もまた三様の生理をなし、日に棲棲徨徨《せいせいこうこう》（忙しく歩き回る）たり、石炭の烟白日を薫し、雨露もまた黒きを覚う、パリはしからず、全府の民を一遊苑中におく、パリの市中、往く所みな遊息の勝地あり、街上の行人もまたその歩忙しからず、空気清朗にして、煤煙少なく、薪を以て石炭に代ふ、ロンドンにあれば人をして勉強せしむ、パリにあれば人をして愉悦せしむ」

文明の頂点にあるともいうべき二大都市、ロンドンとパリの比較は、久米のこの言葉「ロンドンにあれば人をして勉強せしむ、パリにあれば人をして愉悦せしむ」で止めをさすというべきであろうか。

▲ノートルダム寺院

▲シャンゼリゼ大通り

▲パリの新市場

▲パリの造幣局

▲ヴェルサイユ宮殿内のオペラ堂

▲ヴェルサイユ宮殿内画廊

＊千年の知識積みて文明の光を生ず

一日、一行はルクセンブルグ公園に近い建築学校を視察する。その日学校側では、教師がみな礼服を着て応対し、その礼儀正しさに「学者の儀表（手本）」を見ている。そこには橋梁、水門、灯台などの雛形、また発明の造営器械の雛形をみなその図と併せて蓄えてあった。その大なるはマルセイユ近傍の古い大橋梁、高さ九〇メートルに及ぶもの、同所の石橋高さ六〇メートルのもの、その他、鉄橋、懸橋、めがね橋、開閉橋、（是は橋身に轆轤《ろくろ》〈滑車〉を設け、中央にて開閉すべき橋なり、蘭国《オランダ》にて行なわる）、少しでも構造の違うものはすべて模型で展示してあるから、実にわかりやすい。また設計室にいけば、各種の設計図が揃えてある、各国に新建築があれば行ってその図を写しとり、持ち帰ってこれを講究討論する。久米は「橋梁や河渠の建造はフランスの長技だ」といい、「この学校の盛んなること、想像するに足るなり」と書いている。

それから一行はその足で、公園の南にある鉱山学校も訪ねている。ここは建築学校よりさらに大規模で、「金、銀、銅、鉄、土、石を穿《うが》ち掘り、土質地味を考え、開鉱器械の運動より、土質、土宜の吟味、すべて地土の性質もここにて研究する」場所だった。

二、三階には、鉱石、海石、化石などを集めてその種類は五、六万種を下らず、さっと見るだけで神経が疲れる。これまで米英でこの種のものをいろいろ見てきたけれど、この学校の盛んなることはこれまで見たことはないと驚いている。

そして講堂に入ると正面に仏国の大地図が掲げてある。それを見ると、仏国全体の鉱石、地質、産物が、各州に分かれて一覧のもとにわかる。まことに見事な地図である。

「仏国の広大なるも、この校に入り、この地図をみて、吟味をなせば、瞭然として鮮明なり、かくのごとく周密なる国図を製したるは、欧州各国に於いても、仏国より備わるはなし」と評価する。

「故に欧州陸地は、みな仏を艶称し、文明国の最上等とし、英国の如きは、富強なれども内治の一般へ詳密に届きて、人気の都雅《とが》なることは、仏に及ばずと謂《い》いなり、英仏の優劣論は、その人の主とするところによりて、軒輊《けんち》（高低優劣）あれども、内政周密にとどきたるの謂いは、まさに然るべし、近来ゼルマンの政治を察するに仏国を学ぶこと多し」

また、別の日、名高い天文台を見学している。

久米はここでも東西洋の天文学の差異に触れ、一見無駄なような天文学こそ「文明の魁《さきがけ》」をなすものだと次のようにいっている。

「仏国天文観象の学に達す、ことに文明の魁なり、欧州の中心なるを以て、精微の学において常に他国に超す」

そして中国における天文学の歴史をふり返り、かつては進んでいたものがその後の怠惰で停滞し、今日ではすっかり西洋と差がついてしまったと嘆き、「鉱物学は利益あり、天文学は無益なりというのは、文明の所以ではない」と強調している。

さらに一行は、フランスの誇る国立の大図書館を訪れる。

「午後より駕して大書庫に至る、ここはパレ・ロワイアル宮の近傍なる街にあり、広大の書房にて、五層の室室に、エビシ（ABC）の番号を以て、書籍の標題を部分して蓄蔵す、総数三〇〇万部」、それは誰でも無料で閲覧することができ、税金によって賄われている。そして特に案内されたのであろう「奥に各国の書を蔵する一廊あり、支那書、印度書、ビルマ書、アラビア書、ペルシャ書など、みな備わる、日本書の棚もあり、そのうちに慶長年間に翻訳せるキリシタン教の（即天主教）の書あり、その文体は極めて俚俗解し易き文にて、字様は平仮名を用い、『曾我物語』『太閤記』横本をみるが如し、一部数冊の書なり、我が邦にては久しき禁制にて、かつてかかる板本ありしこと、誰も知る人なき奇本なり」といい、平仮名で書かれた平易な文体のキリスト教の本がこんなに出版されていたことを初めて知るのだ。この三〇〇万冊に及ぶというあらゆる分野、あらゆる国の書類の蓄積はまさに知識と知恵の集積であり、その膨大な質量に圧倒される思いであった。

久米は日本の現状に思いを馳せてこう書く。原文が難しいので以下は水沢周氏の『現代語訳　特命全権大使米欧回覧実記』に拠す。

「西欧の日進月歩の状況が日本に伝わって以来、軽薄で思慮の浅い連中は、旧来のものをそそくさと捨て去って新しいものを追いかけ、そのため新知識からはまだなにほどのものも得ないうちに、保存すべき古いものをたくさん破棄してしまって失われるような状態になっている。これがほんとに日進ということであろうか」

そして樹木の成長にたとえて次のようにいう。「大木というものは短時間で成長するのではなく、長い期間を要するのである。むかしはちいさな芽であったものが、いまは斧を用いて切らなくてはならなくなる。われわれの身体は、赤子が成長したものだ。新陳代謝ということを考えるならば、一刻たりとももとの自分はない、ということになる。しかし、成長した自分のなかには、かつての子供時代があるのである。これが進歩というもの、日進というものなのである」

進歩の概念をわが身を例にして説き、西洋との比較を試みる。

「大陸にある人種は重厚な性質を持っている。ことに西洋各地の人々は、古いものを捨てたがらない。その文明形成のあとをたどって見ると、日進月歩とは言うけれども元来は古来の文化を磨くことを続けて来て、現在の光輝に達しているのである」

そして米英で見た数々の博物館、図書館を想起しながら、こう結論づけている。

「西洋の図書館、博物館を見るたびにその意識の高いことを感ずる。わが国のようにはるか東方の国の文物も、高い価格を惜しむことなく、また、集める労苦を厭うことなく収集したり採録したりしている。わが国の人がその収集品を見ると、往々にして見たこともないものであることに驚異し、その解説を聞いてわが国のことを詳しく知って帰るようなこともあるのである。西洋がよく日進月歩の実を上げるのは、その根本に昔のものを大切に思う心があるからである。たとえばパリの壮大な凱旋門は、古代ローマの城門から進歩したものであり、セーヌ川の橋は、ローマのティペーレ川の橋の後裔であることからもわかるであろう。一一〇〇年もの知識はこれを集積して行けば文明の光が生まれる。しかしこれが散逸してしまえば、ついに古代中国の伝説的帝王、葛天氏《かつてんし》の時代の民のように、素朴そのもののままで終始するのである」

それは当時の日本の軽佻浮薄な状況、とりわけ維新以降の開国の風潮に乗って西洋のものならなんでもありがたがり、日本古来のものはすべて惜しげもなく棄てて顧みない風潮への痛烈な批判となっており、木戸がしきりに心配し憤慨してやまない西洋かぶれへの痛撃だったのである。

長い時間をかけて徐々に醸成されてきたものこそ芳醇な香りを放ち、成熟した文化になりうる、それこそが文明の本質だと悟るのである。

＊拙速か、巧遅か

さてその急進派の引っ張るその後の日本、留守政府の状況はどうか。

歴史家・ジャーナリストの三宅雪嶺は明治六（一八七三）年の元旦の記事として『同時代史』にこう書いている。

「一は外に出て、一は内に留まり、外に出たるものも一致せず、留まるものも一致せず、暗闘明闘の続きながら、報道機関欠乏して世間は之を知らず、旧制度の破れて新制度整わず、速成にして誤り、朝令暮改の甚だしきも、本年は大いに実施して大いに破綻する歳なり」

廃藩置県に伴う諸改革がどんどんなされる、一月十日には徴兵令が布告された。これは実施までには一年の余裕があったものの、民は戸惑い不満が醸成され、あちこちで不穏な空気がたかまりつつあった。兵部省ではそうした不穏分子の対策のためにも緊急に手を打たねばならない。一月六日発令を出し、全国に東京、仙台、名古屋、大阪、広島、熊本の六鎮台と佐倉、新潟、小倉など一四の営所を置くことにした。そして兵員を平時三万一六八〇人、戦時四万六三五〇人と定めている。それはとりもなおさず不穏分子への対応策であり、暗黙のデモンストレーションといってよかった。

学制も高らかに理想を謳《うた》いあげたが、現実には一朝一夕にいくわけもなく、特にそれまで働き手であった子供たちを学校に取られ、しかも授業料まで徴収されるとあって、反対を叫ぶ者が増える。また、地租改正問題も、決して期待したような減税にはならなかったから、それへの不満も醸成されてくる。

こうして国内は、雪嶺のいう「大いに実施して大いに破綻する歳」という評の通り、開明主義者が功をあせって先走り、拙速主義の弊害があちこちに噴出してくる気配であった。

一方、使節本隊や各省理事官らは、遊び心も抑えて勉学に忙しい。木戸は、久米の友人西岡逾明が経済学の碩学のブロック博士に「準国法」を学んでいることを聞く。ブロック博士は日本の政治制度に言及して、こういったという「日本は開初から一系の帝統を奉ずる珍しい国なのに、どうして私の接する日本人はみな共和主義や三権分立をありがたがるのか、不思議でならない」と。

フランスは一七八九年に大革命を行なって共和主義の国になったが、以来八〇年で六回も政体が代わっている。三度帝政になり、三度共和制になった。実にめまぐるしいまでの変転で、その間に多くの混乱があり悲劇的な殺戮《さつりく》も行なわれた。アメリカのように孤立した白紙のような大地に真新しく共和主義を樹立した国柄とは違って、近隣国相接し旧勢力が隠然たる力を温存する国での共和主義とではおのずから事情が違うのだ。アメリカ人はまるで共和主義を唯一最高のもののように称えたが、フランスでは共和主義に対する考え方もあくまでも相対的なのであった。

ブロック博士の説はこうだ。

「民主共和の政治は、理論上からいえば三権分立を主張している。しかし、現実問題としては、司法権が独立すると裁判官も公選にしなくてはならぬ道理だが、それはアメリカでもまだできてない」

木戸はこれを聞いて驚き、嘆息する。

「三権分立は西洋の通義だと思っていたが、現実はそうでもないようだ。うっかりすれば、王政復古の始まりで国体を誤るところであった」と。

共和主義はアメリカで花開いているが、思想の本家はフランスである。一行は米英仏でいくども革命的な廃藩置県が何故一滴の血も流さずに行なわれたかを不思議がられた。そしてその鍵を握ると思われる「天皇」の存在について聞かれる。ブロック博士も自国の血なまぐさい革命・反革命の歴史を思うにつけ、日本の天皇制を評価しないわけにはいかなかったのだ。

木戸は「文明開化も、独立自由も、よくよく考えてやらぬと大変なことになる」と反省し、ブロック博士に直接学びたいといいだした。西岡が仲介してその場がつくられると、岩倉までが行くという。書生気質《かたぎ》で気軽にどこへでも出かけていく木戸と違って岩倉は大使たる自覚もあってか、それまで軽々しく人を訪ねるようなことはしなかった。それが珍しく自分から行こうという。

岩倉は公家である。他の四人の副使とは、おのずから立場が違っている。一気に共和制までもっていきかねないアラビア馬たちの議論は公家にとっては戦慄《せんりつ》に値する。アメリカ上陸以来「共和の風」が強く、木戸、大久保でさえそれになびく気配がないでもない。廃藩置県を断行し、知事のポストから公家や大名をあっさり追放してしまった連中である。天皇はどうあるべきか、公家の地位は大丈夫か、岩倉の頭には常にそれがあったに違いない。天皇あっての公家である。ブロック博士の帝統評価の説は、薄暮の中の一筋の光明に見えたのかも知れなかった。

木戸と岩倉は、こうしてブロック博士のところに通う。そして国家統一後の官僚制度や言論統制のことなどかなり具体的な問題について、熱心に教えを乞い議論を交わしている。

木戸はそのころの心情を井上馨宛の手紙に書いている。

「いまの日本の状況は雷同流行みだりに外国の声音をつかい、外国の身振りをなし、胸中は旧態依然なのにハイカラらしく装い、自国のことを信用せずむしろ軽視している。これではたとえ後世いかに英傑が出ようとも如何ともしがたい」

木戸としては、憲法のことも三権分立のこともまだまだわからないことだらけの状況だから時間をかけてじっくり勉強して、「日本は日本だけの法」をつくっていかねばならないと思う。生半可な知識で拙速を尊び、いい加減なものをつくってしまっては、それこそ取り返しがつかない。そのころ英米の新聞に「日本の軽進より、むしろロシアの遅進の方が賢明か」という論評が出ていたといい、木戸はそれにも触れて「日本もよほど考えなくてはいけない」と慎重である。

ところが、大久保は違っている。「先のことは心配してもよくわからないから、当面できることからどんどんやっていくしかない。取り込むだけ取り込み、その弊害が出ても十年か十五年後には必ず人が出てそれを修正し、害を除いてくれるだろう。そう、信じてやるしかない」というのだ。

薩摩の後輩、吉田清成などもその論で、資金についても借りられるだけ借りてこの際は大いにやるべしという積極論である。先へ行って貧乏をしても、その時はその時、また人物が出て「富強の手段も致すべし」である。木戸のように先の先まで考えて、心配ばかりしているようでは、何もできはしないという考えである。

『木戸日記』から察するところ、パリで木戸と大久保の間に、この点についてかなりの議論があったように窺《うかが》える。拙速か巧遅か。漸進か急進か。洋行前、開明派と目されていた木戸はむしろ保守化し、保守派だった大久保がかえって開明化していく。二人のトップリーダーの間にそのような変化が起きていたというべきであろう。

しかし、そうはいうものの、パリの開化度は仰ぎ見るばかりである。大久保はペテルブルグ留学中の後輩、西徳次郎へ手紙を書く。

「英米仏などは普《あまね》く取り調べも出来居候のみならず、開化登ること数層にして及ばざる事萬々なり、よってプロシャやロシアには必ず標準たるべきこと多からんと、愚考いたし候に付き、別にこの両国の事を注目いたし候」

英米仏などは開化しすぎて、日本が直接師とするにはちょっと手が届かないから、手本にするにはドイツやロシアあたりが手頃かも知れないとの予感を伝えているのだ。

「ご勉強中でご迷惑とは思うが、なにとぞわが国のために、がんばってロシアの政体規則並びに地方官の規則を調べてもらいたい」

日本のとりあえずの標準にすべきは、むしろ欧州の後進国、ドイツやロシアあたりが適当かも知れないと思い始めるのである。

二十章　谷間に咲く二つの小国

＊工業の国・ベルギー

パリに二カ月滞在したあと、一行は北駅から特別列車でベルギーに向かう。窓外に展開する景色はいったいに平坦な大地で特に見るべきものはなかった。国境の小駅に達すると、ベルギー政府からの接待員が乗り込んできて挨拶をした。そしてベルギー領内の最初の都市モンスの駅につくと、フォームには三角帽子をかぶった黒衣に金ボタンの兵隊が整列し、楽隊が演奏して使節を迎えた。

一行はいったん降りて駅舎に案内され、そこで迎えの将軍と挨拶を交わした。駅舎周辺は群衆が山をなす状況であり、ベルギー政府ならびに人民の歓待ぶりが察せられた。使節がブラッセル駅に着いたのは深夜十一時半で、早速馬車で王宮に隣接するホテル・デ・ベルビューに入った。

翌日は、午後一時に早くも宮内庁から長官直々に馬車を用意して迎え付けがあり、宮殿に案内され、国王レオポルド二世に謁見する。木戸は「宮殿の結構甚だ美麗なり」と書いているが、ベルギー政府の接待ぶりは丁寧を極めた。これまでの米、英、仏などの大国と違って、謁見もスムーズに事が運んでいく。

ベルギーは欧州一の先進工業国であるにもかかわらず、それまで余り日本と縁がなかったから、この際、日本を新しいマーケットと考えて一級の接待攻勢をかけたとも考えられる。もっともベルギー政府は幕末にも徳川幕府の派遣した使節を厚遇し、盛んに工場など各所を案内している。今回も視察先の候補として一〇〇カ所に及ぶリストを用意して待機していたという。しかし、使節団としてはベルギーに多くの日時を費やすわけにはいかなかった。そこでベルギー政府はその限られた滞在期間に最大限の歓迎を行ない、視察の便をはかってくれた。

さて、首府ブラッセルの街の印象は、久米の目にどう映ったか。

「府中に白石の屋、石甼の屋多し、到るところに皜然たり、造営の風はみな仏国の建築を学ぶ、人民みな仏語を操る、風俗活発にして、工芸をはげみ、市中処々に広街を開き緑樹を植え、樹間には榻《こしかけ》をおきて、遊衍《ゆうけん》すべし、（中略）みなパリの余韻あり、世にこの府を目して、小パリというと、真に誣さるなり（偽りならず）」

翌日からは、まるでサンフランシスコやボストンでの熱烈歓迎を想起するような日々が続く。まずはその日は、政府接待係のコロネル・バロン氏らの案内により皇帝用の特別車輌に乗って、フランドル州の首府であり工業都市でもあったガンを訪れる。駅には市長をはじめ有力者らが迎えに出ていた。そしてまずハンプトン氏の綿紡織工場に案内される。ここは日々二〇〇〇から二五〇〇人が働く五階建ての大工場で、綿花はアメリカや印度から輸入して盛んに製造していた。綿紡績工場としては、英国の各地でも見なかったような大規模なスケールである。

また、英仏の両国語を自在に使う者が多いのに驚かされる。この地は街を貫くスケルト川の沿岸にできた街で、それは水運の大動脈であり下流でアントワープにつながり、さらにオランダのスケルト湾に通じている。その後タウンホールで市長らと「芳美を尽くした」昼食の馳走に与《あずか》り、午後にはラリス氏の経営する麻製造場を訪れている。ここも欧州一といわれる大規模な工場で、七層、五層のレンガ造りの工場が幾棟もあり、働く職工の数も男女合わせて二五〇〇人という。原料の大半は自国産で、不足分をロシアや印度から輸入していると聞く。小さな国と思っていたこの国に、英国にも勝るこのような大規模な工場が操業していることは驚きであった。

午後四時にはガンを発ち、五時にはブラッセルのホテルに戻る。そして、衣服を改めて国王主催の王宮でのパーティ「ソワレ（夜会）」に赴く。それは豪華な食事と舞踏会を伴うもので、「文武百官、男女三〇〇〇人、正服にて集まる、燭光宮を照らし、萬技に過ぐ、盛会なり」とあるから、その華やかさが窺える。

翌日は九時半に駅を発して五二キロ郊外のバッカットの砲台を訪れる。そのあたりは砂漠状の土地で軍の練兵場になっているのだ。その日は風が強く、霙《みぞれ》が降り霧もたつような悪天候であったが、盛んに大砲の射撃などをして調練の状況を見せた。

このあと士官の食堂で昼食をとり、また汽車に乗って今度はアントワープを守護する最新式の砲台に案内されている。ここは戦時には一五〇〇〇人の兵を備えるといい、装備された大砲は一三〇門、そのうち大なるものは一〇〇ポンド砲もあり、「この国の砲台の厳重なること、一行の目を驚かせるもの多し」と久米は書いている。

米国は大陸を独り占めにしているような国であり、四辺を海に囲まれた英国は島国で、隣国との境界やその侵略に気を遣う必要はほとんどなかった。しかし、欧州大陸に入るや多くの国が隣を接し、その間に天然の壁や濠ともいうべき山岳も大河もない。それはこの国の歴史を聞き、フランスからベルギーに旅をするだけでも痛切に感じることであった。

久米は、そのベルギーの独立と軍事について次のように書いている。

「ベルギーの人民は、健にして善く戦う、狭小の国を以て、大国の間に介し、その国を立るも、自ら守るを以て主とす、元来この国は地勢平衍《へいえん》なれば、仏より兵を東にするに、メッツ、ストラスブルグの険隘《けんあい》（狭く険しい地形）は、進軍に宜《よろ》しからざれば、必ず路をこの国にとる、その形勢たる春秋の鄭国の如し、常に血戦の衝たり」

フランス、ドイツ、オーストリアなどの大国が戦う場合、いつもここは通り道になる地勢であり、いわば回廊のような位置にある。

「近年欧州列国の会盟にこの国を以て進軍の路とせざることを約せり、然れども戦時に当たり、敵国の兵士、意気みな張るの際において、中立の権を全くするには、必ずやその力能く、四境に溢るるの鋭なくんば、安《いず》んぞ能く中立を守るを得ん」

その轍《てつ》を踏むまいと各国が集まって「進軍の路」としないことの盟約を結んだのだが、

ただ書類だけでそれが守られるはずもないというのだ。

「ベルギーの民、みな兵に慣い、的射の集会行われて、一般みな武を嗜《たしな》み、その兵役英気につくや、意気剛壮にて、技術に閑熟せる（熟達している）こと、大国も及ばざる所あり、自国の軍備は、平時に三万九〇〇〇名、戦時には九万八八〇〇名なりと」

後日、ワーテルローの古戦場を見るに及んで、さらにその念を深くすることになる。

翌日は極めて寒く雪になったが、一行は八時より例の如くホテルを出て汽車に乗り、東南の丘陵高地に向かう。その車窓からの雪景色を、久米は次のように描写している。

「沿途みな積雪あり、電信の線、叢樹《そうじゅ》の枝、みな凍り雪撒して、玉を結び柱をたれ、万木千草みな銀花を開きて、車中の眺め奇絶なり」

その日は、ベルギーの誇るガラス工場と製鉄所を見せようというのだ。汽車は五四マイルを走ってレメーセ川の谷あいにできた工業都市リエージュに着く。駅からは直ちに馬車に分乗し、また四マイル走ってソーラン村にあるヴァルサン・ランベールのガラス工場に至る。

ここは欧州に盛名を馳せる有名なガラス工場で、一七〇〇人の職工が働き、各種コップから皿、瓶、一切の飲食器をつくっている。その種類、品質はさまざまで、「ガラスは再三熔すれば、その質次第に粋美かつ堅牢をなすという、製造するところのガラスは、無色にて玲瓏たる、尋常の質もあり、また白色にて模糊たるものあり、この質をもって製するものは磁器の如し、その他紅あり、紫あり、黄あり、緑あり、一質に数色を合成せる、瑩然として文をなす」であり、パリで販売しているガラスの器も多くはここのものだと聞く。

そしてさらに高等なものとして鋸輪で刻画するものがあるとして「鳥を画《えが》き花を画き、文字を刻し、直、円、屈曲、宛転、盤回、みな意の如くならざるなし」と驚きの目で見ている。

そしてこの工場で昼食をとったあと、リエージュに戻り製鉄所を見学する。このコッケリル製鉄所は英国人のコッケリルが一八一七年に創業したもので、この地に産する石炭を使い、当時は二〇〇エーカーにも及ぶ大工場に発展し、日々九〇〇〇人の職人が働き、「車輪、瀛鑵、車軸、車床、屋幹、鉄板、鉄軌などみな作らざるなし」の状況だった。石炭は地底六〇〇ヤード（約五四九メートル）のところから掘り出して一日に一〇〇〇トンを焼くといい、鉄鉱石もこの近傍の山から掘り出しているという。

この盛大な製造ぶりを見て、久米は考える。

西洋では「人民の知識は、駸駸《しんしん》（速く進むさま）として開明に赴き、四肢の労を頼まずして、物力を借りるの術を求め、鉄の利用是において顕《あらわ》る」。ところが東洋や日本は「工芸の業を奢靡の淫巧と誤認し、元来工は民用を足し、国の営業力を増す、必要の職なるを知らず、ただ人力のみ是を疲らし、物力を借るに怠りしに因《よ》るなり」。

つまり西洋ではよく牛馬や車の力を活用し、近来は蒸気、器械、車輌などの力をうまく使って人力の何倍もの仕事をこなしている。それなのに日本ではもっぱら人力に頼って、牛馬や車の力さえ満足に使わず、ましてや蒸気、器械、車輌を使う術を心得ていない。その東西の格差の激しさに愕然とし、その器械の核にあるのがまた鉄であることを知る。

「米欧の地をまわりて思うに、およそ耳目に触れるもの、文明の華、みな鉄の変形して、その景象を現出するのみ」

顧みて日本の鉄に思いをいたし、次のようにいう。

「日本の民は、幸いに東洋中において最も製鉄の進歩は上等におり、之に加うに、工技に長じ、物産も豊かなり、いまや開明の運に際し、鉄石炭の両利を開き、刀刃、斧鑿、輪軸（ホイール）、螺旋（ネジ）、みな内国に製作し、三業の民に利用を与え、農耕、紡織、建築、家什、運送の百需を十分ならしむるを務めは、国産これより増し、その利益はかえって米欧に被らん、もし、それしからず、いたずらに手技の巧を善い、陶、銅、漆の工に些少の輸出をなし、工芸はこれらの業にあるというは、大なる謝りなり」といい、基本は鉄にありと痛論している。

その翌日は、また朝九時より蒸気車で西北に走り、板ガラスの工場を視察している。その後、いくつかの工場を見て、ホテルに帰館するが、この日は、ブラッセルの工場からも是非来てほしいとの要望があり、木戸孝允は別のグループをつくって、ブリキ工場、寄木《よせぎ》細工工場、針製作所、などを見てまわった。

そして翌日は、馬車に搭乗してブラッセル郊外一二マイルのところにある歴史に名高いワーテルローの古戦場に赴く。

『木戸日記』によると、この日の案内は私的なものであったらしく、「八時より小倉周布の誘導にて大久保、杉浦、田中、久米、余とウオートルローに至る」とある。

ここは一八一五年、ナポレオンが英独蘭連合軍の大将ウエリントンに敗れた場所である。両軍合せて二〇万といわれた大軍が激突し、一二時間にわたって凄惨な戦いを繰り広

▲ガラス工場の風景

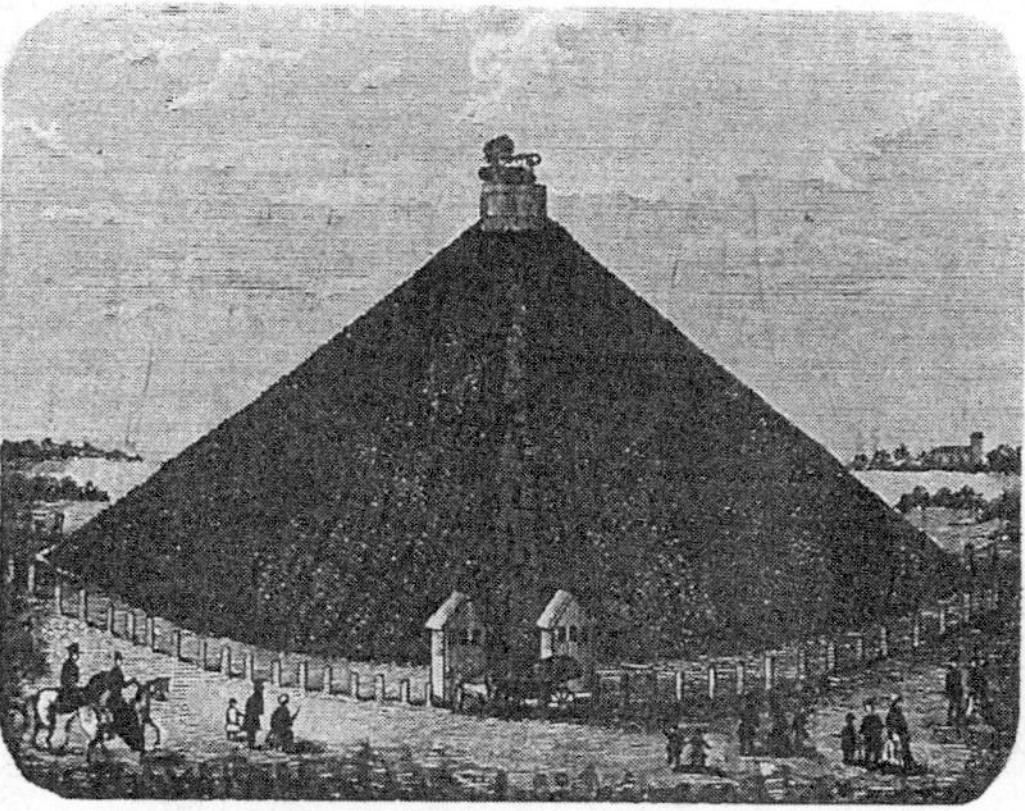

▲ワーテルローの塚（ライオン象あり）

げたところであり、連合軍の本陣になった寺院や屍《しかばね》累々《るいるい》たる跡につくられた三角錐状の土塚があった。その頂きには仏軍から分捕《ぶんど》った大砲をつぶして鋳造したという大きなライオン像があり、砲丸を踏んでパリの方をにらんでいた。

久米らは案内人よりその戦の状況をつぶさに聞いた。そして二二五段あるという階段を上って高塚の頂上に達する。

「頂上より望めば、当時の戦状、歴歴としてなお眼前にあるが如し」である。

そしてフランス人がこの日の敗北を憤《いきどお》り、このライオンを憎悪し、オランダからベルギーが独立戦争を起こしたときには、フランスが援軍を出して、その間にこれを毀《こわ》そうとしたが、ベルギー人が保護して毀させなかったという。そこでいまに至るまでフランス人で訪れる人はなく、英国人やドイツ人は男女とも当時をしのんで、日々来る人が絶えないと書いている。

これは、ヴァンドウラ教授の調査によるところだが、この日、岩倉大使はベルギー政府の代表と会談している。外務大臣のリンデン男爵が病に臥せっていたため、外務省の事務総長だったランベルモン男爵が代理で出席した。ランベルモンは貿易の可能性について熱心に論じ、武器や兵器工場建設への技術援助、鉄道建設や鉱山の開発、資金の融資など積極的に売り込んだ。岩倉は具体的な問題を論じたかったが、ランベルモンはそれを避けるかのように、一方的に熱弁をふるった。ベルギー政府の関心は明らかに商取引の拡大にあったのだ。

ただ、政府代表や実業家たちの熱烈歓迎の裏側では、浦上崩れのカトリック迫害に対し、カトリック信者たちの猛烈な抗議運動が行なわれており、ブラッセルでは使節団が通る道を大群衆が意図的に埋めつくして日本人キリスト教徒の釈放を叫んだ。この抗議活動は使節団の行く先々についてまわったが、特にカトリックの国、フランス・ベルギーで激しかった。岩倉は、寛容政策に転ずるべく、本国に通達して、ようやく四月一日に、キリスト教禁止令の高札を廃止し、布教を黙認した。流罪にされていたキリスト教徒は釈放され故郷に帰ることができた。

二月二十四日、一行はブラッセルを発ち、途中アントワープに立ち寄る。ここでも駅には知事や将校が出迎え、砲台や港に案内した。ここはかつてフランス領の要港であり、ナポレオン一世は特にこの港を大事にし、最盛時には人口二〇万を超え、二五〇〇艘に及ぶ船で賑わったという。そのころに築造されたというドック、砲台、取引所、市庁舎などいずれも広壮なもので一行の目を驚かせた。

ベルギーは一週間の滞在ではあったが、主要なところは精力的に見てまわることになった。それはベルギー政府の積極的な配慮によるものであり、極めて効率的で密度の高い視察ができたといえよう。その結果を概括すれば、ベルギーは人口わずか五〇〇万で、日本の六分の一に過ぎない。面積からしても九州と同じくらいのスケールである。ところが、豊富な鉱業資源を活用して製鉄、ガラス、機械、繊維工業を興し、ヨーロッパでも最も進んだ工業国になっている。

しかも、欧州で最も早く鉄道を敷き、現に鉄道網の最も発達している国である。使節が短期間に各地の主要な都市や工場を訪れることができたのも、物資の交易が盛んで経済が活力に富んでいるのも鉄道網の整備に拠るところが大である。

さらに感心することは、この小さな国が英仏独などの大国の谷間にあって、よく独立を全うしている事実である。歴史的に見れば、多年フランス、スペイン、オーストリアなどの大国の支配下にあり、一八三〇年にようやくネーデルランドとして独立し、さらにそこから分離独立してできた立憲君主国である。そして王様をいただきながら最も自由主義的な憲法を制定していることも注目すべきことであった。久米は「国民の自主においては、かえって共和国に優《まさ》る」と書いているが、君主国でありながらも国民の自立心が強いことに感銘を受けている。

何故、そうなのか。その原因を探っていくと、結局、国民の一人ひとりが独立心をもち勤勉で力を合わせていることしかない。久米は総括してこう書く。

「そもそもベルギーは欧州四通八達の衢にて、戦時には、列国流血激戦の場となるが如く、平時にも、往来運動の盛んなる、他の地方にすぐれたり、故にこの国の人々は非常に繁庶をなし、鉄路は蜘蛛の網を見るごとくに架して、政府一項の経済となり、州都に大都会多きも、みなベルギー人の気力、勉励によるものといえども、また地勢のしからしめるといわざるべからず」

久米はむろん、大久保も木戸も、九州ほどの規模でありながらベルギーが独立国家として堂々と列国の間に存在していることに深い関心を抱いたであろう。そして日本の将来について、この国に学ぶべき点が多いことを感じたのだ。

＊　商業の国・オランダ

使節一行は、国境の北にあるローゼンタール駅で、オランダ側の接待員の出迎えを受けた。元日本公使のホルスブルック氏や元日本領事タック氏らである。国境近くには数里にわたって松林が続く。農家は屋根を麦わらで葺《ふ》き、壁はレンガで囲っている。村の周囲には樹木を植え、多くの風車が水を汲《く》み出している。列車はところどころ溝や水路のある、水面すれすれの畑や泥地の中を走り、やがて川幅が一二〇〇メートルもある、まるで海のような漫々たるマース川の鉄橋を渡る。この大きな橋は非常に有名で、水底一二メートルのところから二本のレンガ造りの橋柱を建て、そこに鉄の条を縦横に編んで渡したものである。橋の上を往く車窓からの眺めについて、久米はこう記している。

「両岸みな水線に没して、四顧みな水の淼漫《びょうまん》なるをみる、宛として洋海を飛越するが如きを覚うこと、一分時間に及ぶなり、この橋は蘭人誇りて世界一の橋なりという、実に壮観なり。この川はメイセ川と名づくといえども、実はライン川の吐口にて、水勢の大なること、この行にて前後に見ざるところなり」

その後、一行はロッテルダムの岸に着き、そこからフェリーボートで川を渡り、さらに馬車と汽車を乗り継いでロッテルダムの街中を行く。このあたり、久米は「わが東京の本所深川あたりの風景を彷彿とさせる」としている。

ハーグに着いた一行は八時半、ホテル・ポーレに宿を定める。

ハーグは人口九万の政治都市で、処々に溝をめぐらし水を満々とたたえ、樹木鬱蒼《うつそう》として岸をめぐり、街路に塵ひとつなく清潔で、オランダ人の潔癖な性質をよく表していた。館はいずれも窓が大きく、壁は赤いレンガで築き、一般に美麗なものが多い。その建築の風は英仏とおのずから異なるものがあり、むしろニューヨークの市街を連想させる。そしてニューヨークが、最初はオランダ人により開発され、ニューアムステルダムと呼んだことにも思いをいたしている。

午後四時、宮内庁の長官が騎兵一分隊を引き連れて迎えにくる。一行はきらびやかな馬車に乗って王宮を訪れ、ウィレム三世に謁見する。王宮は市内にある小規模なもので、英仏の王宮とはデザインも異なっている。沿道には日本からの使節団を見ようとおびただしい数の人が押し寄せた。

夜は外務大臣のフルウィン男爵邸のソワレに招かれる。これもかなり大掛かりなレセプションだったという。

それから一〇日間、使節はロッテルダム、アムステルダム、ライデンと視察してまわる。ただ、ベルギーでの濃密なスケジュールと違い、オランダではかなりゆったりとした視察ぶりである。

一行にとってオランダは特別な親しみを感じる国である。長崎の出島を通じ、渡来したオランダ人と交際し、いろいろなことを聞いていたはずである。久米にとってもその風光は格別に印象深いものだったようで、その様子を次のように書いている。

「蘭国に山なし、急流なし、堤防の設けは溝渠汎溢し、水郷となるを拒むのみ、風車の転、わずかに絶えれば、国中その害を受くるものあり、日本の銚子口、越後河水、及び両肥(佐賀、熊本)の海浜と、その地勢を同じくするものあり、また日本諸州の河道、たちまち漲《みなぎ》り、たちまち涸《か》れるが如きは、蘭人の夢にも見ざる所たり、蓋《けだ》し日本は大洋海の熱帯に面し、雨水の分量は大陸地に一〇倍す、その水利の術も、また致を異にす、蘭の水利家、これらの説話を聞き、愕然たらざるものなし、この実を知らざる人は、蘭人の水利に長せるを聞きて、その技術によりて、わが国の水を堤通せんと欲するは、水に攀て魚を求むるの譬《たとえ》に同じ」

ロッテルダムは人口一一万六〇〇〇、オランダ第二の都市であり、マース河口にあって貨物の集散所として栄えていた。ここも運河の縦横に走る街で、船の交通に便利な跳ね橋の工夫が珍しかった。一行はここで日の丸をかざした船に乗り、一マイルばかり河を降ってマーシハッピーの造船所を訪れる。職人は仕事量により一〇〇人から一五〇〇人に達するが、みなオランダ人に限り他国人を雇わない、なぜなら異国人は風俗習慣が違い、争いごとが多くなるからだと説明を受けている。

オランダは石炭も鉄も産しない、木材もない。すべてを輸入して船をつくっている。だから英米に比べると人力で作業をしている部分が多く、蒸気や機械力は必要なところだけという感じである。当時ジャワ政府から四艘の注文を受けて二隻の船を建造中だったが、一隻は三万ポンドだといい、九分通り完成していた。

久米は、ここでオランダとジャワの関係について思いをめぐらしている。

ジャワはオランダ植民地の中で最大のもので、面積は日本の四分の一、人口は一七二九万に及ぶという。そのうちオランダ人は二万九〇〇〇、支那人が一八万七〇〇〇である。いまはオランダ政府から派遣している総督府が支配している。そして欧州向けの産物、砂糖、珈琲、煙草、草藍、茶樹を耕芸せしめ、アムステルダムに運んでいる。首都はバタビアで、ジャワは主に米を産し、ボルネオや英国に輸出している。ここで建造中の船もその輸送のためであることを理解するのだ。

次いで、鋳物の大工場を訪れるのだが、その場内には地上に「日本使節歓迎」の文字を灰土に印字しておき、使節が到着するや、そこに真っ赤な溶鉄を流し込んで炎を噴き上がらせ、工員たちはいっせいに脱帽して祝声をあげた。

その翌日には、午後に海軍所に行き、ハーグの森にある女王の別邸「森の宮殿」を訪れる。ここには東洋からの物品も多く陳列してあり、その中に日本からの名器も少なからずあった。「当国は日本との交通独り久しければ、積年貿易せる佳品中より、殊に精選して、王家の什物となしたるにより、ここに入れば、日本の工産も、また一層の色を生ずるを覚えるなり」と久米は書いている。

その翌日は快晴で、幕末日本へ来て医学を伝えたドクトル・ポンペが先導してライデンに案内してくれた。「ポンペ氏はかつて我が長崎に来りて、医薬を人に授けること八年、本朝医学の進に頗《すこぶ》る力のあるひとなり、一八六二年に帰国す」とある。この日の行程、汽車でなくわざわざ馬車を使ったのはその途中に広がる美しい田園風景を楽しませる意図があったらしい。

ライデンは人口も三万八〇〇〇という、静かなたたずまいの街である。運河が縦横に走り河岸に歩道があり、商業地ではないので喧騒ではなく、水と緑と古雅な建築がおりなす学都であった。一行はその一画にある大学付属の博物館を訪ねる。ここは世界各地のコレクションで欧州でも屈指の博物館であり、そこには巨象をはじめ珍しい数多の獣が剝製《はくせい》にして展示してある。中でも喜望峰植民地の産だというアンテロープは注目に値した。日本からのものでは、シーボルトが持ち帰ったという尾のない赤い顔をした猿があった。

世界に乗り出していった欧州の海洋民族が熱帯各地でみつけた動物や植物は珍奇に満ちたものであり、それは欧米の諸都市につくられた動物園、植物園の盛んなことにも現れている。その時代のオランダ人が集めた収集物がこの博物館に収められているのだ。

その翌日には、ハーグの博物館や絵画館に赴く。そこは日本や支那の物品を集めたところで、他国では見られない「精美の品」があるとし、絵画館ではとりわけ有名なポットルの「柳陰に牛羊を牧する図」やレンブラントの「人体解剖図」を見ている。

久米はオランダをベルギーや英国と比べて、どう見たか。

「ベルギー、オランダの両国は、兄弟の国と看做せども、その人種、風俗、絶えて同じからず、ベルギーは武国なり、その境に入れば、すなわち意気凜森（意気盛んで活発）の状をみる、オランダは文国なり、その境に入れば意思縝密《しんみつ》（慎重で緻密）の状をみる」

オランダ人は「ドイツ人の一種に属す、容貌美にして、性質沈重なり」といい、「その事業における、沈静なるを以て、遅鈍に失す、ベルギー人の活発なるとまったく相反す」と評している。オランダ人はそのために長い航海にも耐え、異国の困難な生活もいとわない。それは、英蘭人に共通のことで、フランス人にその粗食を「餌のようなもの」と批判されても意に介さず、辛抱する国民性も共通している。だからこそ、「航海の利開けるに従い、世界に往来して商売をなし、よく久しきに耐え倦《う》まざるものは、ただ英蘭の両国のみ、独りよく日本に通商したるのみならず、東西洋の港に、蘭人の跡なき所なし」となる道理である。

総じていえば、ベルギー人はフランス人に近く、オランダ人はドイツ人に近い。仏がカトリック、蘭がプロテスタントであることも大きい。それもこれも、オランダの土地が豊かでなく気候的にも厳しいことに起因しているともいえた。

三月二日、一行は汽車でアムステルダムを訪れる。人口二六万、オランダ第一の都市である。その昔、王城の地であったこともあり、全ヨーロッパでも枢要な位置を占める貿易

▲ハーグの王宮

▲ハーグの森

▲アムステルダムの水晶宮

▲ライデンの市街

▲アムステルダムの跳ね橋

▲ロッテルダムの市街（風車）

港である。久米は街の光景をこう描写する。

その港は広々としており、オランダ第一の商都だけに、「港中に停泊する船は六〇〇艘より少なき日はない」、その繁昌ぶりは目をみはるものがあった。それから街の中心にある王宮を訪れ内部を回覧し、そのあと有名な絵画館を見て、当地一級のアムステルダムホテルで昼食をとっている。それは港と河の交叉する地点にある五層の建築で、そこからの景色はまた格別だった。

一行は食後、水晶宮を訪れる。ここは鉄とガラスで造営された華やかな建築で、内に入ると中央に広場がありその正面に舞台をしつらえ、そこで楽団が演奏をする。両側の回廊には酒店、茶店、珈琲店や絵を売るギャラリーもあり、人々がみな楽しんでいる。商業、娯楽の複合施設といっていいだろう。

その後、当地ご自慢のダイアモンドの研磨工場を見学し、さらにはタック氏の邸に招かれ夕食をご馳走になっている。『木戸日記』によると会食する者一八人とある。タック氏はもともと実業家で数年にわたり駐日領事をしており、特に日本事情に明るく、また大の親日家であった。

その翌々日は深い霧が立ち昼ごろよりうす曇りになったが、木戸らはオランダの誇る大運河を見に出かけている。

「この運河は、北海の浜よりアムステルダムまで、二五キロメートルの距離なる地を開墾し、深さ七メートル、幅六〇メートルの河道を通し、欧州北方の船舶をしてゾイデル海を迂回《うかい》せずして、直ちにアムステルダム港に達せしむるべし」

世界でも珍しい大工事であり、途中資金的に行き詰まり難航した時期もあったが、英国の富商が出資して続行され、七年の歳月を費やしてついに完成の域に達したとのことであった。一行の訪問を受けて番小屋の人が喜び、親しく案内して美酒をすすめて歓待した。

その夜はプリンス・フレデッキの招きで「清閑の居」たる別荘に赴き、話がはずんだのであろう、ホテルに帰ったのは十一時だった。プリンスは七七歳、ワーテルローの戦でナポレオンと戦った勇士であり、欧州中でも高名な徳望の高い人物だった。

こうして一行は必ずしも一緒に行動していたのではなく、それぞれに小グループで動いており、皇族をはじめ有力者ともあちこちで交際している。やはりオランダとは特に親しい間柄であり、お互いにかなり自由で気楽な過ごし方をしているようだ。

オランダといえば、一時はスペイン―ポルトガルを蹴落として世界に横行したほどの勢力だった。ところが、その後イギリスの工業力、商船隊、海軍力に追い落とされて、十九世紀後半はかなり落ち目ではあった。が、それでも、なお欧米各国に抗して富強を保ち得ているのは何故か。一行が訪れたときはたまたま厳寒の季節でもあり、その国土はいかにも貧しげに見えた。この海面より低い湿地帯で、オランダ人は如何《いか》にして生活しているのか。

「オランダにいたれば、九州の筑肥四州に比すべき人口にて、塗泥の中に富庶を謀る景観を見る、皆我の心思に、多少の感を与うるなり、ああ、天利に富めるものは人力に怠り、天利に倹なるものは、人力を勉《つと》む、これ天の自然に平均を持するゆえんか」

天然自然に恵まれた土地の者は怠け、それに恵まれない者は懸命に働き勉める、それが結局、長い間に貧富の差をつくりだしていく、久米はそう理解する。

アムステルダムの波止場に建つ「嘆きの塔」はその証左の一つだった。そこは遠洋航海に出る男たちを見送る家族たちの「別れの塔」だった。顧みれば、日本に最初にやってきたのはオランダ人ではない。一番手はポルトガル人であり、二番手はスペイン人だった。しかし、三番手のオランダ人がよく徳川幕府に取り入って、二百数十年も日本の貿易の利益を独占したのは、幕府の尊大さと気むずかしさに堪え、ねばり強く努力し続けたからに他ならない。

オランダは初め平戸に、次いで長崎に商館を建て、館長たるカピタンは書記、医師、その他のスタッフをつれてきた。ドクトル・ポンペもシーボルトもそうだった。そしてその人たちが、日本に西洋の科学技術と文化を伝えたのだ。日本が幕末開国をして急速に欧米文化を摂取していく段階で、これら蘭学による知識の蓄積がいかに役立ったかは申すまでもない。その意味で、オランダはわが日本にとって文明開化の先達をなす師なのであった。

目もくらむばかりの大国、米英仏を見たあとのベルギー、オランダを旅した一行は、いささか元気を取り戻したふしがある。日本より小さな国が大国の間にあって、堂々と伍《ご》しているのがなによりも頼もしく心強く映り、また極めて示唆に富むものだったといえる。久米は、この大国の谷間に咲くような二つの小国にかえって大国より学ぶことが多いのではないかと、次のように述べている。

「この両国はその地の広さと、その民の衆きとを語れば、わが九州の島に比較すべし、その土地は瘠薄《せきはく》の湿野なり、しかれどもよく大国の間に介し、自主の権を全うし、その営業（経済）の力はかえって大国の上に超越して自ら欧州に管係（関係）を有するのみならず、世界貿易においても影響をなすは、その人民の勉励和協によるにあらざるはない、かえって三大国より切なるものあるべし」

この感慨は、一行の多くにとっても真実であったろう。

二十一章　新興の気溢れるドイツ

＊ エッセン・クルップ

オランダを後にした一行は、ドイツ帝国の首都ベルリンに向かうが、その途次、新興ドイツの象徴ともいうべきエッセンのクルップ工場を訪ねる。ルール河がラインに注ぐこのあたりは、豊富な炭田と鉄鉱石に恵まれて、早くから製鉄業が興ったところである。ドイツ政府はハーグまで接待係のカンスキ氏を派遣し、首都ベルリンに入る前にケルンの大聖堂かクルップの工場を案内したいが、どちらがよろしいかと誘ったらしい。使節団がクルップを選んだのは、その使命からして当然だったといえるだろう。

国境の駅ベンザイムに着くと、フォン・ライト大佐、ローエルダンツ中佐及び前駐日領事のクニッフェル氏、みな正装で駅舎に待機していた。一行はフォームに降り挨拶を交わし、駅周辺には人民が群れて物見高かった。

列車はおおむね平坦の地を走り、車窓からは麦畑が展開し、畔には樹の茂りが見えた。南へ走ること二時間、ミンスター駅から路線を変えてメイン州の東境を走る。このあたり、鉄路の傍らに石炭の堆積《たいせき》が目につき、石炭を積んだ貨車が数多く見られるようになる。また煙突からもくもくと煙を吐いている光景が見られ、工業の盛んな土地に来たことを思わせる。

クルップの創業は一八一一年で、小さな鋳物工場として始まるのだが、一八二六年に初代クルップが急逝して、当時わずか十四歳だったアルフレッド・クルップがそれを引き継ぎ、事業を拡大する。彼はスプーンの圧延機を発明して企業の基礎を固め、一八四三年には鋳鋼砲の製造を手がけ、一八五一年にはロンドンでの第一回万国博覧会に出品して世界の注目を浴びる。ドイツは当時まだ群雄割拠の領邦国家だったが、その中からプロシャが抜け出して富国強兵をはかる。そのため大量の武器が必要とされ、また鉄道網の拡大気運に乗ってレールや車輛の需要が膨張したので、クルップは飛躍的に事業を拡大する。そして一八七〇年にフランスと戦火を交えるや、その鉄道と大砲はいかんなく威力を発揮し、クルップは新興ドイツの軍事力と工業力を代表する存在にまで成長するのだ。

岩倉一行は、午後五時半、その本拠エッセンに到着する。

「この府は、高名なるクロップ砲を製造する地なり、クロップ氏より馬車を以て迎え、ほとんど一マイルを走り、エッセン府の同氏製造所中の客館に宿せしむ、書記官数名は、別に市中のエッセンホテルに宿せしめ、会社より接伴して、百般みなクロップ氏よりの饗応なり」とある。

当時のエッセンは人口五万二〇〇〇、街はまだ田舎の風であったが、工場はすでに「世界無双の大作場」で、敷地は四〇〇ヘクタール（一二〇万坪）、職工二万人という巨大なものであった。

一行は翌朝、早速工場を見てまわる。ベッセマー鋼の炉が四基もあって、たえず鉄を溶かして、真っ赤な鋼塊は圧延されてレールとなり、大砲の大筒は五〇トンの大ハンマーでたたかれて地響きを立てていた。この工場では砲弾銃砲、車輌、野戦砲など、近代兵器が続々とつくられていたのである。

また、構内の一隅にひときわ大きな大砲があって目をひいたが、それはその年ウィーンで開かれる万国博覧会に出品されるもので、口径一二吋《インチ》、弾丸重量一〇〇〇ポンド、長さ二〇尺（約六メートル）、重量三〇〇〇〇キロ、価格三万五〇〇〇ドルと聞かされる。

この種の兵器工場は、イギリスのニューキャッスルでアームストロングの工場を見ているから、内容そのものにはそれほど驚かなかったが、まだ後進と思っていたドイツにすでにこのような巨大な兵器工場があることには目をみはらざるを得なかった。

幕末維新の日本にとって、ドイツという国はあるかなきかの存在だった。医学や文学については進んでいると聞いていたが、オランダや英仏の蔭に隠れてその実力のほどは知られていなかった。それがにわかに脚光を浴びるのは、なんといっても普仏戦争での勝利である。ナポレオン以来、世界一といわれたフランスの陸軍を大敗させたのだから世界の見る目もすっかり変わった。

日本もそれを機に、陸軍の手本をフランスからドイツへと変更していくのだが、その契機になったのは、明治三(一八七〇)年における山縣有朋と西郷従道という新政府の軍事責任者の欧米視察であり、特に欧州における陸軍の独仏の比較研究であった。そしていま岩倉使節の面々も揃って、新興ドイツの強兵を支える軍事力の秘密を目の当たりにすることになる。

この近代的な大工場の真ん中に、場違いなように小さな古ぼけた小屋がある。それは先代が創業したころの鋳物工場で、記念にそのまま保存されているのだ。この盛大な工場になるまで、もとより一朝一夕にはいかなかった。アルフレッド・クルップがここまでするのに二五年かかっている。しかし、それはまた見方によれば、二五年もあれば小さな町工場が世界に冠たるこのような巨大工場にも発展し得るという証《あかし》でもあった。

一行は工場を視察後、ルール河を見下ろす丘の上に建築中の豪壮な別荘に案内された。外装は未完成で全容を見ることはできなかったが、内部はすっかり出来上がっており、海峡を隔てた英国のライバル、アームストロング氏の別荘「クレイグ御殿」に対峙するかのように堂々たる威容を誇っていた。玄関を入るといかにもドイツ的な重厚な造りで、天井も柱も樫《かし》の木張りであり、壁には見事なゴブラン織りが下がっていた。一行は庭に面したその食堂で饗応に与《あずか》っている。

一行は午後七時半、その別荘を辞し、九時エッセン駅から列車に乗り込む。そして次の駅で「仏国往来」のベルリン行き「エキスプレス」に乗り換える、その時速は三〇マイルだといい、久米は「頗《すこぶ》る快なり」と記している。

＊ウンテル・デン・リンデン通り

列車は夜のうちにブランデンブルグ州の広野を走り抜け、霜が真っ白におりて「寒気頗る凛々たる」中を朝七時、ベルリンの駅に着いた。ホームには出迎えの人々が早朝から驚くほど大勢待ちかまえていた。欧州駐在の鮫島弁務使や書記官はむろん、青木や品川をはじめ在独の留学生がほとんど全員迎えに出ていたのだ。

久米はその事情についてこう書く。

「ゼルマン人は、帝国を尊敬し、政府を奉戴すること、甚だ篤し、故に本国使節の到来を聞き、留学生へはその教師より、殊更に休暇を与えてその公館に伺候せしめ、田舎にいるものも遠路ベルリンに集来し、あるいはこれを怠り、わが学事に関係ないというものは、かえって道を知らずと論斥するに至るとなり」

英米特に自由の国米国では、学生たちが使節の送迎に出るなど、かえって笑われる雰囲気なのに、同じ欧米でも国により大きく気風が違うものだと感じ入ったようだ。

ホテルはブランデンブルグ門に通じる目抜きの大通りウンテル・デン・リンデン通りに面したホテル・デ・ローマである。すべてドイツ宮内庁の手配で、その接遇ぶりが懇切を極めている。

「使節と書記官とへ、各自に別食堂を設け、旅館の口、ホテル内の廊に、直丁数名を差し、交番に護衛をなし、応用の労にあたらしむ、その接遇の厚き、他の諸国に越えたり」

ドイツのこの折り目正しい、格式ある丁重な応接ぶりは、とりわけ岩倉、大久保、久米など礼節を重んじる連中を感心させた。

『木戸日記』によると、ホテルには日本人が次々と訪ねてくる。

到着当日には、青木周蔵、品川弥二郎を筆頭に「佐藤、池田、萩原その他数十人来訪」とあり、翌日も「来客絶えず」とある。横浜からアメリカまで行を共にした留学組の長与専斎や平田東助もベルリンに来ており、別働隊では桂太郎《かつらたろう》や北白川宮も来ていた。それぞれが、その後の消息や見聞を話してさぞ賑やかであったであろう。

留学生といえば、当時医学はドイツが世界一だというので、特にベルリンは医学関係の学生が多かった。佐藤進は佐倉順天堂の佐藤尚中に師事して後その養子となり、新政府発行第一号の旅券をもってベルリン大学に留学していた。池田謙斎は新潟出身、後に外科の権威となり東京大学の総長になる人物である。萩原三圭は土佐の出身、緒方洪庵やボードウィンに学び、青木周蔵とともにベルリン大学に留学した組で、後に小児科の権威となった。

また、長与は大村藩の医家の出で大阪の「適塾」では福沢諭吉の後を受けて塾頭になり、その後長崎にあって医学校の教師も兼ね、すでに医者として一家をなした存在だった。しかし、新時代に伍してさらに近代医学や医療行政を学習せんものと勇躍して使節団に加わった人物である。長与は、後にわが国の医療行政、公衆衛生、医療教育の近代化に多大な貢献をする。

一行は翌日、十二時から接待係のライト大佐の案内で、ブランデンブルグ門を出て西の郊外にある有名な動物園や水族館を見に行っている。門の向こうには一直線に大路が見通せ、その界隈は鬱蒼《うつそう》たる森林に囲まれている。このブランデンブルグ門は、パリの凱旋門にも比すべきベルリンを象徴する石造の門で、その上には「銅製の女神、四馬に駕せる像」がある。この像はかつてフランス軍がベルリンに攻め入ったとき掠《かす》め取っていったものを、一八一五年の戦いでまた取り返したものだという。

その森林はチエールガルデンと称する大公苑であり、その一画に動物園がある。案内側としてはおそらくご自慢の施設であったに違いなく、そのあと四階建ての水族館に案内されている。久米は一一〇室もあるという規模の大きさや屋内の造作について、「実に世界第一の観というもまた誣《し》かざるなり」と記している。

さて、翌日はいよいよ皇帝との謁見である。

午後一時、正装に身を固め、市中にある本宮のコーニング宮を訪れる。この日は文武百官、皆教会堂に集めて礼拝が行なわれたので、それを一見する。この王宮はオペラ宮とも呼ばれるが、規模もそれほど壮大でなく、外観も美麗とはいいがたい。ただ、中に入ると、フリードリッヒ大王以来代々の王が王費を傾けて修美し、調度備品を揃えただけに燗《らん》然《ぜん》炬《けん》然《ぜん》（きらびやか）として目を驚かせる。それはパリのフォンテーヌブローやヴェルサイユ宮殿を連想させるものがあった。

やがて謁見の間の扉が開く。

「各国の公使、皆盛服して共に集観す、皇帝は高壇に臨御あり、ゼルマン同盟のチャンセルロ宮、宰相のビスマルク氏を始め、文武百僚みな集まり、ゼルマンの議員もまた集まる、皇帝よりのスピーチがあり、そのあと政事の大略を演説して徹せり」

午後四時からは、皇太子ならびに妃殿下にも会い、そのあと宮殿で饗宴を受ける。皇后、皇太子、皇太子妃、みな臨席あり、各省の宰相及び大将モルトケをはじめ会食する者一五〇人というから「歓待甚だ丁重なり」であった。

その翌日にはジーメンスの電気機器工場を見学している。当時の主たる製品は電信機器であったが、灯台で使う一〇マイル先をも照らすという強力な電灯も見ている。次いで郊外にある大病院を訪れる。それは広大な敷地にある四階建ての建物で、壁はレンガ造りだが白くペンキで塗ってあり、まるで白石造りのように壮麗であった。このころ病院建築では天井より空気を流通させる様式が新式のものとしてもてはやされており、この病院もそれが自慢の一つだった。

久米は、清浄な空気の大切さについて次のように書く。

「病を治し、健康を復するには、空気の功、最も著大にて、薬石の力は遠く及ばざること、近年にますます実験したるを以て、漸《ようやく》にこの式の屋に改革するといえり」

この病院は部屋が七〇〇室、収容能力は二〇〇〇人あり、現在の入院患者は一六〇〇人だという。その一年の経費は四〇万ドルで、そのうち八万ドルを政府が負担し、他は病院の財産より生ずる利で賄っている。患者は費用を負担しなくてよく、宗教宗派に関係なく入院できる。

また、食堂、厨房を見せられているが、西洋ではパン食とスープが主なので、日本のように炊飯し煮焼きする設備を必要とせず、一六〇〇人の食を供する設備としては意外なほど簡素であると感想を述べている。

＊戦勝気分、新興の気漲る街

さて、首都ベルリンの状況はどうか。人口八二万、新興の気漲《みなぎ》る街だが、やはり後進の二等国という印象は免れず、ふしだらで、野卑で、粗雑な一面をのぞかせていた。

久米は、その風景をこう書く。

「新興なれば、一般人気も朴素にして、他大都府の軽薄なるに比せざりしに、繁華の進に従い、次第に澆季《ぎょうき》（風俗が乱れ）して、輓近《ばんきん》（近ごろ）殊に頽廃《たいはい》せり」

街の周辺には多くの遊苑があり、そこには必ず麦酒《ビール》の醸造家がある。

「都人男女の来遊するもの、庭上に羅座し、一小案（テーブル）を対して、麦酒を酌み、啜飲一頓、以て快をとる、演劇場のうちにも、男女酒を飲むを厭《いと》わず、英米の風と、頓《とみ》に面目を異にす、飲酒の盛んに流行することは、欧州にて第一の国なり」

ドイツはまだ新しい国で、それだけに質実剛健、素朴の風が見られたが、最近は戦勝気分でタガがゆるんだのか、巨額の賠償金をせしめてにわか成金風になったのか、頽廃の気が蔓延《まんえん》しているという。街をちょっと散歩してみても、兵隊と学生がわがもの顔に歩き、公園では酒を飲んで放歌高吟し、路傍に小便を垂れ、道行く女性に流し目をする。ウンテル・デン・リンデン通りではポルノ写真を公然と売りつけ、久米らを唖然とさせている。

ベルリンは一八〇〇年ごろまでは小さな都市でしかなかったが、一八五〇年には人口が四二万までになり、その後二〇年でまたその倍になった。

ウンテル・デン・リンデン通りの中ほどにフリードリッヒ二世の騎馬像が建っているが、プロシャを片田舎の小国から中欧の大国にのし上げたのは、この「大王」と賛称される啓蒙君主だった。フリードリッヒ二世はいった。

「プロシャ人は、平日質素なるも、その好むところにあらず、わずかに財を有すれば、力を極めて外貌を修飾し、高帽、長靴、小杖、軽衣して、意気揚々たりと」

そのころのゲルマン貴族は、仏国の文物に心を蕩かし、みな金衣玉食に沈む状況だった。つまり、ごく最近までドイツはヨーロッパの田舎者だったのだ。

そして、ドイツ経済の大本はやはり農業だとして、久米は次のようにいう。

「普国（プロシャ）人民の営業は、主に農牧にあり、全国人員の半数一二〇〇万人は農を業とする家なり、農産の高は、有余を輸出するに足る、この利益を本として、兼ねて鉱業および製作に務めて、外国に貿易し、海外の遠地にも航通すれども、英仏の両国、海商を

▲ウンテル・デン・リンデンの大通り（ホテルを望む）

▲ブランデンブルグ門

事とし、製造元品を、常に遠地より輸入し、自国の製作に加え植え、また外国に輸送して、市檜（売買の仲介）の利により国を富ますの目的とは異なり、是をもってその武巧の外は、甚だ遠国にあらざれども、その国是を立てるは、反《かえ》ってわが日本に酷似するところあり、この国の政治、風俗を講究するは、英仏の事情より益を得ること多かるべし」である。

つまり、経済の発展段階からしても、日本に似ており、お手本にするには適当だという感触があった。

そしてドイツ人の気性については次のようにいう（現代語訳）。

「その性格は慎み深く素直である。仕事の手は早くはないが、勤勉で苦労に耐え、一生懸命働く。ふるまいは活発ではないけれども、よく規律を守り、手順を守って不注意のためのミスなどはない」

そして、南のバイエルン地方と北のプロシャ地方とを比較してこう述べる。

「高地ドイツに住む人々は言語にやや優しい調子があり、性格もややのんびりしている。全ドイツでプロシャは湿地が多く土質はもっとも悪く、生活には労苦が多いのでゲルマン人のすぐれた部分がいっそう鍛えられて、文化面でも軍事面でも進んだ」

さらにプロシャ人の特性を説いて強国ドイツの鍵をそこに見ている。

「その組織的に努力を重ねる性格から、学術に精励し、知識を啓発し、倦むことなくじっくりと研究を繰り返す。したがってプロシャは学術面において碩学やすぐれた知識人を多く出していることは、ヨーロッパ随一である。また、よく規律を守って努力を重ねる性格から、軍事訓練によく励み、兵士の士気は高く、艱難に耐え、戦闘においては勇敢で、勝敗にかかわらず動じることがない。こうしたことによって武力を発揮して、現在欧州にその勇名は高い」

＊ベルリンの日本人

さて、ベルリンにはどんな留学生がいたのか。ドイツは医学に優れた国という評価で、当初の留学生の目的も医学がほとんどだった。それが医学以外の面でも急激に注目を浴びることになったのは、前述のようにごく近年でとりわけフランスとの戦争に勝ってからである。

明治二（一八六九）年の開戦後しばらくして大山巌、品川弥二郎、林有三らがベルリンに姿を現し、少し遅れて桂太郎もやってくる。いずれも軍事視察が目的だった。

桂太郎は一七歳のときに下関戦争に参加し、戊辰の戦では大いに軍功を挙げて賞典禄をもらう。そこで、それを資金に当時陸軍大国であったフランス留学を目指す。そのため横浜の語学所で騎兵将校からフランス語を習った。ところが明治三（一八七〇）年、パナマ地峡経由でフランスに向かっているころ、ナポレオン三世がプロシャ軍に降伏、留学の目的地パリは混乱の巷と化した。桂はやむなくベルリンに辿り着き、ドイツ語をゼロから学び始める。当時、ベルリンにいた留学生は医学生の佐藤進と青木周蔵だけで、桂はその三人目ということになる。

さて、明治三年、ドイツの勝利が確定的になると、日本からの留学生が堰《せき》をきったように増えた。その一群が明治三年の十二月に日本を発った大学東校（医科大学）派遣の留学生で、その中に池田謙斎、山脇玄、荒川邦蔵、大石良乙らがおり、もう一群が、同じ船でやってきた北白川宮グループであり、主として兵学を学ぶためであった。

北白川宮は、幕府瓦解の折に上野の輪王寺の門主であった。それは日光の東照宮と上野の寛永寺の門主も兼ねる権威ある地位であり、家光のころから宮家が継ぐことになっていた。それが戊辰の戦で江戸決戦となったとき、担《かつ》ぐべき将軍の慶喜が謹慎して水戸に隠棲してしまったため、やむなく寛永寺の門主である宮がその代役に担ぎあげられてしまう。江戸で敗れるとさらに東北列藩の盟主にされ、朝敵の筆頭となる。そこで明治元（一八六八）年に謝罪状を提出し、しばらく親王の地位も失っていたが、二年に許されて伏見宮満宮と称し、今回の留学となったのである。

この宮のグループは総勢三一名に達し、それぞれに米英仏など各国に散らばったのであるが、ドイツに来ていた者のなかに井上省三や松野硼や松崎満長らがいた。青木は先輩格としてそれら留学生の面倒をみる形になったが、青木の考えでは誰もが医学や兵学というのは誤りであり、一国の文明開化を進めていくには諸々の学問が必要であるから、それぞれが別の分野で勉強するように説いた。青木は宮をはじめ留学生たちを集めて、こう演説したという。

「宮は当初からの目的である軍事を学習されるのが至当でありましょう。しかし、他の諸君については、この際、何を学ぶべきかよく考えていただきたい」

そして個々に次のように勧めたという。

「まず田坂虎之助君。君は人品から見て、宮の従者として最もふさわしいと思うから宮とともに軍事学をおやりなさい。ただし、タクチーク（戦法）とかストラテジー（戦略）などは狙わずに陸地測量学を専攻されてはいかがでしょうか。思うに、陸地測量学は単に軍事の基礎として役立つだけでなく、近い将来、日本でも土地台帳を整備して地租を定めることが始まるであろうから、そこでも大いに役立つはずである。

さて、松野君は林学をやってはどうか。森林は国家の基礎とドイツでは考えており、その育成保護の技術は進んでいる。実際にドイツの森林を見ればその美しさにびっくりされるだろうが、それはそれなりの学問があってのことである。わが日本でも木材資源は極めて重要であり、この学問は将来必ず役立つはずである。

それから山崎橘馬君は、製紙をやってはどうか。もう手作りで和紙をつくる時代ではない。これからは工業的に大量に紙を製造する必要がある」

青木のこの高圧的で一方的な説得はさすがに大方の反発を招き、一時は険悪な雰囲気になったという。青木もそれを察していったん矛を収めたが、西も東もわからぬ留学生にとって青木がよき指南役であることには間違いなかった。青木はなおもあきらめず、その後は個別に説得を続けた。井上省三は、特に同郷の長州出身であったから、青木も親しみをこめて説いた。

「誰もが兵学、医学では、国は興らん。そこで君を見込んで頼むのだが、君がまず率先して何か実業の勉強をしてくれんか」

井上はそれに応える。

「わかった。わしは羅紗《ラシャ》をやろう。あれはこれから軍服として大いに必要であり有用だ。四境戦争でそれを痛感した。いまは羅紗は全部輸入に頼らねばならない、それを国産化しなくてはいかん。国家経済にとって極めて重要だし、いずれは輸出もできれば万々歳だ」

こうして井上が毛織物事業を学ぼうということに決して、他の留学生にも説いた。それが功を奏して、結果的には青木の思惑通り、田坂は測量学を、松野は林学を、山崎は製紙業を学ぶことになり、後に彼らはそれぞれの分野の草分け的存在になっていくのだ。

また、医学修業が目的だった山脇と荒川は政治学に転向する。そして後には荒川は内務官僚として県知事などを務め、山脇は司法畑で働き後には貴族院議員になっている。

因《ちな》みに付け加えれば、岩倉使節に随行してやってきた留学生についても、青木は強引に志望の変更を勧めた。もともとロシア事情を勉学するためにやってきた平田東助にも青木はこういった。「なんでロシアのような田舎で学ぼうとするのか」、ロシアのこともベルリンの方がよく勉強できるといい、平田もドイツで学ぶことになる。

また、当時わずか一四歳の松崎萬長も、ベルリンに来て修学目標を変えたひとりだった。松崎の父は孝明天皇の側近で侍従長も務めた堤哲長であり、萬長は明治天皇の学友として育ち、特に恩顧を得、また優秀でもあったことから別家の松崎を賜《たまわ》った経緯がある。萬長は若き明治天皇から特に皇室の費用で兵学を学ぶように派遣されたのだが、建築学に転じて後に建築家として一家をなすにいたる。

また、これは留学生ではないのだが、青木の世話焼きが意外な成果を生んだ例もある。そのころ、日本から帰国するドイツ人のボーイとして随従してベルリンに来ていた、中川清兵衛という青年がいた。せっかくベルリンに来ているのだから何か技術を身につけさせようと考え、青木は留学生の代表として学資を預かって管理していた関係上、そこから生じる利子で奨学金を捻出しようとする。そこで留学生中の最年長者、池田謙斎に相談し、その賛成もとりつけ、中川に麦酒の醸造法を勉強させることにした。中川は青木の勧めにしたがって熱心に学んだ。青木は中川の帰国に際しては、北海道開拓次官の黒田清隆に宛て次のような手紙を書いた。

「将来日本人も麦酒をたしなむべきに至るべく、また麦酒は日本酒より滋養分に富むをもって、その醸造は国民の健康上有益の事業たるのみならず、あるいは麦酒をもってかの大量のアルコール分を含有せる狂水、すなわち日本酒を退治するもまた一の好方便たるやも知らず……」

これは青木らしい論法だが、黒田が大変な酒飲みで酒乱の気味があり、日本酒はまさに「狂水」であったのはおかしい。しかし、いずれにしろ、これは黒田の採用するところとなり、中川の尽力で後にサッポロビールが誕生することになるのだ。

さて、こうした状況のところに、木戸、大久保らがやってきたのだから、青木は当然のように前述の留学生を紹介したであろう。毛織物の井上はむろんだが、林学の松野も引き合わせた。松野は森林のもつ直接、間接の利益を詳述し、国家経済の上、極めて重要なことを論じたてた。と、同席していた大久保がそれを聞いて机をたたいて大悦びしたという。松野は帰国後、大久保のひきで内務省に入り、わが国の林政に多大な貢献をすることになる。

二十二章 ビスマルクの招宴

＊ ビスマルクの演説

さて三月十五日、使節本隊はビスマルクからの招きで、その夕食会に出席する。ビスマルクは「その威名当今世界に轟きて知られたる如く」とあるように、当時、欧州の輝ける星であった。英国の歴史家トーマス・カーライルは大国フランスを評して「ヨーロッパ大陸の女王、見栄坊で尊大で、論争好きでジェスチュアたっぷりで、しかも神経過敏なフランス」といったが、その高慢ちきで我慢のならぬフランスを打ちのめし、領邦割拠のドイツを統一国家につくりあげた最大の功労者がビスマルクであったからである。

ビスマルクは一八一五年、プロシャの土地貴族「ユンカー」の子として生まれ、ゲッチンゲン大学、ベルリン大学に学んだあと、一時官吏となり軍役にも服したが、父の死後、自らの領地の経営に従事した。そして三二歳のとき、プロシャ議会の議員となり、三月革命の際には王権擁護のために活躍、プロシャの王弟（皇帝になるウィルヘルム一世）と肝胆《かんたん》相照らす仲となる。

その後、連邦議会のプロシャ代表、ロシア大使、フランス大使を歴任して国際感覚を磨き、一八六二年に登用されてプロシャの宰相となった。当時のドイツは、神聖ローマ帝国以来のタガのはずれた連邦国家で、政治的には群雄割拠の混沌たる状況にあった。経済的にはプロシャ主導の下に関税同盟がすすめられて、統一への基盤が醸成されつつあった。折しも産業革命の大波が押し寄せ、鉄道網は急速に拡大され、領邦国家の壁はなし崩しに崩されていく。

ビスマルクはこの機をのがさず、ドイツ統一の悲願実現に邁進した。当時のドイツは西にフランス、東にロシア、南にオーストリア帝国という強国に囲まれ、隙を見せれば格好の草刈り場にされる恐れがあった。

ビスマルクが「ドイツの問題は鉄と血で解決されねばならぬ」と叫んで、議会の反対を押し切り、大軍備拡張に踏み切ったのはこの時であった。そして天才的といわれた巧みな外交戦略によって近隣諸国を手玉にとり、一八六四年にはデンマークと戦って北方の境界を明確にし、一八六六年にはオーストリアを破って南の干渉を断ち、一八七〇年にはフランスのナポレオン三世を破って念願のドイツ統一を遂げるのである。

ビスマルクは演説した。

「当今、世界の各国はみな親睦礼儀をもって交わっているように見えるが、それはまったく表面上のことで、内面では強弱相凌《しの》ぎ、大小侮《あなど》るというのが実状である。私がまだ幼いころには、わがプロシャがいかに貧弱であったかはみなさんも、ご承知のことであろう。当時いかに小国の悲哀を味わったか、憤懣やるかたなき状況にあったか、決して忘れることはできない。あのいわゆる万国公法なるものも、列国の権利を保全する不変の法とはいうものの、大国の利のあるうちであって、いったん不利となれば、公法に代わるに武力をもってするのである」

ビスマルクはズバリ核心に切り込んでくる。

「私はこうした状態に憤慨し、この不条理を正すべく、一大決意をもって国力を振興し、対等の権をもって外交のできる国にしたいと念願したのだ。そして励むこと十数年、近年にいたって遂にわが国はその望みを達成することができたのである」

使節一行にとって、この演説は胸にしみ、胆にこたえた。とりわけ大久保、木戸の二人にとって、切実であり、身に迫るものがあった。

これまで米、英、仏、ベルギー、オランダと五カ国をまわってきたが、この国ほど置かれている状況が日本に類似している国はない。国のサイズからしても、歴史的な面から見ても、しかも近々統一を成し遂げたばかりの国家第一の責任者から、身近で親しく話を聞くのだ。

アメリカは後進とはいえ、広大な大陸を独り占めにして外敵の心配なく、産業発展一途に専心できる恵まれた状況にあった。イギリスは同じ島国ではあるが、世界に先がけて産業革命を成し遂げ、その経済力と軍事力でいまや世界に君臨している。フランスもまた欧州の中央にあって肥沃な大地を占め、長年にわたって蓄積してきた国力を背景に、その文化的優位性で他国の追随を許さない。ベルギー、オランダは参考に値するが、六、七倍もの人口を有する歴史ある日本国にとって、手本にするにはいささかサイズが小さすぎる。

ドイツ、それは強国に囲まれ、野卑と蔑《さげす》まれ、愚鈍とののしられ、しかも中央集権に後れをとった後進国である。むろん英仏蘭のように植民地などもっていない。

日本もまた海を隔てているとはいえ、北からはロシア帝国、東からはアメリカ、西からは英仏蘭の軍艦を突きつけられて、その独立を危うくしている。とりわけ英国と戦火を交え、米英仏蘭の四国と戦った薩長の大久保や木戸にしてみれば、その切実感は想像できる。さらに徳川幕府を倒して新政府をつくった薩長が、フランスを倒して統一国家をつくったビスマルクのプロシャとダブル写しになったとしても不思議はない。

ビスマルクの演説は続く。

「わが国が願うことは、ただ各国が自主独立を全うすることのみである。ところが各国はわがドイツを非難して、いたずらに軍事を好み、他国の権利を掠《かす》めるものだという。が、これはむろん当国の志に反する。わが国は各国がそれぞれ独立を全うし、対等の交際をし、互いに侵略せざる公正の域に住むことを望むばかりである。確かにこれまでドイツはいくつかの戦いをたたかってきた。しかし、これはドイツのためにやむをえざる戦いであって、世の識者はこれを認めてくれるはずである」

世界史の上でも稀《まれ》に見る外交上手といわれたビスマルクだけあって、そのスピーチも実に巧みである。当時ヨーロッパに蔓延《まんえん》していたドイツ批判を巧妙にかわして、英仏の身勝手さをつくのである。

「欧州親睦の交わりはまだ信を置くことができない。みなさんも内心そうした危惧《きぐ》を感じておられるだろう。私は小国に生まれ、その実態を自ら知り尽くしているが故に、この間の事情がよくわかるのである。私が非難をも顧みず、あえて国権を全うしようとする本心もここにあるのだ。それ故にまた、いま日本と親交を結ばんとする国も多いだろうが、国権自主を重んずるドイツこそは、それに最も値する国である」

容貌魁偉、一見して英雄と知れるビスマルクの演説は一行に強烈な印象を与えた。

文明の城、法治国家も、文明の掟《おきて》、万国公法も、いずれも力の背景があってこそ、思えば国内法といえども守るには力がなくてはならず、いわんや国際間において法律のみを信じるわけにはいかない。その裏付けに軍事力あってこその万国公法である……。これまでもうすうす感じてきたことが、ビスマルクのスピーチで判然とした思いではなかったか。つまり、世界を支配している論理が、少なくとも国際場裡では力でしかないという冷厳たる事実をあらためて認識させられたものと察せられる。

木戸は、日記に会食は四〇人ばかりであったといい、席はビスマルクの隣であったから親しく話すこともできたと書いている。そしてビスマルクはいう。「ドイツは英仏などのように植民地を東洋に求めようとはしていない。ドイツは威力をもって往来することは考えていない。日本とも長く親睦を尽くさんと思い、才能の士が必要とあらば周旋して人を選んで希望に応えるつもりだ」と。木戸はそれに応えて「日本の人民も元よりドイツの人民も少しも異なるところはない。ただ、残念ながら日本は数百年国を閉ざしていたため世界の事情に暗く、また新しい学問もする暇がなかった。これからはこころして開明の域にすすまんと努力するのみである」。

そして顧問団の派遣の申し出には触れず応えていない。

大久保は西郷と吉井宛の手紙にこう書く。

「当国は他の欧州各国とは大いに相異なり。淳朴の風これあり。ことに有名のビスマルク、モルトケなどの大先生が輩出、自ら思を属し候心待ちに御座候」

ドイツについてはいろいろ聞いていたが、やはり現地を旅して要人にも直に会ってみると、なるほどと納得するところがあり、足がかりをつかんだ思いであったろう。

久米もまた、ドイツは日本と類似するところがあり、そこから学ぶことは益多しと見て、こう書く。

「その国を立てるは、かえって日本に酷た類する所あり、この国の政治、風俗を講究するは、英仏の事情より、益を得ることとおおかるべし」

＊モルトケの戦略

その翌日、一行は市中にある「武庫」を訪れている。この建築は箱型で中央に庭があるのだが、そこに銅製の獅子の巨像がある。それはその昔デンマークがプロシャを攻めて、勝利のときに戦勝を祝し、敵の兵器を鎔《と》かして鋳造し都に建立したものを、一八六四年のデンマークとの戦で今度はプロシャが勝って分捕ってきたものだという。

久米はそこで西洋の愛国心にふれて次のような感想を述べる。

「西洋各国分立し、互いに相競うて屈せず、数百年の久しきも、また之に報ずるを忘れざるは、国人その国を愛する心の甚だ篤きところにて、その能く独立を全くする基本は、実に此にあり、愛国に熱心なることは、西洋の人は、東洋人より甚しきを覚ふ」

そしてワシントンの議事堂には英国に勝ったときの絵図を掲げ、ベルギーのワーテルローでは塚上に獅子の像を据えてパリを睨ませている。ベルリンのブランデンブルグ門上の銅像もまたフランスとの戦のたびに分捕り合戦を行なっている。

久米はつらつら思う。

「勝つものは之を誇耀し、敗れるものは憤恨し、一の銅像、互いに奪い互いに復せんと、怨恨の種を植えて、世をおわるまで除かず、そもそも是を毀って（壊して）恨を銷《とか》さば

（けす）、あに他日保和の善謀に非ざらんや、西洋の列国の政は、民に聴いて成る、血を蹀《ふ》みて凱旋する際には、人気激昂し、これらの挙をよくするに非ざれば、軍気を鎮すべきないか、将来ベルリンの銅像を、仏人再び之を仏国都に置かんと欲し、この庫の銅像、デンマーク人もまたこれをその都に恢復（回復）せんと欲する、かつてやまざるなり、これあに終極あらんや」

仏教的な寛容の精神や孔孟の教えからくる調和論からすれば、まことにあきれはてた愚かな論理で、このあたりが西洋人の考え方の理解しがたい点だと久米はいいたいのであろう。

その数日後、一行はフランチカセルの兵営やベルリヤンストラーゼの騎兵舎を訪れている。兵営は五層の大建築で七〇〇〇人を収容できるといい、騎兵舎もまた五階建ての石造建築で、厩《うまや》には六〇〇頭の馬がつながれていた。

「プロシャの兵制は一八一四年以来、国中の男子、兵器を執るに堪えるものは、ことごとく兵卒の教練をうけ、少なくも一年間は常備軍役に服せしめ、全国みな軍人に鍛錬せらるものなり、六六年オーストリアに勝ち、北ゼルマン連邦を統括し、みなプロシャの兵制に従わしめ、同盟国の総兵員は、民口（人口）の一〇〇分の一と定め、すべて常備軍、三一万九八〇〇人、之を率いる士官、一万三八〇〇人、軍馬七万三三〇〇疋、戦時には増えて七〇万人に至る」

なお、七一年のヴェルサイユ盟約で、バイエルンを含む南ゲルマン連邦もプロシャと合併したのだが、バイエルンとウンテンベルヒの二王国はまだ独自の軍隊をもつ状況であった。

久米は一八七四年に行なったモルトケの演説を引用して、ドイツにおける政治と軍の関係について次のように述べている。

「政府たるものは、ただ倹約のみを主旨とし、国債を減じ、租税を薄くすることをのみを慮《おもんぱか》るべからず、法律、正義、自由の理は、国内を保護するに足れども、境外を保護するは兵力にあらざれば不可なり、万国公法も、ただ国力の強弱に関す、局外中立の立場に立ち、公法のみ是遵守するは、小国の事なり、大国に至りては国力を以てその権理を達せざるべからず、いまそれ兵備を惜しみ、平和のことに充るは、誰か是を欲せざらん、いったん戦起きれば、多年倹勤せる貯蓄は、倏忽の間に（たちまち）蕩尽するにあらずや、ナポレオン帝がわが兵の少なく、軍備の乏しきに乗じて、この貧小のプロシャ国より、一億ドルの賞金を奪いたり、是自国を守る費を節約し、一〇倍を以て他国の兵備に資せるなり」。そしていつの日か太平のときが来て常備兵を必要としないときがくることを望むが、現時点ではそれはかなわず、「武力をもって欧州の太平を護するを専要とす」ということになる。モルトケの考えでは、ドイツは武力で欧州全体の平和を保つのだという意思なのであった。

＊帰国命令

ビスマルクの招宴から四日後、本国より、木戸、大久保に帰国命令が来た。留守政府の中で井上馨と江藤新平が大喧嘩をして収拾がつかなくなり、しかも樺太、台湾、朝鮮にも問題が起き、太政大臣三条実美は思い余って遂に、木戸、大久保に勅旨を発して帰国を命じたのである。

ところが木戸はこれを聞こうとしない。察するところ、木戸には木戸なりの考えがあったからであろう。一つには漸進主義から出たもので、日本の開化は一〇年、二〇年の単位ですすめていかなければいけないのだから、いまここで一カ月や二カ月急いでも何の益ありやという思いである。二つには、ここまで来たのだから是非ロシアを見てみたい。長州という土地柄、常に目の前に朝鮮半島があり、その向こうにロシアがある。その南下の脅威を他のどの藩よりも切実に感じているからだ。現実に対馬をロシアに占領されたこともあり、英国の力を借りて危ういところで追い出した経緯もある。そして三つには持病のこともあり、引退気分もあったであろう。そしてこの際だから政治は大久保や留守部隊に任せて欧州を巡覧したいとの思いが強かったものと思われる。

一方、大久保は国内状況が極めて厳しいことを察知しており、また、勅令とあらば従うべしとの気分もあったのではないか。そして英仏に次いでドイツも見たことでもあり、特にビスマルク、モルトケにも会って、おおむね今後の見通しもつき、足がかりも得た思いで、ロシアにはむろん心が残るものの、帰国やむなし、と思ったのではなかろうか。

三月二十六日の『木戸日記』では、その間の事情をこう伝えている。

「大久保と余帰朝の一件に付、過日来議しばしば変換遂に三四度にいたり、そのため今朝以来甚だ不愉快、ようやく晩に到り一決、大久保先発、余は魯国に到りそれより欧州順路経歴帰朝に決せり」とある。帰国命令に接したのが十九日であるから、その間かなりもめたようである。木戸は再三にわたり手紙にも日記にも書いているように、上滑りの開化に大不満で憤懣やるかたなく、そのうえ身体の調子も崩していたので自律神経に失調をきたしていた憾《うら》みもある。岩倉も木戸の扱いにはほとほと困惑したようで、三月二十六日には三条に宛てた手紙でこう書いている。

「今度召し返しの勅旨、両人へ申し入れ候ところ、木戸には如何に存ぜられ候やしきりに各国同行致したき望み、大久保には断然帰朝すべしとの事に候、何卒進退同一に相成り候様と存じ候えども、小生の力には行き届きがたくなんとも遺憾」と不始末を詫びている。この文面をみると、岩倉は木戸への遠慮があるようで、丁寧な言葉を使っている。おそらく岩倉はその口癖である「ドモナラヌ」を連発したものと思われる。

こうして岩倉使節団の首脳は二分三分した格好になり、大久保はベルリンから帰国、木戸はロシアを見てから欧州巡覧ののち帰国、岩倉本隊は既定方針通りの旅程を続けることになるのである。

さて、国内の事情はその後どうなっているのか。事態は深刻で、新年度予算の編成問題で江藤新平と井上馨が真っ向から対立し、紛糾に紛糾を重ねている。

三条が木戸、大久保に帰国命令を出したのは一月十九日だが、船便で出しているから二カ月かかっている。つまり手紙を出した五日後、司法卿江藤は大蔵省による司法予算の削減に抗議して四〇〇〇字に及ぶ長大な辞表を提出する。「今清盛」といわれて絶大な権力をふるっていた井上が軍事予算を優先して、司法、文部らの予算を不急として大鉈《おおなた》をふるったからである。

江藤は司法の重要性、緊急性を説いて強硬に主張する。

「元来、各国と並立の……元は、国の富強に在り。富強の元は、国民の安堵に在り。安堵の元は、国民の位置を正すに在り」

江藤はナポレオン法典に則り、拙速を顧みず急ピッチで法治国家を目指した。その論拠は民の権利を保全し、財産を保護し初めて高大の事業を企てるに至るというもので、法の整備、裁判所の整備が国家富強の大元であるというのだ。

江藤が辞表を提出するや、司法大輔の福岡孝弟以下、司法省官員は相次いで司法卿擁護の意見書を正院に提出した。

いわく「各人民の権利を保護し、以て全国を盛大富盛にして、各国の立法、行政、司法を分別し、互いにその権を平均することを得て、人民自由の基本となす御政体にこれあるべくと存じ奉り候」。

共和国の本家、ナポレオン法典の家元であるフランスでチエール大統領の強権が辛うじて国を保ち、ブロック博士が万世一系の天皇制を評価する声を耳にする使節団とは、かなりニュアンスの異なる議論が沸騰しているのだった。

三条は江藤の辞表提出にショックを受け、予算の再検討を命じる。すると今度は井上馨が怒り出し、サボタージュをして役所に出勤せず、再検討の指示に応じようとしない。

筆頭参議の西郷は、そのころ、久光の怒りを収めるべくまた鹿児島に行っている。久光は前年の六月に提出した建言書が無視されたのに腹を立て、三条宛に西郷をやめさせるように強硬な手紙を書く。西郷はその事態を放っておくわけにはいかず、ご機嫌うかがいに帰郷するのだが、事態はなんら進展せず、そのまま帰京できないでいる。

西郷のいない中央政府で、江藤、井上の問題で暗礁に乗り上げた三条は、しきりに大隈に周旋を依頼するのだが、この二人の問題はいかに大隈といえども手に負えない。井上をかばおうにも余りに敵が多すぎて支えきれず、また江藤を抑えようにも余りに鋭利すぎて妥協の余地がない。土佐の板垣は、こうした事態の対応は不得手だし、心情的には反・井上である。大隈は立ち往生し、三条は悲鳴にも似た声を上げて、木戸、大久保の召還をはかるのである。

岩倉一行はその後も、市内の牢獄、印刷局、郊外のサンスーシの離宮などを見学しており、それぞれに感ずるところあり、学ぶべき点もあった。こうして三週間にわたったベルリンの滞在を終えて、一行は次の訪問国ロシアに向けて旅立つのだ。

二十三章　大国ロシアの実像

＊　北の都・サンクト・ペテルブルグ

三月二十八日、午前八時、大久保は河村淳を通訳兼案内係としてベルリンを先発、本隊と別れてフランクフルト、パリ経由で帰国の途につく。岩倉本隊も同じ日、深夜一一時半、特別列車二輛に乗り込みベルリンを発ちロシアに向かう。一行は二七人で、駅には留学生など十数人が見送り、サンクト・ペテルブルグまでの長旅に備えオレンジなどをプレゼントした。

岩倉一行は、翌日ほぼ一日を費やして東プロシャの平原を走り、途中ケーニヒスベルクで昼食をとった。この街は東プロシャ第一の都市でフリードリッヒ大王が最初にプロシャ王国の首都を置いたところである。午後四時半、国境の駅エイトコノネンに着く。使節はこの駅でドイツ側の接待員と夕食を共にして別れの盃を交わす。

この駅から二マイルのところに国境がある。ここでまず目をみはるのが駅の表示である。すべてがロシア語に変わるのは異郷に足を踏み入れることを鮮烈に感じさせる。これまで英、仏、独と国は変わってもアルファベットに変わりはなかった。ところがロシアに入ると字体そのものが変わる、建物の色彩や人々の服装も微妙に変わるが、ロシア語圏に入ると字体の変化だけでまったく別世界に来たことを印象づけるのである。

国境でもう一つ驚くことがあった、入国審査の厳しさである。使節一行は外交特権でフリーパスだが、一般客の荷物検査を見ていると異常なほどの厳格さである。久米はすでにいくつもの国境を通ってこの風景にも慣れているが、ロシアのこの駅はこれまでにない厳しさだと感じた。

ロシア側からは外務省の接待員としてヴェルニッキー氏らが迎えに出ており、フォームに待機していた列車はロシア皇帝差し回しの豪華な車輌であった。発車後間もなく陽が落ち薄暮の中を走る。このあたり、まったく平坦な土地で「プロシャでは最も貧しい」というが、「ロシアでは比較的肥沃な方だ」という。ヴィルナ駅では小休憩してお茶を飲み、あとは終夜を車内で過ごすことになる。ところが車輌はいかに奢侈豪華でも寝台車ではない。アメリカでのプルマンの快適な車輌を想起したのであろう、久米は「困屈に堪えず」と記している。

翌朝は薄明かりの中、列車は荒涼たる原野を走る。時に貧相な白樺の林が見え、原野のような湿地帯があり、雪のまばらにある雑木林を走りぬけていく。粗末な掘立て小屋の散在する集落がところどころに見え、やがて雪が増え、凍りついた流れがみえる。

『木戸日記』によると、朝八時、コヒヨコという駅に着くと車外で兵士らが一行のために楽を奏したという。その音色が「欧州中各国にて聴くところと大いに異なり、似帯悲想の音、青木らと皆いう、本邦人の耳に近しと」、おそらく東洋系のなにか憂愁にとんだ悲しげな音色であったのだろう、一行の心にしみいるように響いたようだ。

「是より左右の車外みな茫々たる平原あるいは数十里の樹林にして、人家甚だ稀、土人のおりふし村落をなせしところを望見するに、みな卑隘、本邦にても未だ見ざるが如し」

木戸はそう記したが、久米もまた同じように描写している。

「鉄路の進行に従い、茫々たる広平の廃地をゆくは、実に人をして岑寂凄涼《しんせきせいりよう》（ひっそりともの閑《しず》かで、いたましいほどに寂しい）の心をなさしむ、かつて米利堅《メリケン》（アメリカ）の漠野を走る、三日三夜なるよりも、さらに荒曠を覚えたり」

そうなのであろう、アメリカ大陸には自由の天地の明るさ、活気があった。が、この地には帝政ロシアの圧制下にある貧しさと陰鬱《いんうつ》な暗さを感得したのに違いない。

車輌には食堂設備はなかったので、朝食はプスコー駅でとり、夕食はルーガという駅でとっている。プスコーは湖水に面した人口一万六〇〇〇の街だが、ルーガはただ旅客の食事のためにつくられた駅で、ペテルブルグまでこの場所しかなかった。

「ロシアの往来には、食をなすべき駅村なき故に、この駅舎を大にして、もって休憩食の所とす」とある。

久米はしきりにアメリカ大陸と比較し、アメリカの漠野には人跡も見ないくらいだったが、この漠野にはあちこちに小さな集落がある、しかし実に貧しげで、まるで太古の世界を見るようだと書いている。

列車は幅二〇〇フィートのルーガ川を渡るが、表面は氷結していて雪が覆っており一面の白い野しか見えない。それからまた「一色の荒林漠野にて満目茫々たり」の荒野を往く。六時四十五分、その広大な地平線に夕陽が没するのを見る。

やがて赤土の丘の上に美しい白亜の建物が見える、何かと問えば、ペテルブルグの天文台だという。そしてベルリンを出発してから一〇〇四マイル、四十数時間を費やして、ようやくすっかり暗くなった北の果ての大都ペテルブルグの駅に着いた。

駅舎には馥郁《ふくいく》（よい香りがただよっているさま）たる香が焚《た》かれており、ゲストルームでは政府接待員のトレーポフ将軍や外務省からメリニコフ氏らが出迎え、挨拶を交わした。そして直ちに馬車に分乗し、オテル・ド・フランスに向かう。街は壮大なスケールで華厳楼閣を起こした一大「雄都」というにふさわしい。その車上での感慨を久米はこう表現している。

「この夜は三日月にて、寒空に繊繊《せんせん》（細くするどい）の月を見る、碧天洗うが如く、寒気車を襲うは、月稜の氷を飛ばすと覚えたり、北緯六〇度の際に至りて、この新月を見る、天涯万里の感なきを得んや」

ペテルブルグの街は、人口六七万、荒野の果てに突如として現れた大都である。道幅が広く、建築が大規模なこと驚くばかりである。とりわけホテルの界隈は壮大な円形の広場をもつ王宮や参謀本部が建ち並び、これまで見てきた街とは別種のスケールと風格をもつ都であった。翌朝、王宮の裏側を流れる大河ネヴァを見れば景観は雄大で、すでに四月だというのに真っ白に氷結していた。

「府中の市街は、規正にて恢宏《かいこう》（広く大きい）なり、建築の壮大なること、欧陸において第一なるべし、路には材木を裁りて、その木口を聚《あつ》めて、亀甲形に甃《しゅう》せる所多く、石の街少なし、是は年々に氷雪壮んにして、堅氷の石間を鎖したるを、春融に及びて之を撥くゆえに、石を毎年甃するは、不便なるを以て、この法を主用するとなん」

道路の舗装が木片をもって行なわれていることに注目している。

運河が縦横にめぐらしてあり、河岸に店が連なっている風景は、オランダの街に似ている。聞けば、この街をつくったピョートル大帝は若いときオランダに学んだといい、都市のつくりも「法を蘭国にとりしなるべし」である。

この街第一の大通りはネフスキー通りで、広大な街路の中央に騎馬の道があり、美しい。また、城門通りは両側に巨大な店舗を連ねる商店街で、人や車が雑踏し、百貨を陳列して、繁華なること府中第一である。

街のランドマークとしてはイサクの大寺院の建築が目立っている。その他、宝珠形の塔がいくつも建って特徴のあるギリシャ風建築のスモールヌイ・モナストウィリの寺院もあり、ネヴァ河の岸に立てば景観は爽快であり、その傍らにピョートル大帝の騎馬像がある。

この街は貴族や富豪の邸宅建築が連なり、その光景はロンドン、パリにも劣らないくらいだ。府中の繁昌はその貴族や富豪がお目当てと見られ、下等の人民は貧しく無知な者が多いが、上流階級はフランス文化に憧れ奢美の風が流行しているようであった。

久米は各国を比較して、こう書く。

「英、仏、白（ベルギー）、蘭（オランダ）は平民に人物富豪の多きこと貴族に越える、故に全地みな繁昌して民権もまた盛んなり、独逸《ドイツ》（オーストリアも兼ねる）、以太利《イタリ》は貴族富平民に越ゆ、故に文物の観るべきもの、全国なお貧なるを免れず、因《よ》って君権は民権より盛んなり、ロシアは全く貴族の開化にて、人民は全く奴隷に同じ、財貨は上等の民に包覧（所有）せられ、専制の下に圧抑せらるるも、この成形（成り立ち）による」

そこでロシアの貿易や商売はほとんど外国人によって独占され、ペテルブルグの主だった店はわずかな英国人の経営を除いてはほとんどがドイツ人の経営だという。そしてドイツ人のロシア人を軽蔑すること甚だしく、ほとんど同等の交際はしていない。ロシア人も最近ようやく開化の域に進んできているが、ドイツ人の傲慢虐待には怨恨を抱くほどだと聞く。文化的にはなんといってもフランスを敬慕し、仏の文明が全ヨーロッパに覇を唱えている状況はロシアに至って初めてその深いことを知るのだ。

久米はここでロシアの歴史に言及し、そもそもロシア帝の宗主国はドイツにありといい、ロシアは欧州の片田舎であり、「野人部落たるを免れず」、ピョートル大帝は長女をドイツの王家に嫁して欧州の風を採り入れんとした。そこでドイツ人はそれを機会に政治や商売の枢要な部分につき、利権を握り、蒙昧《もうまい》（知識が浅く、物事の道理に暗い）なロシアを自然のうちに支配してきたのであって、それには一〇〇年からの歴史があるという。

しかし、最近ではロシアもようやく興り、力をつけてきているので、両国の関係は微妙に変化してきている。久米はその状況を次のように書く。

「今のゼルマン帝は、ロシア帝と魚水相親しみ、両国甚だ睦しといえども、国民は互いの相猜悪し、ペテルブルグにおいて、府中の人心を察するに、ゼルマン人を憎悪すること寇《こう》讐《しゅう》（攻撃をかけてくる敵）の如く、しかしてゼルマン人はロシア人を傲虐《ごうぎゃく》（おごりしいたげる）すること、野蛮の如し」

また、帝同士はそうであっても皇太子の代ではおのずから異なり、ロシアの皇太子はゼルマン人を嫌ってひとりもドイツ人を使用せず、またドイツの皇太子もロシアを快く思っていない、だから皇太子は「わが意思をのべるは代替わりしてからだ」といっているというのだ。

四月一日、使節は外務省に赴き、外務大臣のゴルチャコフ（当時、宰相も兼ねた）に会う。この人物はこの職に一七年もあり、賢相をもって有名であった。その後、亜細亜局の長官であるモーヒー氏が来て、前年日本を訪れたアレクセイ大公（皇帝の四男）への款待に謝礼の意を表した。

さて、この日本にも馴染みのある大公はどうしているかといえば、当時、海軍の軍人として二年間に及ぶ大航海に出ていた。それは南北戦争（一八六一～六五年）のとき、アレクサンドル二世がリンカーン大統領を支持してニューヨーク港へロシア艦隊を入港させ、英国軍を牽制したことに対する謝意を表すために、グラント大統領が招待したことがきっかけであった。アレクセイがアメリカを訪れた時期は岩倉使節のアメリカ訪問と重なっており、大火後のシカゴを訪れて大歓迎を受けている。アレクセイの航海はその後、世界周航へと変更され、喜望峰をまわって日本も訪問することになる。ロシア研究家・坂内知子氏の調べによると、この大公の世界周航はロシアでも大きなニュースになっており、その模様は特派員によって刻々ロシアの新聞に伝えられていた。それは日本への関心をかきたてることになり、岩倉使節団のロシア訪問に向けて格好の歓迎準備となったという。

翌日は農業博物館を訪れ、また広場で消防訓練を見る。それからエルミタージュの宝物殿を見物している。「室中廊中、みな宝器を羅列し、細大みなあり、その多き一日のよく見尽くすところにあらず」といい、そのうち特に印象に残ったものとして孔雀石の鉢やからくり時計などについて記している。

孔雀石は巨大で、また美術の精を極めた神品であり、その値は極めて高価だというのである。

それからエカテリーナ帝のときに英国に依頼してつくらせたという大きなからくり時計を見せられる。これは八尺（二・四メートル）もある金色の孔雀で、楓《かえで》の木に添い、鶏、ふくろう、狐がおり、花園には蛙やとかげやイナゴまでいるという手のこんだ細工物であった。係の者が操作するとこの孔雀が動き出し、一行の目を見張らせた。

そしてその午後、いよいよ皇帝アレクサンドル二世との謁見である。

宮内省より六頭立ての馬車一輛、四頭立ての馬車四輛、御者はみな緋色の衣装に金飾の盛装で、長官自らこれに乗って迎えに来た。アレクサンドル二世は五五歳、一八五五年に即位し、クリミア戦争敗北後のロシアを立て直すべく、農奴解放や鉄道の建設など開明的な政策をとってロシアなりの近代化をすすめてきた皇帝である。

しかし、ロシアは欧州の数ある国の中でも最も古い体質の絶対王制下にあった。皇帝は欧州各国の帝王中でも最も富裕で、帝室の私有地は全国の耕地森林の三分の一に及び、またシベリアに金鉱及び諸鉱山を有して、一年に四〇〇〇万ルーブルの歳入をすべて自俸としていた。年々に国庫より出す帝室費用は七七〇万ルーブルで諸皇子の費用はこの他にあり、すべての皇族の所得は二四五万ポンド（すなわち一二二五万ドルなり）に達し、そのうち四五万ポンドを施済学校、劇場費に提供したが、一二〇〇万ポンド（一〇〇〇万ドル）はすべて帝室の所得とし、オーストリア帝が奢侈だといってもその三分の一に過ぎず、英国王の歳俸に比すれば五倍の多きに及んだ。

したがって全国の民はわずかに隷農を免れたとしても、極めて貧しく褸《る》（ぼろ）をまとう状況で、政府の経理も常に苦しみ、国債及び紙幣の発行高は莫大になり、その信用を失うに至る。しかし、帝室、皇族及び貴族の富は、むしろ年々に増える傾向にあり、豪華な邸宅や別荘を競うように建て、北の果の荒寒の大地にペテルブルグとモスクワという大都をつくりあげたのだ。そして街には、車馬の声、殷殷《いんいん》（大きな音が重々しく）として地に満ち、金玉の光は、往処に目に眩耀す、みな豪族の財布より溢れてその繁華となったものといえる。したがって帝宮の宝庫（エルミタージュ）に、蓄蔵の多きこと世に名高く、宮殿の魏闕《ぎけつ》（高く大きな門）宏壮にして美麗を極めたることも、また多くその比をみざるべしである。

そして久米はその拠ってきたるところを東西の価値観の違いに求め、こう論じている。

「西洋人は欲望が強く、その性情を矯しようという意識が低い。だから君主も、所有する土地やそこに住む人民から高い税を取り立て、膨大な財宝を懐に入れている。その様子はあくなき貪婪《どんらん》さだと言っても過言ではない。欧州の人民の間に自由論が激発し、王権を奪って民権を全うしようという議論が沸き起こる原因もそこにある」

つまり、西洋には一般に貧富の格差がひどく、それが革命の背景にあるとみるのだ。

それに比べ、久米の考えでは、「東洋人種は情欲の念が薄く、君主は道徳を重んじ、むしろ節倹を旨として、民の幸福を願うもの」という観念があり、西洋人種はその対極にあると解釈している。

使節は氷結したネヴァ河を渡ってペテルブルグ城の見物に赴く。その景観と体験はかつてない、北国ならではのものであった。

両岸に停泊している船舶はみな氷に鎖《とざ》されて動くことができない。春になって氷が緩み始めると役人が測量をして氷上の通行を禁じ、そのころになると、厚い氷の大片に車をのせて舟に代え潮の流れに任せて舵をとっていく者がある。漁師は氷に穴をあけて氷上で火を焚き、穴より網を入れると、魚が温気に誘われてその辺に集まり大漁になるという。久米らが渡ったころはその氷がまさに緩むころで四日前に車馬の通行は禁止され、一行は歩いて氷上を渡ることになったのである。

ピョートル城は河岸に星型に造営された砦の中にあり、金色に光る尖塔が特徴であった。その高さは三六〇尺（約一〇九メートル）にも及び、その頂上には十字をたて神女（エンゼル）の像があった。その下にはお堂があり、ピョートル、エカテリーナ帝をはじめ歴代の帝、皇后など一二の墓があった。いずれも純白の大理石で棺の形をしている。庶民の礼拝する者は、壇にひざまずき天主と歴代の帝后とに向かって礼拝するのだ。

久米はこのロシアの政教一致の絶対王政ぶりについて書く。

「朝廷に臨みては帝となり、寺に入りては教王となり、宗教も支配下においているのは、ロシア一国である」

そして宗教が政治と関係することの大きさについて縷々《るる》述べている。

「法教の国民に緊要なる関係を有することは、東洋道徳政治の国において、実に意料し能

▲ペテルブルグの光景、イサク寺院を望む

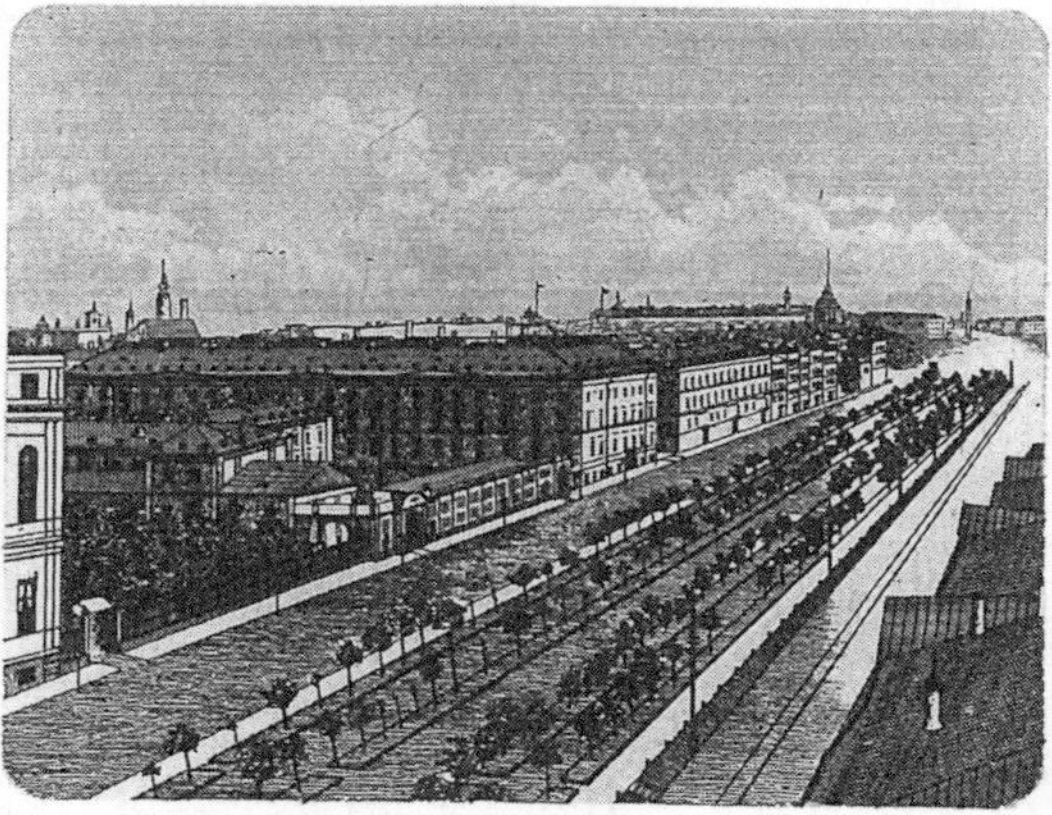

▲ネフスキー大通り

わざる勢力あるものにして、殊に未開の民ほどに、その関係は甚だ重し、偶像を拝し、獣《じゅう》豸《たい》に佞寧（動物を祟めたり）する、野蛮の教における、トルコの回教における、露国のギリシャ教における、オーストリア・フランスのローマ教における、米英の耶蘇《ヤソ》新教における、之を概してその教えの人民に浸漬《しんし》（だんだん心にしみ込む）したるの深き、国君の政事を施行するも、兵備を振るわすも、商工の事業を励ますも、農牧の開墾をなすも、すべて人をもって人を使役するには、常に法教の大なる関係あるものなり、欧州上等社会の人々において、甚だ法教を崇重する外面をみれども、その深意をはかれば、蓋《けだ》し人気を収め、規律に就しめる器具となして、その権謀を用うるに似たり」

どうも各国の実情を見ると宗教を支配の道具にしているケースが多く、久米はこの仮面を以て愚民を役使していると極言している。

そしてナポレオンが攻め込んだときロシア軍がそれに勇敢に抗戦したのも宗教の力によるところが大であるとして、「法教の敵」たる一語で、愚民をして死闘せしめたり、これギリシャ正教を器械として使った明らかな証例であると、記している。

しかし、今日ではその力もあせてきており、プロシャのフリードリッヒ二世が早くからそれを悟り宗教の熱炎を減ずるために権謀を用いた、それはイエズス会を禁じたことをさしているのだが、それは「千古の隻眼《せきがん》（真実を見抜く目）なりというべし」と称賛している。

そのあと城の一画にあったピョートルの旧宅を訪れている。それはピョートル大帝が若かりしころ、この一帯の沼地に砦を築き、大都市の建設を目指したころの粗末な小屋で、開拓時代を物語る歴史的記念物なのである。

ピョートルは片田舎の小国でしかなかったロシアを一代で欧州に名をとどろかす大国に仕上げた大英雄である。若くして当時の最先進国オランダに留学し、身分を隠して一介の船大工になって勉励し、その後、英国やドイツにも遊学して近代技術を学び取り、帰国するや船を造り軍備を整え、北の大国スウェーデンを破って北海に通じるこの地を獲得し、そこに港を開き都市を建設するのだ。その間の「身を検束《けんそく》（節制）し、種々の労作に忍耐せる一端は、この居室の陋小《あいしょう》なるにても知らるべし」である。

＊海軍・女子学生

この間、一行は例の如く、各所を精力的に見てまわる。紙幣寮（紙幣印刷所）、書庫（図書館)、奴隷売買所など、そして重工業のシンボル的存在であるコルピノの製鉄所、さらには非常に関心の深かったロシア海軍の本拠を訪ねている。

製鉄場はペテルブルグの南東一五マイルのところにある。列車は一面の銀世界を走って小さな村に着く。この地には河が流れており、やがてラトガ湖にいたりネヴァ河に合流する。この河は運送の便となり、その水も利用できるために、ここに製鉄所がつくられたのだ。

鉄はウラル山より出す、またシベリアよりも出る、ただロシアは広いだけに「常に遠距離をすぎあれば、実用の地に達せず、はなはだ不便を極めたり、故に製造の原品も内国産を放棄し、多く外国に仰ぐ」。

ロシアでは製鉄業の条件が悪かった。第一に寒気が厳しくて炉の温度を上げるのに不利なこと、第二には屋をつくるのに高いものができないこと、またガラスを吹き透明ならしむことができないこと。第三に鉄と石炭の産地が遠く運送に費用がかかること、第四に、水力を用いるのに凍りついて用をなさないため、川底からひかなくてはならないこと。しかもこの界隈はまったく平坦の地であるため水勢を利用することもできない。こうした悪条件にもかかわらず製鉄業が営まれている背景には、幾多の艱難《かんなん》努力があったことが思いやられた。

ここは海軍の管轄で海軍の士官が常駐して管理に当たっており、昼食は士官の自宅で供され、夫人も同席して会食した。その応接は懇切を極め、別れ際には一行を駅まで送ってくれた。

ロシア政府が、海軍に力を用い、戦艦の製造に苦心するのはピョートル大帝以来のことで、欧州でこれを凌駕《りょうが》するのは、ただ英国とフランスの両大国しかない。広大な領地だけに、そこに展開する軍隊の数も膨大を要し、それを運ぶ艦隊の需要もまた大きいことが察せられる。

当時クロンシュタットで製造中だった甲鉄艦は、その前年、英国のポーツマスで進水した戦艦に極めて似ており、無双の堅牢艦であり、砲櫓を二カ所に設けドイツのクルップ製の鋼砲四門を装備していると聞く。

久米は、英国での見聞を回想して次のように書く。

「英国は海軍において、自負して独歩となす、露国の軍備は、是《これ》まで英国工人の手を借り、あるいは仏国の巧みを仰ぎたるに過ぎざれば、固より之を小児視したるに、この無檣砲艪艦を創製せることを、英国に伝聞し、その形式をみるに、ポールモーツ（ポーツマス）において、まさに落成せんとする艦あるいは之に超越するところありしにより、昨年わが一行の彼《か》の国にあるときには、英国人その新聞を以て、造船者を励まし、世に製作の進歩すること、露国にてさえも、かくのごとき堅艦を構成するに至る、後生の畏《おそ》るべき、英国の人少しもその競励心を惰るべからず、と衆人に説論したりと聞けり」

その噂の戦艦を是非一見したいと思ったが、それは叶わなかった。また、久米はその最新式の戦艦がアメリカ人の発明によるものだと追記している。世界に抜きん出ていると自負している英仏も、こうして技術面の進歩では米独露に追いかけられている状況を目の当たりにするのだ。

その日は、鉄道で夏の離宮にいき、有名なクロンシュタットの砲台を見物に行く予定だったが、雪が激しく横なぐりに降る有様で中止し、午後から医学校付属の解剖寮を見学している。ここは四〇年前にできたものを四年前に拡張したという大きな建物で、解剖する数は一年間に、全体解剖で六〇〇体から七〇〇体に及び、一部の解剖に至っては数知れずという。それはすべて病人の遺体で、罪人のものはないとの答えである。そのからくりはといえば、およそ病院で政府の救済により無料で治療を受けた者は、死後みな解剖を受ける義務があるとの定めによる。解剖のあとはまた縫い合わせて元の体に戻し、政府の費用で葬ることになっているのだ。

その日は全体解剖が五、六体、部分解剖が六体あった。また、一棟には牧畜の解剖科があり、そこでは牛馬羊犬の解剖をしている。人間も獣も隣りあってやっている。そこには乾燥した支骨、アルコール漬けの臓腑、蠟細工など夥《おびただ》しい数のものがある。石灰で固めた屍もあり、髑髏《どくろ》は数室に充満し、長い廊下に堆《うずたか》く積まれ数知れずという情景だ。

学生にはモンゴル人や満州人、それに女学生もいる。ロシアでは大学で教える女教授もあり、他国では見られないことだ。解剖室には一八、九の細身のしなやかな女学生が机に向かいアルコール漬けの臓腑を手でさわっていたり、切断された腕を検査していたりして、一行を驚愕させた。欧州で婦人が大学校に入れるのはロシアとスイスだけだという。

この解剖の見学は相当のショックだったに違いない。その一つは解剖事例の多さであり、二つには人体も獣体も同じ箇所で解剖されていることであり、三つには女子学生が臓物や切断した腕に見入っていることである。それは国柄の違いでもあり、狩猟民族と農耕民族の違いでもあり、また肉食文化と草食文化の違いでもあったであろう。

そしてロシアでは女性が男子と同じように働く習慣があるのは、それだけ戦争が多く、兵にとられて男子の数が少ないためという説明を聞いている。

＊　貴族の事業家

さて、ロシアの地勢と歴史について久米はこう概説する。

「この国は欧州の極東に僻在し、アラル海、カスピ海のあたり、西域各部の漠野に連なりたれば、古来その遊牧の諸族、頻々来寇し、進みて掃い退て守り、辺境の常形なきこと、砂漠の風に変化するが如し」

一六八二年、ピョートルが帝位につくと、この帝の雄図により、ロシアは初めて西北の一強国となる。当時はスウェーデンが一大強国として他を圧していたのだが、ピョートルは海軍を強化してバルチック海に臨み、スウェーデンと戦い勝利を得る。そしてペテルブルグの地を獲得し、ここに首都を築くのだ。さらにフィンランドを所領し、東海の地域を版図に入れ、エカテリーナ二世のときにはポーランドも併呑《へいどん》していまの大ロシアを形成する。

「露西亜《ロシア》の版図を広むるは、他国を蚕食し、自国の統括にいれ、その大政に甚だ悖戻《はいれい》（そむく、反発する)するにあらざれば、その旧慣に仍いて、強て改革せしめず、故に各州において、地方の政俗各異なり、中にもポーランド、フィンランドの二国は、なお自主国の如くにして、露帝の下に付属せり、全国を十四省に分かち、国帝より総督を命じて、文武の事を総管し、官吏みなその制を承《う》け、かつ省内の兵を指揮せしむ、頗《すこぶ》る支那の分省に彷《ほう》彿《ふつ》たり」

人口は一八六七年の統計で、欧州の部分だけで七九一九万、全域では八一九三万である。

ロシアは広漠なる瘠薄不毛の野多しといえども、南部のクリミアあたり、カラミアあたり、黒海にそうたる平地は麦を植えるによろし、かくの如き肥沃な土地だけを集めて計算しても、オーストリア、フランスの二大国をなすにたるべしという。

また、この国の耕地森林は、帝領、公侯、豪族の私有地が九割を占め、自主の民は甚だ少ない。しかし、一八六一年の農奴解放令により徐々に改善の方向に向いており、そのため農業生産の高も増え、余剰農産物を輸出に振り向けることが可能となった。特に諸穀、諸果、綿花、煙草、麻、亜麻を産し、極北地域では毛皮、獣皮が珍重されている。鉱産物もまた豊富にあり、なかでも金はカリフォルニアとオーストラリアと並んで、三大金鉱といわれている。

そして国内の商業についても実情は「輸入の利はゼルマン人に制せられ、海上の商権は英人に占領せられ、この地を以て、西方の一府庫となせる状況あり」と述べている。そして商業貿易が盛んにならない理由として不凍港のないこと、黒海方面はすっかり英国人に制せられ、その出入り口たるマルマラ海峡はトルコに支配され、自由に航行できないことを挙げている。一八五三年にクリミアで戦争を起こしたのもその突破口を開かんとしたのだが、国民一般に気力がなく敗れることになった。

総じていえば、この国の富については、すべて帝室、公侯、貴族の手に集まり、人民は概して貧しく、自立の力に乏しい、資本を集め、船舶を有し、外国人と対等に貿易をできる者はいくばくもない。

だから「その資財権力ある縉紳《しんしん》(官位が高い人)は、壮麗の宮室中に、高尚の学術を談じて、富貴に逸居せるのみ、是を以てその専制の政治にて、国安を保し兵力を養えるも、富国の要点においては、甚だ未開なるを免れず」なのであった。

そうした意味で、ロシアにおける皇族や貴族の位置は、他国に比べて断然大きい。それは数においても財力においても、また事業の面でも一大勢力と解釈すべきなのだ。

　したがって使節一行との皇室、貴族との交際も盛んで、多くの皇族、有力な貴族たちに会っている。米英などで実業家、銀行家、事業家などと多く会っているのと対照的である。

　皇族たちもいろいろな職についていて、実際に仕事をしている人も少なくなかった。オルデンブルグスキーはその種の人物で、現実に、教育、福祉事業の統括責任者だった。そのオルデンブルグスキーとの会見のあと、その具体例ともいうべき育嬰院と聾唖院を見学している。ここは、十八世紀後半、エカテリーナ二世の指示のもとに重臣イワン・ベッコイが創始した孤児養育施設である。啓蒙政治家であったベッコイは親に棄てられた孤児たちを養育し教育してロシアの新しい市民層をつくりだそうという理想をもっていた。ベッコイのあと、施設はパヴェル一世の皇后マリヤに引き継がれ、彼女の孫に当たるオルデンブルグスキーへと受け継がれたのであった。

　この種の施設は米国をはじめ、これまでに各国で見てきた。その意味では珍しくはなかったが、ロシアにはおのずから異なる点もあり、久米はそれまでの見聞をもとに次のように書いている。

「育嬰院は、子を挙げても自ら鞠養《きくよう》（養い育てる）するを得ざる、貧民の子を収めて育成するところなり、この院の設けは、米、英、仏、その他の諸国にもみなあり、あるいは政府より設け、あるいは僧徒の救済より出て、あるいは人民の公立にかかる、ローマ教徒（カトリック）にこの挙多し、およそ僧徒の育成せるものは、後は多く僧になる、是もまたその宗教をひろめて絶えざらしめるの一法なり、政府より設けたる院は、露国もっとも高大なり、このほかには仏、オーストリアの両国、是と相比較を争うべし」

プロテスタントの国では「政府の之を設けるを好まず」、人口が増えることについても賛否両論がある、ただ、米国とロシアの両国は、土地が広く人口が少ないので、考えが違う。それがこのように高大な施設を造る要因にもなっているだろうと指摘している。

そのあと、聾唖院を訪ねる。ここも広大な施設で、男子一二〇人、女子六〇人の生徒があった。教育の方法はおおむね、米仏において見たのと同じだった。ここでは発声練習をはじめ、回転運動や工芸を教え、さらには台所の設備があって女子には割烹の方法を教えていた。

＊ペテルブルグの日本人

さて、ロシアは文字通りお隣の国でありながら、首都は最も遠いところにあり、その意味で馴染みの薄い国だった。したがって欧亜にまたがる大国にもかかわらず、当時のロシアにはまだ日本の代表は駐在しておらず、パリ駐在の鮫島尚信がひとりで全ヨーロッパをカバーしていた。わずかに一行を迎え案内し通訳の労をとったのは、留学生として滞在していた市川文吉や西徳次郎であり、ベルリンから同行してきた鮫島や青木周蔵であった。しかし、実はもうひとり、陰の重要人物として「ヤマートフ」と名乗る日本人がいた。それは時に「怪人」ともいわれた密航者で、数奇なる運命を辿った橘耕斎である。

日露の交流は、距離的に近いだけに日米の交流よりかなり古くからあった。いずれも漂流民がロシア領に流れ着いて助けられ、モスクワやペテルブルグなどに居ついた人たちで、帰国すれば死刑にされるということもあり、多くは現地の女性と結婚し日本語教師になったりした例である。しかし、歴史の表舞台に出てくるのは、一七八三年に伊勢の大黒《だいこく》屋《や》光《こう》太《だ》夫《ゆう》一行が漂流しロシア人によって助けられた事件で、九二年には最初のロシア使節ラックスマンが軍艦で送り届け、国交を要求してきた。次いで一八〇四年には石巻の漂流民、津大夫らが助けられて、第二回の使節レザノフによって送り返され、やはり通商を請われた事件がある。また、その七年後の一八一一年には「ディアナ号」の艦長ゴロウニンが捕らえられ、高田屋嘉兵衛《たかだやかへえ》の尽力で釈放された事件がある。いずれも日本側はかたくなに国を閉ざして開国交渉に乗らなかったが、ロシア側は粘り強く日本との交易を希望した。

そして一八五三年、米国からペリー艦隊が江戸湾にやってきた年、ロシアもプチャーチンが第三回目の使節として長崎を訪れ、開国を要求した。そして、その翌年にはプチャーチンがディアナ号で再び来日し、下田沖で津波にあって船を大破させ、その後、沈没の憂き目にあってしまう。幕府はロシアの使節団と船員ら約五〇〇人を伊豆の戸田村に避難させて保護し、そこで帰国のための船を建造することになる。ロシア士官の指導の下に行なわれたこの造船事業は、日本にとって西洋式の船を造る上での大実習になるのだが、そのとき戸田村にいてロシア人と懇意になり、帰国の際、密航してロシアに渡ったのが橘耕斎なのである。

耕斎はもと掛川藩の藩士だったが、相当の暴れ者だったらしく、脱藩したが博打や女遊びで身を持ち崩し、ついにはお尋ね者になってしまう。そこで芝の増上寺に逃げ込み役僧になりすまし、さらにはそこにもいられなくなって戸田村の蓮華寺にもぐりこんだものらしい。

そこへディアナ号事件が持ち上がって、にわかに戸田村は大賑わいとなり、小さな漁村は急造の洋式造船所になった。耕斎は武士出身だけにそれなりの才覚も学問もあったようで、造船事業を手伝ううちにロシア人とも親しくなった。そして船ができ上がって帰国するときになって、ロシア側からも誘いがあったのであろう、国外逃亡をはかったことになる。

耕斎はペテルブルグに辿り着くと、プチャーチンやゴシケビッチら有力者の手引きで日本語教師となり、日露辞典の編集に携わったりした。そして通訳として正式な官吏として遇されることになる。ゴシケビッチは後に初代の駐日ロシア領事になる人物である。

一八六二年、竹内使節がロシアを訪れたとき、それには福沢諭吉も同行しているが、ホテルの設備、調度などがいかにも日本人好みに行き届いているので、誰か日本人がいるに違いないと噂した。実はそれが耕斎であったが、そのころは海外渡航が禁じられていたときだけに表には姿を見せずに終わった。その耕斎が、今回は望郷の念抑えがたく岩倉大使の前に姿を現すのだ。

では、岩倉一行を迎えて案内役を務め、流暢《りゅうちょう》なフランス語を話す若者、市川文吉とは、どのような人物なのか。そしてどのような経緯でペテルブルグにいたのか。

市川は幕末函館の領事だったゴシケビッチの勧誘でロシアに留学したグループのひとりだった。文吉は一八四七年生まれ、父は開成所の教授で市川兼恭といった。一八六〇年、十四歳のとき蛮書取調所でフランス語を学び始め、後に開成所の教授手伝いにまでなっている。そして留学生のロシア派遣の話が持ち上がると、ロシアに関心の深かった父の勧めで留学生に選ばれ、一八六五年、奉行支配役山内作左衛門の引率の下、幕臣の子弟四名とともに日本を発ち、翌年二月ペテルブルグに辿り着くのだ。

受け入れ側はゴシケビッチと橘耕斎だった。二人が彼らの面倒を見、ロシア語を教えた。留学生らはそれぞれ専門の学問をするつもりだったが、ロシアが後進国でそれには適してないことを知ると、失望してその意志もくじけた。また、留学生たち自身も幼少で適材とはいえず、市川以外はまもなく帰国することになってしまう。

そこで市川のみが居残り、プチャーチンの許に引き取られて作家ゴンチャロフなどから語学、歴史、数学を学ぶ。そしてロシア女性と結婚し、男の子をもうけた。十代でロシアに住み、以来八年近くロシアの有力者に教育を受けた、本格的なフランス語とロシア語の遣い手でありロシアの事情通だった。

市川は使節帰国と同じ時期の明治六年に帰国し、まず東京外国語学校の教授となり、さらには外務省の二等書記官となる。そして後には榎本武揚《えのもとたけあき》大使の下で千島・樺太交換条約の締結に尽力するのだ。

もうひとりの留学生、西徳次郎は薩摩出身、市川と同じく一八四七年の生まれで、藩校「造士館」に学び、黒田清隆幕下として戊辰戦争に従軍する。その後、開成所に入りロシア語を学ぶ。そして黒田、大久保利通を説き、明治三年、留学生としてロシアに派遣される。ペテルブルグでは市川文吉や橘耕斎の世話になり、ペテルブルグ大学法政科に入学し、当時はその学生だった。

西は五年間通い大学を卒業すると、同地の新聞社に入り記者としてロシアの国情を調査する。その後、駐パリ公使館、駐ロシア公使館の勤務を経て、駐ロシア大使となり、さらには明治三十（一八九七）年、黒田内閣の外務大臣にもなっている。日本人として初めて中央アジア、シベリア、モンゴル、清国内地を踏査し、露仏語に堪能なロシア通、大陸問題の第一人者として重きをなす人物である。

さて木戸はどうしているのか。日記によると、例の如くペテルブルグの日本人とも盛んに交流しており、ニコラス大公の邸を訪問した日には、サウナ風呂に案内されご機嫌だった。

「二時過ぎより大和夫（ヤマートフのこと）の案内にて、何、ハーソンと湯浴楼に至る。余らの至りし室第一なり、湯浴室ともに五室あり」

どうやら最高の部屋に通されたらしく、いかにも立派な設備であった。

「化粧部屋とトイレットの一室あり、脱衣する一室あり、浴後横になる一室あり、身体や髪を洗う一室あり、この部屋に風呂も備えり、蒸気にて全身を蒸す室あり、蒸気厚薄自在にして一種の枯れ芝を枕にし、適意の時までこの室中の棚に臥す、この趣実に妙、あるいは使駆の夫、あるいは芝を以て全身を打ちまた汚埃を流洗す、実に愉快を覚えり、米欧中かくのごとく全備にして美なる湯浴の屋をみず」とある。

ハーソンとはウイリアム・パーソンという牧師のことで、シドニー・ブラウン教授（オクラホマ大学）の調べによると、米国で知り合い、急遽側近の秘書役として雇った人物で、木戸にはその後帰国するまでずっと同行している。

「三時半にホテルに帰り六時過ぎより杉浦と西直次郎（徳次郎）を尋ね談話十一時にいたる、ホテルに帰りて後、青木と談じ四時就寝」とある。ドイツから同行してきた青木も同じホテルに泊まっていて、朝方まで話し込んでいたことがわかる。

また、その翌々日はペテルブルグを発つ前日だが、山田市之丞（顕義）、福井順三、富永冬樹がオランダからやってきて、山田、青木らと夜三時ごろまで談話している。

伊藤博文はそのころ、梅にまた平仮名の手紙を書いている。

「正月二十二日ころの手がみうけとり、その後はふみもまいり申さず、いかがかとあんじ申候。さだめて御ぶじ御くらしのこととすいさついたし申候。

われことといつもかわらず無事にたびいたし候間、ご安心くださるべく候。

勇吉、お生まめにてせいちょういたし候や。われ事このせつは、おろしやという国にきたり。さむさのつよき処なれども、明後日はまた出たつ、でねまるくと申す国にまいり申し候。じこうもよくなりべき候。しかし風もひかず、すこしもさしさわりなきことなれば御きづかいされまじく候。おそくとも八月のすえにはかえり申すつもりに候間、御まちくだされたく候。

その後はめの病いかが相成り候や。おいおいよろしきほうといのりおり申候。この後は手紙御だしにてもゆきちがい候につき、御おくりにおよばず。朝夕、御ようじんかんようなり」

いつもながら、なかなか心のこもったやさしい手紙である。

＊開化と不開

当時の日本の知識階級、サムライたちは久米も含めてロシアを世界一の超大国と恐れていたようだ。ところが世界各地を旅し、ロシアの原野を走り抜けこうして首府を訪ねてみると、その認識を改めざるを得ない。

久米は書く。

「今に至るまで日本人の露国を畏怖すること、英仏の上に出づ、人々の意中に、英仏は阿《オ》蘭陀《ランダ》一般の商国にて、独逸、オーストリアは欧州に強を競う国なりと想像し、ただ露国のみ最大最強にて、常に狼視虎歩して、世界を併呑する志を抱くものなるというが如きは、衆口一談、かつて疑いをいるるものなし」

久米の説によると、英仏はオランダ並の町人国であり、ドイツ、オーストリアはせいぜい欧州内で強を競う国でしかなく、日本に脅威を与え、最も恐るべき国は欧亜にまたがって領地をもち世界をも呑み込もうという野心をもったロシアより他はないという認識だった。その認識が井の中の蛙《かわず》の幻想だったことに気づく。

久米は自ら顧みて、その原因を分析する。

欧米列強の日本への初見参といえば、ペリーの黒船来航をもってその嚆矢《こうし》とするのが一般だが、それに先立つこと五〇年、文化三（一八〇四）年にすでにロシアのレザノフが軍艦を率いて長崎にやってきている。これこそ全国の泰平の夢を破り、尊皇攘夷《じょうい》の論を沸騰させた発端だった。長崎に隣接する佐賀藩士からすれば、納得がいく議論である。その上、ロシアにはピョートル大帝の描いたという「一母五児に乳をふくませる図」というのがあって、「五大州を併呑して、子孫に分封すべきことを命じた」という説がある。世界地図を開いてみれば、確かにロシアの領土は欧州の三分の一、アジアの半ばをすでに占領して、北米アラスカにまでまたがり（一八六七年にアメリカに売却したけれど……）、日本を北方から呑み込みそうな気配に見える。しかも、事実、カムチャッカ、樺太では原住民がたびたびロシア人に乱暴されている現状を見れば、そう危惧するのも無理からぬところがあった。とりわけ、ロシアを身近に感じる北九州や長州藩のものはその傾向がつよい。実際、対馬にロシアが上陸して占拠する事件があったことは前にも述べた。また、樺太や千島ではロシア人と日本人が混在して、どちらの土地ともいえない状況が続いていた。プチャーチンが長崎にやってきて日本の開国を求めたときにも樺太の国境問題を緊急に解決すべき問題として挙げており、ロシアは国境を接しているだけに緊急切実の問題を抱えていたのだ。

しかし、米欧回覧の結果、判然としてきたことは、欧州で最も雄なるは「英、仏」であり、「最も不開なるは露」だということである。英仏蘭による植民地争奪や、砲艦外交の現状を見るにつけ、日本を呑み込もうとする国があるとすれば、どうしてロシアだけに限られようか。英仏が植民地を貪《むさぼ》っているのは明らかにその意であり、ドイツなどもいまのところその意志はないとしているが、そうとばかりは信じがたい。久米はそう留保をつけている。事実、ドイツの駐日公使フォン・ブラントのビスマルク宛の手紙が最近発見されたが、その中で「エゾ（北海道）は十数隻の艦隊と五〇〇〇の兵で占領できる」と具申しているのだ。

「われ最も親しむべきは英仏にあるか、露国にあるか、あるいはドイツやオーストリアにあるのか、世界の真形を瞭知し、的実に深察すべし」と久米は書く。よほどしっかりと世界の現実を見ないと、日本の針路を間違えるぞと自他を諫《いさ》めているのだ。

一行は一八日間のロシア滞在を終え、来た道と同じ線路を辿ってドイツへと向かう。荒野を縦断すること二日に及び、旅はまた一行をさまざまな思いに誘った。久米は長い旅を反芻しながらこのように書いている。

「地図を開きて検すれば、ヨーロッパの大半はなおこのような景況（漠野茫々として森林榛榛〈乱れ茂るさま〉たり）なることを知る。しからば文明と呼び、開化と叫ぶも、全地球よりいえば、一隅において星天地の光にすぎず、陸境の広き、十の九は、なお荒廃に属せるなり」

使節は日本よりおそらく最も遠い地点まで来て、ようやく一つの結論に行きついたようである。サンフランシスコに上陸して、アメリカ大陸を横断し、ワシントン、ニューヨーク、ロンドン、パリと文明の階段を上りつめ、そしてベルギー、オランダ、ドイツ、ロシアとまるで坂を下るように旅してきて、ロシアの原野を目に再びアメリカの大荒野を連想するとき、欧米文明なるものの俯瞰《ふかん》をし終えた思いで、おのずから自得するものがあったに違いない。

世界は欧米だけではない、尚、アジアがあり、中東があり、アフリカがある。日本はいったいその中でどのあたりに位置しているのか、上を見れば英仏の如き仰ぎ見るような文明国がある。しかし、下を見れば日本より遅れている地域も極めて広い。おそらく一行は、ドイツとロシアの旅から、日本の置かれている相対的な位置を悟り、ある意味で大いなる自信を得たように思われるのである。

二十四章　デンマーク、スウェーデン、ドイツ縦断

＊奮起する小国・デンマーク

岩倉本隊はいったんハンブルグまで戻り、そこからコペンハーゲンに向かうのだが、木戸は真夜中ドイツ領のクローフ駅で一行と別れ、ベルリンへと向かう。木戸と同行する者、何礼之、鮫島尚信、青木周蔵、パーソンである。

一方、先にベルリンを発ち帰国の途についた大久保はどうしているのか。鹿児島出身でドイツに留学していた河村淳を通訳に伴い、まずフランクフルトに立ち寄っている。当時、日本は貨幣制度の整備に追われており、数ある藩札が乱れ舞う中で紙幣の統一が緊急の大事であった。金銀硬貨については大阪の造幣所で鋳造をすすめているが、紙幣は偽札防止のため精巧である必要があり、そのころ世界一といわれたフランクフルトのノイマン

社に印刷を依頼していたのだ。大蔵卿の大久保としては是非とも見ておきたかったのだろう、その印刷工場を訪ねている。ここには日本から監督のために吉原重俊ら二人の日本人が派遣されており、大久保はその案内で視察した。吉原は薩摩の二次留学生の一人で、畠山と同じく、召集されてワシントンから岩倉使節団に加わり、大久保・伊藤のとんぼ返りにも随行した人物である。後、外務省や大蔵省で活躍し、初代日銀の総裁となる。

尚、宿泊したホテルはワイセンシュワインという高級ホテルで、つい先頃独仏平和条約の締結された場所であり、奇しくも大久保の泊まった部屋は独仏の全権が終戦交渉をした歴史的な記念すべき部屋であった。

翌朝ホテルを出た大久保は途中、普仏戦争の戦跡を辿るかのように、ドイツが獲得したアルザス・ロレーヌ地帯を抜け、ストラスブルグやメッツに立ち寄りながら、四月一日、パリに入った。

当時、パリを中心に欧州各地には薩摩出身の留学生らが多勢いた。大久保帰国のニュースが伝わると、急遽パリで送別の宴を張ろうということになる。場所はパリ郊外の景勝の地、サンゼルマン・アンレのレストランである。集まったのは、川村純義、村田新八、前田正名、中井弘、川路利良、大山巖、高崎正風ら三〇余名だった。さすが薩摩藩である、当時これだけの人材を欧州に派遣していたことになる。若い後輩たちに囲まれて、大久保もさぞや嬉しく頼もしかったであろう。天涯はるか隔てた異郷の地にあって同郷の旧知、旧友が一堂に会したのであるから、その盛宴や思うべしである。いつもはあまり酒を嗜《たしな》まない大久保もこのときばかりは盃を重ね、陶然として美酒に酔ったという。

一方、岩倉本隊は、エルベ河畔のドイツ第一の港ハンブルグに立ち寄る。清潔な美しい街で、宿はアステル池に面するヨーロッパホテルだった。

久米は、その印象をこう書いている。

「府の市街は、両川の交会する地に拠り、河流は前を過ぎ、余水は後を浸し、連甍はその間に湧起し、運河を縦横に通し、中には沼池をたたえ、屋造潔に市街美なり」

その日は快晴であったらしく、氷に閉ざされたペテルブルグから「雪を踏みて出発」してきただけに、春色満ちるこの界隈の風光は殊の外、美しく見えた。

「駘蕩《たいとう》の和風は、花柳の間を吹き来たり、烟霞《えんか》の間に、花気ふん芳として緑野の霞につらなりたるを見る、三日間に三春を閲す、汽車の快もまた、ここに極まるというべし」

使節はここに一泊して各所を見学しているが、有名な娼婦街にも出かけている。

「西北に花街あり、娼妓を公許し、三等の娼館あり」、上等の娼館は建物も美麗だが、中等以下は部屋も小さく設備もよろしくない。西洋の都市はどこに行っても街娼を見かけるが、この街のように「公然として花街を開きたるは、この府にて始めて之をみる」としている。一行はアムステルダムも訪れているのだが、昼間の訪問だっただけに有名な飾り窓は見なかったのか記録にはない。いずれにしろ売春問題は公許すべきかどうか、吉原の例と比較しながら大いに論じ合ったようだ。

さて、一行は夜遅く九時にハンブルグ駅を出発してキールまで行き、そこから定期船でコルソールまで行き、そこでデンマーク側の接待員、元駐日公使のシッキ氏らの出迎えを受ける。そして汽車に乗り換え、豊かな農牧地を走り抜けてコペンハーゲンに向かう。デンマークはいまや小国だが、最も栄えた十一世紀ごろはスウェーデンの南部もドイツの北部もイギリスの北部でさえ、デンマークの領地だった。ところがその後、幾多の戦いで破れ、ついには一八六四年、プロシャ・オーストリアとの戦争でも破れて、南部の肥沃な二州まで割譲させられた。いわば国土の三分の一を奪取されてしまったも同様だった。このあたりの地域は利害錯綜のところで、歴史的に見ると国境線が大幅に変動していることがわかる。日本のような島国に生まれ育った者からすると、ヨーロッパにおける国の概念はかなり違っていることを実感したであろう。

さて、デンマークを訪れたころの使節一行はすっかり小規模になっており、現地の新聞によると一一名になっている。随行では市川文吉がロシアからついてきており、新たにはパリ駐在の栗本貞次郎が参加している。栗本は親仏派の幕臣栗本鋤雲の養子で、フランスに留学、当時は在パリ公使館付の二等書記官であった。市川とともにフランス語を流暢に話したという。一行はデンマーク政府の饗応でホテル・デ・ロワイヤルに宿泊し、翌日には皇帝クリスチャン九世に謁見、夜は皇帝皇后主催のソワレ（夜会）に招かれ秘蔵のワインをご馳走になっている。

久米は人口一八〇万の小国、デンマークの印象について、「一般みな質朴にて生業に励み、奢麗の風に淫せざるは欧州第一なるべし」と記し、好感を寄せている。この国には五日間しか滞在していないが、相変わらず精力的に、博物館、公園、電信会社、軍艦製造所、砲台、ドックなどを見学している。が、そのハイライトは証券取引所ホールでの大宴会で、それにはそれなりの理由があったのである。

デンマークは農牧業の国というイメージが強いが、バルト海の荒武者だっただけに造船、海運、漁業に強く、その面では国際的な仕事もしていたのだ。なかでも電信時代に先がけて海底電線を敷設する会社を立ち上げ、国策事業として展開した。それは、戦争に敗れて意気消沈していた国民に希望を与えるものであり、国を挙げての大事業だった。そしてその一環として日本政府からもウラジオストック・長崎間、上海・長崎間の海底電線を請け負い、すでに敷設し終えていたのだった。

その中心人物はデンマークにおける実業界の大立者ディットゲン氏であり、その片腕がシッキ氏だった。そこでこの二人が中心となり、日本使節のための大歓迎会が催されたのである。それは民間人主催のものとしては、ヨーロッパで最初のものであり、宰相、大臣以下有力者を網羅し、会食の者は二〇〇人という盛会ぶりだった。

久米も欧州の僻隅のこの小さな国がそのような国際的な事業をやっていることに驚いたようで、「デンマークの海外電信会社は、わが日本へも条約し、上海と長崎との海底電線を設けたるほどなれば、その盛んなること想像すべし」と感嘆している。しかし、このことは知る人ぞ知るで、この大北電信会社は明治三年、函館の駐日ロシア領事を通じて時の外務卿沢宣嘉に国際通信事業について売り込みを図り、当時すでに電信事業の必要性を痛感していた寺島宗則がそれを受けて交渉し、この会社と三〇年契約を結んだのだ。

▲コペンハーゲンの市街と朝市

▲海底電線会社のあった取引所の建物

寺島は医家の出身であり、早くから蘭学を学んで科学技術にも通じており、安政三年には藩主島津斉彬《なりあきら》の命で鹿児島城の本丸と二の丸の間に電信を開設している。そして慶応四年、横浜判事時代に早くもその必要性を認めて電信の創設を申請し、その後、英国の技師の手を借りて明治二(一八六九)年十二月には横浜・東京築地間に電信を完成させた。そして明治四年には上海・長崎、その翌年にはウラジオストック・長崎の海底電線が開通、さらには長崎・東京間の工事も急ピッチで進められ、明治六年には世界の情報ネットワークに結びつくのである。シッキ氏はそのとき、電信事業を日本に売り込んだ当事者だったのである。

ディットゲン氏の挨拶に続いて岩倉大使もスピーチし、デンマークの国際電信事業についての貢献を高く評価し、会場から盛んな拍手を浴びている。

＊ 鉄と木材の国・スウェーデン

次いで一行は船でバルト海を渡りスウェーデンに向かう。対岸の港町マルメではスウェーデン政府の接待員が出迎え、中心街のライドベルグホテルで昼食をとっている。この欧州の果てともいうべき北の街には日本人が来たことがなく(少数の軽業師を除き)、市民は一目見ようと黒山の人だかりだったという。使節一行はここから特別列車に乗り、一夜を車中で過ごし、一九時間かけて翌朝早くストックホルムに着く。

当時、スカンディナビア半島は一国であった。ノルウェーが独立するのは一九〇五年であり、スウェーデンは森林と湖の国ともいわれ、また良質の鉄鉱石が出ることでも有名だった。そして古くからバルト海、北海へと進出し、大国ロシアとも互角に戦う武勇の国でもあった。

ストックホルムはその首府であり、フィヨルドの入江の奥深く、メーラレン湖との間に浮かぶようにある美しい街である。人口は一三万八〇〇〇、石造りの重厚な宮殿が水上に映る歴史ある王国だった。一行は、その王宮と向かい合う一等地にある最新のホテル・リードベリに宿を定める。

久米はこの街の模様をこう書く。

「すべてこの都府は、地盤に花剛石を敷き、清き湖中にあり、松林にて緑色を粧い、蒼石にて家屋を連ね、層々として碧波に映ずるは、如何にも浄潔なる都府にて、全欧になき気象なり」

翌日、王宮に国王のオスカル二世を訪問、謁見の儀をすませ、夜は晩餐会、舞踏会に出席する。ただ、スウェーデンと日本との国交はオランダを介して行なわれており、締結した条約もオランダの駐日公使が代行していた。したがって、この時点ではスウェーデンの公使は日本にはまだ派遣されていなかった。そして例の如く、海軍所、博物館、物産展覧所などを見て歩くが、その翌日には王のはからいで河蒸気（ボート）を仕立ててクインズアイランドにある離宮を訪ねている。ここはペテルブルグの夏の離宮と同じく、小規模ながらもパリのヴェルサイユ宮殿を模したもので、フランスの威光が全欧州にあまねく行き渡っていることを感じさせた。

その後はまた羅紗工場、造船所、木材製造所、マッチ工場、製鉄所、小学校、チーズ工場などを見てまわる。しかし、この国の最も得意とするものを挙げるとすれば、海軍、木材業、鉄鋼業、マッチ製造であろうか。使節は、そのいずれについても詳しく見学している。

海軍所への案内は国王自身によるもので（奥田環氏の調べによると）、海軍施設の集中していた「海軍の島」シェップスホルメンであったと推察できる。この島にはドック、艦隊停泊所、砲兵将校の兵舎、士官の宿泊所、貯蔵庫、兵器庫などがあり、スウェーデン側としては見せるに値する場所だったに違いない。

それから木材工場に赴く。「この場は百般の器什を製す」とあり、さまざまな木材製品をつくっていた。次いでマッチ工場を視察する。マッチの発明はいわば小さな大発明であって、それまでの点火方法と比べれば、大革新であった。その秘密は軸棒と火薬にあり、スウェーデンはその双方において優れていた。火薬については危険が伴うので当時も秘法とされており、「安全マッチ」なるものがいかに貴重だったかがうかがわれる。軸棒についてはポプラの一種が使われており、その工場では毎日六万個が製造されていた。

因みにいえば、アルフレッド・ノーベルは当時四〇歳ですでにダイナマイトを発明していた。そして一八六七年にダイナマイトの特許を英国で取っているのだが、まだ、実用段階にまでは達していなかったため、話題にのぼってこなかったのであろうか。

さて、ストックホルムで訪れた最大の工場は鉄鋼場だった。久米は「ボリンデール」と書いているが、ブーリンデルと発音するのが適当で、ここは高級な鋼を造る最新の工場であり、ブーリンデル社長自らが一行を案内し、その後、自宅に招いて酒宴を催している。この国は木材は豊富だが石炭が出ないので、製鉄にも木材を使っているのが特徴だった。

こうして使節はあまり馴染みのなかったこの国でも一級の歓待を受け、いろいろの貴重な勉強をすることができた。久米はスカンディナビア三国の国民性について、生来「強健にして操船の業」に秀で、過去には海上に出没して海賊行為をなし近隣の民を震え上がらせたが、今日ではその強健の性質を保持しながらもその力を各々《おのおの》の生業に注ぎ、国を愛し兵力を鍛錬し、大国の間にあってよく独立自由を確保していると、高く評価している。

こうして一行はまた同じ鉄路を辿ってマルメまで戻り、そこから船でコペンハーゲン経由リューベックまで行き、列車に乗り換えてハンブルグまで帰っている。

さて、使節はいまはドイツ領となったユトランド半島の豊かな農業地帯を通過する途次、誰からであろうか、こんな話を聞いている。

このあたりは元はデンマークの土地だったこと、いまや国際的にも名高いドイツのモルトケ将軍も実はこの地の出身であり、遡ればデンマーク人であること、そしてハンブルグの北辺はアングロサクソン人の故郷であることなどである、実際に駅で見かける人々の容貌を見ていると、「深目豊頬なる、英国人に肖たり」である。ヨーロッパ人種や国境は実に入り組んでいて複雑であるが、久米はその状況を次のように書いている。

「欧羅巴《ヨーロッパ》の全州に、種々の人民、族類を分かって郡村をなし、その容貌、言語の異なるが

▲「浄潔なる都府」ストックホルムの街

▲ブーリンデルの製鉄所

如くに、風俗もまた異なり、一般の風気たる、性情を矯正することをなさず、その日新といい、進歩というも、多く利益上に相競励するところにて、旧により修美を加えて新を研出するを尚う」

つまりヨーロッパには様々な人種、民族が比較的狭いところに一緒に住んでいるのだが、支配者が代わっても決して無理に言語や習慣を変えさせるようなことはしないで、古い習慣・風俗をそのまま認めている。進歩といっても、もっぱら経済上の利益のことを考え、旧習は徐々に修美を加えるようにしているというのだ。

「人民を強いて、故習を廃するの利益は甚だ少なくして、その守常心を傷りて、不安堵を与うるの不利益は甚だ多ければなり」

風習の最大のものは宗教であり、言語である。顧みれば、わが国では「開化、進歩」を叫ぶ余り宗教や言語まで西洋風に変えてしまえという荒っぽいアラビア馬の一群がいる。久米の言葉はそれらに大いなる反省を強いる真意といえようか。

＊ドイツ三都縦断の旅

使節はハンブルグに一泊した後、いよいよヨーロッパ大陸の中原を縦断してアルプスの大山脈に向かう。が、一行はその途中の街を素通りしてはいない、金融の街フランクフルトにもバイエルンの都ミュヘン（ミュンヘン）にも立ち寄り、それぞれ二泊してその特色ある街を回覧している。

ヨーロッパの地勢図を見ると、バルト海および北海沿岸は、ロシア、ポーランドからドイツを経て、オランダ、ベルギー、フランスにかけてずっと広大な平地が広がっている。そしてハノーバーのあたりを境にして平地も尽き、その南のドイツ領には低い山地や丘陵地帯が続く。そしてその間に川や盆地があって、数多くの小王国、公国、都市国家、枢機《すうき》卿《けい》の領地などが混在していることがわかる。ドイツが数多くの領邦国家に分かれていた理由も現地を旅してみれば、なるほどと納得がいくのである。

岩倉一行を乗せた列車もその多彩な領邦地帯に分け入っていく。まずレイヌ河に沿って走ると、景色はとみに面目をあらため、丘の斜面には春色が満ち、一行の感性をいたく刺激している。やがて大学街で知られるゲッチンゲンを過ぎ、この界隈で「高名の都府」カッセルをよぎる。このあたりの車窓からの景観は素晴らしく、久米は次のように描写している。

「この府はフェルタ河を帯び、両山相持し、人家はその間に参差として湧き、山青く水碧に、満山の林檎桃李（リンゴと桃）は、花を開きて谷を圧し、麦苗菜花は、緑を抽て金をしき、夕陽正《まさ》に斜に山霧漸紫なり、車上の眺め奇絶す、今日の途上は、此処を以て第一の好眺望とす」

列車は九時半、フランクフルトに着き、一行はホテル・アングリテールに入る。当時のフランクフルトは人口が九万くらいしかなかったが、かつては神聖ローマ帝国の中心都市だった歴史もあり、新興のベルリンや港町のハンブルグとは別趣の風があった。マイン河畔にあるこの街はドイツのほぼ中央に位置し、水運と陸運の要衝であり、また貿易の中心地でもあった。久米はこの街を評して「貿易の要衝なれば、豪家の商賈多く、ことにユダヤの族多く、蓄財最も富む」と書いている。

次いで街の中心であるレーマープラッツを訪れ、市庁舎内のホールに案内されて神聖ローマ帝国の帝に推された四一人の画像を見ている。おそらく宗教と政治の関係、そしてマルチン・ルターの宗教改革が起こってくる背景にも思いを馳せたに違いない。

翌日は、日本の紙幣を印刷しているナウマン社を視察している。紙幣は贋作《がんさく》防止が生命であり、そのために精巧な柄の印刷が可能なこの会社が選ばれたのだ。その印刻場は「縮図器械、花紋を輪に刻する器械を備う、男女四人にて彫刻をなす、一の銅版を成就するに三年の月日を要するという」とあり、「ゼルマン人勉強に堪え、稟性周密なるを以て、かくの如き業はその長する所たり」と久米は解説を加えている。

翌日、一行は一〇時半にホテルを出て南駅にいき、そこからミュヘン行きの列車に乗り込む。二時半、バイエルンの境界であるヴェルツブルグ駅につき、昼食をとっている。駅舎が意外なほど大きいので訳を聞けば、ここが国境なので輸入税を取る仕掛けだったという。市街は壮麗であり大きな寺院や高い塔が目立つ。このあたりから小さな村にも大きな寺が目立ち尖塔がそびえ立つのは、カトリック圏内に入ったことを表している。

久米はここで新旧キリスト教の攻防に思いを馳せ、次のように書いている。

「南方ドイツ地方は、今でもローマカトレイキ教（カトリック教）の過半なる国が多く、一五〇〇年代、マルチン・ルターがプロテスタント教を始めたとき、バイエルン国は貴族多く、その兵馬の権を失うのを怖れ僧侶と結び、領民を培克《ほうこく》（搾取）し、富貴を固くすることを計り、新教を排斥せんとした。そしてバイエルン以南、スイスの大半、仏国、スペイン、ベルギー、イタリアに新教の蔓延するのを防いだ。このあたりがその境界であり、それは車窓からの景色からもみてとれる」というのだ。

途中、山間の谷沿いを走り、筏《いかだ》で材木を運ぶ風景を見る。そのあたりの山は全山緑に覆われ樹木がよく茂っている。久米はここでヨーロッパの森林がその保護にもよく配慮していることに気づいて、欧州では「山林を伐採するには、私林といえども地方当局の許可をうけてのち斬る。筏を編み、流材をなすにも厳重の制ありて許しを得なくてはならない」と書き、それもかつて樹木をみだりに切り倒して禿げ山にしてしまい種々の災害を被った苦い経験から、ようやく森林保護の思想が生まれてきたのだといっている。

列車はいよいよ山地、丘陵の目立つ、豊かな高原盆地、バイエルンの領内に入っていく。車窓には果樹園や菜の花畑が見え、春爛漫の景色が夕陽を浴びてのびやかに広がっている。時に運河があり、荷物を運んでいる舟を見る。聞けば、それはラインやドナウの大河に通じ、その先は北海や黒海にまで延びていると知る。

久米は欧州全土にこのような水運が開け、鉄道が通じ、貨物が縦横に運ばれている状況についてあらためて思いをいたし、次のように注意を喚起している。

「欧州各国、みな工芸を競い、外に貿易を広くし、地に車、河には舟、以て船舶を洋海に差派し、西米、東亜を回り、左右に視て利を謀《はか》る。わが日本の遼遠なるも、その産物は、数月を出ずして欧州の市場に上るべし、その要津（交通、商業上の重要な港）を問えば、いわくロンドン、いわくマルセーユ、いわくアムステルダム、いわくハンブルグ、その他は寥寥《せきせき》（もの寂しいさま）として聞くこと希《まれ》なり、今各国の実際を経過して、その貨物の何処《いずこ》に着落するやを問えば、諸港津は一時の駅站にすぎずして、尽く各国陸路貿易の要都を分派し、山陬僻隅《へきぐう》（僻地）にも、東西洋の物産を仰ぎて、盛んに生意を起せるは、比比みな然り、故に世界産物の流通する状は、海路を経て、要港に上り、海港に注輸す、百川の流入するが如く、動脈の注射するが如し、しかして海港の百貨は、倒流を生じて、各地に向かうは、潮の進むが如く、静脈の掃射するが如し」

久米は物流の重要性に着目し、交通運輸機関が動脈や静脈のような役目を果たしていると理解するのだ。

それゆえに、これから国を興していくには、世界の地理形勢を深く観察し、その実態を知らなくてはならないと強調している。

やがて陽は落ち、列車は九時半にミュヘン駅に着いた。

一行は、直ちに街の中心にあるホテル・ヤーレスザイテンに入り、二泊して街を見物する。バイエルンは人口四八六万、土地肥沃に、鉱産物も豊かで、ドイツ諸邦のうちでも群を抜く大国であり雄邦であった。このたびのプロシャ主導のドイツ統一に際してもバイエルンだけは特別扱いで、税制なども独自のものをもち半独立の形勢にあった。気風もまたオーストリアに近く、貴族の勢力強く、カトリックが優勢で、美術工芸に秀で、都雅奢美の風がある。

ミュヘンはその首都にふさわしく、どこか典雅で、貴族的で、美しい街であった。一行はパレ・ロワイアルなる宮殿や有名な美術館、イギリス庭園や凱旋門、博物館や女神の像などを訪れている。同じドイツでもプロシャとは気風がずいぶん異なるようで、都市の造りや景観もベルリンなどと比べずっと優美であり、南国イタリアの影響もそこここに感じられ、領邦国家ドイツの多様性をあらためて認識させられた。

＊木戸孝允、悠々たる旅

さて、ベルリンへ向かった木戸はその後どうしているのか。

日記によると、ロイヤルホテルに宿泊し、翌日にはオランダから野村靖と内海忠海がやってきた、とある。いずれも長州の後輩で大使随行、野村は外務省から、内海は神奈川県からの派遣組である。宿には通訳として何礼之とパーソンが随行している。

実はこのパーソンなる人物、木戸とよほど気が合ったらしく、ワシントンで個人の英語教師として契約し、以来ずっと旅に同行してきているのだ。パーソンは南北戦争で勇敢に戦った兵士であり、そのことも木戸の気質に合ったのかもしれない。この異色の随行員は結局日本にまでついてきており、木戸が高官である間はその英語秘書を務め、個人的な親しい友人でもあった。そして木戸が退官すると大学教授の職につき、木戸が亡くなったあとは帰国してまた牧師に戻った。木戸の人柄を示す、おおらかで懇篤な交友ぶりである。

翌々日には池田謙斎の誘引で、ブランケンベルヒという医者を訪ねている。そして病院が満杯なのでホテルまで往診してもらうことになり、翌日から佐藤進や池田謙斎を通訳にして手術を受けている。どんな手術か定かではないが、日記には「痛みずいぶん烈《はげ》しく出血せり、かつ左の薬剤（この部分欠＝著者註）を認めて帰れり」とある。それから五日連続でブランケンベルヒが来て治療しており、木戸が大久保と同行して帰途につかなかった理由の一つが、この治療にあったのではないかと想像される。

木戸はしかし、この間にもシャルロッテンベルヒの宮殿を見たり公園を散歩したりしているから手術はたいしたことはなかったのであろう。また、青木の案内でグナイスト教授を訪問し、「その説、益を得ること少なからず」とも記している。グナイストは後年、伊藤博文が憲法調査のために渡欧したとき、最初に教えをこうた教授である。

木戸は一〇日ばかりベルリンに居て、四月二十六日にドレスデンに向かい、ビクトリアホテルに泊まる。同行者は何、パーソンをはじめ、野村、内海、富永、山田とあり、いつの間にか長州グループが一隊をなして旅しているようだ。翌日は公園を散歩したり美術館を見たり、実に楽しげである。「このパークの風光実に佳、府外に桃李に埋し、数村落を見遣《や》り本邦の春色など思い出せり」と日記に書いている。

次の日にはモルノルヒッティという鉱山学校を見学し、その夜にはウィーンに向けて出発する。ちょうど万国博覧会の開催日を二日後に控えていたので、それに参加するためである。

ウィーンの駅には岡本大蔵大丞、大使随行の小松斎治などが迎えに来ていた。ホテルには万国博覧会の日本代表である佐野常民《さのつねたみ》が訪ねてきて、出品物や人員派遣のことでいろいろ相談にのっている。翌日は曇りで少し雨がある日だったが、万国博覧会の開会日であり、シーボルトの弟という人物が案内役で開会式に出かけている。道は馬車で埋まり、すごい混雑だったという。巨大なドームをもつ円形の大ホールは観客で満ち溢れ、十二時、皇帝皇后、英国皇太子、ドイツ皇太子同妃殿下、その他各国の王族が場内に入り、このとき祝砲が発せられ、みな声をあげて迎え、皇帝が開会の演説をした。

木戸はその後五日ばかり滞在しているが、ウィーンの街や教会や宮殿、それに夜は劇場や曲馬の見物と忙しく、日記によると、それほど博覧会場には行っていない。しかし、五月四日の記録によれば、午前中に佐野常民と博覧会について内談をしており、木戸が日本側の出品や人員について厳しい意見を述べていることがわかる。

「この博覧会へ種々の雑物を持ち来れり、未だ、本邦の人は博覧会の主意とミュウジアムの主意を分別する能わず、故に莫大之金費をいとわず東洋のいまだ精微を尽くさざる雑品を山の如く陳列せんとする、これら却《かえ》って国の品位を他へ蔑視せしむるに似たり、尚、諸芸研究のため総五、六カ月を期し、六、七〇人の人員を連れ来れり、たとえ容易の業といえども、数月にして無学のもの決して不能了得必せり、そのうえウィーンの物価他国に四、五倍す、よって断然無用の人を帰朝せしむるに如《し》かず」と。

会場は開会早々でどこもまだ混乱していたらしい。日本館でも準備が整わず、特に屋外の施設に神社と庭園をつくるのが開会日に間に合わず、参観者の目の前で工事を続けることになった。しかし、日本の職人たちの姿格好や仕事振りがかえって注目を集め、特に大工のかんなかけの向きが逆なのとその技術に驚嘆し、薄い紙のようなかんなくずは香木としても引く手あまたであったという。五月五日にはフランツ・ヨゼフ皇帝が来場し、神殿前の橋の渡り初《ぞ》めをしたが、このとき美人で名高いエリザベート皇后がかんなくずを拾い持ち帰ったので、またまた話題になったという。その庭園は一三〇〇坪ほどあり、池もあれば、石塔、石橋などもつくられた。工事が完成したのは五月二十八日だったという。木戸は気むずかし屋の例の調子で盛んに苦言を呈したものと思われる。

翌日には、野村、内海の他にウィーンで会った薩摩の中井弘も同道してイタリアに向かい、その日はヴェネチア（ヴェニス）のビクトリアホテルに泊まっている。翌日は終日あちこち見物し、次の日の朝には帰国する山田、内海と別れ、フィレンツェに向かい一泊、その後ローマに入っている。さらにはナポリにも足をのばして中井、大倉と一緒にポンペイ見物もしている。そして帰路にはミラノにも二泊、美しいリゾート地コモ湖にも立ち寄って一泊し、さらにジュネーブにも立ち寄る。そこでは鍋島の直大公一行やパリに戻る大山巌、そしてスイス在住の太田篤三郎やロシア人メチニコフにも会っている。

それからローザンヌ、ストラスブルグにも立ち寄り、さらにドイツに入ると青木周蔵と品川弥二郎が迎えに出て、温泉で有名なヴィスバーデンに泊まっている。日記にはこうある。

「ビスバーデンに至る、温泉ありすべて欧州の人来り遊ぶの地なり、ホテル・アアテレルに泊まる、室は八十三番なり。此処に一のハーク（公園）あり、老樹蒼々その間に花樹紅黄白雑色池水満溢、それに対し中央に一大屋あり、かつて遊客来集一大博覧場を開くという」

その木戸のホテルへ新島襄が訪ねてくる。それにしても何故、新島襄がヴィスバーデンにいるのか。

ワシントンで使節団にスカウトされ、文部省の理事官田中不二麿の随行となった新島はその後、英国、欧州各地を回覧し、教育制度、学校制度の調査を精細に行なっている。その後、新島はオランダ、デンマーク、イタリアとまわり、ベルリンで報告書を書き上げたところで使節の仕事から解放される。そこで彼は再度米国に戻って勉学を続けるつもりになっているが、その前に持病のリューマチを治療すべく、ヴィスバーデンの温泉に来ていたのであった。

木戸来訪は、青木が報せたのであろう、新島がホテルに訪ねてくる。木戸は大いに喜び、一別以来の諸々の見聞や特に教育のことについて大いに論じ合ったようだ。

木戸はこの後もライン川を下り、コブレンツなどに泊まりながらのんびりと旅をして、ようやくパリに戻っている。

このあたりが大久保と基本的に違うところである。木戸は国事を忘れてまるで自由気ままな旅を楽しんでいる風がある。すでに隠退気分で、ご褒美の賜暇旅行とでも考えていたのだろうか。そして明日は帰国へパリを発つという日には、寺島をホテルに訪ねて、日本の現状を憂えて大いに談じ込んでいる。日記にはこうある。

「近来本邦において政令その当を得ざる一〇件を挙げ嘆息し相語る。実に近来は形皮にのみ相馳せ政実に真善あるを聞かず」

こんなことでは国民の先の幸福が思いやられるというのだ。ここにも心配性で思索型の木戸の気質が現れており、ベルリンから帰国の途についた現実的で行動派の大久保との違いが歴然としているといえるだろう。

二十五章　南の国・イタリアへ

＊美の都・フィレンツェ

岩倉一行は、いよいよアルプス越えにかかる。列車はミュヘン駅を深夜十一時に発って、黎明を迎えるころ、チロルの山間にはいっていく。インスブルックを過ぎるあたりから、列車は明らかに登りにかかる。山らしい山を見るのはスコットランド以来であろう、白雪をいただく高山を見るのはロッキー山脈以来であろうか。いくつかのトンネルを抜けると、いよいよ素晴らしい風景が眼前に展開してくる。久米は左顧右眄《さこうべん》、その景色をメモするのに忙しい。

「両側の山は峨々とし聳《そび》え、岩石骨を露し（はっきり見えるさま）、涓滴《けんてき》（水のしずく）をその間に流し、松樹乱生す、これをアルプス山の東支チロル山脈とす、時に雪峯の崔嵬《さいかい》

（岩石がゴロゴロしているさま）として、乱障（視界をさえぎる崖や木々）の間に露るのを看《み》るは、わが箱根を攀て（よじり登る）、富岳を望むに彷彿たり」

山はいよいよ壮んに路はますます嶮《けわ》しく、峯峯は幾層にも重なり、樹々の間に白雪を見る。鉄路がすすむにしたがい眼下の景色はひろがり、雪を溶かした渓流が白く早瀬をなして瀬音が聞こえるようである。渓流は集まってライン川となり、それはやがてドナウに合流して黒海に注ぐ。

朝五時、列車はブレンネル駅に着く。一八六七年に開通したこの鉄路は二二のトンネルと六〇の橋からなり、歩いて越えた峠とはかなり距離があるのだが、最寄の駅ということでこの名前がついているのだ。

ブレンネル峠は古来、ヨーロッパでも中部内陸からイタリアへ抜ける最も有名な峠だった。数ある峠の中でも一三〇八メートルと最も低く、エッタール山群とホーエタウエルン山群との間に位置する。久米はここを箱根越えに喩えたが、ナポレオンがオーストリア、イタリアの軍勢を悩ませたのも、ゲーテが憧れの南の国を初めて望見したのもこの峠だった。

七時にはフランツェンフェスト駅に着く。鉄路としては峠に当たる駅である。列車はしばらく停車するので、一行はフォームに降りて山の空気を胸一杯に吸いこみ駅舎で小休止する。

「このとき、晨気《しんき》（朝の気）まさに爽やかに、みな車を出てて睡眠を洗い、清風に呼吸す、山嶺の秀気、水流の清音、みな臨眺によろし、この駅にて茶を喫す、珈琲は苦く、茶葉は渋く、山民頑にして価を貪《むさぼ》り、交接も麤卒《そそつ》（粗雑）なれば往々車客の怒りに触る、駅舎に憩するは、車傍に彷徨し、勝景に応接するに如かざるなり」

朝の空気はすがすがしく渓流の音もうれしい。ただ、駅売りのコーヒーは苦く、紅茶は渋く、高い金をとり、愛想もなく、乗客は腹を立てた。

このあたり左右に三五〇〇メートル級の高山がある。山間から時折姿を現すが、白雪をいただいて堂々たる高山の雄姿である。

峠を過ぎ南面に出ると風景が一変する。寒色のヨーロッパから暖色のヨーロッパへ、きりりと引き締まった内陸の雰囲気からのびやかな地中海世界へと舞台が転換する。分水嶺の言葉通り、水の流れも方向を変える。いま氷雪が溶けたばかりといった感じの白い水が山の斜面を流れ落ち、それはアディジェ川となって南に下り、ポー川に合流しアドリア海に注ぐのだ。

やがてぶどう畑が目立ち始め、ところどころに村落が現れ、小さな寺の尖塔が見える。
「欧州の地、アルプスを越えて南に出れば、草木色濃かに花卉妍美（草花の美しいさま）なる、わが日本の気象に似たり」である。家屋の造りも違ってくる、どこか律儀で清潔で「宏麗」なる北側の造りに対して、アルプスの南はどこかだらしなく薄汚れてのどかである。

一行はミュヘンから一二時間を費やしてイタリアとの国境の駅アラに着く。そしてここで下車して入国手続きをし昼食をとった。本来ならイタリア政府から迎えが来ていてもよさそうなのに、それらしき人物の姿は見えなかった。

しばらくは川に沿って下っていく。
「水盛んに、流れ急にして、奔騰《ほんとう》の声溜然《りゅうぜん》たり、山勢ようやく豁開《かつかい》して、野を隔て奇峰峻嶺を望む、また気色よろし」

やがて前方が開けて、眼下にロンバルディアの平野が望見できる。そしてアラ駅より一時間、ようやく列車は平原に降りてくる。久米は、日本でいえば碓氷《うすい》峠から高崎に出てくるようだといっている。

列車はアルプスの大山脈を越えて、いま北イタリアの豊饒の地、ポー川流域の沃野に入ったのである。久米はその光景を次のように描写する。

「沿途の野には、桑条葉を展べ、葡萄つるをなし、麦苗は田に茂り、芳草は路に栄え、その中には、阿芙蓉（ひなげし）に紅花を著て妍々《けんけん》たる（うるわしいさま）をみる、春郊の景は錦をしくが如く、風日清和、まさに踏青の天（若草を踏んで散策する日和）たり」

列車はその春爛漫のロンバルディアの平原を走り抜け、夜に入ってアペニン山脈を縦断し、真夜中の三時、古都フィレンツェに着いた。イタリア政府は、帰国中の駐日公使ドスチアーニを接待役とし迎えに出る。一行はアルノ川沿いのホテル・ドゥ・ラ・ペイに案内される。どうやらイタリア側に手違いがあり、アラ駅に出迎えるべきところが深夜のフィレンツェでの出迎えとなったらしい。

翌日は、早速馬車に乗って街を見物して歩く。サンタ・マリア寺院、ウフィッツ美術館、ベッキオ橋、ベッキオ宮、ピッティ宮殿、そして美術館では、いままで米欧各地で見てきた数多くの美術品の本家本元がここにあることを発見している。

「従来、各国にて、博物館に至る毎《ごと》に、幾回もその模造をみたりしに、いまこの地にてその真物を一見するは、ことに愛重すべきを覚えぬ、およそイタリアは美術の根本地にて、今に存する古石彫画額の類は、みなこの国の尤物《ゆうぶつ》（優れたもの）にて、二〇〇〇年前の遺残にかかる」

とにかく腑に落ちた感じがあったのであろう。古代ローマ帝国時代からの遺産がこの街にはあり、その権力と財力で集めた珍宝・美術品がこの館に集まっているのだ。そしてその「綺麗精美なる」は、欧州中にても絶えてないものだと感嘆するのである。

使節一行は郊外にあるジノリ侯爵の陶器工房へも案内されている。その途上はのびやかなトスカーナの田園地帯で、久米はその光景をこう書く。

「この日は、フィレンツェ鄙《ひ》（田舎）を車行し、回覧するに、近郊正《まさ》に春色たけなわに、日輝煌煌《こうこう》として、春服の重きを覚う、午気人を悩まし、路傍に偃臥《えんが》（うつぶせになって寝る）し、あるいは車に睡り馬に任せて行く農夫をみる、野路は修まらず、墻壁《けんき》（囲い）往々に壊れ、黄塵車をおうて来る、路側に多く桑樹を以て、行樹となしたるをみる、正に養蚕三眠（蚕の三齢）の候にて、蚕家の奴あり、桑樹をたわめて葉を抄しとり、編筐に充てるをみる」

ジノリ侯爵の工房では、イタリアの誇る陶磁器を見せられ、岩倉大使と山口副使は請われて白い皿にサインをしており、それが楽焼の記念品として今日まで残されている。

ホテルは街の中心地にあってアルノ川に面しており、終夜せせらぎの音が聞こえたという。川は平坦でゆったり流れているが、水を取るためにホテル近くに堰が設けられており、そこから落ちる水の音がせせらぎと感じさせたのだ。使節のフィレンツェ滞在は一泊だけであったが、この街のもつ美的な雰囲気はよく感じ取ったようだ。

一行は翌日の夜八時半にホテルを出て、列車に乗り込みローマに向かう。この夜は美しく晴れ渡っており、「月食晴朗に、山水の趣き、甚だ爽やかに、沿途の緑陰、暑気を蔽遮《へいしゃ》し、駅駅に酒漿《しゆしよう》（酒と飲み物）果実を捕りて、車客にすすめ買わしむ、以太利《イタリ》に佳酒多く、また果物に富む、ことにトスカーナはオリーブの名所なり」であった。

翌日は午後に豆粒のようなひょうが降って驚かせたが、車窓から見る風景はあくまでも美しかった。「車は翠巒（みどりの山々）環りて緑草の多き野を走れり、是よりダイバル河の左岸に従いてさる、草茂に花媚い、山巒みな秀峻にして、樹木茂り、気色甚だ麗し」である。

列車は五時半、いよいよローマ駅に滑り込んだ。そこにはローマ駐在の中山総領事らが出迎え、早速馬車を駆ってコンスタンチンホテルに向かう。

現地の新聞報道によれば、ローマ入りしたメンバーには、フランス公使館から栗本貞次郎が参加しており、どういうわけかサンフランシスコ領事のブルックスの名も見える。

実はこのブルックス、出身はボストンなのだが早くからサンフランシスコに出て貿易業に携わり、日本とのかかわりができた。

一八六〇年咸臨丸がサンフランシスコに滞在した折もその世話をやき、病死した水夫を葬って墓を建ててくれたのもこのブルックスだった。その後、徳川幕府から領事役を仰せつかり、以来一〇年以上その役職にあった。

使節が依頼したためか、デ・ロングの指図か、ブルックスはワシントンまで随行することとなり、時には外交交渉の場にも同席することがあった。そして英国へ渡るについてはボストンまで随行し、その際実家や親戚の家にまで案内した。たいへんな親日家だったのである。

しかし、ブルックスは、その後も使節団につかずはなれず随行して来たらしい。そして、マルセイユからの船旅にも名がみえるから横浜まで同行したことになる。どういう事情があったかはっきりしないが、あるいは事務長役の伊藤博文がガイドとしても通訳としても便利なので同行をさせたとも考えられるが、ひょっとするとデ・ロングのさしがねで、日本使節の動向を探るために、潜りこませたとも考えられる。

というのは、慶應三年幕府の最後の使節団として、徳川昭武のパリ万博行きがあり、渋沢栄一が事務長役に同行するのだが、そこにドイツ人のシーボルト（ジュニア）が通訳兼案内人として同行したことがある。そして、パリ万博の後、欧州四カ国を巡遊するのだが、シーボルトはそれにもついてまわったのだ。この使節はフランス主導のもので仏人のデュリーが案内役についていたのだが、実は英国側がシーボルトを潜りこませて、逐一動静を報告させていたという史実がある。

国際間のつばぜりあいは激しく、まさかと思うがあるいはそんな事情もあったかも知れない。

＊　西洋文明の淵源・ローマ

ローマは当時、人口二三万、統一イタリアの首都に返り咲いてわずか三年しか経っていなかった。人口はナポリの半分にしかならず、それまでの首都はフィレンツェであった。イタリア半島は帝国衰亡後はいくつもの王国や共和国に分裂し、ローマは長い間ヴァチカンの門前町と化し、小規模な街に変身してしまっていた。それがようやく首都に復し、その威信と相貌を取り戻す過程にあったのである。

久米の目に映ったローマの第一印象はこうである。

この街の路は四方に広がっているものの、多くが狭くて不規則で、掃除は至らず、ほこりやゴミが風に舞い、目を昧《くらま》すほどだ、建築物は大規模だが多くは古くからの建築で壮麗を欠く、一歩街をはずれて郊外に出れば、雑草が伸び放題で家は汚れ荒れ、あちこちに二千年来の古蹟が残っており、中には地中より掘り起こしたものもあり、亡国の想いをひしひしと感じる。

かつて欧亜に覇を唱えたローマ帝国の盛時には、人口七〇〇万を超え、世界一の都として殷賑《いんしん》を極めていたこの街が、いま、こうして眼前にある。往時の栄華いずこにありやという感じである。久米は文明の興亡の歴史に思いを馳せ、「そもそも古《いにしえ》に盛んなる民は一衰の後、再び振るうことは難《かた》しというべし」と述べている。

一行は馬車を連ねて古都を巡り歩く。フォロロマーノ、コロッセウム、カラカラ浴場、パンテノン、ダイバル川、サンタンジェロ……。

「往時の昌運は、移りて今日の衰頽《すいたい》に変化したり、想うに欧州文物の元気は自ら定度あり、一方盛んなれば、一方衰えるか、今の英、仏、独の盛んなるも、その開化の由来せる素質は、自らローマに淵源し、今に至りても、この都に観れば、歴々徴すべきもの多し」

今、盛んなるロンドン、パリ、ベルリンもローマが盛んなときは、まるで野蛮人が住むところでしかなかった。草木が生い茂り、とりわけドイツの如きはほとんどが森林や荒れた寒い原野であり、いろいろの人種が雑居し、獣を追い鳥をとって生活していた。身を塗り膚《はだ》に入れ墨をし、毛皮をはおって獲物を探してうごめきまわる状況であった。たまたまローマに来て、その文物の壮麗、雄都の気象を見て、「自ら窳惰《ゆだ》の俗をあらため、欣然として善風に化し、ついに今日の盛んを馴致せしは、元ローマの文化より、誘導せられたるものに非ざるはなし」。

そして、当時の景況を今日と比較すれば、アメリカ大陸のインディアンがニューヨークに至り、北極圏に住むエスキモーがペテルブルグに至ると余り異なることはないだろう、ともいっている。一行は二〇〇〇年にわたる文明の興亡の歴史に想いを馳せ、またローマの盛時には中国の長安や広東とも交流があったことを想起している。

また、壮大なサン・ピエトロ寺院を見、豪華絢爛たるヴァチカン宮殿をめぐり、陰惨なる地下墓地カタコムを訪れることで、この地がキリスト教の総本山であり、その意味でも西洋文明の源流に辿り着いたことを感じるのだ。

久米は書いている。

「カトレイキ教（カトリック教）が、古来欧州政治の変化と大関係を有するは、ほとんど東洋人の意想し能はざる所」であり、その昔、この教えが世界の燭光であり救いであった時代には、ローマ法王の「威権強大なること、万乗の帝王に超駕し」、各国の王も「威福を国民の上に保有するには、教王の余威を仰かざるを得ず」であった。かのナポレオン一世でさえ、王の冠を授かるのはローマ法王からであったことを思えば、その間の事情はおのずから理解できる。わが日本の将軍たちも天皇の威福を借りて征夷大将軍に任じられ、摂政関白の位を得るのと同根である。

ただ、ここでローマ法王との会見が準備されなかったのは、それなりの理由があったからであろう。一つには日本でのカトリックの扱い、禁教と隔離政策がヴァチカンにとっては大いに問題であったし、それに当時ピウス九世が病床にあったことも影響していよう。

それに呼応するかのように、久米のカトリック批判は厳しい。

「君民の間に教会はその欲念を遂げるの器械となり、爾来（それ以来）君主の威権と、僧徒の勢力と互いに相依り、その宿弊（年来の弊害）は、みな人民に苦軛を受けて、生を聊せざるに至る」

久米はカトリック教国の広大壮麗な寺院を見るたびに、その精美を賞しつつも、その裏面にある教会の恐るべき収奪、想像を絶する人民の苦しみを思って、「厭悪、酸鼻」の念にかられている。そしてマルチン・ルターの改革を「みな弊に鑑《かんが》み、正に反《かえ》るの意」であると賞し、イタリア統一の英雄ガリバルディの次の言葉に大いなる共鳴をあらわすのだ。

「耶蘇（キリスト）は古の聖人なり、その道まことに人心を正しくすべし、後の僧侶、その道を私し、華厳（豪華絢爛たる）の寺宇（大寺院）におり、国の政治に干渉するは、実にいわれなきもの甚だしきなり」

一行は米英においてプロテスタントの、フランスやベルギーにおいてカトリックの、ロシアにおいてギリシャ正教の、そしていまその源流ともいえるヴァチカン総本山の強大な影響力を思い、あらためて宗教のもつ底知れぬ力に畏怖を覚えるのだ。

一行はローマの各所で、古来の建造物を見た。オベリスクの尖塔も、石の列柱や凱旋門も、水道橋も噴水も、石造の橋も舗道も、それらの原型はローマにあった。

「羅馬《ローマ》の古都を歴覧すれば、西洋のいわゆる開化なるもの、みな源を此処に引き、その由来の久しきを知り、国民の知識その端をひもとく結習の深き、遠きにわたりて滅せず、塞《ふさが》りてもまた開くことを証すべし」

実際、ローマの水道・噴水は水学の源である。石造の橋、円堂の天井、石柱と梁は建築学の源である。レンガを焼いて壁とし、アーチの梁架をつくるのは重学（構造力学）の源であり、陶板、タイルは鉱石化学の源であり、絵画、彫刻いたるところにあるのは美学の源である。

パリの凱旋門もその雛形はローマにあり、ロンドンのセントポール寺院の原型もローマにある。文明の華ともいうべき英京ロンドンも仏都パリも、その源はこの街にあることを目の当たりにするのである。

まさに一行はローマに到って、二重の意味で西洋文明の源流に辿り着き、その大元から理解したというべきであろう。

そして久米は、わが国の事情を想起してこう考える。

「わが邦、古《いにしえ》より発明に乏し、而《しか》してよく他の知識を学び取る、建築、鉄冶、磁陶、縫織、みな之を朝鮮支那に資して、今はみな之に超越す、今や東洋に古国多しといえども、その開化の度独り進みたるは、我邦なり」

▲サン・ピエトロ寺院とヴァチカン宮殿

▲ローマのコロッセウム

日本は古来から創造発明の才には乏しいが、模倣改造の才には秀でており、これまでも中国、朝鮮の先進文明を吸収して、いまやそれを完全に超えている。この才能と経験を欧米の文明にも生かしていけば、それに追いつき、それを凌駕することも夢ではないということであろうか。なかなかの自負・自信のほどをのぞかせているのだ。

五月十三日、使節はキナーレの王宮を訪れて、エマヌエル二世に謁見した。現地の新聞『ロビニオーネ』の報道では、「使節団はりゅうとした洋服姿で一見、西洋人と異なるところはなく、エキゾチックな装いを期待していた観衆たちをがっかりさせた。わずかに違うのは両手を交差させ腰を深く曲げるお辞儀の仕方とオリーブ色の肌だけだった」と伝えている。

その夜は盛大な晩餐会が催された。国王は司令官の礼服を着用し、華やかな装いのマルゲリータ皇太子妃がホステス役を演じた。そして、岩倉大使以外は英語で直接会話を楽しんだとされ、イタリア政府の歓待ぶりは、大変行き届いたものだった。

イタリアと日本は、山地の多い国土や温暖な気候や人口規模においても共通点があった。また歴史的にも類似しており、イタリアの統一はわずか一〇年前のことである。オーストリア帝国の支配下にあったロンバルディアとヴェネチアに独立運動が起こり、サルディニアのエマヌエル二世のもとで宰相カヴールが立ち上がり、強力に近代化をすすめ富国強兵をはかった。そして、カヴールの巧みな外交戦略もあってフランスの協力を得、また国内では「青年イタリア党」を率いたマッチーニや義勇軍を立ち上げた民権家ガリバルディと手を結び、幾多の苦難を乗り越えてイタリアの統一を果たしたのだ。そしてドイツがオーストリアに勝った一八六三年にオーストリアからヴェネチアを取り戻し、またドイツがフランスに勝った一八七〇年にはナポレオン三世の影響下にあったローマの教皇領を取り返す。

こうしたイタリアの復興運動「リソルジメント」の情報は、駐日イタリアの初代公使だったラ・トゥールによって日本にもたらされ、当時「イタリアモデル」として話題になった経緯がある。実際、薩摩や長州とサルディニア王国、倒幕の志士とマッチーニやガリバルディには相似点があり、日本側も大いなる関心をもっていた。つまりイタリアは近代化モデルの一つとして日本でも人気があり、イタリア側にも「遅れて来た青年」としての同志的親近感があったと想像されるのだ。

また、当時のイタリアは主要な産物である蚕の微粒子病（伝染病）が蔓延して麻痺状態に陥っており、日本から良質の蚕卵紙を買い付けることが重要な関心事になっていた。特に同じ悩みのフランスとの競合関係もあり、日本の好感を得る必要があったようだ。

＊ 中井弘と伊藤博文

そのころ、ローマのホテルに日本人が二人訪ねてくる。在英日本公使館にいた薩摩の中井弘と欧米視察中の大倉喜八郎である。二人は万博見物のためにウイーンに来て木戸に会い、イタリアへ行くという木戸に同行してきたのだ。その日、木戸はナポリに行っており、敢えて本隊を避けたとみられる。

中井弘は英国公使のパークスが京都で斬りつけられたとき後藤象二郎とともに身を挺して守った人物で、後に滋賀、京都の知事を務める。薩摩人らしく剛胆無頼の快男児で、詩もよくし、木戸、伊藤ら長州人ともよく気が合った。とにかく陽性で自由奔放、おそらく大倉ともうまが合ったのであろう。

二人がやってきたとき、大使一行はちょうど午餐にかかろうというときであった。食堂をのぞくと、岩倉大使が上席で隣に伊藤博文がおり、イタリア側の紳士や書記官連中が居並んで食卓を囲んでいた。

二人を見つけた岩倉が声をかけた。

「いやあ、これは珍しい、いつ来た？」

「はい、先刻まいりました。お変わりもなくおめでとうございます」

大倉喜八郎が挨拶する。

「どうだ、丁度《ちょうど》いい、一緒に食事をしていったらどうだ」

岩倉が誘う。

ところが、着席の余裕がない。すると、伊藤博文が自分の席を少し寄せて、「ここにおいでなさい」と手招きをする。早速、ボーイが予備の椅子を運んでくる。が、いかにも上席だから気がひけて足が向かない。

「何、構わん、他に席がないからここがいい」と強いて勧める。中井が、かくまでお勧めとあらば辞退はかえって失礼だというので、「それではご免蒙《こうむ》ります」といって大倉も座った。

すると末席の方にいた連中が妙な顔をして、しきりにぶつぶついっている。何をいっているのかと思うと「中井が商人を連れてきた。その商人があんな上席につくとは無礼だ」と文句をいっているのだ。

二人は聞こえぬ振りをして黙っていたが、やがて食事が終わると、大使や伊藤は客人とともに別室に移った。すると、中井が待ってましたとばかり立ち上がり、怒気をあらわにして演説を始めた。大倉が「止《よ》してください」と止めるのだが、中井は委細構わず言い放った。

「見渡す限りこの席上に居るのは、一体に歴々のお役人様ばかりで、皆たいそうな月給をとってそのうえ手当だの日当だのもらい、旅費まで頂戴して洋行し威張っておられるのであるけれど、私と一緒に来た町人は、自分で粒々辛苦して稼いだ金で自ら通弁（通訳）をつれて商業視察のために来たのであって、もとより月給もなければ手当もない。自腹を切ってまで我が国に尽くそうという、立派な精神を抱いているのである。今日の日本の状態としては、どうぞこういう人をたくさんほしいものですが、他にありません。実にこの人物ひとりである。しかるに、諸君は、この人が岩倉、伊藤両公のお声がかりでその側に座ったからといって、何も苦情はないはずである。しかも、これは本人が強いて辞退するのを私が勧めたからだ。少しも不都合でも無礼でもない！」と思う存分、いさめ懲らしめた。大倉はひやひやして聞いていたが、まことに溜飲がさがる思いだったという。

中井、大倉組は、このあと木戸を追ってナポリに行き一緒にポンペイを見物しているが、そのときこの話が出て、「それはさぞ面白かったろう」と木戸も大笑いしたという。

伊藤は、一足先にナポリへ発った木戸にローマから手紙を出し、伊太利亜《イタリア》の印象や大使の体調不良やホームシックについて次のように伝えている。

「伊太利はなるほど開化の原地だけありて、築造その外には眼を驚かし候ほどのもの数々之在り候様相見え、閣下は余ほど御勉励にて大概残す所なくご覧相成り候かと想像仕《つかまつ》り候。私共も本月中くらいは相滞り、それより博覧会などへ赴き申したきものと存じ奉り候。さりながら大使帰心甚だ急迫、少々困り申し候。殊に魯国を去りし後は、とかく十分のご健康にても之なき様相見え、寒暖の差同より起こり候事に之あるべくに付、大なる憂いは之ある間布くと存じ奉り候」

また、そのころ帰国の途上にあった大久保へも、ベルリンで一別以来の旅の状況を各国別に書き送っている。そしてイタリア後の旅程についても、次のように伝えている。

「今日まですでに九日間滞留、謁見応接会食等も済みたれば、今夕よりナープル（ナポリ）に赴き、同所の古跡及びポンペイの噴火山の景況を一覧し、再び羅馬に帰り、佐野常民のオーストリアより来るに出会し、かつ伊王に告別の謁を乞い、伊太利国中順路二三の都府を回歴してポルトガルに赴き、四五日の滞在にて瑞西《スイス》に帰り、それより直ちにオーストリアの博覧場を一覧し、同時にその国の帝謁見その他の公務を弁じ申すべく、之をこの行の結尾とし、それよりマルセール（マルセイユ）に到り乗船と相定め申し居り候」

この時点ではイタリアの後にポルトガルを訪れ、スイス、オーストリアの順序でまわるつもりだったことがわかる。

そして、大久保に「先に帰国されたら、いろいろ大変なことになっていましょうが、われわれが帰国するまでに大掃除をしておいてください」と意味ありげなことを書いている。

「閣下御着後は四方の訴訟苦情等ずいぶん煩雑なることと遙察仕《つかまつ》り候。僕ら帰着までには十分御一掃相成り、清浄寂静の時に到着仕りたきものと希望仕り居り候」

木戸への手紙にもあるが、このころ岩倉大使は体調を崩して相当弱気になっていた模様で、伊藤との間にこんなやり取りがあったという。

岩倉が力なくもらす。

「これまで各国の状況を視察したるも、英、米、独、仏のごとき強大国はいうに及ばず、二流三流の国々といえども、その文化の隆盛なる、わが国の追求し能はざるほどに懸隔しおれば、我ら如何にこれを研究したれども、到底これを実地に採用すべき見込みなし、かくては欧米巡視の使命を辱かしむるに至らんことを恐る」

伊藤はこう応じて慰めた。

「そは無用のご心配ならん。閣下の任は唯《ただ》、その親しく目撃せし事情をそのままに復命せらるるを以てたれりとするのみ。我が国に施設すべき文化の取捨選択等に至っては、自分等及ばずながら努力を尽くすべければ、決してご懸念あるべからず」

これを聞いて、岩倉もやや安堵の様子だったという。帰国の時が目前に迫ってきて、いよいよ大使の任の重さを感じ始めていたのであろう。長旅の疲れも嵩《こう》じていたであろう。当時はまさに老境といえる齢五十を迎えた岩倉の千々に乱れる心のうちが察せられる。

＊　ナポリとポンペイ

使節もその後ナポリへ向かう。風光明媚なナポリと遺跡の発掘で世界的に脚光を浴びていたポンペイの見物は必見と誘われたのに違いない。一行は汽車でナポリへの途上、皇帝の離宮、カセルタ宮殿に立ち寄る。ここはナポリ王国だったシャルル・ブルボンがヴェルサイユ宮殿に対抗してつくったという豪壮な宮殿で、特に背景の山につくられた長大な滝と池をもつ大庭園が自慢だった。一行が駅に降り立つと宮廷の係官が馬車で迎えに来ており、まず宮殿に至り小休止のあと苑内に誘導される。花園を横切り、繁茂する樹々の下を往き、斜面を屈曲しながら登る。やがて頂上に達するが、久米はその情景を「愉快の佳境」としてこう書いている。

「瀑布の上に至れば、岩亭あり、水底より流れ落ちる、水壮に、岩石これをささえ、溜然響きをなして下る、この亭に上がりて、南望すれば、王宮の粉壁、皎然として前に横たわり、列樹の道は碁枰を分かつが如く、ヴェスビオスの火山、突兀《とつこつ》（高くそびえるさま）として峻秀の峰を聳やかし、烟を噴きて前に立つ、ナポリの海湾は、かすみをたなびかせて市街がみえる。欧州高名の山水を領略して、一目の中にあり、また愉快の佳境というべし」

散策後、宮殿で昼食をご馳走になり、そのあと宮殿内を案内されるが、夥しいほどの絵画、彫刻、美術品が陳列してあり、目をみはらせた。

一行はサンタルチア海岸に近いホテル・アングリテールに宿を定める。ここではドスチアーニ公使の特別のはからいで鯛料理が供されるが、これは大変美味で、日本を発って以来のご馳走だと一行を喜ばせた。

ナポリは人口四四万、当時イタリア第一の都だった。しかし、王侯貴族が奢侈にうつつを抜かし、人民を塗炭《とたん》の苦しみに落とし恨みを買ったため、遂にガリバルディの軍に敗れて王国は滅亡する。その長年の圧制の影響か、街の人々は多くが無学で怠け癖があり、街中の塵埃を払わず、車馬は乱暴に走りまわり、路上には露店が商いをし、貧しい少年が車を追って花を売り、海岸の街路には寝ころんでいる者あり、巻煙草の吸い殻を拾って吸う者あり、晴れた日にはほこりが目をくらまし、臭気が鼻をつく。

久米はほとほと参った様子で、こう書き留めている。

「この行、欧米一二カ国の各都府をほぼ歴覧したるに、この府の如く、清潔に乏しく民惰にして貧児多き所はなし、支那の上海と、一様の景況なりというも可なり」

そしてその原因を、一二〇〇年のころより、フランス、オーストリア、スペインの互いに領有するところとなって、王家の圧制、教会の弊害、封建制の余毒を最も激しく受けた地だからだと解説している。そしてフランス革命の影響で民権保護の論がアルプスの北には普及し、自由の風が吹いたときでも、アルプスの南のこの地域ではなお抑圧の下にあったとしている。

近代になって初めて民とともに自由を遂げることを図ったが、「人民の精神萎縮せるもの、はるかに振作（勢いをふるい起こすこと）に難しで、イタリア政府は最も困難なる時運に際会せりというべきなり」と述べている。

それから久米は「ナポリを見てから死ね」の諺も引用して、イタリアの三名物についても言及し、ヴェスヴィオス火山の風景とポンペイの遺跡とモザイク細工を挙げている。

そして翌日には、そのポンペイに赴く。

当時のポンペイ村は、人家とて六、七戸しかない、閑散とした場所だった。かつて人口四、五万もあったという古代都市が、七九年に起きたヴェスヴィオス火山の大爆発ですっかり埋もれてしまい、人々の記憶からも消え去り、そのあたりは一面の麦畑や牧場となっていた。ところが、一七四〇年代になって偶然その遺跡が発見されて一躍話題となり、次々と発掘してみると立派な家屋があり街があったことがわかってきて、世界的に有名になった場所である、当時約三分の一まで掘り起こした状態であったが、欧州一円から見物人が絶えなかった。

門を入ると小さな博物館があって、地底より掘り出したいろいろな古物や灰で固まった屍も三体展示してあった。器、皿の類は今日使っているものと変わりはない。

久米は街の様子をこう書く。

「是より進行すれば、古の市街に入る、街路の広さ、一車をいれて余りあるあり、両車相逢うに堪えたるあり、道の両側を高くし、切石をたたみて、壊崩を防ぎ、是を人道とす、車道は多く二三尺の低地にあり」

これを見ると、西洋では古くから道路を修め、人馬の行を分かち、石で舗装し、車を用いるなどが行なわれていたことがわかる。しかも、店の前には銅管を埋めて水を引いた痕跡があり、家屋の造りも穴倉式のものではなく、今日と変わりはない。そして街にはいろいろな建物があり、当時の人の生活ぶりを彷彿《ほうふつ》とさせる。

案内人が説明する。

「此処は銀行の跡なり、ここは裁判所の跡なり、ここは学校なりと、多分考証につく、浴場店あり、その規模小ならず、一区に花街あり、小室を区分してみな土床あり、枕辺を凸にす、戸の上頭に画を存せるあり、多く淫乱の図なり、大なる楼には会堂あり、春画を画く甚だ完し、画様今と異ならず、花街の内に、大なる釜をすえ、石盤をおきたるあり、これは石鹼の製造所なりという」

その他、大甕《おおがめ》のある酒店らしきもの、円形の壮大な劇場などを見てまわった。一行はこの遺跡を未曾有の奇跡だとして、「欧州に一大奇事というべし」と驚き入っている。

＊ 水上の奇郷・ヴェネチア

使節一行は、ローマでの公式行事を終えた後、ヴェネチアに向かう。それは皇室専用のサロン付の特別列車二輛で、ドスチアーニ公使が同行している。

ヴェネチアは、アドリア海の最奥のヴェネチア湾上に浮かぶ島である。紀元五世紀に蛮族から逃れて移り住んだのが起源で、その後、都市国家として栄え、類いまれな水上の「奇郷」となった。

岩倉一行は夜十時に長い橋を渡ってサンタルチア駅に着く。そして駅前から直ちにゴンドラに分乗して、悠々と運河を行く。この珍しい形をした舟はいかにも風流で、船頭の櫂《かい》さばきも見事に水上をゆらりゆらりと滑っていく。久米はまず、そのゴンドラに目をみはった。

「艇の制作奇異なり、舳首騫起《けんき》し、艇底円転として、舳に屋根あり、中に茵席《いんせき》（しきもの）を安んず、棹を打ちて泛泛《はんぱん》（浮かび漂うさま）として往返す」

▲ナポリ近郊のカセルタ宮殿

▲ナポリの海岸通りの風景

▲ナポリ全景とヴェスヴィオス火山

▲ポンペイの古画

▲ヴェネチアの議事堂

▲ヴェネチア、サンマルコ寺院と鐘楼

の玄関に楽士をそろえて音楽で一行を迎えた。長い旅路のあとのこの奇郷でのゴンドラでの道行は、一行をさぞや夢見心地にさせたことであろう。

使節は翌日、かつて此処が独立国であったころ議事堂であったパラッツォ・ドカーレやサンマルコ寺院を見物し、高さ一〇〇メートルの鐘楼カンパネーラにも登って眺望を楽しんだ。その日は快晴で、アドリア海とアルプスの山々をはるかに望見し、眼下にはヴェネチアの浮島のような街並みの甍《いらか》が連なり、まことに美しい景観であった。

久米は街の様子については、次のように述べている。

「寺の前には、広き区域を存し、傑閣その三面を囲みて、人路は楼宇の下を行かしめ、百貨の市廛を列す、当府中、みな舟を以て車にかえ、島上の道路はわずかに人を往来せしためにに足る、故に狭巷多く、往々に両人駢行すべからざるに至る。そのためこの街には車がないので車輪の喧騒がなく、常に男女相携えて、市廛の前を彷徨逍遥す、夜は瓦斯《ガス》燈を焼きて、白日のごとく、子夜に至る、愉快の楽境なり」

また、ゴンドラに乗って運河を往く様については次のように描写している。

「身を清明上河《せいめいじようが》の図中に置くが如し、市廛鱗鱗（建物が重なり合い）として水に鑑み、空気清く、日光爽やかに、嵐翠水を籠めて、清波淪紋《せいはりんもん》を皺《しわ》む、艇は雲霞杳緲《うんかようびよう》の中を往く、飄々乎《ひようひよう》として登仙するがごとし」

清明上河図とは、中国の有名な画題で、清明節ごろの市街の賑わい、風俗を精細に描いた絵図のことである。なかでも特に有名なのは宋代文化の最盛期を描いたもので、街路は多様な店が軒をつらね、人々が楽しげに往来し、河には太鼓橋があって、その下を船が行き交う。久米はヴェネチアに、その悦楽の境地の現実を目のあたりにした思いであったろう。

そしてどこからともなく音楽が聞こえてくる。

「府中の人、音楽を好み、唱歌を喜び、伴を結び舟を蕩かして、中流に遊ぶ、水調一声、響き海雲《かいうん》を遏《とど》めて（おしとどめる）瀏湸（清く明らかなさま）たり、旅客の来るもの、相楽しみて帰るを忘るるとなん」

しかし、使節は公文書館に案内された際、意外な事実を知らされ、ある種の衝撃を受けている。というのは、かつてここを訪れた日本使節の古文書を見せられ、四〇〇年近く前に日本人がこの街を訪れていたことを知るからだ。一つは九州のキリシタン大名大友氏らが派遣した少年使節のものであり、もう一つは伊達政宗《だてまさむね》の派遣した支倉《はせくら》使節のものであった。

久米は九州のキリシタン大名と西洋との交流について次のように書いている。

「わが天文十一年は西暦一五三四年なり（誤記あり）、この年に葡萄牙《ポルトガル》国の商船、豊後国大友氏の領地に漂着したり、之を西洋船の日本に至り始めとす、是時より大友氏と葡国と、通商交易を開きて、互いに往来せしことなるべし、大友家滅国の後に、その書類は日本に伝わらず却《かえ》って西洋の史乗に証すべきものありという」

そして葡萄牙国は、まずキリスト教の宣教師を派遣して人心を誘導したので、いまに至るまで九州各地にはキリシタンが多いのだといい、秀吉が統一するまでは群雄割拠の状態で、各地の大名は自由勝手に西洋と交際し、使臣を派遣していたというのだ。

その後、秀吉がキリシタンを禁じたが、なお威令行なわれずにいたのを徳川家光の代になってさらに厳命を出し、高山右近《たかやまうこん》などキリシタン大名をマニラに追放してようやく交際を断つに到ったと経緯を記している。

ただ、支倉使節なるものが堂々と「ローマの法王に謁し、逗留数年の後に帰国」したことについては初耳だったようで、伊達氏の派遣によるものと聞きながらも半信半疑で、「ほとんど怪しむに似たり」と書いている。実は家康も承知していた伊達藩の使節のことは、その後の鎖国政策のなかで闇に葬られてしまっていたのだろう。この種のことは外国へ来て初めて知ることができるのだった。

ドスチアーニ公使は、ここで一行をミラノ行に誘った。しかし、岩倉大使は体調を崩していたのでこの地で休養を取ることにし、伊藤博文らの一隊が視察に赴いている。そして途中、公使の郷里でもある都市ブレシアに立ち寄っている。この街では市庁舎や美術館も訪ね、豪壮なドスチアーニ伯爵邸に招じ入れられ午餐の馳走にも与《あずか》った。そこには市の高官や現地の有力な蚕糸業者が集まっていて親しく懇談している。

伊藤は、この間にも精力的に仕事をこなしており、蚕卵紙の輸出についても、内地自由遊歩についても談判し、また盟友山尾庸三（工部省）の肝入りで美術学校をつくるため、教師を招く件についても彫刻家ラグーサや画家フォンタネージュの雇入れについても交渉している。

さて、ヴェネチアは地中海への玄関口としてオーストリアやドイツにとっても重要な港であり、万国博覧会の開催もあって、日本もここに領事館を設けていた。また、この年からローマにも日本の公使館が置かれることになり、初代公使にはウィーン万博の担当だった佐野常民が任命されている。当時は日本の在外公館が次々と置かれた時代で、ベルリンにもウィーンにも公館が置かれることになる。ドイツには一等書記官として青木周蔵がその任にあり、オーストリアには佐野がイタリアと兼任で就任している。こうして各国との正式な交流が始まるのも、岩倉使節団の副産物の一つといえよう。

二十六章　ウィーンと万国博覧会

＊ハプスブルク王朝の華麗な都

二四日間に及ぶイタリア滞在を終えた一行は、ヴェネチアを発ち、途中トリエステの近くナプレンシアの駅で、オーストリア政府からの接待係の元日本公使カリチ氏やウィーン駐在だった佐野常民に迎えられる。そして、オーストリア政府饗応の特別列車に乗り換え、アルプス山脈がようやく高度を下げる東端を大きく迂回しながら北進する。蓮華《れんげ》の花咲く山間の町ライバッハを過ぎ、木曾路を彷彿とさせる山峡を辿り、スタイエルマルク州の首都で製鉄で名高いグラーツをよぎり、夕刻、名勝の地セメリングに達する。

ここはオーストリア紙幣にその絵が印刷してあるほどの景勝地で、久米は車窓に次々と展開する風景をメモする。

「是より高名なる山険にかかる、峻峰相重なり、岩石は種々の奇相をなし、岩間に疎疎樹《そそじゅ》鬣《りょう》（まばらに樹がひげのように）を生ず、山容みな秀潤の致なけれども険怪をもって勝つ」

このあたりはごつごつとした山塊が続き、美しいというより奇怪というにふさわしい。比較的低い峠を越えていくルートなので、アルプス縦断の鉄路としては最も早く開通したところなのである。

こうして一行はアドリア海に浮かぶ水の都ヴェネチアから、約五〇〇マイル、その大半を山岳地帯を走り抜け、ほぼ一昼夜を費やして、東西ヨーロッパの中央に位置する大都ウィーンに到着するのだ。

ウィーンは人口八三万、「その繁昌なること、ベルリンに匹敵し、その壮麗なること、パリに亜す」といわれ、王城の地として七〇〇年の歴史をもつ名都である。アルプスの支脈がようやく尽き、ドナウの河が悠々と流れる河岸に位置し、さすがに貴族的で、典雅な、美しい街であった。

当時のオーストリアはハンガリーとの二重帝国で人口は三六〇〇万を超え、なお帝国の威厳と誇りを保ち続けていた。しかし、かつてはその近隣に比類なき栄華を誇ったオーストリアも北側から新興勢力のプロシャに盟主の座を奪われ、東側ではハンガリーの自治を許し、南ではアドリア海の宝石ヴェネチアをイタリアに奪回されて、衰運おおうべくもない状況にあった。

土地も肥え、鉱物資源も豊かで、しかも工芸にたけたオーストリアが、何故英仏独に後れをとったか。久米はそれを貴族最も多く、尊大にして夜郎自大《やろうじだい》で、しかもカトリックの影響強く、一般の人々に自主自由の気象が乏しいためだと分析している。

しかし、ウィーンの製作品については貴族豪家が奢侈を競うので、みな精美を極めており、ベルリンの及ぶところではないと高く評価している。

久米はいう。

「オーストリア人は、地沃に気和し、久しく名都の文物に慣れ、富以てその人気を化治《かち》(和らげ)し、都雅の風を浸淫(しみこんで)して、意思詳密、文に耽《ふけ》り、往々に華靡に流る」と。政治形態についても、立憲政体に移ったのが僅か六年前のことであり、「自由の精神始めて旺んするの際なれば、西北の諸国とは、なお四〇年を隔てたるを免れず」とその後進性を指摘している。

その古い体質を象徴するかのような大時代的なイヴェントがあり、一日、一行は朝八時から出かけて、オーストリア軍二万の大行進パレードを見た。これは万博見物のため各国の帝王貴族が続々とウィーンを訪れていたので、デモンストレーションの意味もあったのだろう、その日は露西亜《ロシア》皇帝も来ており、日本使節もそのお相伴に与った格好である。使節一行は特別観覧席に案内されたが、周囲はきらびやかに着飾った王侯貴族やその夫人令嬢たちで埋まっていた。

フランツ・ヨゼフ皇帝ならびに皇后が馬車で臨幸に及ぶと、歩兵二〇大隊、騎兵六大隊、砲兵二二小隊、八〇門の大砲を牽く行進が次々と繰り広げられ、大きな場内を一周した。オーストリアの軍装が美しいことは有名だが、それはまるで王朝時代の絵巻物を見るようであり、門閥、格式を重んじた徳川時代の光景を連想させるものがあった。久米は簡潔に「華は華なり、華に失するならんか」と評している。

また、一行は王宮に隣接する宝庫を見学、その建築の立派さや宝物の素晴らしさに驚く。そして、皇帝の厩には五〇〇頭に及ぶ馬が繋がれており、二階には御車が七〇余も格納してあるのを見た。いずれも美しいが、いかにも時代がかっていた。

さらに十二日には、皇帝自らが主催し、王公、貴族、文武百官や僧をお供にして寺に参る大儀式があった。年に一度のことだというので久米も見にいく。それはまた驚くべき大仰な儀式で、千数百名の行列が延々と続く。聞けば、これより早く三月には、皇帝及び皇后が貧民の足を洗うという儀式があったという。これは「国中の乞食、そのもっとも高齢なもの男女一二人づつを全国から選び出し、寺にまいらせ、帝は男の足を洗い、后は女の足を洗ひ、巾でぬぐって堂上に座らせ、自ら食をとりてこれに盛餐を供し、終りてのち各一〇〇フローリンの金を賜うとなり」。

オーストリアは正統のローマカトリック国であり、これらの古式の慈善行事を遵守して連綿と励行しているのであった。

＊太平の戦争・万国博覧会

八日、いよいよ宮内省から迎えの馬車が来て、使節は王宮に向かう。馬車もきらびやかに装い、馭者までが盛装していた。皇帝フランツ・ヨゼフ、ならびに皇后への謁見である。

岩倉大使は、その挨拶の中でこう述べている。

「この帝京に来るの時にあたり、あたかも万国博覧会の挙あるに会し、泰西各国文明進歩の様を目撃し、将陛下政府の興隆を見ること、実に欣幸（幸せに思って喜ぶこと）の至りに堪えず」

老大国オーストリアも、遅ればせながら大奮発をして、いまやそのプライドにかけて万国博覧会を催すことになったのだ。

一行は幸運にもその会期中にウィーンを訪れることになった。

博覧会場は、ドナウの中洲にあるプラーテル公苑で、ここに鉄とガラスの大建築を連ね、世界各国からの物産機械を集めて展示した。一八五一年、ロンドンで行なわれた第一回万国博覧会では会場のハイドパークに巨大なクリスタルパレスを建てて世界をあっといわせ、パリ万博でも大建築をつくってその国力を誇示したが、ウィーンもそれに負けじと、直径八〇メートル、高さ九〇メートルに達する巨大な円堂を造営し、これを中心として左右に幅二五メートル、長さ一〇〇〇メートルの大回廊を設けて来場者の度肝を抜いた。

久米の記述によれば、堂内の総面積は一一ヘクタール（三万三〇〇〇坪）に達し、回廊を一巡するには「二里二町の路程を歩するに同じ」である。しかも、「区区に宝あり、歩歩に珍あり」で、一つひとつ見て歩けば、終日を費やしてもなお一部しか見られない。

場内には各国各様の建築様式によるレストランや喫茶室や遊楽の施設がもうけられ、お国ぶりのサービスがなされ、「まるで地球上を縮めて、この一苑内に入れたる思いをなす」

であった。

場内を歩けば、なお建築中の建物がある。聞けば、出品が多すぎて収容しきれず、急遽増築しているのだという。「世界の工作、日々盛んなること、実に意料の外に出たり」。久米らは連日通って懸命に見てまわるが、各国の出品のあまりの多さに、精も根も尽き果てて、悲鳴にも似た声をあげて次のようにいっている。

「これは要するに、衆邦の億兆、その精神を鍾《あつ》めたる、英華を擢《ぬきん》て、この内に陳列したれば、物として珍ならざるはなく、奇ならざるはなし」

一年半にわたって米欧各都市を実地に回覧してきた一行にとって、この博覧会の見物はそのおさらいの役目を果たし、まさに総仕上げの効果があった。各国の著名な工場、産物はだいたい見てきていたし、またこの旅では訪れ得なかった国々や中小の工場、工房の制作物も目の当たりにすることができた。

久米はこの好運に感謝してこう書く。

「幸いにオーストリアで万国博覧会を開くに逢い、その場に見て、昨日の目撃を再検し、未見の諸工芸を実閲したるは、この紀行を結ぶに、大いに力を得たり」

そして国に大小はあるけれど、「国民自主の生理においては大も畏れるに足らず、小も侮るべからず」であり、この万国博覧会なるものが、「太平の戦争にて、開明の世に最も要務の事なれば、深く注意すべきものなり」と結んでいる。

ところで、当時ウィーンにはこの万博のために日本人が数十人も来ていた。その中のひとりがある日、岩倉大使に献上したいものがあるとホテルに訪ねてきた。ひょうきん者の書記官、安藤太郎が重箱にはいっている献上物を受け取って蓋をあけてみると、「あれなつかしや」日本の漬け物であった。大使にその旨を取り次ぐと、それは「結構」といって自室の戸棚にしまってしまった。安藤太郎は一行中でも大の酒好きだから、「あれでいっぱいやったら、さぞうまかろう」とそのことが頭から離れない。どうかして「頂戴したい」ものだと書記官仲間に話しかけると誰も思いは同じだ。そこで「盗むのはよろしくないから、お留守に少しだけ頂戴することにしよう」と衆議一決した。そして分担を決める。大使のお供をして行く者、見張りをする者、ホテルに残っていただく係とである。そして安藤が、いただく係になった。

さて、いよいよ大使がお出かけだというので、玄関までお見送りをして、安藤は用意のナイフを懐に大使の部屋に忍び込んだ。そして戸棚をあけて重箱から香の物を取り出そう

▲ウィーンの万国博覧会の中堂

▲万国博覧会の日本庭園、背景はエジプト館

とした瞬間、「何をする！」と背後から声がかかった。こともあろうに大使が何か忘れ物をして取りに戻ってきたのだった。

安藤太郎は、それでもひるまず、「菜漬を頂戴します！」と必死にいった。「頂戴はいいが、みなまでもっていくな」と大使はこたえる。

その夜、食卓で大使がいう。

「今日、私の部屋に盗賊が入った」

「盗賊ですと。それは一大事！」

伊藤は知らないから真顔で聞いた。

「何を盗まれたのでございます？」

「なに、盗られたといっても格別のものではない」

「しかし、盗られたとあっては放っておけません、届けなくてはなりますまい」

「いやあ、届けるには及ばぬ」

伊藤や山口はどうも合点がいかない。

「大したものではないが、金では買えぬものをもっていかれた」

大使がいい、伊藤らが尋ねる。

「何でございますか？」

「香の物だ、ただ、みなまではもっていかなんだ……」

と事情がわかって一同の表情がゆるんだ。

「その不届き者は誰でございますか？」

「背の高い者だ」

それなら安藤だ、というので、たちまち露見してしまった。

そこで安藤がいうには「いや、盗賊というのではございません、毒味のため少々頂戴いたしただけで……」と言い逃れた。

こうして一同、笑いの中で一件は落着したが、いかにも当時らしいことである、日本食への郷愁がひしひしと感じられる逸話である。

こうして岩倉一行は一六日間に及んだオーストリア滞在を終えて、十八日夕刻、次の訪問地スイスに向かう。オーストリア政府の接待員たちは国境の街ザルツブルグまで見送り、深夜にもかかわらず、この駅で簡単な食事を共にし別れを告げている。

二十七章　山国スイス・小国の知恵

＊　山国の歓待

ザルツブルグを後にした一行は、ミュヘン経由で翌朝スイス国境のボーデン湖に達する。ここからは船で湖水を渡り、再び汽車に乗って夕刻チューリッヒに着く。

チューリッヒは人口五万八〇〇〇、スイス第一の都市である。「西のジュネーブ、東のチューリッヒ」といわれて、工業も盛んであった。

一行は街の中心地にあるバオルアンヴィル・ホテルに泊まり、紡織工場、工科大学などを見学しているが、特に街で注意を引いたのは書物を脇に抱えて歩いている学生たちの姿で、教育の盛んな土地柄だと記録している。ただ、ここには一泊しただけで、翌日の午後には、元日本公使シーベルト氏の迎えを受けて首都ベルンに向かう。

ベルンは人口三万六〇〇〇ながら首都であり、アーレ河がU字型に深く切れ込んだ中央の台地にある美しい街である。一行の宿となったベルネルホフ・ホテルは、そのアーレ河に面した高台の絶好の地にあり、久米はそこからの景観に目をみはった。

「四面に山をめぐらし、南方最も恢朗《かいろう》なり、平野を隔てて、遙かに群嶺の白玉を瑩《みが》き、剣《けん》鋩《ぼう》を磨し、鋸歯を乱し、崔嵬《さいかい》（岩がゴロゴロしている高山）相連なるを望む」、まさに眺望は爽美である。

翌朝には、大統領に謁見、夕刻からは馬車で市内を見物している。街がとてもきれいに清掃されていることは南の国イタリアとは対照的であり、そこに几帳面で勤勉な気風を感じとっている。

アルル河には水流を利用しての水車が盛んであり、資源もない山国でありながら、あるものを生かして懸命に生きている姿に感銘を覚える。

久米はこう感慨を述べている。

「天より国域に利益を付し、真に窮りなし、山に水があり、海に風あり、野に畜あり、邑《むら》に炭あり、みな人工を助くべし、ただ人のよく思考して用うと否とにあるのみ」

そのあと、街の東北を巡覧するが、ある公苑に酒楼があって、ちょうど小学生が楽隊に合わせて練習をしていた。日本使節とわかると、子供たちは使節に聴かせるべく、みんなで合唱して聴かせた。久米はその純粋無垢な少年たちの歌に感動してこう記す。

「童子の心は、純粋主一、ただ教規を守りて、その業を講ずる中に、自らスイスの本領たる、内を保ち外を防ぎ、その権利を全くすると、人に交際する礼とを誘致せられ、海外絶遠の使いに向かい、この窈窕《ようちょう》（上品で奥ゆかしい）の音を調す、その協和して国を報ふ、実に感悦に堪えざるなり、スイスの男子は、一一歳より短き銃を与えて、学校において兵を兼習わし、その保国の浸潜するかくの如し、これその文武兼秀つる所なり」


スイス政府は、接待役のシーベルト氏をしてこういわしめる。

スイスは小さな国で冗費を省くことに努めており、他国のような立派な接待はできない。ただ、山水の美だけは豊かなので、ご案内して歓迎の意を表したい。ついてはたまたまルツェルンで登山鉄道の開通式があるので、ご臨席いただけると幸いであるという。

一行はその好意を受けて、さっそく翌日、素晴らしい好天に恵まれてベルンを出発する。そしてツーン湖、インターラーケン、ブリエンツ湖と、アルプスの裏街道ともいわれるルートを汽車と汽船を乗り継ぎながら往く。

久米は「山水の奇は是より始まる」と書いているが、最初の湖、ツーン湖に船で乗り出すとたちまち素晴らしい景観が展開する。

「翹首《ぎょうしゅ》（頭を高くあげてみる）すれば、白峰翠嶺、相環拱して、一鏡の湖を開、この日朗晴なれば、空青倒に浸し、雲日共に清く、みな奇絶と叫ばざるなし」

船上からの景色は筆舌に尽くしがたいほどで、三〇〇〇メートル級の白峰が紺碧の空に輝き、湖面に姿を映して、たとえようもなく美しい。誰しも、感嘆の声を上げざるを得ない。

ベルンからルツェルンへ行くには、もっと近い路もあるのだが、わざわざ迂回してこのルートを案内したのは、ご自慢の勝景を堪能してもらおうというスイス側の配慮だった。

一行はツーン湖の中ほどで岸に上がり、汽車に乗る。短い区間だが、ここにだけ観覧鉄道が開通していたのだ。

「此処の蒸気車は、遊客を載するために設けたるものにて、尋常の車と異なり、英国ロンドンの街車のごとく、二層に人を載す、下層は全面皆ガラス窓にして、カーペットの席暖かなり、貴客婦女はここに座をしむ、採風捜奇の客は、一面のガラスもまた勝致の妨げなりとて、上層に登る、上層は蓋なく、四周に欄ありて窓なし、もっとも眺望によろし」

遊客専門の二階建ての車輛であり、とりわけ上階はオープンになっていて、眺望を楽しむに好都合であった。おそらく最新式の観光車輛だったのであろう。この列車はトンネルを出て岩壁につくられた桟橋を渡るのだが、久米はその体験を次のように描写している。

「汽笛一咽し桟橋をゆくは、翼を生じて水上を飛行するがごとし」

約八キロメートルでインターラーケンに着く。此処は当時すでにアルプスの登山基地になっていて、ホテルやレストランが軒を並べていた。世界で最も歴史あるイギリスのアルパイン倶楽部の創立が一八五七年であり、アイガーの初登頂が一八五八年であるから、そろそろ登山が新しいスポーツ、趣味の一角を占めてくる時代である。一行は、ここのホテルで小休止する。

久米はインターラーケンの風光をこう書く。

「朝陽に斜陽に共に風致あり、人家は落落として、路を挟みて立つ、時に一の市街をなす、家屋の造作もまた頗る都雅にて、白堊皎然なり、中に美麗の旅館を建て、樹を蔭し、草を播《ま》くし、跳水の池あり、清水の流れありて、北山に対す」

一行はブリエンツ湖に出るとまた舟に乗る。このあたりは「山嶺畳環し、浪濤乱すが如く」で、左右を見れば「瀑布の峰峰に懸かるを数えては九個に及べり」とある。急傾斜の岩壁に白い流れの糸のような滝がある、なかでもギースバッハの滝は落差が七〇メートルもあり、一行を乗せた船はわざわざ滝の下までいってしぶきを浴びた。「瀑の跳沫霧をなして船にそそぎ、岸樹は潤を含み、水珠は数十歩外に飛灑すれば、白日に嵐気為に寒し」である。

トラチュからは馬車で峠を越えていく。大きな岩が庇《ひさし》のように張り出したブリュニッヒ峠を越えるとひなびた山村の風光が展開し、池のような小さな湖がいくつか続く。そして夕暮れが迫るころ、小さな町サルネンに着いた。

ここは山間の街道にある人口三四〇〇の小村で、一行はオブワルトネルホーフという小さな旅館に泊まることになる。この界隈、スイス独特の山小屋風の建物が並び建ち、その窓から色とりどりの草花が咲き乱れている。そこにはすべてが小作りの教会や役場や商店が集まっていた。村民は思いがけない遠来の賓客を迎えて大騒ぎとなった。

むろん連絡はしてあったはずだが、いずれにしろ急遽決まった来客だったに違いない。

「この夜、旅館にて宴を張る、村民窓外に鼓楽して使節を祝し、館の窓には提灯《ちょうちん》をつるす、球形あり、筒形あり、是は木を削りて骨となし、紙を糊して皮となし、制作せるものにて、我が国の提灯に彷彿たり、また石脳油に火を点して、街上に抛《ほうりな》げ、村民その火傍に群がりて、祝声を発す皆遠来の貴客を礼敬する所なり、欧州の人、遠客を待つに欸和《かんわ》なる、山村の僻《へき》に至るまでかくの如し」

アルプスの山奥の純朴な人々のこころからの歓待に、久米らはすっかり感激するのだ。おそらくこの小さな村の小さなホテルでの一夜は、一行の記憶に鮮明な思い出を残したことだろう。

使節はこのあたりで、三人の猟師の画や木像をよく見かけている。それはウイリアム・テルと二人の仲間で、案内人は詳しくその由来を説明した。

「これはスイス国開創の時の鼻祖を画くもので、一三〇七年にオーストリアの皇帝アルベルト一世が暴政を敷き、人民を抑圧し重税を課し、軍隊をもって苛酷残虐な行為を行ない、この地方の代官の横暴が堪えるべからずの状況にたちいたったので、断然それに反抗して立ち上がった三人の猟師であり、その首魁がウイリアム・テルだった。そしてウイリアム・テルが代官を弓で射殺し、それに呼応してシュワイツ、ユリ、ユンテルワーデンの三郡で義兵が立ち上がり、オーストリアの軍隊を追い払い、スイスの共和国が始まった。そこでこの界隈では三人の猟師の画を家々に掲げて、独立時の壮挙を肝に銘じているのだ」

久米はその話を欧米一般の独立と自主の精神に広げて敷衍《ふえん》し、それは東洋における歴史教育との違いにまで及んでいる。

「欧州各地、みな自主を尚び、その地の歴史を記憶して、その志を継承するに厚きことこの類なり、ルツェルン府には獅子洞あり、またその武勲と愛国心とも示すところにて、小童弱女も、みなその邦俗を記憶し、さくさく人に説きて、世界第一の良俗美邦なるを称説す、是そのよく自立自主を遂げる所なり、小学校にて歴史を毎人に授くる主意も、また先世の志を継ぎ、世世修美に赴き順序を、その脳漿《のうしょう》に浸漬し、愛国の心を養うところにて、東洋歴史の体裁と大いに異なる」

このことは明治初年においても久米を感嘆させるに充分であったが、百数十年を経た平成の世の日本において特に重要なことであり、自らの国の真正な歴史を低学年からしっかりと教えて、先人の活躍を通じ自立独立の精神と国を愛し誇りに思う気持ちを涵養《かんよう》すべきことを痛感させるのである。

＊ リギ山頂の祝宴

翌朝早く一行は、村人が鐘を鳴らして見送るなかを出立し、馬車を連ねてルツェルンに向かう。約五マイルの距離である。

ルツェルンは当時人口が一万四〇〇〇、湖水に面した小さな町だった。しかし、その風光は素晴らしく湖畔にはすでに大きなホテルが建ち並び、国際的な観光地として評価が確立しつつあった。それには一八七一年に対岸にそそり立つリギ山に世界最初の登山鉄道が開通し、アルプス連峰の展望台として一躍、国際的に脚光を浴びることになったからである。

岩倉一行はその湖岸にある堂々たる建築のスイスホテルで朝食をとった。そしてベルンから直行してきた大統領サレソーロら連邦政府の高官らと合流し、船でリギ山麓の埠頭フィッツナウに向かう。船上には楽隊が乗っていて賑やかに演奏し、岸からは祝砲が放たれた。あいにく天気が定まらず、峰々の姿は雲の中に見え隠れしたが、そのため湖上の景色は一段と変化し、久米は「迷霧飛雲ありて峰峰にかかり、遠眺の清朗を欠けども、雲陰の変幻にて湖上の奇景を得たり」と描写している。

鉄道は一八七〇年代、すでに四〇年の歴史をもっていたが、それも平地走行のことで、急角度の山を登る鉄道は、スイス国鉄の技師リゲンバッハの発明を待たなくてはならなかった。軌道はいわゆるアプト式で、通常の二本のレールの他にもう一本鉄軌を設け、車輛に歯車をかみ合わせて推力と制動の二つの働きをさせたものである。老人でも女子供でも座ったまま高山に登り眺望を楽しめるこの発明は、その後スイスの観光事業に画期的な飛躍をもたらすことになる。アルプスの山々が一部の冒険家や登山家のものから、一般の人にも開放されたからである。

当時の機関車はボイラーを縦に装置した特異な形のもので、そこにトロッコのような客車がついていた。フィッツナウから頂上までの乗車賃は七フランで、一時間半かかって登った。リギ山は標高一八〇〇メートル、孤立した山でアルプスの連山と多くの湖を眺めるのに絶好の位置にある。実は、その八合目あたりまで鉄道はすでに開通していたのだが、この年、頂上にいたるまでの最後の区間が完成したのである。頂上付近にはリギクルムという立派なホテルがあり、一行はそこで開催される全線開通の祝宴に参加するのだ。

その夜の宴会は盛大で、大統領の挨拶をはじめ食間にいくつかのスピーチがあり、技師リゲンバッハには褒賞の金杯が授与された。

一行はこのホテルに一泊して、明くる日は、朝の景色も堪能し、ルツェルンに戻ってかの有名な獅子の像を見学している。それはフランス革命の際、ルイ十六世を守って徹底抗戦したスイス傭兵の勇士の記念碑であり、それを顕彰したものであった。

ベルンに戻った一行は次の日の夜、大統領招待のパーティに出ている。これには各国の公使、領事もみな参会し、楽隊が入り、大変なご馳走が出て、盛会だった。食後には庭に出て涼をとり、歓談の時を過ごした。

久米はその翌々日、市内の小学校を見学しており、その教育の充実ぶりに大いに感心して、詳しくその実態を報告している。

「通例は七、八歳より一三、四歳まで、ここに入りて、文、語、書、画、数、史、地、及び物理の八科を学び、併せて唱歌を教う、運動のとき、婦人にも歩操編伍開展の技を習わしむ、教師は婦人多し、大抵四〇人に一教師を与う、等級ようやく進むに従いて、生徒の数を減ず、授けるところの歴史はただスイスの史を教う、語学は仏語を教う（西北部はフランス語を国語とす）、地理もスイスの地理を主に教え、外国はその関係ある国々を主として大略を知らしめ、遠い国にもほぼ及ぼすのみ」

そして久米は東洋、特に日本の教育と比較して大いに反省している。

「顧うに東洋の学は、道徳政治より出て、ただ修身の一科により推充し、無形の理学、高尚の文芸を玩《もてあそ》ぶ、日用生理のことに至っては猥俗とかつて慮《おもんぱか》り及ばず、故に美風善行も一般の人民に及ばず、夫人は深閨の内に幽閉せられ、人生の快楽をうけるを得ず、農工商は猥俗の生理に暇なければ人倫の道をきくを得ず、全国民文盲域中において、士君子のみ、その志を高尚にするも、その切実の財産生理に疎《そ》なれば、貧褸《ひんる》（貧しくみすぼらしいさま）によりてその本領を失うもの、比比みなこれなり」

西洋はこれと反対で、実学を重んじ、一般の人にも教える。学とは「財産生理に困難なく、国民の義務を尽くすに欠乏なきことを、学知するを本となし、有形の理学を務め、営生計理の実事を構ず」ということである。なお、修身は教会で教える、それにはキリスト教が根幹をなしており、その点が日本との大きな違いであると述べている。

ベルンでの滞在を終えた一行は、フライブルグ経由でローザンヌに向かう。地名がドイツ語からフランス語に変わることからも察せられるが、鉄路でトンネルを抜けると雰囲気が一変し、晴れやかな明るい景観が開ける。その様子を久米は次のように描写している。

「これより一隧（トンネル）をめくり出れば、レマン湖の水、豁然《かつぜん》として前に開け、ヴヴエイ村の人家、皎然として湖岸に連なり、蒸気車は山腹を走る、前後の峰容、水に鑑み、霞をひき、みな俊逸の姿あり、真に快絶の景なり」

ローザンヌ駅からは馬車で湖畔にあるホテル・ボウリバージュに赴き、ここで小休止し昼食をとっている。このホテルは百数十年後の今日でも営業しているが、格式のある優雅なホテルである。そして夕刻、ホテルの傍らの桟橋からジュネーブ行きの蒸気船に乗る。

船は霞のかかった湖上を行く。ニョンのあたりからはモンブランなどの高山も見え、素晴らしい景観が展開する。船がジュネーブの桟橋に着くと、一行は早速、ローヌ河のほとりにあるホテル・デ・ベルギュに案内された。

＊ 最終の地・ジュネーブ

ジュネーブは人口四万七〇〇〇、外国の寄留者を合わせると六万八〇〇〇になるという。

「前には湖水を控え、左右に峰巒層複《ほうらんそうふく》し、中に大河を抱き、モンブラン山、雪色を輝かして湖上に立つ、風景目をぬぐう、市壥宏壮にて、街路修り清浄なり、市民客を待つに、和に、業をつとむるに精《くわ》しく、遠人の来寓するもの帰るを忘れるとなん」

ジュネーブは、まさに国際的に客を集める観光都市であった。

実際、一行はスイスの回覧によって、物見遊山が事業になること、それも国際的な広がりで観光事業が成り立つことを肌で感じた。そして欧州の人々がスイスをこの世のパラダイスのように見ているとして次のように書いている。

「欧州各国は、この国を賞美する、桃花源（ユートピア）の如し、夏令に際すれば、妻子を携え、朋侶（友人）とかたらい、その名勝を捜《さぐ》りて、塵気を避く、国民これがために利潤を受けること少なからず、処処の山郷、湖村、みな旅館の設け、美を尽くして遊客を待つ」

久米は長崎に来た欧米人から九州各地の名勝をほめられ、日本は外国から客を呼べる国際観光地になる要素をたぶんに持っていると指摘されたことがあるが、その真の意味をここでよく理解したに違いない。

一行は例の如く街を見てまわる。宗教改革者カルビンの説教場となったサン・ピエール寺院、博物館、上水場、政庁、牢獄等々、なかでも目を引いたのはパテック・フィリップの時計工場だった。本社工場は湖畔にあり極めて精密、高級な時計を製作していた。仕事場は各地に散在し、総計すると三〇〇〇人が働いている勘定だという。山国スイスがいかにして精密な工業を発達させ、その名声を打ち立てたか、そのからくりや原因を熱心に学んでいる。

さて、スイスは人口二六六万、アルプスの山間にあって一個独立の共和国を形成している。この地域も歴史を辿れば、元はローマ帝国の管轄に属していたが、その衰退とともにゲルマン民族が侵入して諸処に住みつき、さらには西南にはフランス人が住み込み、いまにいたるもイタリア語、ドイツ語、フランス語の入り混じる地域になっている。やがてオーストリア帝の支配下にあった三郡でその暴政に対する反乱が起こり、独立する。そして漸次、近隣の地域と盟約を結んで八郡にまで拡大し、オーストリア、フランスが大軍をもって制圧にかかったが、独立国軍は強健死闘して屈することなく独立を死守するのだ。

岩倉一行がスイスで感心したことはいくつもあるが、そのひとつは愛国心であり、民兵制度であった。周囲を大国に囲まれながら、この小国が独立を維持していることは極めて興味のあることであった。その秘密は何か、久米はこう書いている。

「外国侵入の防御は、国中みな奮うて死力を尽くすこと、火を防ぐが如くし、家家にみな

▲ベルンのホテル

▲ツーン湖から流れ出るアーレ河

▲インターラーケンの風景

▲ルツェルンの風景

▲リギ山頂のホテルと風景

▲リゲンバッハの発明によるラックレール鉄道

兵を講し、一銃一戎衣を備えざるなし、（中略）隣国より来たり侵すときは、民みな兵となり、先んずるに壮丁を以てし、その年高きも、四支なお健なる以上は、みな兵となる、婦人は軍糧を弁し、創傷を扶《たす》け、人人死に至るも、他よりその権利を屈せざるを恥づ、故に、その国小なりといえども、大国の間に介し、強兵の誉れ高く、他国より敢えて之を屈するなし」

見知らぬ旅人にも親切に接する国民だが、一朝事が起きて侵略されるようなことがあれば、国民みな武器をとり、あるいは銃後にあって死力を尽くして戦う人たちなのである。

一行はまた郡庁に案内され、行政がどのように行なわれているかを学んでいる。久米は佐賀藩の郡政に係わった経験もあってか、細部まで真剣に聞き入っている。

「郡の人口は九万三二三九で、七人の評議員が二年に一度公選され、担当を分掌する。一に軍務掛、二に支度商法掛、三に租税掛、四に司法取締掛、五に教育掛、六に郡務掛、七に工芸掛である。このほかに特別に統領はおかず、七人の中から申し合わせで一人の統領を択《えら》ぶ。郡を四五のコンミューンに分け、それぞれに長をおく、我が国の庄屋の如し、評議員の一人郡務掛がそれを総括する、総庄屋ともいうべきか。評議員の給与は五〇〇〇フランで、多くは富裕のものが推挙される。この仕事は義務と名誉によってなされるもので、給与の多寡が問題ではない。しかし、責任のある仕事だけに俸給を出し、受け取らせている。立法官はグランドカウンスと言い、人民の選挙で一一〇人を択ぶ。この議員は給与なし。毎年集会の期間は二カ月ほどであり、その間は一日六フランの日当を出すのみ。裁判官は一定の人員がない。立法の議員一一〇人の中から公選する、その人数は事件の有無による。おおよその主たる裁判役は三人で、事務職を含めても二四〜三〇人程度、外に商法裁判役なるものが九人いるが、これは常置はしない、事が起これば開く。一度に三人が立ち会う、三交代制で九人となる。これも給与はまったくなし」

この日、各評議官の事務所を回覧したが、各局は簡潔を極めていて、事務が忙しくなったら「往来の人を執《とら》えて、書写などを頼むことあり」で、役人を増やすと怠け癖がついてしょうがないから、いつも最小限の人数にしておいて、必要なときだけ人員を増やす方式をとっているというのだ。

一行は、おそらくここに共和制共同体の原点を見る思いだったであろう。スイスではすべてがこの調子で節倹に努め、冗費を省く努力をしているのだった。

さて、当時ジュネーブに日本人はいたかといえば、ただひとり、語学研修中の大山巖がいた。スイスにはもうひとり太田篤三郎がいたが、ジュネーブからは遠く離れていたという。

大山は、明治三年、普仏戦争を視察に一度欧州へ来ているが、帰国後、陸軍少将に任ぜられている。ところが、明治四年、廃藩置県が断行され意外にすんなり事がすすむと、国家の前途と世界の大勢をにらんでか再び外遊したいと念願し、断然陸軍少将という栄職をなげうち無官の一書生となってフランスへ留学を志すのだ。すでに三〇歳を超えていたが、当初は少なくとも一〇年は欧州で勉強する覚悟だったというから、おそらく兵学や軍事だけでなく、他日を期して西洋文明の総体を学び取ろうという大きな夢を抱いていたのではないかと察せられる。

しかし、パリに来てみると日本人が多くてフランス語の勉強によろしくないというので、西園寺の紹介か、独りジュネーブに来て、教師の家に住み込み勉学していたのだった。そのころ山縣狂介（有朋）への手紙でこんなことを伝えている。

「独り幽窓下にアベセを読み候えども、なにやらまったく相わからず、晩年に至り余計なる慷慨なりしと今更後悔のほか他事ござなく、御遙笑くだされべく候」

いささか自嘲的な表現だが、茫洋たる大山のことだからそれほど気に病むことはなかったであろう。

そのころ、ロシア人のメチニコフなる人物が訪ねてくる。歳は三四、五、パリ・コミューンにも参加したという亡命革命家なのだった。メチニコフはフランス人より美しいフランス語を話したが、驚くべきことには日本語にも通じており、日本贔屓《びいき》らしく日本人がいると聞いて懐かしくて、矢も盾もたまらずに会いに来たのだという。

言葉の不自由な大山にとってこれは極めて好都合な出会いであった。しかも事の成否こそ違え、ともに革命の志士であり、おのずから気持ちに通じるところがあった。大山は会って三日後の日記に「月俸、相払う、二二〇フラン」と書いており、彼を個人教師に雇い、以後、交友を深めるのだ。

メチニコフはノーベル賞受賞の細菌学者を弟にもつ家系の一級の知識人で、数カ国語をあやつり、政治、思想はむろん地理学や民俗学にも通じていた。したがって、語学以外の知識を得るにも格好の人物だったものと思われる。

ただ、メチニコフは無政府主義者でいわばロシア政府のお尋ね者であったから、周囲のスイス人がその交友を心配して注意した。ところが、大山はこともなげにいった。

「彼らは政治上で志を得なく、海外に亡命しているに過ぎない。彼らが成功していれば、今の政府の要人に、勉強を習う形になるだけだ」と。革命家の心情というべきか、サムライの心意気が伝わってくる話である。

後日談になるが、メチニコフはこの大山との縁がもとで一八七四年には日本に来て、木戸孝允のひきで東京外語学校のロシア語教師第一号となり、一年半ほど教鞭をとる。そしてその間に日本について猛勉強し『日本の文明開化期（明治）』という極めて優れた著作をものするのである。

そんななか、大山はおそらくホテル・デ・ベルギュに使節団を訪ねたであろう。

大山の伝記によると、七月一日、大使（岩倉のことか）とともに軍医の集会に出てナポレオン一世のカピテン（幕僚）だったというデュプール将軍などと会い、数時間も歓談し「頗る愉快を極めた」とある。

さて、使節本隊だが、七月九日、本国より電信で一行に帰国命令が来た。ついに政府が待ちきれず三条は岩倉に帰国を命じたのである。本来ならあと二カ国を訪問するはずであった。しかし、スペインは政情不安なので取りやめにし、ポルトガルだけは訪ねるはずであった。それをも中止し、ジュネーブを最後の地として帰国することに決するのだ。

先にベルリン滞在時、木戸、大久保に帰国命令が出て、大久保はすでに帰国していた。しかし、国内の状態は大久保ひとりではとても手に負えない状況になっており、木戸は、まだ帰国途上で上海あたりを航行中であった。

ジュネーブの市民は、翌日レマン湖に船を浮かべて別れの宴をはった。

久米は書いている。

「府中の官吏、豪商、船を共にするもの三、四〇名、あるいは楽伎を以て加入するものあり、主客みな甲板上に榻《こしかけ》を雑陳《ざっちん》し、風景を攬し、談論笑話、ただ、意の適する所なり、船室には茶酒果を供し、飲すべし、喫すべし、船尾には、楽声瀏湸として、風にひるがえり湖に響き、飄々乎として、羽化登仙の思いをなせり」

名峰モンブランは雪をいただき、湖岸は霞を帯び、夏山の緑にもやっている。ニョンを過ぎると高山が前山に隠れて、ローザンヌの街が蜃気楼《しんきろう》のように浮かんでくる。久米の筆はいよいよ冴えて、レマン湖上の光景を描いて余すところがない。船はモントレーからシオン城をよぎりローヌ川口あたりに着船する。

山麓に小さなホテルがあり、オテル・ビロン（バイロン）という、ここにジュネーブの人たちが、宴席を設けてくれたのだ。

「食饌豊美にして、酒もまた清冽なり、食後にスピーチあり、宴やみ庭園に露座して涼を納る、スイスの人は共和国の治に長生し、一視同仁の襟懐あり、真率洒落として、心に城府（壁）を設けず」

一年七カ月に及んだ大旅行もいよいよこの地で終わりだと思えば、様々な感慨が湧き出してきたに違いない。そして一行は再び、湖上に船を浮かべて夕景の中を往く。やがて陽は山の端に隠れローザンヌを過ぎるころ、すでに薄暮となり船上からの景色は一変する。

「燈花爛として暝色湖を払う、ニョンにて月出て、ジュネーブに至れば、府中より岸上に烟火を挙げて待つ、この夜月色清朗にしては、水天一色なり、船には音声空に響き、岸上に五彩の烟火、星乱して龍闘し、両岸に市人蟻集し、我らが上岸を祝する声はしばらく静まらず、前後の遊宴中にて、この行ことに真率愉快なるを覚えたり」

こうして一行はサンフランシスコに始まったこの長い長い旅の最後を、風光明媚なレマン湖上の盛宴によって締めくくることになる。

岩倉一行は七月十五日、ジュネーブを発ってローヌ河沿いに走りリヨンに向かう。沿線の風景はまた目を見はらせる。山の斜面には葡萄畑が一面に広がり、深い山の奥にまで続いている。

「フランスの農業あまねく及びたるを察するべし」である。一行は、マルセイユからの船便に余裕があったのであろうか、リヨンにも二泊し、このフランス第二の都市を視察している。一方に山を負い、ローヌ河とソーヌ河の合流地点にできたこの街は、パリに似て街並みも建築も都雅であり瀟洒であった。また、絹織物の産地として有名であり、一行は生糸の検査場や最新式のジャカード機械のある工場や大規模な染め工場などを興味深く見学している。生糸や絹織物は当時日本で最も重要な輸出品であり、北イタリアでも南仏でも利害が即わが国に関係しているからでもあった。

ホテル・デ・リヨンを夜遅く出た一行は、十一時に列車に乗り七月十八日の早朝、最終のゴールともいうべきマルセイユ駅に着く。

マルセイユはフランス第三の都市であり、人口は三〇万、「地中海より南洋東洋へ交易往還の喉元なり」とある。こうして一八七二年十二月にドーバー海峡を渡ってカレーの港に着いてから二〇〇日余、ヨーロッパ大陸回覧の旅をして遂に終着点に辿り着いたことになる。

そのマルセイユはまさにオリエントへの窓であり、東洋からのヨーロッパへの玄関口であった。しかし、欧州文明の華やかな諸相をたっぷり見てきた久米の目にはいささかローカルな様相に見えたようだ。交通・交易の中心地はすでに地中海から大西洋に移動しており、ニューヨーク、ボストン、リバプール、グラスゴーの諸港の盛んな活気に比べると、やはり衰微の風を感じたようだ。アジアから初めてここに上陸する者は欧州文明の地への玄関口として驚くのであろうが、と久米は注釈をつけている。

しかも、この港の景観は一種独特の風光をもつ。それはすでにしてアフリカの影響をうけているからであろうか、丘山には緑がなく、ほとんどが禿げ山であり、翌日には「晴天風起こり黄埃日をくらます」とあり、海を越えて砂漠の熱気が伝わってくるようだ。

乗船するのはフランス郵船会社のアヴァ号である。当時スエズ運河を通って香港、上海まで二週間に一便が運行されていた。所用日数は上海まで四九日、船賃は上等が二七〇〇フラン、次等が一七〇〇フランである。横浜まで行くには、上海から乗り換えて、なお数日の旅程が必要であり、欧州・日本間の船旅は、約六〇日というのが当時の交通事情だった。

二十八章　欧州諸国・反芻の日々

＊地中海へ

七月二十日朝十時、岩倉一行を乗せたアヴァ号はマルセイユを出帆する。突堤には港のシンボルともいうべき大きな灯台があり、対岸の丘の上には金色に輝くマリア像をいただくカトリック教会があって、それがだんだん遠ざかっていく。海岸に連なる横山にはほとんど樹木が見られない。岩窟王で有名な監獄島イフ島をよぎるが、このあたりは剝《む》き出しの赤土の山で生気に乏しい。船はやがて大海原に出、空は晴れて、青い海の彼方にアルプスの山々が望見できた。

一行は、甲板に立ちつくして欧州大陸との離別の感慨に浸ったであろう。そして船室に落ち着くと、縦横に東西南北を駆けめぐってきたヨーロッパ大陸の長い旅に思いをめぐらせたに違いない。

翌二十一日の朝、アヴァ号はコルシカ島の沿岸を通る。この島はフランス領で、英雄ナポレオン一世の生誕の地として名高い。青い山々が連なり、美しい風景だ。やがて小さな海峡を右手に見てサルディニア島の側をよぎる。この島はイタリア領で、海浜にある小さな島にはイタリア統一の英雄ガリバルディが住んでいると聞く。

ガリバルディは、王侯貴族や僧侶の圧政に抗して革命を主導し、カヴール、マッチーニとともにイタリアに近代国家を誕生させた大立者である。他の二人はすでに他界していたが、ガリバルディひとりなお健在だった。しかし、革命後の現実の政治は彼の意の如くはならず、エマヌエル王主導の政治をよしとせず、いまは幽閉同然の扱いを受けてこの小島に隠棲しているのだった。かつてはシシリー王国に攻め入り、ナポリ王国を倒した英雄は都を離れ、海浜に狩猟し、風月を楽しみながら何を思う日々であったか。それは維新回天の最大の功労者といわれながら現実の政治にあきたらず、ともすれば薩摩の山に隠棲して愛犬とともに狩猟の日々をおくりたがったわが西郷隆盛に共通するものがあったのである。

船はナポリに帰港したあと、翌朝、快晴のもとにカプリ島をよぎり、噴煙たなびくヴェスヴィオスの山を見ながら南下していく。このあたりの風光はイタリア随一といわれており、久米も欧州の名残とその情景をしきりにメモする。

「岬前に島あり、カップイ島という、みな岩石嶄然として土を戴く、上に古城砦あり、完存す、その南岸には、三、四の奇礁あり、天然の洞門をなし、白浪を吐呑す、北顧すれば、遙かにナポリ湾にあたり、三、四の島嶼《とうしょ》星置し、烟水渺渺《びょうびょう》（広くて果てしないさま）として、府の烟花をひたす、船欄により、眺望の久しきをいとわず、この岬を回れば、イタリア南境の山々、みな海に横たわり、延々蜿蜒《えんえん》南に走り、雲に際してなお尽きず、船ようやくにすすむに従い、螺黛《らたい》（青々とした山々）の蔭を失い、水天一色の海となる」

ついにイタリアの山々も視界の外に去って、天と海とが連なる一色の青い世界となった。

その夜、船はシシリー島にさしかかる。そして、ここでは思いがけなくストロンボリ山の大噴火にめぐり会う。それは断続的に起こる大噴火で、夜空に噴出する火の粉と溶岩流のすさまじい光景を目の当たりにすることになった。

日本にも火山は多く浅間、阿蘇、桜島の噴煙を見た者もあろうが、こんなすさまじい噴火を目撃することはなかったであろう。こうして一行は意外なる大自然の火炎の饗宴に目をみはるのだ。

船は夜中のうちにメッシナ海峡を抜けて地中海に出、マルタ島の側を航行していく。マルタはかつてイタリア領であったが、ナポレオン時代にフランスの手に落ち、その後ワーテルローの戦で英国のものになった。以来ジブラルタルとともに地中海におけるイギリスの最も重要な要塞となった。当時、イギリスはここに砲台を築き、四〇〇〇の兵を駐屯させ、軍艦を配備して監視の目を光らせていた。

＊欧州の旅、反芻の日々

久しぶりにゆったりとした時間だ。船旅のよさはこの時間の流れにあるといっていい。長旅の快い疲れに身を浸しながら、あるいは虚脱状態のような中で時間が過ぎていったのかも知れない。

地中海世界はかつてローマ帝国の内海といわれた。その後、帝国が衰えると、ジェノアやヴェニスの商人が活躍する。そして大航海時代が始まり、スペイン人やポルトガル人が大西洋へ、インド洋へと出かけていく。その後を追ったのがオランダでありイギリスであり、その余波は極東の島、日本へも及んだ。その間、地中海にはフランスと英国が進出してくる。その象徴的な存在がナポレオンであり、それを打ち破ったのがネルソン率いる英国の艦隊だった。以来、地中海世界では英国が優位に立ち、中東地域とスエズ運河の利権争いにからんでいく。

しかし、東地中海にはもうひとつの覇権国があった。それは東ローマ帝国の継承者ともいうべきオスマントルコであり、イスラム教を奉じて広大な地域を支配圏においていた。現にエジプトもトルコの属地になっていたから、スエズ運河の開鑿についても英仏はその了解をとりつける必要があった。

また、オスマントルコは産業革命を成し遂げてパワフルになった西洋列強の衝撃を最初に受けた国であり、その対応のために、タンジマートといわれる国家スケールの改革運動を進めた。英仏からは日本と同じように不平等条約を押し付けられ、ロシアからはクリミア戦争に見られるように南下の圧力をかけられた。その意味で日本はオスマントルコと類似点があり、その改革運動は明治維新のモデルにもなったのである。

ところで、トルコとエジプトへ調査行を命じられた福地源一郎はその後どうしているのか。西本願寺の島地黙雷とパリを発った福地は、列車でイタリアまで南下し、ナポリから船でギリシャに渡り、イスタンブールに向かう。そして駐仏オスマン大使の紹介状で外相のセルヴィル・パシャに面会を申し込むのだが、たまたま対ロシア交渉に忙殺されていて会えなかった。しかし、そのとき、旧知の駐オスマンロシア大使ニコライ・イグナーチェフとめぐり会う。福地とは幕末日露交渉のときに面識があった人物なので、その縁で助力を求めることになる。

ところがトルコ側は外交機密として教えることを拒んだので、やむなくそれに類似したエジプトの混合裁判制度を調べることに変更した。幸い、エジプトの外相ヌパール・パシャは、一八六九年に自ら修正案を作成して欧州諸国と条約改正について交渉中であり、しかも運よく当時イスタンブールに滞在していたのだった。福地は早速ヌパール・パシャに会って教えを請い、一二日間イスタンブールに留まることになる。

福地はその後、パレスチナを経てエジプトに立ち寄り、そこにも八日間滞在して五月十六日、帰国の途につく。

仏教僧の島地黙雷が同行したのは、キリスト教という異教文明にどう対応すべきか、イスラム世界にその先例を学びたいという意向があったものと思われる。

福地は帰国後、外務省に報告書を提出し、外国人裁判官を採用する混合裁判方式の導入を具申している。


さて、岩倉一行の船は、悠容として地中海を横切っていく。

久米は米欧の長旅について思いをめぐらす。

それにしても大いなる旅だった、大いなる見聞だった。

佐賀の一隅に生まれ育った久米は、まず長崎を見、そして江戸を見た。それだけでも広い世界があると思った。しかし、この一年半、なんと大きな世界を見てきたことだろう。

サンフランシスコ以来の見聞を想起すれば、気が遠くなるようだ。雪深いシェラネヴァダ山脈を越え、ロッキーの巨大山脈を横断し、大海のような見はるかす大平原を走って、アルゲニー山脈を突っ切り東海岸に達した。あの壮大なアメリカ大陸、あのスケールの大きさはどうだろう、また、それに挑む意気盛んなアメリカ人、そのパイオニア精神と勤勉努力には頭が下がる。

そして世界の雄都ロンドン、黒煙をもくもくと吐き出し鼓動するが如き工業地帯、マンチェスター、グラスゴー、ニューキャッスル、英国人は「石炭と鉄を衣食する」と聞いたが、まさにその通り、蒸気船を造り蒸気車を走らせ、郵便・電信を国内外に張りめぐらせ、綿を織り、機械をつくり、七つの海に雄飛している。ドーバー海峡を渡って大陸を訪ねれば、天国の如き麗都パリ、そこは文明都雅の尖点であり流行の源であり、人をして愉悦せしめる都だった。そして新興の気溢れるベルリン、大国フランスを破ったばかりのドイツは粗野ながら、いかにもパワフルであった。さらには北の果ての大都ペテルブルグ、氷結したネヴァ河を背景にした壮大な建築群は目に焼きついている。そしてアルプスの峠を越えて南の国イタリアへ、美の都フィレンツェ、古代遺跡の中にあるようなローマ、そして水上の奇郷ヴェネチア、なんと夢のような旅だったのだろう。それからウィーンでの万国博覧会、山紫水明の地スイスの風光、そしてレマン湖での船遊、ああ、誰がこんな旅を想像しただろう、誰がこんな豪華で贅沢な旅を想起しただろう。

そして今、地中海を渡り、世界一周の最終コースにかかっている。

久米はむろん、岩倉大使も、伊藤副使もすべてのメンバーが、日本人として最初の世界大旅行を経験する幸運をしみじみと感じ、その使命と見聞の重さに思いをめぐらしたに違いない。

＊世界有無相通じ、長短相補い……

久米はあらためて思う。世界の多様性を、風土と歴史の多様性を、そして東西文明の間にある違いの大きさを。それは人々の生活様式にも、社会の諸形態にも、政治や経済のシステムにも現れ、まるで百花繚乱の様相を呈している。それにしてもこの東西文明の違いは、一体なんなのか、人種、言語、宗教、思想、風土、歴史、そのいずれもかかわっているに違いない。しかし、その根本に何かがあるはずだ、久米は懸命に考える。

そして辿り着いたのが、東西洋の文明の原理、人々が求めてやまない価値目標である。それは詰まるところ、西洋では「利益や快楽の追求」であり、東洋では「人格や道義の追求」ではないのか。

西洋人は利益追求に熱心であり、快楽をとことんまで求める。財産を増やすことを目的とし華厳楼閣に住むことを理想とする。米欧で多くの貴族や実業家の館を訪れたが、どこも城のような大建築をつくり、室内には美術骨董品を所狭しと飾って、その財産を誇示する。それは貪欲主義、快楽主義ともいえる思想の表現であろう。

それに引き換え東洋人は、利益を貪ることをはしたないこととし、財産や物質より、精神的な価値を求める。価値の基準が財産や金銭の多寡ではなく、徳望の有無、人格の高潔さにある。

久米はさらに考える。何故、西洋人はあれほど宗教に熱心なのか。プロテスタントにしろ、カトリックにしろ、何故あれほど盛大に教会を建て、到る所に十字架を祀り、バイブルを普及させているのか。教義を聞けば、まるで戯言《ざれごと》のようだが、何故あれほど信心深いのか。

「西洋人は慾深き人種」であり、「性もともと悪」なのだ。自ら制御する力に乏しいから、どうしても宗教に頼る。天上の神キリストに頼る西洋では宗教を信じない人は人間として扱わない。宗教を信じない人は即野蛮人として交際を避けるほどだ。

それに比べ、東洋人は「慾少なき人種」であり、「性ほんらい善」なのだ。人間は生まれつきおのずから制御する力をもっていると信じるから、宗教にそれほど頼ることもない。すべてに仏性を認める仏教があり、孔孟の教えという道徳があるから、それで自らをコントロールすることができる。

だから「恥」という言葉のもつ意味も、政治の目標とすべきことも、西洋人と東洋人ではまるで反対になってしまう。日本の政治では「君主は節倹仁恩を努め、人民は寡欲報効を務め、上下親依し、太平を保つ、故に利欲の論は、最も人の恥づる所にて、これを名づけて廉恥の風という」である。ところが、「欧州人はこれに反し、上下ともに自己の情欲を遂げ、快美の生活をなすの一念、甚だ盛んなるにより、一の自主の権を主張し、すべての事理をここより発源したれば、その財利嗜欲に渋　嗇《じゅうしょく》にて、恋々離するに忍びざること、また我よりいえば、廉恥の風に乏しい」ということになる。つまり利を追求し、欲求を満たそうとしない生き方をむしろ恥とするのだ。

久米は漢学育ちであるから対句をよく使う。それはおのずから西洋と東洋を対立概念で割り切る傾向になる。したがって中庸を欠く憾みがあるが、その東西文明比較論には的を射ている点も多い。

そして「慾深き民」は互いに「利益の追求」に熱心で、戦利品の分捕り合戦に見られるように好戦的であり、自らの宗教、思想を唯一絶対のものとして相手にも強要する性向がある。その事例は特に宗教間の対立に現れ、西洋では常に争いが絶えない。

久米は「相憎嫉《しつ》する耶蘇教」と「柔善なる仏教」との対比に触れて次のようにいう。

「古教（ユダヤ教のこと）分かれて耶蘇教（キリスト教）となり、耶蘇教はまた分かれて羅馬教、ギリシャ教、及びプロテスタント教となり、而《しか》して欧州人民の外は、またモハメット教を奉じ、互いに相敵視し、今に至るまで、まなじりを裂き、相憎嫉するの念は、かつて消滅するなし、欧州各国各郡の相分れ、相対峙するは、常にその関係を有すること、甚だ切要なり、是《これ》東洋の柔善なる仏教の域に、道徳政治の化を受け、生長するものの、竟に思想し能わざる所なり」

岩倉使節の旅は、米英に加えてヨーロッパの多様な一〇カ国を巡覧することで、常にそれらを比較検討することができた。政治組織についても、経済の仕組みについても、宗教や生活習慣についてもである。たとえばアメリカでは共和制を大いに鼓吹されるが、欧州で訪問した一〇カ国のうち共和制はフランスとスイスの二カ国でしかなく、あとの八カ国は様々な形の君主制国家であった。国家なるものが決して一様ではなく、歴史と風土に関連して極めてヴァラエティに富んでいることも実感することができた。

経済産業についても各国で事情が異なり、発展段階も違った。それを空間的に、時間的に双方からパノラマのように見ることができたのは大いなる収穫だった。特に英国のような繁栄も僅々五〇年来のことであり、より縮めていえば四〇年の差しかないことを発見したのも大きかった。

また、キリスト教についても米英のピューリタン精神やプロテスタント信仰、そして欧州特にオーストリアやイタリアでのカトリック信仰との違い、寺院の構造や儀礼の性格、その多様性も肌で感じた。そしてその精神が、深いところで西洋文明の性格を規定していることも感得できた。

しかし久米をはじめ使節の面々がキリスト教そのものをどこまで根源的に理解したかには疑問がある。魂の救済とか、原罪意識、それは仏教でいう人間のもつ「業《ごう》」や煩悩に通じるものであるはずだが、そうした言及は見られない。キリストの聖書物語を聞いて、処女懐胎や囚人復活を「瘋癲《ふうてん》の戯言《ざれごと》」と切り棄ててしまう精神構造がある。それは、あるいは久米たちがいわば恵まれたエリート層であり、個人的にも貧困、病苦、不運など、どうしようもないほどの災厄、不幸に見舞われた経験がなかったからかも知れない。しかし、そうした個人的な条件を超えて、当時の日本のサムライたちには、永年のうちに培《つちか》われた儒教的合理主義ともいえる考えが根底にはあったからだとも考えられる。

ジュネーブで大山巖を訪ねてきたロシア人、メチニコフは、そのことに関して著書『日本の文明開化期（明治）』の中で、次のようにいっている。

「日本の教養階級は、数世紀にわたる儒教的合理主義によって、高度の論理的分析と、十分とはいえないが、一切の神秘主義とは無縁な、唯一の〝道〟を評価する形而上学を身につけている」と。そしてその「道」をうまく言い表しているものとして、孔子の教養を紹介してこう書いている。

「万物の根源は自然である。自然にしたがうこと、これすなわち道なり。道を修めること、これすなわち教えなり。道は一切の逸脱のないものでなければならない。逸脱を許す道は真の道ならず」

そして「論理的分析」が不十分な点については、「数学や代数学」の欠落を指摘する。しかし、「今や日本人はすでにこの本質的欠落を非常によく自覚しており、それを埋めようとして彼らの見せるエネルギーと能力には、ただただ驚くばかりである」と感嘆している。

久米の西洋文明の理解とその記録を見ていると、そこに儒教的合理主義と論理的分析手法がいかんなく発揮されていることを感じる。漢学の徒でありながら、数学や物理にも通じ、技術や工芸にも詳しいことは久米の特長である。そうした教養の蓄積があったればこそ、仰ぎ見るような西洋文明を目の当たりにしてもひるむことなく、それを的確に見聞し、吸収し、記録しえたのだと考えられる。

そしてメチニコフは、そうした精神的風土はなにもサムライたち教養階層だけのものではないとして、次のようにもいっている。

「超自然的なもの、空想的なものが、日本の民衆的世界観のなかで、少しも重要な役割を果たさなくなってすでに久しい。日本の数多い仏教上の聖者や神道上の精霊（神）は、最下層の人間たちにとってすら、とうの昔に信仰の対象ではなくなっており、お伽噺《とぎばなし》（それも、もっぱらユーモラスな内容）の主人公になりさがったのである」

メチニコフはおそらく祖国ロシアの民度の低さを想起しながら、この極東の小島に住む人々の民度の高さにすっかり驚いているのだ。

幕末、「西の長崎、東の佐倉」といわれ、蘭学つまり洋学の一方の中心地だった佐倉で、そのコアをなした人物、佐藤泰然《さとうたいぜん》は、自らの診療所兼学塾を「順天堂」と名づけた。それは自然に順《したが》うことを意味し、西洋の学を入れながら自然を征服する意味の「克天堂」ではなかったところに意味がある。ここに日本的儒教、あるいは神道的、道教的、仏教的ともいえる自然的儒教の水脈が伏流していることを感じさせるのだ。

久米は考える。その東西文明比較論は、次のような対比として収斂《しゅうれん》していく。

利と義、キリスト教と仏教、宗教と道徳、自主と相互扶助、契約と合意、法とモラル、民主共和と有司専制、個人主義と家族主義、横社会と縦社会……。

しかし、久米はどちらかに軍配を挙げ、どちらかを一方的に奨励するわけではない。それらはその土地の風土と歴史から生まれたもので、西洋の政治形態は西洋人種に適して、東洋のそれは東洋人種に適し、その中で生まれてきたと解釈する。

ただ、交通通信機関が驚異的に発達して、世界が一つになっていく時代には、どうしても東西文明が相会することになり、そこではどうしても摩擦、衝突が生じる。しかし、争うばかりでは能がない。お互い共存していかなくてはならず、おのずとそこに融合調和がはかられなくてはならない。

それならばどうするか。久米は考える。

「国土が痩せていても民勉《つと》めれば富み、土地が豊かでも民が怠けていれば貧だ、海岸の民は、貿易を重にし、山間の民は工産を勉める、みな天然の利によるものなり、人智の開けるに従い、工芸は海岸の地に及ぶ、而して山国の工産も、またしたがってますます盛んなり、これ人力の天に勝つものにして、世の利源はこんこん無尽蔵なりというべし」

結局、富の源泉は人力にあり、人智にあり、勤勉にある。そこを掘り起こせば富の源泉は無尽蔵だ。世界にはいろいろな物産がある、だからこれを開発し交換すれば、互いに富むことが可能だ、それには交通通信機関を充実しなければならず、進取の精神で海外とも大いに交際し貿易をはかっていかなくてはならない。

世界を回覧して気づいたことの一つは、日本が太平洋の中の一つの島に過ぎないことである。アメリカ大陸の物差しで計れば、日本列島はただ一つの山脈にしか過ぎない。しかし、悲観することはない。オランダ、ベルギーは九州ほどの大きさしかなく、あの英国でさえ日本と同じくらいだ。スイスやデンマークにいたってはもっと小国だが、国民の進取の精神、世界的視野、勤勉努力によって、高い水準の生活をエンジョイし、独立国家として堂々とやっている。

それに引き換え、あの大中国やインドはどうだ。土地、人口ともいかに巨大な国であっても、西洋の列強に支配されてしまっている。その分かれ目は何か、国民の独立心、チャレンジ精神、勤勉努力の有無にある。

ならば、日本人はどうか。

「わが邦、古より発明に乏し、而してよく他の知識を学び取る、建築、鉄冶、磁器、縫織、みな之を朝鮮支那に資して、今はみな之に超越す、今や東洋に古国多しといえども、その開化の度独り進みたるは我邦なり」

日本人の模倣の才は世界一であり、すでに二千年来、中国文明をも自家薬籠《じかやくろう》中のものとしてきた。久米はそこで大いなる自信をのぞかせ、その才をこれから西洋文明にも適用すべしと、次のように主張する。

「まことによろしくその結習によりて、その美を闡発《せんぱつ》（はっきり表に出す）し、その得るところを推して、その未だ得ざるところに及ぼさば、今日の見るべきなきが如きも、他日必ず、その観を改むるものあらん、東西智巧の異なる俄然として合一なり難しといえども、その進歩と退歩とは、天の人に与奪するところあらんや、そもそもまた世界有無相通じ、長短相補い、互いに勉励の精神を失はざらしめんには、識者必ず此処に見るところあらん」

世界が一つになっていく時代、東西各地が互いにその長所をとり短所を補って共有していくことが大事だと、しきりに訴えるのだ。

久米らはこの古今東西にも例を見ない「大いなる旅」を通じて、これらのことを骨身に沁みて感じ取ったに違いない。

アヴァ号は、いよいよアフリカ大陸に近づき、ナポリを出てから三日目の朝五時、アレキサンドリア沖を通過する。

アジア・日本・帰国編

二十九章　スエズ運河、紅海、インド洋へ

＊　スエズ運河

ナポリを出て三日目の朝九時、アヴァ号はポートサイドの港に着岸した。一行は上陸して街を散策する。このエジプトの大地はまったくの平坦な白沙の地で、山影は一つとして見えない。ここはスエズ運河の掘削のためにでき上がった街で、いまは約八〇〇〇の人口があるが、半分は郵船関連の仕事や船客のおとす金に集まる外国人である。

新開の街は広い通りがあり、英仏の領事館などが並んでいるが、日照りが暑くて、長く歩くことはできない。欧州人の住むところには樹陰があって空気清浄で、逍遙によろしい。この日はロバにまたがり、土人の住まいするところに行けば、みな狭くて汚く、葦《あし》を屋根にし、アンペラのようなものを敷いて座っている。婦人は黒布を以て面を覆い、両眼

のみを出している。茶店でビール、レモン水を頼んだが、値を貪《むさぼ》ること甚だしい。その前には三、四の長屋があり、娼婦の店だという。また、豚水《とんすい》をラクダで運ぶのを見る。豚の革袋に水を入れたもので、漆黒のゴムのように見える。街を一巡して波止場に戻り、ヨーロッパ風の店で休む、ここでオレンジを食べたが、拳の如き大きさのもので、これは実に美味しく名品といってよかった。

一時に船に乗り込もうとして岸壁にいくと、露店の売り子がたむろしていて、帽子、たばこ、キセル、絵画などを並べて売り込むのでうるさく閉口する。

郵船は石炭や食糧などを積み込み、四時に錨《いかり》をあげた。いよいよスエズ運河に入っていくのだ。

運河は一時間にほぼ五マイルの速度でゆっくりと進む。幅は約一〇〇メートル、英国船と行き交ったが、なお余裕があった。両側はただ一面の砂漠で、視界に入るものはなにもない。途中、メンザーレ湖で船をとめ一泊する。夜間は航行しない定めなのだ。翌朝、四時半、錨をあげて動き出した。素晴らしい好天で一点の雲も見ない。午後四時、スエズの埠頭に着船する。幕末の使節たちは四年前まではこのスエズで船を降り、ここから鉄道でカイロ経由アレキサンドリアまで行き、そこからマルセイユ行きの船に乗ったのだ。

そのスエズの界隈で一行は船上から、この地ならではの珍しい風景を見ている。久米は記す。

「落照三竿、一隊の土人あり、駱駝《らくだ》に跨《また》がり、遙かにこの野の黄埃中を行く、一幅の画図をみるが如し、また奇眺なり」

ポートサイドからスエズまでは約一〇〇マイルである。この歴史的な大工事は四つの湖をつないで行なわれ、一八六九年に完成したばかりであった。

久米は感動に震える筆致で、レセップス氏に向かいて、レセップスの偉業についてこう記している。

「これは仏国の学士レセップス氏に向かいて、謝すべきなり、この地を鑿《うが》ち割《わ》りて運河を通するには、レセップス氏多年の苦慮をあつめその積成に因て、実に振古希有の大偉業を立てたり」

ここに運河を掘りたいという考えは実に古くからあった。最近ではナポレオンもこれを夢見たひとりだったが、その実現には産業革命による技術の進歩や世界貿易の進展と需要の拡大を待たねばならなかった。そしてエジプト王アリ（正確にはオスマン帝国の副王）の決断とレセップスの不退転の意志が、数多の協力者を集め、もろもろの困難を乗り越え、

▲エジプトの風俗

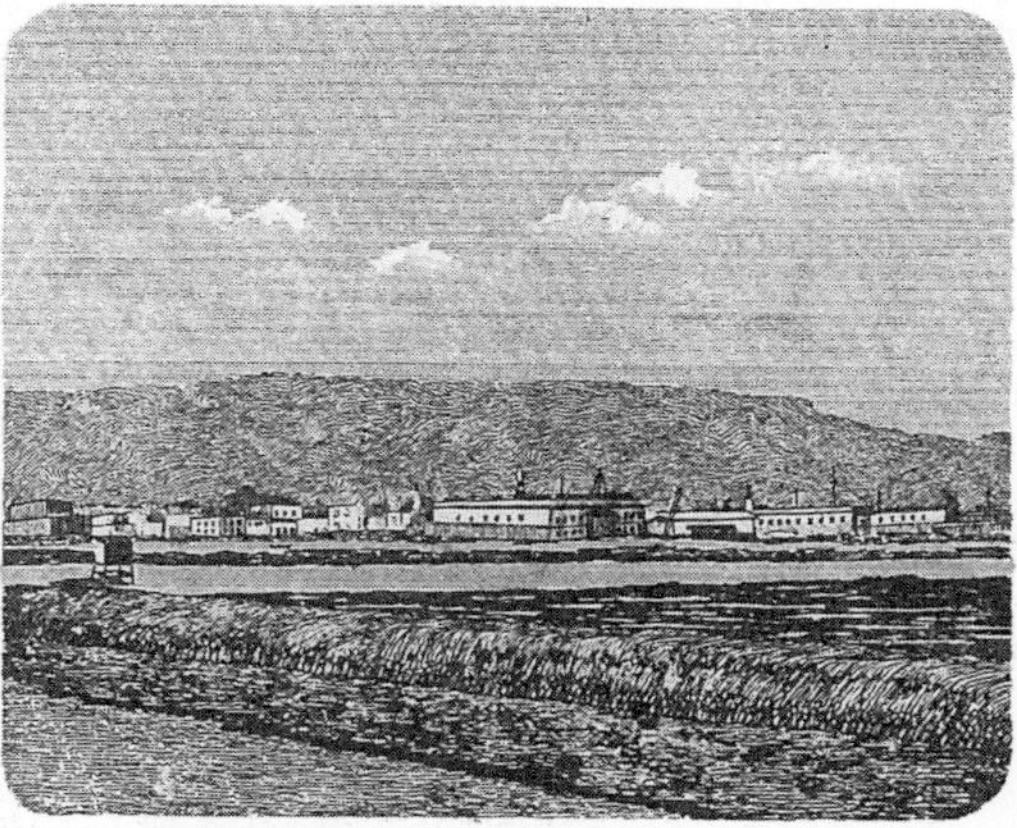

▲スエズ運河のスエズ口

一五年の歳月と八〇〇〇万ドルの巨費を投じて大運河を完成に導く。
久米は船上よりその経緯と工事の難航に思いを馳せ、大いなる感慨を以て運河を見つめるのだ。

運河の完成により、ロンドン—ボンベイ（ムンバイ）間の航海距離は、喜望峰回りの二万一四〇〇キロから一万一〇〇〇キロに半減する。その経済効果は素晴らしく、通船料の収入は莫大で事業的にも大成功を収めるのだ。そして奇しくも同じ年の一八六九年にはアメリカ大陸横断鉄道も開通する。この歴史的な二つの大工事によって、世界交通は画期的な時代を迎えることになる。

小説家ジュール・ヴェルヌは、こうした新時代の状況を踏まえて『八十日間世界一周』を書いた。この冒険小説の主人公フォッグ氏が忠実なる従僕パスパルツーを従えてロンドンを出発するのが、一八七二年の十月であった。それはこの歴史的大工事の完成で、それまで考えられなかったようなスピードで世界を一周できる時代になったことを示している。

近代旅行の祖であり、国際団体ツアーの元祖ともいわれる英国のトーマス・クックが、初めて世界一周の旅に出たのもこの年である。トロイの発掘で有名なシュリーマンも同様に世界一周の旅に出た。起点こそ違うが、同じ東回りのルートを辿り、二人とも日本に立ち寄っている。わが岩倉使節団も極めてタイミングよく、海外旅行のまさに幕開けの時期に、世界一周の旅をすることになったのだ。

＊酷暑の紅海を往く

紅海は世界でも一番暑いところだといわれており、しかも夏の盛りに航海するのだから、その炎暑推して知るべしである。

「この夜風絶えて暑甚だしく寝るべからず」と久米も書いているが、夜の気温が摂氏三四度だというのだから普通ではない。昼の間中熱せられた砂漠の熱い大気が、細長い溝のような紅海に澱《よど》んで動かないというべきか。ようやく朝方になって気温が下がるが、冷房装置も何もない時代であるから、終夜寝られず甲板に出てごろ寝する連中も多かった。

八月一日、船はアフリカ大陸とアラビア半島がわずか五マイルで接するマンデブ海峡を抜け、アデンに寄港する。当時アラビア半島は遊牧民族が散在して、数百年来の生活をくり返していた。それはいずれも小さな部族集団であり、その首長はいわば土侯という段階だった。したがってアラビアにはイスラムの聖地メッカやメディナはあっても、サウド家のような勢威ある王族もまだ生まれていなかった。半島の南に位置する気候のいい高地や交通の要衝である土地にだけ、古くから栄えた王国、イエーメンやオマーンがそれなりの国をつくり独自の生活と文化を享受している時代だった。

なかでも紅海に面するアデンは、かつてシバの女王が支配したイエーメンの良港で、戦略的に重要な拠点だった。アヴァ号もその港に立ち寄る。英国はいちはやくその一画を買収し、郵船の駅の役目を果たさせていた。人口は三万といわれ、英国は二〇〇〇人の兵隊を駐屯させて紅海の通行に睨《にら》みをきかせていた。

久米は英国の力についてこう書く。

「英人は印度およびオーストラリアを以て宝庫とす、ああ宝庫の守に、その業もまた勉《つと》めたりというべし、国人の魄力盛んなるにあらざれば、この遠大の力を運するを得ず、国の盛衰は、もっとも人民の魄力に関係す、技工財貨は第二義にあり」

事業は人なりというが、国力もまた人であって、技工財貨は自ずからそれについてくるものだと実感するのだ。

一行は上陸して町を回覧し、古代からある大仕掛けの貯水池も見学している。それは初め有名なソロモン王が造成したもので、それを英国人が来てから大拡張し、当初の一〇倍もの水を蓄えるものとなった。

アヴァ号は、八月三日、アラビア海に出る。

翌日はソコトラ島をよぎるが、そこで海面に魚が跳びあがる姿を見ている。

「この辺の洋面に魚あり、その形は長さ七、八寸にて、碧脊白腹の小魚たり、鰭《ひれ》を張りて十余個あい連なり、一斎に波間を跳飛す、その遠きは三、四〇間に及んで落つ、その状は千鳥の飛ぶに彷彿たり」

この飛魚の出現は、イルカとともに海上の無聊《ぶりょう》（退屈）を慰める格好の見世物であった。

＊　極楽界・セイロン

こうして波静かなインド洋を横断し、九日の午後三時、ようやくセイロン島の西端にあるゴール港に入る。そこは、これまでとは別世界の青々とした山と椰子の美しい緑滴《したた》る島であった。

当時の船は客だけでなく荷物も積んでいたから、その積み卸しに時間がかかり、石炭や食糧の補給も必要だったから、港では一日か二日は停泊するのが普通であった。その間、一行は上陸してホテル・オリエンタルに落ち着き、早速馬車を駆って付近の寺や近郷を見てまわった。

久米は、その印象をこう書いている。

「この港は熱帯の地にて、樹木夭喬《ようきょう》にして、葉色は深緑をなし、四時の驕陽《きょうよう》（照り輝く太陽）に繁栄を争い、その景象また欧、仏、赤野禿山の観にあらず、熱帯の国は、山緑に水清く、植物は栄え、土壌は腴《ゆ》（肥えて）にして、空気の清き、景色の美なる、欧州より来たりて、この景象をみれば、真に人間の極楽界と覚うが如し」

乾ききった砂漠と奇怪なる岩山の荒涼たるアラビア世界のあとに、これはまた対照的な緑滴る青山的天地の出現であった。久米らの目にそれがまるで極楽のように見えたとしても不思議はなかった。

旅往けば、処変われば、品変わる。

風光だけでなく人々の生活も変わり、旅は一行を飽きさせることがない。

セイロン島は当時、全島がイギリスの植民地になっており総督が支配していた。もともとは四〇〇〇年の歴史をもつといわれた三つの王国からなっていたのだが、インド洋上の交通の要衝に位置することから、大航海時代以来、西洋列強の侵食するところとなり、最初はポルトガルがゴールに砦を築き、オランダが拡張して堅固な星型のものにし、それをまた継承したのがイギリスで、当時はそこに英国風のミニタウンをつくっていた。

久米は書いている。

「欧人は大抵塁内に住む、塁内の家作は壮美なり、各国の領事館、市庁、裁判所、バンク、ホテル及びエキスチェンジみな此処に在り、イギリス宗の寺あり、スコットランド風の造営にて頗《すこぶ》る美観たり」

むろんマーケット、芝居小屋、娼婦宿もあった。欧州人はこの砦の中ならば安全であり、本国風の生活が可能なのであった。

一行は砦の外に馬車を走らせ、現地人の生活ぶりを視察している。海岸では原始的な漁法で魚を捕り、バナナや椰子はたわわになり、稲は黄金の波を呈していた。子供たちは裸足で走りまわり、まるで太古そのままの淡泊な生活ぶりであった。そして緑豊かな山、稲の水田、仏教寺院とくればおのずから、日本の風景を彷彿とさせるものがあり、地球をぐるりとまわってようやくアジア圏内に辿り着いたことを感じるのだ。

久米は、土地の人が相変わらず仏教を信仰している様子を見て聞いてみた。

「此処は英国の支配下にあるのに、何故キリスト教に改宗せず、旧来の仏教に帰依《きえ》しているのか」

「私たちは先祖伝来の仏教を信仰して今日まできている。何故、私たちの代になって、仏教を廃して他の宗教に変えなければならないのか、そもそも、それに何の益があるのか」

セイロンの人は大事なことを忘れず、旧来の法をまもっているのは感心だと記している。

久米は欧州からアラビア、アジアへ旅してきた実感をもとに、未開と文明の比較論を展開する。

「欧州の各国は、今文明富強を競い、巍峨《ぎが》として層楼の都をなせども、その地を履行し、その土民（土地の人々）の生理（生活）をみるに、終年屹屹《きつきつ》として（こつこつと）、工業を操作し、日の力を尽くして已む、しかるに熱帯の地方にては、その家家の生計たる、衣服の寒に備ふるを要せず、家屋の風雨を防ぐに切ならず、その食料に資する百物は、容易に生殖し、蓄蔵予備を用いず、故に食うて臥し、睡気覚めれば、穀果の熟せるものあり、その生理の易き、かくのごとくなるを以て、民の繁息することも、また草木と一般なり」

ここには、近代の先端を行く工業文明における生活と、古代からそのままの採集文明における生活との比較がある。そして久米お得意の単純にして明快な「風土勤怠決定論」ともいうべき議論が展開される。

「古《いにしえ》の語にいわく、沃土の民は惰なりと、されば貧歉《ひんけん》は人を富潤するの砥礪《しれい》（修養につとめる）にて、饜足《えんそく》は倦怠の基礎というべし」

つまり貧しい環境は勤勉と富に向かわせ、豊かな風土が怠惰と貧に向かわせることになる。そして久米はそれを発展させて国の貧富、国力の強弱にまで言及する。

「故に、国の貧富は、土の肥瘠にあらず、民の衆寡にもあらず、またその資性の知愚にもあらず、ただその土の風俗、よく生理に勤勉する力の、強弱いかんにあるのみ」

久米の論は、ここでは明らかに暴走しバランスを失っている。漢文の通性ともいえるが、久米は時に対比論法に酔って現実から遊離してしまう性向があり、風景描写などについても、白髪三千丈式にオーバーな表現があって、実景を写していないことがある。久米の格調高い名調子も、この点は注意を要するところである。

十一日、カルカッタからの荷が着いて、アヴァ号にアヘンが積み込まれた。その数三六〇〇箱、香港まで運ぶのだという。奇しくも一行はアヘンと同船することになったのだ。

翌朝、船は錨を上げて出帆した。風は穏やかで航海は素晴らしく、雨あがりのせいか、セイロン島の海上からの眺めは一段と美しかった。

「樹は濃緑をこらし、草は深青をしく、夜来の雨に潤い、嵐翠（あざやかな山の緑）は、滴《したた》らんとす、気象甚だ清し」である。

船は再びインド洋に出る。

大洋に出ると見えるものは海だけで、特に景色に変化はない。船は数日かけてベンガル湾を渡りマラッカ海峡に向かう。船上のアヘンからの連想であろう。久米は遙かなるカルカッタ（コルカタ）に思いを馳せ、イギリス支配下の三億の民をもつ巨大な国インドの国情を思う。

当時のカルカッタは人口が五〇万、イギリスが一八一八年にインド進出の橋頭堡《きょうとうほ》としてつくったところである。イギリスはその後、ベンガル湾でしきりに交易の利を貪っていたポルトガルを蹴落《けお》とし、西海岸のボンベイとともにカルカッタをインド支配の二大拠点に仕立て上げたのだ。

そしてカルカッタこそ、悪名高きアヘンの主たる積み出し港なのであった。

久米はその理不尽な行為に憤慨する。

「この府より輸出の産物は、アヘンを魁《さきがけ》とす、みな支那に輸送す、支那国は、全地の民、周年の労力を傾け、この一品を買い得て、精神を麻痺《まひ》することに、勉強するというべし、英国もまたこの不詳なる利益を受けて、自ら肥る、あに文明の本意ならんや」

ロンドンの繁華を思い、英国各地の貴族、豪商の贅をこらした生活ぶりを想起するにつけ、その裏面にある「情欲の念盛んに、欲深き人種」を見ざるをえない。アフリカでは奴隷を売買し、中国ではアヘンを売りつけて利を貪る。そこには道義のかけらもないように見える。インド洋を航海してアジア、アフリカの大陸に思いを馳せれば、光彩陸離たる欧米文明の背後に残酷非道なる影の部分を見ないわけにはいかなかった。

インド亜大陸には、麻、綿、茶、煙草、砂糖、藍などができる。イギリスはもっぱらこれらを買い付けて本国並びに第三国に売り、本国からはその見返りに、麻布、綿布、絹、毛織物、酒、書籍などを持ち込む。そしてカルカッタからボンベイまで一四五〇キロの鉄道を敷いてレールや機関車や車輛を売り込んだ。三億の民が綿布を纏《まと》い、鉄道がさらに広範囲に計画されているとすれば、イギリス本土であれだけ大量に綿布をつくり車輌を製作しても需要に事欠かないことも理解できる。

世界各地にそれぞれ風土の違いがあって産物も異なるのは、いわば天の配慮であって、互いにそれを交換すれば、お互いが豊かになれる道理である。今、日本人は、西洋人に触発されて争ってヨーロッパやアメリカに行くけれど、実はもっと近いアジアにその貴重な原材料があることを忘れてはならない……。

「未だ欧州に至らざる半程の地に、利益の伏蔵する甚だ夥《おびただ》しきを、紫檀《したん》、黒檀の材はシヤム、スマトラに出て、象牙及び籐は安南に出るが如く、天産の豊かなる、反って近隣の諸邦にあり」

こうしてゆっくりと時間をかけてアジアの港を回覧すれば、世界貿易の実態、からくりもさらによく理解できるというものである。

三十章　弱肉強食のモデル地帯を往く

＊英・仏・蘭の植民地ベルト

マラッカ海峡の入り口近くに二つの島、ニコバル島があり、船はその間を抜けていく。島々の様子がだんだん日本に似てくる。山は樹木で一面に覆われ、草木が繁茂して土地は肥え、山容もやわらかである。

船の右手に連なるスマトラ島は日本の本州より大きいが、歴史もわからなければ、未だに法文もないという。人口もおよそ五〇〇万くらいだというが定かではなく、その七割はオランダの支配下にあるといわれる。

十六世紀、ヴァスコ・ダ・ガマがインド航路を発見し、マゼラン隊が世界一周に成功して以来、この地域には欧州列強の進出が著しく、ここはオランダとイギリスの争奪の場となった。そして一八七二年にスマトラ条約ができて、マレー半島をイギリスに渡す代わりにジャワ、スマトラはオランダの植民地にしたのである。一八三〇年以降、オランダはこでヨーロッパ市場が求める珈琲、染料などの強制栽培を行なった。原住民は「圧政の典型」といわれたこの方式の下に奴隷のように働かされるのだ。

船中にはたまたまオランダのウイーテン大将父子が属官三名を連れて乗っており、聞けばこの春より原住民の反乱が続き、オランダ議会はそれを制圧することに決して、続々と軍隊を派遣しているのであった。

「本国、及びジャワより、前後に発したる軍艦は三七隻、兵卒一万人、そのうち本国の兵は四五〇〇人にて、エッシーンを討せんと、現に一艘の軍艦ありて、エッシーンの港口にかかり、港を塞ぎたるをみる」

エッシーンとはアチェのことであり、岩倉一行はまさに欧州列強とアジアの摩擦の発火点に行き合ったことになる。ウイーテン大将によると、「アチェが海賊行為をしたので、これを注意したところ、暴発してきたのでやむなく戦いに及んだ」という。ところが五月ごろのロンドンの新聞が伝えるところでは、まるで事情が違っている。スマトラ側の言い分によると、オランダがスマトラの港に軍艦を乗り入れて、一方的に三つの条件を突きつけ、二四時間内に返答せよと迫ったのが発端だという。その三条件とは、一、国人はみなオランダの国旗の下に服すべし、二、奴隷の売買を廃すべし、三、砲台・兵器を渡すべしである。

スマトラ側は事の重大さに一カ月の猶予をくれるようにいうのだが、オランダ側は兵を上陸させて脅迫したので、たまらずスマトラ側が発砲したのだという。そしてスマトラ側の必死の攻撃にオランダ側は敗れ、一〇〇余人が捕虜になった。スマトラ側は三条件いずれも承服しがたしと突き返し、オランダ側も折れて和親に復することを約した。そこでスマトラ側が捕虜を引き渡したところ、それを受け取るやオランダ側は前言をひるがえして、再び攻撃を仕掛けたという。事実とすれば卑劣きわまりないだまし討ちである。スマトラ人は「これにおいて大いに憤怒し、誓って蘭人の肉をくらわん」と怒り狂い、果敢に戦ったというのだ。

英国とオランダの利害が錯綜している地点なので、「軍事枢密にて、飛評紛々なれば、確報いかんを定めがたし」と久米は断っているが、いかにもありそうな話である。

スマトラ側は同じイスラムの大国トルコに助けを求めるのだが、はたしてトルコがどう出るか。また、イギリスが実際にはどのような関与をしているのか、にわかにはかりがたい。近代兵器などなきに等しいスマトラ人側が勝利を収めたのも、考えようによれば疑問も残り、裏でイギリスが糸をひいているのだという声も聞く。さらには植民地争奪戦に後れをとったドイツが、そのころしきりに東南アジアへの進出を画策しているという風評もある。ビスマルクが「我が国は属地をもたず」と自慢していたことも何処まで信用できるかわからない。虚々実々、まことに複雑な国際関係の実態を、一行はマラッカ海峡を航行しながら学び取るのだ。

十八日、船はシンガポールに近づく。大小の島が浮かんでいて、霧の中にさまざまな姿を現す。それは、わが瀬戸内海の光景を思い出させる。

「一島を送れば一島を迎え来たり、裏面の島漸くに位置を移し、眺望奇絶なり」

ただ、残念ながらコレラが流行しているというので上陸は差し控える。船は沖に停まって荷の積み卸しだけを行なった。

シンガポールは、一八一九年にイギリスがジョホールの首長より買収して東南アジアの拠点にした港町である。当時人口は一〇万、緑あくまでも濃く、花は咲き乱れ、赤道直下にありながら酷暑というほどでもなく風があるため「終年快暢《かいちょう》」といわれ、久米が「真に極楽土」なりと表現するのも無理はなかった。英国は港を整備し、西はインド、東は支那、ルソン、南はジャワ、オーストラリアへの船を出す。すでに使節が訪れる五〇年も前からここに目をつけ、貿易往来の要港としたのであるから、英国の先見の明はさすがという他はない。

船はマレー半島の東を北上して三日目、インドシナ半島に達し、メコン川を遡ってサイゴンに着岸する。インドシナの名はインドと支那の間の地という意味だが、そのころインドシナ三国といわれたヴェトナム、カンボジア、ラオスは、フランスの植民地になっていた。蘭、英に先を越されたフランスはここに拠点を求め、旧王朝を大砲で脅かしながら不平等条約をおしつけて保護領にしたのである。サイゴンはその玄関口であり、コアとなる都市だった。

一行は上陸して街を見物している。サイゴンは人口が一八万、支那人が多いのが目立った。ヴェトナム人は日本人に似ており、街には漢字の看板があり、仏教寺院があり、かなり日本に近くなってきたことを感じさせた。使節はフランス風のホテル・ド・ユニヴェールで食事をとっているが、欧風の料理で大変美味しかったと書いている。船は一夜を過ごしたただけで、次の寄港地へと向かう。

アヴァ号は、いよいよ東シナ海を渡って中国本土に接近する。日本人にとって、とりわけ中国は格別な国である。有史以来、師と仰いできた国であり、距離的にも文化的にも最も近い大国である。しかもイギリスをはじめヨーロッパ列強に蚕食され、アヘン戦争に象徴される屈辱を強いられた国である。明治維新も、そもそものきっかけはアヘン戦争にあったといっていい。ペリーが黒船を率いて江戸湾に現れたとき、直感的に連想したのはアヘン戦争だった。「支那の二の舞になるな」が、幕末維新の志士たちの合言葉であった。その中国へ、岩倉一行は一年九カ月の長い旅の最終コースで訪れることになる。

＊香港、上海、列強進出の最前線

八月二十七日の朝、香港に着いた一行は、上陸してホテル・ホンコンに入る。そして、翌日には日本と関係の深いオリエンタルバンクから招待があり、イギリスの総督も同席で盛んな供応を受ける。

香港は、アヘン戦争の結果締結された南京条約によって、イギリスが清国からもぎとった拠点である。ひなびた漁村の他には何もない小島だったが、イギリスがここに港をつくり街をつくり、ミニ英国をつくった。当時の香港は人口一二万六〇〇〇、アヘンと苦力《クーリー》の仲介貿易がその中核をなしていた。十九世紀後半は、カリフォルニアに続々と金銀の鉱山が開発され、アメリカ大陸の横断鉄道の工事が始まり、オーストラリアでもゴールドラッシュが起こり、マレーやスマトラではゴムや珈琲の栽培が盛んになった。そこでは厖大《ぼうだい》な労働力を必要としたので、中国から苦力が次々と送りこまれた。

かつて文明の最盛を誇った中国が、産業革命に成功した英米仏らの新興勢力の前に為す術もなく、アヘンを買わされ、奴隷のような労働力として遠く海外に出稼ぎにいかなくてはならなくなったのである。香港はいわば、その象徴的な存在だった。

「香港の島はみな険《けわ》しく、農耕に向いた土地はない。山から花崗岩《かこうがん》がとれるので、英国人はそれを使って街や店舗をつくり、中国人に貸している。中国人居住区は漢字の看板が並びたち雑踏して、独特の雰囲気だ。一方政府人の住まいははるばる山の手にあり、明るく伸び伸びとしており、庭園には植栽豊かで、清潔・優雅である」

久米は、その違いは一見して明らかだと述べている。

アヴァ号は、いよいよその中国本土の大都市上海に向かって航行する。やがて船は広漠たる海とも河口とも見分けのつかないような揚子江に入っていく。そして支流の一つである黄色く濁った黄浦江を遡る。江上から見る上海は、まるでヨーロッパの新開の街である。とりわけ河岸地帯は欧米人の居留地になっており、西洋式の建築がズラリと建ち並んでいる。路には街路樹が植えられ、各国の旗が翩翻《へんぽん》とひるがえっている。

顧みれば、一〇年も前、日本の官船が初めてこの港を訪れた。徳川幕府が英国の貿易船を買い上げて「千歳丸」と名付けて派遣したものだった。「外情探索」が目的だったこの船には、長州の高杉晋作や薩摩の五代才助なども乗り込んでいた。彼らが上海の街を一見してヨーロッパの隔絶した力を見てとり、「攘夷なりがたし」と観念した話は有名である。

その翌年、井上馨や伊藤博文も長崎の政商グラバーの斡旋でイギリスへの留学の途上、ここに立ち寄った。井上もまた上海を見ただけで攘夷をあきらめ、その余りの豹変ぶりにまだ年少だった伊藤をかえって憤慨させた。

高杉は当時の状況をこう書いた。

「上海は支那南辺の海隅僻地にして、かって英吏に奪われし地、津港繁昌といえども、みな外国人商船多き故なり……支那人の居所をみるに多くは貧者にて、その不潔なること言い難し……ただ、富める者、外国人商館に役せられる者なり」

高杉から一〇年の歳月を経た当時も、その情景は変わらなかった。中国人の居住区にいってみると、ちりは積もりゴミは散乱し、汚水は澱んで悪臭を発し、不潔なこと夥しい。外国人居留地の清潔豪奢に比べて、いかにも対照的である。かつては世界に冠たる文明を誇ったローマ帝国の地ナポリと、同じく大帝国だった中国の末裔《まつえい》の地上海は、不思議にも相通じるものが感じられるのであった。

岩倉一行は上陸してアスター・ハウスに泊まる。黄浦江の両岸に外国人居留地があり、そこに各国の公使館、領事館、貿易商社、定期船のオフィスなどが並んでいる。

翌日、一行は旧市街を訪ねる。ここは三国時代、呉《ご》の孫権《そんけん》の時に築かれた砦《とりで》のような城が起源で、外壁をめぐらした内側に、商店がびっしり建てこんでいる。

久米は「雑然として不潔な商店街」といっているが、下水の便がなく、臭気が鼻をついて、閉口している。城隍廟《じょうこうびょう》は城を守る神の廟で、一番にぎやかな処であり、香煙が渦巻いている。日本でいえば浅草のような処である。

しかし、さすがに中国というべきか、上海の知事は岩倉一行を大飯店に招き、盛大なご馳走をしてくれた。最高の珍味ともいうべき燕の巣をはじめ、一七、八品を供するもてなしぶりで、その味は西洋でも日本でもなく別種の調味だったという。本格的な中国料理は初体験だったのかも知れない。

翌日、一行は中国側の案内で一〇〇〇人もの職工のいる造船所に案内される、ここでは大砲や小銃もつくっており、それも中国人だけで運営しているのが自慢のようだった。英仏帝国の圧倒的な力の下ながら、そして租界の入り口には「犬と中国人入るべからず」という看板があるほどに侮辱されながら、中国人も頑張っているという姿を見せたかったのであろうか。

その夜、一行はアメリカ郵船のゴールデン号に乗り、いよいよなつかしの日本へと向かう。

船は揚子江を下り、東シナ海へと出る。

マルセイユを出帆してから五〇日、ポートサイド、アデン、ゴール、シンガポール、サイゴン、香港、上海……と寄港してきた。いずれも英仏蘭の植民地ベルトであった。それはまさに中東・アジアの国々がどのような状況に置かれているかを見る旅でもあった。

久米は反芻する。

「弱の肉は強の食、欧州人遠航の業起こりしより、熱帯の弱国、みなその争い食うところとなりて、その豊饒の物産を、本州に輸入す、そのはじめスペイン、ポルトガル、及びオランダの三国、まずその利を専《もっぱ》らにせしに、土人を遇する暴慢惨酷にして、いやしくも得るにありしをもって、反乱しばしば生じ、すでに得て失い、英人よってその轍《てつ》をさけ、寛容を旨とし、先んずるに教育を以てし、招撫柔遠（巧みに手なずける）の方を以て、今は盛大を到せり、今、郵船にありて、欧州航客の状を目撃するに、英人の夷人（現地人）に遇する、頗《すこぶ》る親和を覚う、スペイン、ポルトガル、およびオランダ人は、概して暴慢なり、これ昔日の遺俗、今に習慣となりて、除かざるを徴するに足る」

この説の前半、植民帝国主義の実態については正鵠《せいこく》を射ていると思われるが、後半の英国人の評価はいかにも贔屓目である。あるいは公式記録としての『実記』の性格上、久米も英国に遠慮をしたきらいがないでもない。

そこで、明治の論客として鳴る池辺三山に登場してもらおう。当時の世界情勢をどう見ていたか、その忌憚《きたん》のないサムライ的言説の一端を紹介しよう。

「いわゆる新航路新世界の発見で、国や島の拾い物どころではなく、大々的な大陸の拾い物をして世界の地図が初めてでき上がって、ヴァスコ・ダ・ガマやらマゼランやらが世界一周をして、地球が初めて丸くなって、金銀鉱などがたくさんに見つかって、豪傑だか大山師だかわからないようなスペイン人やポルトガル人が勝手次第に荒し廻って、やっとこさと大きなお土産の嚢《ふくろ》を担《かつ》いで帰って、ヨーロッパの経済と政治に大変動やら新変革やらが始まって、その景気のほとぼりがまだなかなか炎々たる時代で、英国などでは、すべて人道公儀に背いた国盗人島盗人に対し、議院ではずいぶんやかましい非難をしながらも、東インド会社にはインドを奪わせたり、それからして支那に阿片《アヘン》を強売させたり、その阿片を広東《カントン》総督が拒絶したといっては戦争をしたり、その戦争に勝ったといっては香港を取ったり、国も大山師の会社や個人を保護奨励して世界に乱暴をさせることが大流行の時代で、その乱暴会社、あるいは侵略会社、泥棒会社といってもよい、そんな会社などが主として東洋を荒し廻ろうという恐ろしい時代が、そのころまで続いていた」

岩倉使節の一行は、しかし一方で「世界交際の和気」に浴し、どの国も「親睦・貿易」を望んでいることを実感している。ところが一方でまた、「弱肉強食の世界」の現実を目撃し、「非道・残酷」が行なわれている現実も目の当たりにするのだ。

そして久米は、詰まるところ、日本人はまだ国を開いて日が浅く、外国人とのつき合いも少なく経験不足なので、彼らがどういう考えをもち、どのような行動をするか、よくわかっていない。だから、これからよく知ることがなによりも肝要だと結論づけている。

三十一章　日本、留守政府

＊土肥内閣と江藤新平

話は三カ月ばかり遡るが、岩倉本隊がローマを発ってヴェネチアに向かう五月二十六日、大久保利通は日本に着いている。大久保は早速、三条を訪ねて帰朝報告をし、西郷、大隈、井上とも会っているはずである。特に西郷とは頻繁に会い、一別以来のことを語り合ったに違いない。しかし、時がたつにつれ、西郷との間が、だんだん疎遠になっていくのを感じたのではないか。

大久保の洋行中、国内は大変な勢いで改革がすすんだ。

華士族の身分が撤廃され、職業の選択も自由になった。明治天皇も断髪となり、暦も太陽暦になり、新橋から横浜までの鉄道も開通した。大隈と伊藤が、イギリスから金を借りて鉄道を敷こうといいだしたとき、「国を売る気か?」と殺気立った連中も、いまやこの文明の利器を目の当たりにして、「奸賊斬るべし」などとはいわなくなった。

明治五年九月には学制公布、六年一月には徴兵令、七月には地租改正と、後年いうところの三大改革が矢継ぎ早に施行された。廃藩置県という大手術に伴って当然なされるべきものであるとはいえ、一つ一つが歴史的な大改革である。近代的統一国家を一日でも早くつくりあげようと、理想に燃えた若きアラビア馬たちが先を争って突っ走った感がある。

しかし、いかにもそれは事を急ぎすぎたきらいがあった。諸改革が具体的な形となって一般にまで浸透するにつれ、あちこちで摩擦が生じてきた。それは不穏なエネルギーとなって、大久保が帰国するころ、発火寸前の状況になっていたのである。

「必ず邑《むら》に不学の戸なく、家に、不学の人なからしめんとす」と高らかに国民皆教育の理想を謳いあげた学制は、江藤や大木らによって推進され、全国に小学校五万三七六〇、中学校二五六校、大学校八つをつくるという壮大な構想を打ち出した。人口六〇〇人に小学校を一つ、小学校二一〇に付き中学校を一つ、中学校三二校につき大学校一つの割合だった。しかし、現実には校舎を造るだけの資金はなく、それだけの教師もいなく、小学校の場合、就学児童から月五〇銭の授業料をとる形になった。一般の零細な民は、従来働き手でもあった子供を学校にとられ、そのうえ授業料まで召し上げられるというので、たまらず反対運動を起こすことになる。

また、山縣有朋や西郷従道らによって進められた徴兵令は、これまでの士族の特権を奪うと同時に、国民一般に兵役義務を課し、壮年男子の労働力を奪う恐れがあったから、これまた大反対を招くにいたった。とりわけ、この兵役にはいろいろな免除規定があって貧しい者にしわ寄せがいく形になったうえ、「血税」の表現が生き血をしぼる意だという誤解も生じて、反対の火の手に油を注ぐことになったのである。

さらに、重要な施策に地租改正がある。新政府の財政基盤を強化するため、大隈、井上らを中心に、土地売買の解禁、地券の発行、地価の総点検などが次々と強行される。これまで各藩バラバラで公平さを欠く税制を統一し、確実に税収を確保することが狙いである。

しかし、基本方針を「旧来の歳入を減ぜざるを目的とする」としたため、新政府に税の軽減を期待した農民らの失望を買う結果となり、不平不満を募らせることになる。

こうした背景のもとに、各地に農民一揆が起こった。六月十七日、福岡県で起こった一揆は三〇万人を巻き込む筑前一帯の大暴動に発展した。それは二十二日には博多に及び、「遂に県庁を蹂躙《じゅうりん》、官吏を殺傷するに至る。暴状はほとんど名状すべからず」というまでに至った。この一揆では県庁の役人一二人が死亡し、二三四三戸が打ち壊しにあい、二二四七戸が焼失した。襲われたのは県庁、吏員、戸長、豪農豪商の居宅、学校に及んでおり、年貢の減額、兵役、就学の免除を求めたものであった。急激な三大改革への複合的な反発といえた。

六月十九日、鳥取県今見郡下でも農民一揆が起こった。数万人が蜂起して米子の豪商をはじめ各地の戸長層、豪農豪商、さらには小学校の教師の居宅が襲われた。

また、香川県下の一三〇カ村でも、六月二十七日から学校四八を含む五九九戸が打ち壊しにあい、処罰者は二万人にも及んだという。

その他、京都府下でも強訴《ごうそ》が起こり、徴兵赦免《しゃめん》、小学校費免除、雑税廃止などが叫ばれている。これに類する一揆は、この年の三月ごろから九月ごろにわたって全国的に頻発し、一般人民は急激な改革、負担増に反旗をひるがえしたのである。

一方、士族階級の不平不満も各地でくすぶっている。徴兵令によって武士の身分が崩壊し、秩禄処分の方針がはっきりし、各自がそれぞれに生計の道を探す必要が差し迫ってきた。その数は全国で四〇万戸、約二〇〇万人ともいわれ、これまでの家禄が打ち切りになり退職金、年金として一時支給されて終わりという体制になった。失業は目の前の問題になり、新しく官吏に登用される者はよしとして、あぶれた者との格差は激しくなった。特に藩閥政治で陽の当たる場所にいる新官僚の思い上がりや高給への反発もあり、後に佐賀の乱、秋月の乱、西南戦争へと噴出する不平士族のマグマが不気味に各地で鬱積されつつあった。

さらに上層では、旧大名を中心とする旧体制の反発がある。その最大の存在は鹿児島の島津久光である。久光は、廃藩置県に関して、西郷、大久保ら、いわば飼い犬に手酷《てひど》く噛みつかれた思いで憤懣やるかたなく、新政府の施策がすべて気にいらない。そこで鹿児島に帰って、反体制勢力の中心的存在となり、各地の不平大名と連携してひと騒動起こしてもおかしくない情勢であった。

そのため、前述のとおり明治五年十二月には西郷がわざわざご機嫌をとりに鹿児島に帰っているが、久光の機嫌をなおすどころか、西郷をして「無茶の御論あきれはて候」といわしめるほどの反動ぶりで、手がつけられない。それがため西郷は帰京できず、この多難な時期に同六年の四月まで鹿児島に足留めを喰らっている。しかも、久光は自ら二五〇名の兵を率いて上京し、生まれたてでまだひ弱な中央政府に圧力をかけ、事と次第ではクーデターも起こしかねない有様である。

一方、西郷も木戸も大久保もいない中央政府では、予算問題以来、井上と江藤の衝突がいよいよエスカレートしている。

井上は使節の船出後は大蔵省の全権を握って、その部下の渋沢栄一をして、「天下井上の支配に帰したるが如し」といわしめたほどの権勢で、同五年当時はすこぶる鼻息が荒かった。井上は「入るを量りて出るを制す」均衡予算の主義で、江藤の要求する予算をばっさり半分に減額して傲然《ごうぜん》としている。井上にいわせれば「各自その功を貪りて」予算の分捕り合戦をしてくるわけだから、それはさせじと一歩もひかない。

江藤はまた、徳富蘇峰《とくとみそほう》をして「本来のラジカル、その論理的頭脳と峻烈なる気象と鋭利なる手腕は、向かうところ可ならざるはなし」といわしめた才物である。江藤の言い分はこうだ、「富強の元は国民の安堵に在り。安堵の元は国民の位置を正すに在り」、つまり、国民の権利を安堵し、不正、不公平の罷《まか》り通る世の中をまず早急に正すことが富強の大本だという主張である。そのために司法制度の整備を急がなくてはならず、各地に裁判所を設けなくてはならない、そのための予算を寄こせというのだ。

井上が「ない袖はふれぬ」と突っ張ねれば、江藤は大蔵省に自ら乗り込んで、担当官に金を出せと迫る。大隈が中に入って懸命に取り持つが効果なく、三条はただおろおろするばかりである。

そのうちに井上側にボロが出てきた。尾去沢鉱山の払い下げ事件で、井上自身が私利をはかったというのがその一であり、同じ長州の山縣にまつわる山城屋の事件、巨額公金流用問題がその二である。

長州の連中はいったいに金の面がルーズで、公私の区別がつかないところがある。井上にしても山縣にしても仕事はするが、その間につまみ食いをしても気にしない性情がある。江藤は日頃から長州族の専横に腹を立てているから、ここぞと攻め立てる。薩摩勢も同じ思いだから加勢をする。赴くところ山縣を辞職に追い込み、井上も遂に大蔵省から追放してしまう勢いである。

さらに江藤らは予算をめぐる混乱に乗じて、これはすなわち正院（内閣）の権限不足にありとし、太政官制の改正にまでもちこんでしまう。使節出航以前に交わされた「十二カ条の約定」はすでに眼中にない。留守組にとっては、使節側こそ約束を破って条約改正交渉をはじめ大失態を演じたではないか、逆に留守政府は使節外遊中に着々と実績を挙げたとの自信があり、約定の拘束力などもはや問題にならない。

四月十九日、改革は正院の人事にまで及んだ。左院議長だった後藤象二郎、文部卿の大木喬任、司法卿の江藤新平の三名が新たに参議に任命されるのだ。井上はそこにはいっていない。五月二日、官制を改正して、国家統治の実権を予算の決定権も含めて参議の手に集中する。

つまり大蔵大輔たる井上にあった権力中枢をとりあげて、江藤らの参議の手に収めたのだ。正院の構成は一変する。薩摩は西郷一名、長州は木戸一名、ただし、なお外遊中のため長州としては実質ゼロ、土佐が板垣、後藤の二名、佐賀が大隈、大木、江藤の三名で、著しく土肥、それも肥前佐賀に偏った構成になる。

五月三日、これを見た井上は、長文の意見書を提出、辞表をたたきつけて渋沢とともに大蔵省を飛び出す。

筆頭参議の西郷はこれをよしとしたのか、あるいは当時上京中の「爆弾」久光の対応に忙殺されて、江藤らのなすがままに任せたのか、いずれにしろ国内の権力地図は、旅の間にすっかり変わってしまっていたのだ。

＊帰国の大久保に椅子なし

急ぎ帰ってきたにもかかわらず、大久保にはすでに座るべき椅子もない。大蔵卿の役職はそのままでも、権力はすっかり参議の構成による正院に移っている。しかも、世情は、一揆相次ぎ騒然としている。いまのところ暴動は、個々に散発して横のつながりをもたないが、もしこれらの力が合流し、組織化されでもしたら、新政府の命取りにもなりかねない。

（やはり、アメリカでの失着がこたえたか……）

大久保は臍《ほぞ》をかむ。

大久保の帰国したのが五月二十六日であるが、その前後、東京の状況は鮫島志芽太氏の著書によると次のようなものだった。

新政府に大不満の久光公は四月十七日船で鹿児島をたち、二十三日東京に着いている。そして大小二本ざしのチョンマゲ、カミシモ姿の二五〇名の藩士をひきつれ、大名行列のように東京を行進し、その異常さで評判になった。とうとうたる西洋化の波に反旗を翻し、封建の善風良俗を取り戻さんとする久光の建言を誇示しようとするものだった。

西郷は当時の状況を在独の寺岡市之進宛の手紙にこう書いている。

「鹿児島県より老先生方来たり、ぜひ、もとの娑婆《しやば》（藩制）に引戻すとの論に御座《ござ》候。二五〇人、そのほか門閥方一同、副城公（久光）御供にて刀大小を帯び、半髪で大評判に御座候。川畑伊右衛門（篤行）殿など大先生にて、奇妙な人物よく揃ったものに御座候。御笑察下さるべく候。尚々、私は（大先生方に）大いに叱られ、困り入り候」（明治六年五月四日、西郷吉之助）。

また、鹿児島在住の桂久武宛には、次のように書く。

「大山県令が、奈良原の県参事に居《すわ》りたき候含みにて松方などへ打ち合わせおり候由……県庁の権威をもって（二五〇人の）人数をまとめ、一仕事をたくらみ候や……内田氏とも引き合わせ……追々、人数出掛け申し候て、政府を屠《ほふ》るとか、私を暗殺致すべきとか、段々（色々）の俗説あり候……」

久光公の血気にはやる取り巻きには、西郷・大久保を斬れという動きもあって、まさに憂うべき状況にあったのである。

しかし、不気味な存在だった久光その一隊が、五月末には何事もなく鹿児島に帰っていった。大久保は西郷とともに無事を喜んだのはいいが、あらためて今後のことを話してみると、どうにも以前のようにはしっくりいかない。

いくら欧米の話をし、開化の状況を話してみても、やはりこの目で見てきた者とそうでない者とでは理解に越えがたい溝がある。一年半の洋行は大久保をすっかり変えてしまっている。その間、西郷は東京と鹿児島を往復するだけで「堯舜の世」を理想とする考えに変わりはない。

西郷の考えはこうだ。

「文明とは道の普《あまね》く行わるを賛称せる言にして、宮廷の壮麗、衣服の美麗、外観の浮華を言うには非ず」

人の世の進歩とは、物質文明の発達ではなく、道義的な進歩でなくてはならない。ところが、欧米文明の実態はどうか。

「実に文明ならば、未開の国に対しなば、慈愛を本とし、懇懇説諭して開明に導くべきに、左はなくして未開曖昧《あいまい》の国に対するほど酷《むご》く、残忍のことを致し己《おのれ》を利する……」

これを野蛮といわずして何といおうか。

まさに正論である。

しかし、ビスマルクの言を直接耳にし、米欧亜の長い旅を通じて弱肉強食の現実世界を見てきた大久保にとって、それは余りに理想に過ぎ、宗教家の言葉を聞くような思いがする。大久保は西郷の気質や考えを十分知っているだけに、自ら開化論に傾けば傾くほど、西郷との距離がひらいていくことを感じないわけにはいかない。

西郷も敏感にそれを察知する。無二の友であり、同志であった大久保が、いざ新国家の設計という段階になって、政見をまったく異にしてしまったのだ。欧米文明の利便をとるか、東洋文明の道義をとるか、その利をとるか、義をとるか。そのいずれに重きを置くかの選択である。

二人の比類なき友情をもってしても、どちらも譲歩するわけにはいかない。

西郷は孤立していく自分をひしひしと感じる。

折も折り、朝鮮問題が急速にクローズアップされてくる。当時、朝鮮は大院君というわが久光に比すべき前時代的保守家が支配していて、国交を求める日本に対して、みだりに欧化し夷狄《いてき》の真似ばかりしている禽獣に等しき国と批判し、それを改めない限りつき合わないといってきた。

日本側はこれを侮辱だと反発し、居留民保護のためにも断然武力をもって談判すべしとの強硬意見が盛んになった。

征韓論そのものは、幕末以来何回もくりかえし出てくる議論だが、この時期それは諸般の状況からして大きな高まりを示していたのである。

西郷はそこに活路を求める。

板垣らはとりあえず日本の出先機関のある釜山に軍艦を出して、居留民を守るとともに強行に談判をすすめるべしというのだが、西郷はそのような軍艦外交をよしとせず、まず非武装の使節を派遣して平和裡に交渉すべきだとした。そしてその使節の任に自ら当たりたいというのである。

本来なら遣韓の使は、筆頭参議の西郷が行くべき使ではない。外務省に任せてよい問題であり、その使いとしてはむしろ外務卿の副島が適任である。が、あえて西郷は行きたいという。何故か、そのこころを推測すれば、平和使節の名を借りながら、その実は板垣宛ての西郷の手紙にあるように「内乱を冀《こいねが》う心を外に移して国を興すの遠略」ではなかったか。

西郷は、一方で士族の特権を奪う処置を敢然と進めながら、一方でこれら没落していく士族階級に満腔の同情を抱いている。それだけに維新に功労のあった士族たちになんとか処を得さしめてやりたいと思う。大院君が西郷の使節を拒絶し、あるいは殺すようなことになれば、そのときこそ公然と相手の非をならして韓国を討つべしという筋書きである。西郷は維新の結果、世の中が欧米風の利便ばかりを追いかけ、軽佻浮薄に流れ、役人らの綱紀も弛緩していることに我慢がならない。西郷は「征韓」を千載一遇のチャンスと見て、そこに第二維新の可能性を見、時代からとり残されていく士族たちと、大義に殉じて心中するつもりになっていたと思われる。

大久保はこの時期「征韓論」について表立った動きをしていない。むろん参議でもないから正院の会議にも出ていない。

大久保は何をしていたのか。

当時、左院の宮島誠一郎に会っているが、そのとき大久保はこういったという。

「すでに御改革も相済み候由にて、わざわざ帰朝したる御用もこれなく……」

せっかく呼び返しておきながら、帰国してみれば椅子もなければ御用もなく、「十二カ条の約定」もすっかり破って官制まで改め、新参議を三名も追任している。それを黙認した三条や西郷にヘソを曲げたのかも知れない。

名目上はなお大蔵卿ではあるが、井上の去ったあとは大隈が事務を総裁しており、この面でも大久保の出る幕はない、まさに座るべき椅子もない状況といってよかった。

後年、大隈はこのときのことを回想して、大久保の心事をこう推量している。

「大久保はその巡遊中に木戸と不和にして、単身帰朝するの已《や》むを得ざるに至りしにより、快々として楽しまざるのみならず、いったん帰朝して内国の事情を察するに及んで、井上の辞職、閣僚の反目はいうまでもなく、彼（大久保）と西郷の関係、彼と旧藩主（久光）との関係など、ほとんど之を口にすべからざるものあるを知り、痛く落胆失望して政務を執るを欲せず、慨然天を仰いで長嘆息していわく『嗚呼、かくの如くんば、吾また何をか為さん』と」

事実、大久保は同郷の親しい友、五代友厚宛の手紙で「この旅が大敗北であった」と認めており、大隈のいうようになんらなす術を知らなかったものと解される。

一方、木戸は、その後どうしているのか。

木戸はパリを発ったあとリヨンにも立ち寄って一泊し、六月八日、マルセイユから帰国の途につく。そして約六〇日、岩倉本隊がアヴァ号でやっと地中海へ乗り出すころ、一年八カ月ぶりに横浜に帰ってくる。

木戸は早々に、明治天皇に拝謁して帰朝の報告をし、正院にも出て、大臣、参議にも会い、その足で大久保や黒田も訪ねている。そして翌日には井上馨のところに泊り込み、留守中の出来事をじっくりと聞いている。長州一派の同志たちが、次々と江藤の攻撃にあって危地に陥っていることを知ったであろう。

木戸にしてみれば、維新の原動力になったのは長州をもって第一とするという自負がある。事実、長州は最も早く開明化し、薩摩とともに幾多の犠牲を払って革命を主導してきた。その実績の上に今日の長州閥の地位がある。

それを長らく傍観していて、最後のところで薩長に与《くみ》し、労少なくして功を得ているのが土佐と肥前、なかんずく肥前である。その肥前の荒馬が江藤を中心に内閣の大改造まで行なって、参議の席を薩長の二つに対して土肥で五つまで占めてしまった。さらに井上や山縣を大蔵、兵部の要職から追放し、そのうえ木戸の親友である京都の参事槇村正直《まきむらまさなお》までその職から追い落とそうとしている。

木戸はそこに恐るべき陰謀を見たに違いない。そしてベルリンで帰朝命令に接しながら以後、漫遊を続けた己を悔いたやも知れぬ。

木戸はむろん、軽進のアラビア馬を好まない。いわんや権力をかさに着て、専横、汚職を働く奸物をよしとするわけもない。しかし、木戸にとって新政府は自らの腹をいためたわが子のようなものである。そこには維新革命のために倒れていった同志たちへの想いがある。その苦労も知らず後からやってきた若造に思うようにされては我慢がならない。

木戸は「米欧回覧」の成果として「憲法制定に関する意見書」を正院に提出するが、それを現実に扶植《ふしょく》していくには権力が必要である。ところが、今、木戸の立っている薩長の基盤が急速に崩されつつあるのだ。木戸は正院には出ず、病身に鞭打って長州閥の立て直しを画策する。

遣韓の議は、八月十七日、正院で遂に西郷を派遣することに決定する。ただし、実施は岩倉大使が帰国してからということになった。

木戸は、征韓に反対の意思表示だけして正院には出席していない。使節出発以前、木戸は征韓論の主唱者だっただけに、ばつが悪かったのかも知れない。あるいは米欧回覧の結果を踏まえ、世界の中の日本を論じ反駁《はんばく》するには体調が不十分だったからであろうか。

一方、大久保はその後どうしているのか。

西郷との衝突を避けてか、久光公一派の凶刃を避けてか、征韓の問題には触れず、三条からの参議就任の要請にも耳を貸さず、この年から採用された休暇制度を利用して、八月十六日から関西方面へ旅に出てしまう。このあたりの行動は、米欧回覧の旅で暑中休暇の実態を見てきた影響が色濃く出ているものと思われる。

そして旅に出る前日、在欧の親しい後輩、村田新八と大山巖宛に次のように書くのである。

「当方の形光（情勢）は追々《おいおい》御伝聞も之あるべく、実に致し様もなき次第に立ち至り、小子帰朝いたし候てもいわゆる蚊の背に山を負うの類にて所作を知らず、今日まで荏苒《じんせん》（のびのびとなる）一同の手の揃うを待ちおり候」

手の揃うとは、木戸を含め、岩倉、伊藤を指してのことであろう。事をなすには三条では頼りにならず、木戸と結ぶには伊藤を必要としたからであろう。

「仮令、有為の志ありといえども、この際に臨み蜘蛛の捲き合いをやったとしても寸益もなし、かつまた愚存も之あり、泰然として傍観仕り候」

形勢はいかにも悪く、にわかに打つ手も見当たらない、夏の盛りのことでもあり、政局も一種の膠着《こうちゃく》状態、休戦状況にあったから、ちょっと気をはずして、その間に英気を養っておこうという心づもりと読める。

「国家の事、一時の噴発力にて暴挙いたし愉快を唱えるような事にては決して成るべき訳なし」

暴挙して愉快を唱える事とは何か。征韓論か、井上の辞職の一件か、あるいは江藤一派の策謀か、あるいはそのすべてか。

いずれにしろ、大久保は木戸と同じく開化なるものが一朝一夕にできるものではなく、「多年の積成」によることを米欧の長い旅を通じて骨身にしみて感得してきた。大久保が「有為の志あり」と書くとき、おそらくそれは二〇年、三〇年単位での日本の近代化を構想したに違いない。

「当今の光景にては、人馬とも倦きはて不可思議の状態に相成り候、追々《おいおい》役者も揃い、秋風白雲の節に至り候わば、元気も復し見るべくの場も之あるべく候」

大久保は、箱根を経て富士山に登り、近江、大和路から紀州へ出て、それから有馬まで足をのばし、悠々と温泉にひたっている。外遊前の大久保にはちょっと考えられないようなことだが、二年続けて米欧の暑中休暇なるものを見て休むことの価値を認めたのであろうか、世界を一周してきた大久保にとって、極東の小島の小旅行はまた別趣の、新鮮な驚きを伴った旅であったに違いない。世界の中での日本の位置を見直すために極めて格好な時間であったろう。

岩倉本隊が上海を出航して長崎に向かうころ、大久保はまだ有馬温泉の宿にいる。

三十二章　大逆転、大久保、政権を奪回

＊大使帰国

岩倉一行は明治六（一八七三）年九月六日、長崎の近海に達する。

六三〇日ぶりに見るわが日本の風光は実に美しかった。南のシンガポール、香港を美しいと思ったが、いま目の前に移りゆく景色は、熱帯のギラギラした原色の世界と違って、柔らかく、穏やかで、やさしさをたたえた別次元の美しさに見えた。

久米は書く。

「港口大小の島嶼《とうしょ》、みな秀麗なる山にてなり、遠近の峰峰、みな峻抜なり、船走れば、島嶼は流れる如く、転瞬の間に種々の変化をなす、真に瓊浦《けいほ》（瓊はたま、光かがやく玉）の美称にそむかず、シンガポール、香港島嶼の景も、はるかに及ぶこと能わず、世界に屈指の

ていく。

勝景地なり」

船は長崎に寄港した後、唐津沖をへて玄界灘をわたり、関門をぬけて瀬戸内海にはいっていく。

朝五時、キャプテンが船客を起こしてまわる。

「世界一の絶景だから、ご覧あれ」というのだ。

折しも船は快晴の芸備海峡に入っていく。大小、高低、さまざまな島が、紺青の海と混じり合って、時々刻々、展望を変えていく。船のスピードが速いだけに、変幻自在の奇観といってよい。

欧米人の客の中には、長崎以来この風光を激賞して、終日これを写生して飽きない者がいる。岩倉一行も朝の清澄な大気の中に、見事に展開していくわが秋津島の風光の美しさにあらためて感嘆し、青山緑水の島「日本」を再認識するのだ。

九日、船は兵庫（神戸）に入港して二日ばかり停泊する。三原浩氏（米欧亜回覧の会）の調査によると、一行の神戸での行動は次の通りであったという。

『東京日日新聞』の寸言記事に「衆人の待っていたもの、大使の帰朝、旱魃《かんばつ》の降雨」とあり、当時の世間が如何に岩倉大使の帰国を待ち焦がれていたかを端的に物語っている、という。そして、当時兵庫県知事だった神田孝平や前知事で当時地租改正局長だった陸奥宗光らが出迎えており、九日、十日の両日は専崎弥五平《せんざきやごへい》（摂津の人で、七卿落ちの時長州に協力。維新後、旅館、回漕業）の宿に泊まった。

そして十日朝には一同で湊川神社に参拝、さらに布引の滝山城跡にあった神武陵遙拝所から東に向かって遙拝し、翌年に開通を控えていた神戸―西宮間の鉄道に試乗して現地を視察した。さらに翌日には、午前県庁を視察し、午後に帰船している。

岩倉大使には、建武の中興への熱い思いがあり、神武創業の時にかえるという王政維新への意志があった。それゆえ、神戸の寄港を好機とみて、楠木正成を奉る湊川神社を訪ね、滝山城跡まで足を運んで神武天皇を遙拝したものと察せられる。

船は十二日午後出港し、終夜航海をして九月十三日午前八時四〇分、ようやく横浜の港に帰りついた。

二年前、出航するときの、あの華々しい見送り光景には、比べるべくもないが、それでも『東京日日新聞』は十三日、その歓迎ぶりを次のように伝えた。

「本日、午前八時前、全権大使岩倉公及び随行の官員横浜へ着港せり。官省諸有司及諸民之を迎う。外務省出張所に於て午餞。それより第二国立銀行にて会社頭取始め響餞を設け祝詞あり。終って午後三時蒸気車にて帰京せられたり。

横浜は開化首唱の地なればこそ諸商人に至ても自ら世間普通の道理を知りかゝる大切の国事を担保せる大使を饗して其労の万分の一に奉酬せる事その国民たるの道に負く事なきを表せるに足るというべし」

つまり、中央政府代表の迎えはなかったけれど関係官僚の有司や横浜の商人の代表が休息所を設けて宴食を供し、大役を終えて帰国されたことに対し祝詞を述べたというのだ。

祝詞に名を連ねた人物は、原善三郎、茂木惣兵衛、大倉喜八郎ら八名であった。

使節団自身も大使以下一二名の小グループになり、賑やかな福地源一郎や安藤太郎の名前も見えない。使節メンバーの名を記せば次の通りである。大使岩倉具視、副使伊藤博文、山口尚芳、大蔵省理事官田中光顕、二等書記官小松済治、三等書記官川路寛堂、大使随行久米邦武、杉浦弘蔵（畠山義成）、大蔵省は富田命保、杉山一成、それにフランス公使館から栗本貞次郎、ロシア留学生市川又吉が加わっている。なお、一等書記官の田辺太一は、上海に留まり港湾事情の調査に当たり、一カ月後に帰国している。

岩倉は翌日、正院に出て帰朝の報告をする。そしてその翌日には三条実美を訪ねて、種々相談をしている。三条としては待ちに待った岩倉の帰国であり、こと細かに状況を説明したに違いない。伊藤も帰国の翌日には木戸を訪ねて挨拶し、早速情報交換をやっている。『木戸日記』によると「伊藤春畝（伊藤の号）来訪、欧州一別以来の事情を承了し、また本邦の近状を話す」とある。外遊中は条約改正問題で不興を買い、また大久保に接近しすぎて木戸の感情を害した伊藤も、持ち前の愛嬌と如才なさで木戸のご機嫌を取り結ぶことに成功したようである。木戸にしても伊藤ほど重宝な男もなく、長州藩の危機を前にして伊藤とよりを戻さない手はなかった。

伊藤は事態が容易ならざることを直感する。まず兄とも恃《たの》む井上馨が政府から追放されている。大隈は残って大蔵省を采配しているが、江藤や大木を引っ張り込んで長州攻撃をやっている節がある。山縣も臑《すね》に傷持つ身で表立っては動けない。御大の木戸は病のせいか、心配するばかりで自らこの難局を打開しようとする気迫も行動力もない。

しかも肝心の大久保はどういうつもりか、賜暇などと称して有馬温泉などにつかっているらしい。伊藤はローマから大久保に手紙を書き、岩倉本隊が帰るまでに「国内をすっかり大掃除しておいてください」と冗談めかして頼んでおいたのだが、いざ帰国してみると、あにはからんや大散らかしで事態はさらに悪くなっている感じであった。

伊藤は、その背後に江藤らの恐るべき政敵ぶりを見たであろう。そして盟友と見た大隈もどこまで信用できるかわからないと思ったに違いない。こんな事態にまでなってしまったのも、もとはといえば条約改正交渉における自らの軽挙妄動が発端である。十二カ条の約定を破り、旅を法外に延引させたことが原因である。江藤はその外遊組の失態を奇貨とし、長州一派はむろんのこと西郷、大久保も一気に追い落とそうとしている。

それに伊藤は大久保に敬愛と恩義を感じている。条約改正の一件で、大久保は伊藤の非を一言もいわず、ともにその責任を担ってくれた。愚痴の多い木戸に対して、この大久保の男らしさはどうだろう。委任状を取りにワシントン・東京をともに往復して以来、伊藤は身近に大久保の強さと温かさに触れ、すっかり惚れ込んでいる。ところが、いまその大久保さえも巻き添えにしかねない深刻な事態なのだ。

それに何よりも国家的に大いなる危機である。「征韓論」の噂は巷《ちまた》にあふれ、横浜の港にはすでに韓国行きの船が待機していて、血気にはやる士族集団は国威をそぐためにいよいよ出番が来たと大張り切りである。たとえ西郷が平和裡に交渉しようとしても一戦交えなくては収まらない雰囲気が溢れている。居留地の外国人や商人は戦が始まればうまい商売ができると、むしろ征韓論を煽《あお》りたてている。ここで戦争になったらどうなるか、莫大な費用がかかり、中国やロシアがどう出てくるかもわからない。

伊藤は、事態をシリアスに捉え、一刻も猶予はならないと思った。そして起死回生をはかって懸命に動き出す。伊藤らには経綸がある、抱負がある、米欧一二カ国、中東、アジアを旅して学んできた国づくりへの夢がある。同じアラビア馬でも嘴《くちばし》の黄色い書生論はもう卒業している。いまや現実に即した具体的な国家像が頭に浮かんでいる。このまま引き下がったのでは、「米欧回覧」の旅が死物になってしまう。伊藤は、是が非でも外遊組の手に主導権を取り戻さなくてはと思った。

一方、岩倉にはそれほどの危機感はなかったかにも見える。あるいは公家の通性というべきか、木戸、大久保、伊藤らの痛みはわからない。維新革命を主導してきた薩長の連中からすれば、幾多の同志の血を流してやり遂げてきた新政権への思い入れが違う。伊藤は岩倉に説き、とにかく時間を稼ぐことを進言しただろう。岩倉は、パリ滞在中に父を亡くしているので喪に服したいと申し出る。公家の慣例で五〇日の休暇を要請するのだが、時期が時期だけにと三条の懇願をいれて一週間ということになった。

＊ 征韓論沸騰

九月二十一日、大久保が帰京する。早速、岩倉、伊藤と相次いで会談し、いよいよ外遊組の巻き返しが始まる。大久保を参議にして木戸と組ませ、西郷の韓国行きを阻止し、一気に内閣の主導権を奪回しようというのだ。そこで、岩倉、三条がしきりに大久保に入閣をすすめるのだが、大久保はウンといわない。大久保としては西郷との正面衝突はなんとしても避けたかったのだろう。木戸を立てて、自分はその蔭で働きたいという。しかし、木戸は木戸で先頭に立とうとはしない。その狭間で伊藤がしきりに往来し斡旋する。三条と岩倉のハラは大久保を参議にと慫慂《しょうよう》（勧める）するが、大久保は頑として固辞する。何《い》時《つ》転ぶかもしれない公家の性癖を知っているから、しっかり釘をさしておかないと危ないと思ったからであろう。大久保は粘ってようやく三条、岩倉から「決して方針は変えない」という一札をとった。

しかし事態は容易ならない。ここで征韓論をひっくり返せば、どんな反動が起こるか想像がつかない。西郷がやめる、板垣がやめる、それにつれて軍部が反乱を起こす、テロが起きるかも知れない。三条、岩倉ならずともそれを畏《おそ》れた。

大久保は、黒田清隆や山縣を通じ、万一のために手を打つ。そして、いよいよ閣議だという十月十四日の前夜、子供らに宛てて遺書らしきものを書き残す。

「この難に斃《たお》れて以て無量の天恩に報答奉らん……凡《およ》そ国家の事は深謀遠慮、自然の機に投じて図るにあらざれば、成すこと能わずや必せり、よって今安んじて地下に瞑目《めいもく》するにいたらず候えども、拝命熟慮に及び、この難小子にあらざれば外に任なく、残念ながら決心いたし候」

大久保は死を覚悟した、はからずも年来の盟友である西郷と正面衝突をしなくてはならない。本来なら機の熟するを待って、もっと穏便に事を収めたかった。今、立つのは本意ではない。しかし、事態がそれを許さない。残念だけれども、自分以外にこの難局を打開できる者はいない、大久保はそれを天命であると思い、覚悟を固めるのだ。

十月十四日、正院の会議が開かれた。出席する者、太政大臣・三条実美、右大臣・岩倉具視、参議・西郷隆盛、大久保利通、大隈重信、板垣退助、江藤新平、副島種臣、大木喬任、後藤象二郎の八名、木戸参議のみ病気で欠席した。

会議は冒頭から紛糾した。まず韓国への使節派遣の議を決定すべきだという西郷の主張と、樺太問題をより優先して論ずべきだという岩倉の主張である。

岩倉は切り出した。

「今日《こんにち》、我が国には外交上の問題が山積しており、北方には樺太、朝鮮の問題、南方には琉球、台湾の問題がある。そのうち最も急務とするのは、国境も不分明ですでに日本人の殺傷事件が生じ、ロシアの南下圧力が高まっている樺太問題である」

西郷はあわてて待ったをかけ、本日の議題はまず遣韓使節の決定の件にすべきだと発言した。岩倉は反論する。

「なるほど朝鮮の驕慢《きようまん》無礼は非難に値するが、政治的には樺太の方が重要であり、朝鮮問題も含めてロシアの脅威こそ畏れなくてはならない。そして欧亜に跨《また》るロシアを相手にするには、我が国は力をまず内にたくわえなくてはならない。今の、日本は国力疲弊して外に対して事を構える余力などなく、むろん征韓論のように戦をしかけようなどとは無謀の論である」

西郷は憤然として抗弁する。

「遣韓使節の件は、すでに八月十七日の会議で決定済みである。本日は正式に決定するだけの会議であって、いまさら是非を議論する段階ではござらぬ」

「ならば、この会議は何のためであるのか。その是非を論ずるためにこそ開かれたのではないか」

大久保が立った。

「朝鮮使節派遣のことは、今、しばらく延ばしてはいかがと存ずる」

大久保は数日前、「朝鮮使節にわかに行うべからずの理由」として七カ条の意見書を提出しているが、それに基づいて理路整然と論じたてた。

「第一に、新政まだ久しからず、古今稀少の大変事があいついで、所を失い産を奪われ、大いに不平を懐《いだ》くの徒少なからず、……もし間に乗ずべきの機あらば、いったん不慮の変を醸すもまた計るべからず、事実、各地に流血の一揆、暴動が次々と起こっているではないか。この現実をよく見ないで俄《にわか》に朝鮮の役を起こすなどもっての外である。

第二に、今日すでに政府の費用莫大にして、歳入常に歳出を償うこと能わざるの患あり。いわんや数万の兵を外出し、日に巨万の財を費やし、征役久を致す時はその費用自ら莫大に至り、結局のところ、人民に重税を課し、外国からの借財に頼り、紙幣を乱発して人民の苦情を発し、ついに騒乱を醸し、いうべからざるの国害を来《きた》すや、実に計るべからず。現今、我が国の外積は五〇〇万有余にして、その償却の方法に至っては未だ確然たる定算なく、また定算あるもおそらくはこの一挙によって大いに目的の差異を生じ、殆ど救うべからざるの禍を招くにいたらん。

第三に、今、無用の兵役を起こし、いたずらに政府の心力を費やし、巨万の歳費を増し……他事を顧みること能わざるときは、政府創造の事業ことごとく半途にして廃絶し、再度手を下すに至ってはまた新たに事を起こさざるをえず、殖産興業の道は数十年も遅れることになろう。

第四に、我が国輸出入の状況は、年に一〇〇万両の輸入超過になっており、いまや国産品の育成を奨励して輸入品に代えることが焦眉の急である。しかるに戦となれば戦艦弾薬銃戎服多くは外国に頼らざるをえず、ますます入超を増やして、内国の弊を招くは必定である。

第五に、我が国にとって最も注意すべき外国はロシアとイギリスである。現に、ロシアは北方に地方を占め、兵を下して樺太に臨み、一挙して南征するの勢いあり。もとより我が国の独立不羈《ふき》は確然として不可犯の基礎あるにあらざれば、他日その禍を免るる能わざるは、これみな世人のよく知るところなり。しかるにもしいま、朝鮮と戦になれば、漁夫の利を得るのはまさにロシアである、これ深く注意すべきことである。

第六に、アジア州において英国は特に強勢をはり、諸州にまたがりて地を占め、国民を移住せしめて兵を屯し、艦を浮かべて、卒然不虞の変に備え、虎視眈々《こしたんたん》朝に告《つげ》れば夕来るの勢いあり。しかるに、日本の外債はほとんど英国からのものであり、いま戦争によってこれ以上借金がふえ、返済の見込みがつかなかったらどうするか、インドの例をみるまでもなく、独立を失う外はない。日本はいま産業を興し、輸出を増加して、少しでも借金を返すことが先決である。

第七に、わが国は、不平等条約のために、独立国の体裁を失すること少なからず、屈辱を強いられている。今の日本はこれを正すのが急務で、自国の独立も全うできぬのに、韓国の無礼を憤り、それを口実として戦端を開くなど己を知らざること甚だしきものがある」

論旨明快、理路整然としたこの議論に、誰も反論できる者はいない。一年半に及ぶ「米欧回覧」の見聞が、この論説の背景にズシリと重みを添えている。

しかし、西郷も必死である、搦手《からめて》から一矢をむくいた。

「先に申した通り、遣韓使節のことはすでに決していることである。お上の裁可までうけていることを何となさる！」

「前議のことは、われらの知らぬことである！」

岩倉が言い放った。

「何をいわっしゃる！」

西郷が色をなした。

「されば、参議を何とお考えか。おはんら外国に巡遊中、国家の大事を捨て置けと申さるるか。政治は活物《かつぶつ》でござる。事に臨んで決せねばならぬ。それとも我らの決めたことを認めぬと申されるか」

大久保がいった。

「いかにも、使節外遊中は、大事は決めぬとの十二カ条の約定をお忘れか……」

西郷は絶句し、重苦しい沈黙が襲った。

大久保がここまで切言しては、もはや何をかいわんやだ。

しかし、事態を何とか打開せんと板垣が口を開いた。

「大久保参議は、朝鮮のことをしばらく延期すべしとのご意見だが、しからば、どのくらいの期間待てばよろしいか」

大久保が応える。

「まず内務省をつくって、内治改良をはからねばなりますまい」

「内務省をつくるのには、今日から幾日くらいかかりましょうか」

「さて、五〇日はかかりましょう」

「しからば、内務省ができて体制が整えば、遣韓使節に賛成なされるか」

大久保が何かいおうとしたとき、西郷が先に口を開いた。

「延期はなりもはん。何事も気合いが大事でごわす。時をはずしては事はなりもはん」

会議は水入りの状態となる。

二人の巨人が、がっぷり四つに組んで動かない。

岩倉が耳打ちして、三条が「休憩」を宣した。

会議が再開されたのは翌日である。

しかし、今日は西郷の姿が見えない。前日いうだけのことはいったし、もうこれ以上議論することもない、もし、遣韓の使がとりやめになるようなことがあれば、自分は辞職して故郷にかえるばかりだ。三条にはそう告げての欠席である。

議論は再び蒸し返されたが、「西郷辞職」がどのような事態を引き起こすかの恐怖が先に立つ。大久保はもとより覚悟の上だから動じないが、三条、岩倉はもう動揺を来たしている。

賛否両論が激しく戦わされたあと、遂に結論は、三条、岩倉の二人に委ねられることになり、しばし小休止となった。

(西郷が辞職すれば、配下の兵が暴発して大混乱に陥る)

二人の公家はこのことに恐怖した。

そして会議が再開されると、大久保にとって信じがたい逆転が起こった。

「やむを得ず、西郷参議の見込み通りに任せ、使節を韓国に派遣することに決しました。左様心得るように」

大久保は唖然として声もない。全身から力が抜けていくのを感じていた。

こんなこともあろうかと、わざわざ二人から一札とっておいたにもかかわらず、この裏切りだ。今更ながら、公家の節操のなさにあいた口がふさがらなかった。

しかし、完敗に違いない、勝負はあったのだ。

＊　奇跡の大逆転

さて、その翌朝、岩倉はさすがに自ら恥じて、大久保に手紙を書く。

「このたびの評議で、いうべからざる次第に立ち至り、何の面目もこれなく……みなもって愚昧の致すところ、実に恐縮に堪えず……」

大久保は一切の職から速《すみ》やかにご放免いただきたしと辞表を書き、十七日早朝、自ら三条宅に届けた。このとき三条は、「よほど御周章《しゆうしよう》（うろたえる）のご様子」だったという。

事情を聞いた木戸も辞表を出す。

さらに岩倉も辞表を書いて三条宅に届けた。岩倉としては今回のこと、不本意ながら上席大臣の三条の意に従わざるを得なかったということであろうか。むろん、大久保への面目もあってのことと察せられる。

大久保、木戸に次いで岩倉からさえ見放された三条は、呆然として為す術を知らない。朝鮮との戦の影におびえ、一国の責任が三条ひとりの肩にズシリとかかってきたようで、重圧に押しつぶされそうだ。

その日の会議に出てみると、木戸はむろん岩倉、大久保の姿も見えない。三条は、そのうつろな席を見て慄然とする。岩倉、木戸、大久保のいない政府がどのようなものであるか、思うだに恐ろしい。

西郷は十五日の決定について、直ちに天皇に上奏して勅裁を得るように求め、使節派遣の具体的な手続きを相談したい様子であった。

が、三条は最後の抵抗を試みる。

「今日は、岩倉右大臣も体調悪く欠席である」

岩倉から辞表が出ていることは伏せてある。

「この議は国家の大事であるから、右大臣以下、参議列席の上で正式に決定し、その上で上奏聖裁を仰ぎたい」

西郷は言う。

「この議はすでに連日の会議において決したるもの、今さら右大臣以下の列席を待つ必要などござりましょうぞ。ただ今これより速やかに上奏願いたい」

「事は重大であるから、是非とも右大臣以下の参列を待って決めたい。一日だけ待ってもらいたい。もし、明日になっても右大臣以下が出席しない場合は、まろひとりの責任において速やかに上奏申す……」

西郷はなおも強硬に、明日も今日も同じではないかと迫ったが、見かねた後藤象二郎が助け船を出した。

「たった一日のことでござる。待っても不都合はござりますまい」

西郷もこれには逆らえず、それではということで一日だけ待つことで閉会した。

翌十八日早暁、三条は深憂の余り昏倒、人事不省に陥る。

九時、医者が来た。ドイツ人ホフマンである。「神経の使い過ぎ」という診断である。十一時、佐藤尚中がかけつけた。意識はずっと混濁状況にある。にわかに回復の見込みはない。

「三条倒れる！」の衝撃的なニュースは関係者の間に電光のようにかけめぐった。伊藤は九死に一生を得た思いで、すかさず動き出した。木戸は病床にあってそれを聞き、「国家非常の時である、三条に代えて岩倉を立て、大久保の奮起を促して協力させるべし」と知恵を授ける。伊藤は意を帯し、大久保、岩倉の間をかけまわる。

十九日、三条を見舞った大久保は、来宅した黒田清隆に「今や事態、最も困難殆ど挽回の策なしだが、ただ一つ秘策あり、もしこの事がうまくいけば国家のために大慶である」と胸中を打ち明けた。

意をうけた黒田は、直ちに宮内省の吉井友実の許に走り、さらに天皇側近の徳大寺実則を動かして急遽《きゆうきよ》太政大臣代理に岩倉を任命するよう段取りをつける。

この後は疾風怒濤の運びである。

明治天皇は、まず三条を自宅に見舞って、病を公的なものと内外に印象づけ、その足で岩倉邸にまわって太政大臣代理の勅命を伝えた。前議にこだわらざるを得ない三条をひっ込めて、前議に拘束されない岩倉の登場である。

大久保一派が懸命に策略をこらし工作をすすめている間、西郷一派はほとんど何もしていない。西郷とて寝技ができないわけではない。白刃をもって脅かす手もあったはずである。しかし、征韓論そのものにそれだけの必然性がなかったのかも知れない。しかも、よもやこのような謀略が蔭で進行しているとは思わなかったのであろう。

このあたり、外遊組と留守組では結束力が格段に違っている。一方は、維新革命の劫火《ごうか》をくぐり抜け創業をやり遂げてきた同志であり、一年半にわたって絶域万里の異国を旅し同じ釜の飯をくってきた仲間である。征韓派がただの寄り合い所帯で、それぞれの利害が錯綜する中を独り西郷が力み込んでいるのとは中身が違う。遅ればせながら征韓派がやった唯一のことは、岩倉の邸に押し掛けて圧力をかけたことである。副島が言い出して西郷、板垣、江藤の四人が出かけた。二十二日のことである。

西郷は岩倉に「速やかに上奏して勅裁を仰ぎ、発令の順序を決定してほしい」と迫る。太政大臣代理へのあらためての念押しである。

「いかにも明日にも上奏致そう。しかしながら……」と岩倉はいう。

「まろが条公（三条）と意見を異にすることは、諸卿らもご存知のことである。いやしくも、このたび不肖太政大臣代理を任ぜられた上は、自らの考えによって上奏申し上げる。つまり両論あることを申し述べ、その上でご聖断を仰ぐ所存である」

江藤がすかさず反論した。

「それは異なことをお伺いいたします。代理者は現任者の意見をそのまま上奏するのが筋ではございませぬか」

論理の弱点をズバリと衝いた。が、岩倉は喧嘩《けんか》となるとめっぽう強い。しかも理屈圏外に遊泳できる人物だから、論理の矛盾など意に介さない。

「それは通常のこと、これほどの大事とあらば、特別の配慮が必要でござろう」

副島がただす。

「しからば、両説のどちらを主とされるや」

「むろん、わが説である！」

岩倉は、大きな目玉をぎょろりとさせて言い放った。

幕末維新にかけての歴史的転回点で二度までも大芝居を打ち、よくその重圧に耐えたのは、岩倉の希有ともいうべき剛胆さにある。

西郷、板垣、江藤、副島といえば、いずれも一代の豪傑である。それぞれにそれなりの人間的な圧力をもっている。それが四人まで束になって反論したにもかかわらず、岩倉は動かなかった。もはやこれまでと、一同が部屋を出ようとしたとき、岩倉は追い打ちをかけるように咆吼《ほうこう》した。

「まろの目玉の黒いうちは、お主らの勝手にはさせませぬぞ！」

すさまじい一言である。

四人の参議は憤然として席を立った。

が、西郷にはこのとき一瞬、男の勝負の爽やかさがよぎったのかも知れない。玄関を出るとき、誰にいうともなくいった。

「右大臣、よくぞ頑張りもうしたな」

西郷はかつてともに大芝居を打ち、頑張り通した王政復古時の小御所会議でのことを思い起こしたに違いない。岩倉、大久保、西郷の三人が一体になって、巨大な徳川幕府と雄藩大名を向こうにまわし、不利な戦いを戦い抜いたのだ。

それがいま、なんという運命の皮肉であろうか。その同志、岩倉と大久保を敵にまわして、われひとり敗戦の憂き目をみる。が、西郷の心中は不思議に曇りがなかった。味方の参議より、むしろ敵方の二人に魂の親和を覚えたからだ。

二十三日、岩倉は上奏する。そして遣韓使の件は白紙に戻り、征韓派の参議五人は相次いで辞職した。信じがたい大逆転劇だった。

＊大久保、二頭立ての馬車を駆す

一日おいた二十五日、大久保は新内閣を組織した。電光石火の組閣ぶりである。すでにこの日のあることを期し、以前から人選がすすめられていたのであろう、大久保の周到さ、目を見はるばかりである。

新任参議は、工部卿に伊藤博文、外務卿に寺島宗則、そして旧幕臣の大物、勝海舟である。司法卿には江藤の代わりに大木が横滑りし、大隈の大蔵卿とともに留任とした。十一月に入ると新しく内務省を設けて大久保が初代内務卿に就任した。

新参議の特色はいずれも海外事情に明るく、世界における日本の相対的位置をよく心得た者を選んだことである。また、勝海舟は西郷と親しく、その影響で西郷、板垣党によく、併わせて旧幕臣へのパイプ役にもなる一石二鳥の配材である。

一方、西郷は二十三日、早くも邸を引き払って身を隠すように東京を離れてしまう。桐野利秋以下薩摩系士官は事態に憤慨して職を離れる者が多く、土佐系の士官も動揺して、近衛士官は一時不穏な空気に包まれた。

岩倉、大久保は天皇直々に近衛士官の鎮撫を願うのだが、それにさえ耳をかさずやめる者があいつぎ、その数は薩摩系だけでも一〇〇余名に達した。しかし、西郷がいないため求心力を失ったのか、それ以上のことは起こらず、大久保らの必死の対応が功を奏して、恐れられていたような事態は回避することができた。

それから一カ月、余震もどうやら収まって一段落というころ、大久保は旧友の税所《さいしょ》篤《あつし》宛に逆転劇の経緯についてこう書き送っている。

「この上は盤上いっぱいに敗を取り候か、投げるか投げさせるか」食うか食われるかの死闘であったとし、「畢竟《ひっきょう》、この災難は期したることにて、それゆえ千思万慮、実に肝胆を砕き、容易に進退いたさず候えども、やむを得ざる機会と相成り、舞台懸かりに出かけ候ところ、果たして一幕終わらずに舞台が崩れ、勧進元の大損に相成り候」。

九月十五日、大久保が在欧の村田、大山宛に出した先の手紙と併せて読めば、大久保がいかに早くからいろいろな状況を想定してそのつもりで布石を重ねていたかがわかる。そしていざ勝負と打って出たところ意外にもろく相手が崩れ、あっけなく勝負がついてしまったことを報じている。

むろん大損をした勧進元とは、江藤一派、つまり薩長政権をくつがえそうとした土肥連合であることは申すまでもない。その中心は江藤、副島、後藤らで、大隈と大木は巧みな遊泳術で参議の職にとどまった。閣外に出た板垣、江藤らは民選議会の設立を標榜《ひょうぼう》し、野にあって薩長政権を牽制し言論で反旗をひるがえしていくことになる。

大久保は、それから十一年五月に暗殺されるまでの四年半、この体制で日本を導いていく。この間、閣僚はほとんど変わっていない。辞職したのは勝海舟ひとりであり、木戸は一時、大久保の台湾征討に反対して辞職したものの、大阪会議で言い分が通り復職している。新しく入閣したのは、明治七年八月に到って陸軍卿・山縣有朋、北海道開拓長官・黒田清隆、左院議長・伊地知正治《いじちまさはる》の三名であり、木戸と同じく大阪会議で復職入閣した板垣退助である。

とりわけ大蔵卿の大隈重信と工部卿の伊藤博文は、この間、終始一貫、大久保政権の両翼となりその手足となって尽力した。

大久保は内務省を中核として、一方では富国のための殖産興業をすすめ、一方で治安維持のための警察制度を整備し、両面から内治の充実を目指した。また外に対しては、七年四月、懸案だった琉球問題について台湾に出兵し、清国とねばり強く交渉して解決し、八年五月にはロシアと樺太・千島交換条約を結んで北方の境界を明らかにし、同年九月には江華島に軍隊を派遣して朝鮮問題にも決着をつけた。

そしてくすぶる不平士族の反乱に対しては断固としてこれに当たり、七年二月の佐賀の乱、九年十月の熊本神風連の乱、萩、秋月の乱を鎮圧し、遂に十年九月には最後の大噴火ともいうべき西南戦争を圧伏せしめて、ようやく明治政府に真の統一をもたらすのである。

明治四（一八七一）年の廃藩置県の大号令によって始められた大手術は、結局その後、幾多の出血を伴い、余病を誘発し、その治療に六年の歳月を要したことになる。あたかも独立国の如き観を呈した鹿児島の私学校が、西郷の殉死とともに崩壊し去ったとき、初めて廃藩置県は名実ともに成ったのである。

岩倉使節団の派遣当時、維新三傑の西郷、木戸、大久保は、五、六頭のアラビア馬を駆って明治国家を走らせていた。しかし、馬車の行方には不安があり、余りの勢いのよさに馬車から振り落とされる危険があった。そして自らの目で欧米を見ることこそ、行き先を定め、荒馬を制御していく鍵だとみて、敢然として海外視察に出かけたのだ。

外遊の結果はどうであったか。明治六年の政変とその後の事績を見ればおのずから明らかである。国に残って留守番を仰せつかった西郷は余りに急激な変革の犠牲となって落馬し、木戸は辛うじて馬車に乗っているものの病を得て手綱をひく力もなく、大久保ひとり、大隈、伊藤という二頭立ての馬車を駆り、自在にそれを統御している。革命政権のトップリーダーが、革命直後にもかかわらず、危険を冒して海外視察に出た、その大いなる賭は、大久保にとっても、そしておそらく日本国にとっても結局勝利に終わったといっていいだろう。

大久保は、存命中遂にそのほとんどの精力をアンシャンレジームの大掃除に費やした。そしてその基礎がようやくでき上がったとき、凶刃に倒れた。

明治十一（一八七八）年五月十四日、運命の日の朝、自宅を訪ねてきた福島県令の山吉盛典に語った言葉は、大久保の心事をよく伝えている。

「維新以来一〇年を経たけれど、昨年までは兵馬騒擾《そうじよう》が頻発して、仕事らしい仕事はできなかった。しかも、その間海外の出張もあり、東西に奔走し、職務の実のあがらざること、恐懼《きようく》に堪えない次第である。しかしそれも時勢でやむをえなかったと思う。今や事ようやく平《たいら》となり、これからがほんとうの仕事である。思うにこれをやり抜くには十年かかる。明治元年より十年までが第一期で、兵事多くして創業の時であり、十一年より二十年までが二期で最も肝要なる時間であり、内治を整え民産を殖するときである。そして二十一年より三十年までが三期で守成の時であり、後進賢者の継承修飾を待つときである」

大久保は「いざ、これから……」というとき、倒れた。少なくとも十年早く倒れたといっていい。しかし、かつて伊藤がローマから「大掃除をしておいてください」と頼んだことを大久保はその後の五年の歳月を費やしてなしとげ、伊藤という後継者にバトンを渡したことになる。

伊藤は、岩倉使節に加わったことで、岩倉、大久保の知遇を得、条約改正の大失敗を通じ、征韓論逆転劇の苦闘を通じ、親しく創業世代の薫陶《くんとう》をうけ、政治家としての経綸としたたかさを身につけていく。そして大久保亡き後、ライバルだった大隈を蹴落として日本丸の舵《かじ》を握っていくのである。

三十三章　誇り高き日本人

＊岩倉使節団がもたらしたもの

さて、この岩倉使節団、いったい明治日本に何をもたらしたのか、その「土産」とは何だったのか。三〇年後の明治三十五（一九〇二）年三月、「岩倉使節団同行紀年会」なる集まりが東京の麴町で開かれた。その席上、福地源一郎が立って、大略次のように述べている。福地は、帰国後、『東京日日新聞』の主筆、社長として一世を風靡し、一時は代議士にもなり、才人名士として鳴らしたが、その当時はもっぱら史論や戯曲を書く文の人だった。

「御一新（明治維新のこと）からして三、四年というものは、途方もないさまざまな説が行なわれた時であった。（中略）なんでも日本を大化の頃に復そう、大寶の頃に復そう。

天智天武の、あの時代に復そうという、豪い大寶令家（七〇一年に完成した古代法典）が沢山あった。また他方には突飛な西洋家がいる。いままでのことは何事もいかぬ。是は全然打ち壊して仕舞わねばならぬ。元来日本は時世の変遷を経て、王朝から武家、武家から徳川と代わってきたが、この日本社会の組織風俗、何も彼《か》も根底から打ち壊して、まったく新たにこさえなくてはならぬと、こういう日本改造論者もなかなかあった。（中略）また復古もいやだが、突飛な改造もいやだ、願わくば文化天保（徳川後期、一八〇四〜四四年）あたりに復したいという温和派もあって、大変錯綜した世の中であった」

実際、明治初年は徳川幕藩体制を壊したのはいいが、その後に建てるべき国家の設計図というものがなかった。復古派と西洋派が拮抗し、その間に中間派が右往左往して、将来図が混沌としていて定まらなかったといっていい。

福地の演説は続く。

「かような時代に、早くも海外に眼をつけて、その事情を視察しようとしたのが、岩倉大使の一行である。（中略）大いに文明開化の国たらしめようと大胆な企てをしたのは、この岩倉使節の一行である。どうしても、岩倉公、木戸、大久保さんというようなやかましい御連中に、アメリカだの、ヨーロッパだのを見せなければいけないということになった。各省からも大分やかましい人たちが随行を命ぜられた」

ここには福地自身も含む開明派の若者たちが、保守派のやかましい年配者を洗脳せんとする意図がうかがわれる。

「それでそのときの詔勅に何とあるか、〝駿才を選んで大使に随行せしむ〟とある。駿才！　すなわち乱暴者を選んで随行せしむ——そんな意味のものであった。それでアメリカからヨーロッパに行く航海中にずいぶんおかしな話もある。余りここでは披露できぬようなしくじりもある」

諧謔《かいぎやく》家だけに表現がくだけて面白い。

「一方において日本というものはこんなものである、日本人というものはかくの如きものであるということを、アメリカ、ヨーロッパへ紹介したのが、この使節の一行である。なるほど日本人というものはおかしな風のものである。支那人とも違う、マレー人とも違う。一種変な風の人間だわい、利巧でもなかろうが馬鹿でもない。うっかり侮ることはできぬと、そういう感じを欧米人に与えたのがこの一行である。

またこちらのことを言えば、さすがに乱暴者という異名をとった人々であるから、ヨーロッパの天地を見て、銘々おのずから視るだけの眼で見て、ハハアこうだなという感じを抱いたのもこの使節一行である」

歴史家でもあった福地らしく核心はしっかり押さえている。欧米人が日本人を見て、才識ともになかなか油断がならないとみたのも、日本人が欧米を見て、なるほどそうかと政治・経済・社会のからくりの大体をつかんだこともちゃんと捉えている。

さて、旅のもたらしたものはどうだったか。福地の「土産論」はこうだ。

「それで明治六年、大きな土産を持って帰ってきた。それは何かというと、第一日本に西洋の学芸（学問工芸・科学技術を含む意＝著者註）というものの種を持ってきて植えたことが、一番大きな土産である。加うるに、憲法の制定、国会の開設、貴衆両院のできたのも、なにかというとみなこの使節の土産である。

ところが使節の留守中、思い切った改革が行なわれている。（中略）陰暦を陽暦に改めたのもその一例である。衣冠をあらため日本人の着物を変えたのもその例である。これは突飛家が勝利を占めた有様である。ところがもし日本がこんな勢いでいったら、日本は木に竹を接ぐという風になったのであるが、しかしこの突飛論が止んで秩序的に進むということになったのは、ほかでもない岩倉使節一行の土産である。して見れば、日本の秩序的文明、秩序的開化というものは、明治四年の岩倉大使一行の土産である」

急進的開化論が修正されて漸進的開化論になる、突飛的改造論がやんで秩序的な文明開化になる。ましてや時代錯誤の復古論や西洋かぶれの急開化論はすっかり姿を消して、明治国家の方向と歩調が定まった、それが岩倉使節一行の土産ということになるのだろう。

さてこの集まりの記念写真を見ると、庭園の木々を背景に二六名の老壮男女が写っている。東久世通禧、原田一道、鍋島直大、野村靖、金子堅太郎、平田東助、吉川重吉、何礼之、長野桂次郎など大臣クラスもぞろぞろのお歴々、そして前列中央には三人のきもの姿の婦人が鎮座している。真ん中が山川捨松、両隣に津田梅子と永井繁である。

この日本初の女子留学生は、その後の三〇年をどう生きたのか。共に一〇年は米国で勉学を続けた。そして帰国後、永井は当時海外留学生だった海軍の瓜生外吉《うりゆうそときち》と知り合って結婚し、ヴァッサーカレッジで学んできたピアノを生かして、東京音楽学校の前身で教え、また演奏活動をした。山川はすでに二四歳になっていて婚期を逸したこともあり、一八歳年上で子供が三人もあった大山巖の後妻となる。すでに陸軍卿だった大山が才色兼備の捨松に惚れ込み、西郷従道の骨折りで実現した縁組みだった。捨松は賢夫人の誉れ高く、「鹿鳴館の貴婦人」といわれて社交界の華となり、また種々の慈善事業や教育活動を支援した。津田梅子は女子英学塾（後の津田塾大学）をつくり、使命感を貫き独身を通し後進の育成に生涯を献げた。

当初の女子留学生派遣の目的は、なお保守的な国内事情もあって必ずしも十分に果たし得なかったものの、それぞれの立場で懸命に国家の負託に応えようとした事績が見てとれる。

＊　国の命運を背負った男たち

さて、岩倉使節団の首脳陣、キーマンたちはその後どうしたのか。

「維新三傑」の中でも最も若く聡明だった木戸孝允、あの福地をして「真正の君子」といわしめた木戸はその後どうしたのか。

明治六年の政変で大久保政権が誕生し、薩長主導の基盤は確保したが、木戸自身は相変わらず体調がすぐれず、思うような活動はできなかった。しかし、木戸の存在は大久保政権の専制的な偏りを是正する意味で大きく、明治七年には大久保の台湾征討に反対して内閣を辞した。しかし、木戸のいない内閣はいかにもバランスを欠き、不安があった。そこで井上馨や伊藤博文がしきりに斡旋して、木戸の共和的な主張を大久保に呑ませる形で

「大阪会議」が開かれ、それを契機に木戸は内閣に復帰した。それはやがて「漸次国家立憲の政体」樹立の詔勅に結実し、元老院、地方官会議、大審院の開設へと展開する。この段階では木戸の考えが受け入れられ、共和寄りへの修正がなされたといっていい。

そして木戸は年来の教育重視の考えから文部卿に就任して、漸進的開化に尽力する。その間、新島襄を援《たす》けて同志社の設立にも手を貸している。その意味で木戸は、大久保とは時に反目しながらも大事な場面では歩み寄り、よく薩長政権を支え自らの主張の具現化にも努めたといえよう。

しかし、惜しむらくは健康に恵まれず、遂に明治十年、西南戦争が勃発するなか、病状が悪化した。木戸はしきりに戦況を気にし、睡眠中突如声をあげて、「西郷、たいていにせんか」とうわごとをいった。明治天皇は木戸邸に臨御、異例のお見舞いだった。木戸は感涙にむせび、傍らにいた杉孫七郎に「はやく白雲に乗じて去りたい」ともらしたという。そして、五月二十六日、息を引き取る、享年四五歳だった。

維新前は開明派の総帥と目されながら、米欧を見てきてからはむしろ保守化し、漸進主義へと変わった。「文明は一朝一夕にはならず」「長年の積成が必要」だと主張した。なお健在で長生きしていれば、日本のその後もかなり違っていただろうと想像される人傑だった。

葬儀は京都東山の高台寺で行なわれ、騎兵一小隊が棺の左右を守った。木戸の写真は遺族の許可を得て複写され書店などで売られた。桂小五郎以来の志士としての颯爽たる活躍ぶり、情厚く、詩文をよくし、風流を解した才人でもあり、芸者幾松との熱いロマンスもあって、市井の人々にも大変人気があったことを示している。

全身これ政治家といわれた大久保は、その後どうしたのか。

木戸が亡くなった後、西南戦争を圧伏させた大久保は、政権基盤をさらに固め、大久保独裁といわれるほどの強力なリーダーシップで上からの近代化を推進した。「政を為すは人にあり」としてあまたの人材を登用し、殖産興業に力を用い、近隣諸国との外交にも粘り強く当たって諸問題を解決した。そして、明治国家の基礎を築き上げ近代化路線を定めたところで、盟友西郷の自決から一年もたたぬ十一年の五月、石川県の不平士族、島田一良らの凶刃に倒れる。享年四十八だった。

大久保の死は各界に衝撃を与えた。

ロンドンの『タイムズ』は「大久保は近年の日本の勃興を特色づける、すべての改革の推進者であった。彼の死は日本全体の不幸である」と報じ、伊藤はその衝撃についてこうもらしている。

「一朝わずかに数人の凶逆のために国家の大柱石を失い候事、遺憾限りなき事に御座候……かくの如き威望の大臣を失い候以上は、各地の人情にも大いに影響を生じ、万一国家の禍乱これ生じ候に至りては、容易ならず」

大久保亡きあとの空白の大きさ、その真空状態がいかなる混乱を起こすやもしれないとの危惧を抱かしめている。

また、大蔵官僚で側近だった渡辺国武《わたなべくにたけ》（後に大蔵大臣など歴任）は大久保の生涯を評して、こう述べている。

「大久保さんの生涯は二段階に分かれていると私は考える。

幕府の末葉から全権副使として岩倉公と一緒に欧米各国を巡回されるまでが第一段階で、この間の大久保さんの理想は、全国の政権、兵権、利権を統一して、純然たる一君政治の古に復するのがその重要目的であったと考えられる。

欧米各国を巡回されて、その富強の拠って基づくところを観察して、帰朝されてから以後は第二段階である。この世界上に独立した国を建てるのには、富国強兵の必要は申すまでもないが、この富国強兵を実行するには、ぜひとも殖産興業上から手を下して、着実にその進歩発達を図らねばならない。建国の大業は議論弁舌ではいかぬ、やりくり算段でもいかぬ、恐喝恐赫《きょうかく》でもいかぬ、権謀術数でもいかぬ、と大悟徹底された。これが大久保さんの理想の第二段階であると私は考える」

大久保は徳川の旧体制を倒すと同時に、明治の新体制の建築者だった。そして透徹したリアリストであり、驚異の粘り強さで政策を実現させた稀有な政治家だった。大久保はまさに日本の歴史に燦然《さんぜん》と光る巨星であり、近代政治家の一等に挙げるべき大政治家だった。

さて、岩倉はどうしていたか。

帰国後の翌年、一月十五日、お堀端で刺客に襲われたが、危うく一命をとりとめた。君側の奸として睨まれての遭難であり、犯人は土佐の不平士族武市熊吉らであった。この事件は、廃藩置県後の大改革の余波があちこちに鬱積しており、その不満の矛先が要人テロに暴発したことを示していた。

岩倉自身はしかし、世界を見てきても大久保のように「開化風」にはなびかなかった。

明治九年、木戸の提言で設置された元老院で「国憲按」の起草が始まったときも、岩倉は甚だ不満だった。木戸、大久保、伊藤らの推進する漸進的開化、立憲君主制には懐疑的で、岩倉はあくまでも王政復古の守護神たらんとし、天皇権力擁護の立場を変えなかった。

明治十四年の憲法意見聴取の際には、岩倉は井上毅の意見を容《い》れてプロシャ憲法を下敷きにした「欽定憲法」案をよしとし、それを明治憲法制定の基本方針にするように主張した。その結果、欽定憲法に同調する伊藤の漸進主義が採用され、共和寄りの大隈の急進的な立憲政治案はつぶされることになる。

明治十五年、伊藤が憲法調査のために欧州へ出張するとき、岩倉はわざわざ横浜まで見送り、随行していく西園寺公望に懇々と次のように諭した。

「このたび、伊藤参議についてヨーロッパへ行かれることは、はなはだ結構なことです。伊藤はいまの時代として随一の人物で、将来は必ず国の柱石になる人です。だから、末永く伊藤参議を助けて政治上の奮闘をねがいたい」

これが伊藤、西園寺との別れになるのだが、岩倉がその時点で国家経営のバトンを伊藤に、公家華族の統領の役を西園寺へと考えていた証《あかし》といえよう。

岩倉は在欧中の伊藤へせっせと手紙を書き、伊藤への信頼と後事を託す気持ちを伝えた。その一節に、こうある。

「小生五月ごろより持病強発の末、胃腑不調の症に罹《かか》り、長々籠居、殊に飲食減少困難致し、かれこれご無沙汰候、併しこの四、五日来追々《おいおい》快方、この分にては不日全快と存じ候」

しかし、これは楽観に過ぎ、岩倉は癌に冒されていた。明治十六年、ベルツ、佐藤らの懸命の治療にもかかわらず病状は悪化し、明治天皇は二度までも岩倉の病床を見舞った。そして、七月二十日、長逝する、五九歳の生涯だった。

岩倉は頭も切れ、企画力も胆力もある稀有な政治家だった。若い公家時代、すでに「天下をひっくり返すようなことをしでかす」と畏《おそ》れられ、敵方からは大奸物、大策略家ともいわれた。そして激動の時代、王政復古を旗印に異常なほどの粘りで逆境にも耐え、ここぞというときには大勝負に出て勝ち抜いた。そして滔々《とうとう》たる西洋化、共和の風に抗して、天皇国家の路線をしっかり定着させたといっていい。池辺三山は「古今を通じて第一等の政治家のひとり」といい、最期を看取ったベルツは臨終を前にあえぎながらも一語一語しっかり遺言を伝えた姿を見て、「公の全身はただこれ鉄の意志だった」ともらしている。

さて、一番の若手で元気者の伊藤博文はどうしていたのか。

明治十年、木戸が亡くなり、十一年、大久保が凶刃に倒れた後、その遺志を継いだのは伊藤博文だった。岩倉を後ろ盾にしながらも、当初は大隈と二人三脚だった。しかし、その後、憲法問題が俎上《そじょう》にのぼると、伊藤と大隈は漸進主義と急進主義、専制と共和の対立として尖鋭化する。そして、いわゆる「明治十四年の政変」によって大隈を蹴落とす形になり、以後は伊藤がトップリーダーの座につき、日本丸の舵を握っていくことになる。

そして伊藤は憲法調査のため欧州に渡り、一年半の勉強の結果、帰国後、華族制度、内閣制度の創設、枢密院の設置など着々と体制を整え、遂に懸案だった明治憲法の制定にこぎつける。そしてその間、初代内閣総理大臣、枢密院議長を歴任、明治国家の建設において主導的な役割を果たした。

明治二十二年、日本のコンスチッーションたる「憲法」ができたとき、岩倉使節団のもたらした最重要課題、木戸、大久保の宿題でもあった課題をようやく為し遂げたといえるだろう。木戸は六年七月帰国後直ちに「憲法制定の建言書」を提出し、大久保も征韓論騒ぎのあと、十一月に「立憲政体に関する意見書」を提出している。ともに「米欧回覧」による調査結果に基づくものであり、いずれも共和制でもなく君主制でもない、「君民共治」を意図したもので、木戸が「日本だけの」といい、大久保が「日本独自の」といい、なんらかの形で日本のアイデンティティをつなぎとめようとした意図が窺われた。伊藤はそれに応えて、天皇を基軸に据えた明治憲法をつくりあげていくのである。

伊藤は枢密院の「憲法制定会議」において次のように説明している。

「そもそも欧州においては憲法政治に萌《きざ》せること千余年、独り人民のこの制度に習熟せるのみならず、また宗教なるものありてこれが機軸となし、深く人心に浸潤して人心ここに帰一せり。しかるにわが国にありては宗教なるもの微弱にして一も国家の機軸たるべきものなし」

日本の仏教は衰頽《すいたい》に傾き、神道も宗教として力をもたない。だから「我が国に在ては機軸とすべきは独り皇室あるのみ」として、天皇を憲法の核心に置いたのである。

そして憲法を補う形で「教育勅語」が制定され、「父母に孝に、兄弟に友に、夫婦相和し、朋友相信じ……」として「和魂の砦」の役目を果させようとした。思えば、その思想の源は米国旅行中にあり、開明派の急先鋒であった伊藤博文に対し保守頑固党の首領だった佐々木高行が反論し日記にしるした、「固有の神道を基礎とし、之を助くるに孔孟の道をもって、日本独自の教法をたてるべきだ」に符合することは極めて興味深い。
幕末以来のスローガンだった「和魂洋才」は、これによって初めて社会に具体的な形として根を下ろすことになり、日本のアイデンティティを確保しながら如何《いか》にして西洋的近代化を推進していくかの難題に懸命に応えたものと解釈できるだろう。

伊藤はその後、四次にわたり総理大臣を務め、また立憲政友会の総裁にも就任して政党政治の先鞭《せんべん》をつけた。そして日清戦争では自ら全権委員として講和条約を結び、日露戦争では開戦時から腹心の金子堅太郎を米国に派遣して講和対策を工作した。

開国五〇年を迎えた明治三十六（一九〇三）年、伊藤は憲法制定からの歳月を振り返り、また徳川の幕藩体制下で人となり明治の世で過半を生きた六十余年の生涯を想起して、日本の教育、日本人の理想像についてこう述べている。

「余は我国民が幾時代、幾世紀の間、最も高等の徳育及び情育を享《う》けつつありと云うを以て、決して誇張の言にあらざるを信ず、支那、印度の全盛時代に於ける哲学及び歴史上の実例の拠りて得たる種々の大理想は、その他各種の学芸の如く孰《いず》れも日本化され、『武士道』なる概括的名称の下に、因習の久しき幾百年を経て益々《ますます》醇化し、遂に吾人に道徳の偉大なる標準を供し、教育ある社会の日常生活に於いて、厳に強行せられたり」

新渡戸稲造《にとべいなぞう》の『BUSHIDOU――The Soul of Japan』は、一八九九年に英文で出版されており、伊藤はそれを踏まえてこれを書いていることがわかる。

「而《しか》してその結果は旧日本を知る者の何人も首肯する如く、スパルタの剛毅質朴なる気風及び犠牲的精神とアゼンス（アテネ＝著者註）流の優美なる文化及び洗練したる知能とを兼備せんことを努め一種の教育となるに至りたり、すなわち優美なる感情と美術心とに富み、道徳及び哲学の高尚なる理想を抱き、かつ忠勇義俠《ぎきょう》の精神を有するを以て士人となし、いやしくも士人たる者は一人にして悉《ことごと》く之を兼ねざるべからずとなし、吾人もまた是等の学問、技芸の調和、包有するを以て完全なる人物となし、専《もっぱ》ら之に重きを置きたり」

伊藤はここであらまほしき日本人像として、「優美なる感情と美術心に富み、道徳及び哲学の高尚なる理想を抱き、かつ忠勇義俠の精神を有する人物」を描き、これらの学問技芸の調和、包有する「完全なる人物」を理想型としている。

「わが国民に欠くる所のものは、精神上もしくは道徳上の要素にあらずして、むしろ近代文明の科学的、技術的及び物質的方面にありしことを知るべし」

この言葉はかつて使節団が雪深いソルトレークシティでアメリカ人より指摘され、佐々木高行がいたく共鳴したことを想起させる。

伊藤は、続けていう。

「こうした道徳上の精神は士人階級だけでなく一般の平民もそれを体しており、正直勤勉にしてその隣保（隣人）の為に、殊にその郷邑（地域）の為に、自家の利害を犠牲に供するを躊躇《ちゅうちょ》せず、温和従順にして、人生を重んじ、同胞を信じ、能《よ》く法律を遵守し、かつ優美の情操と高尚なる道徳観念とを理解したりしなり」

しかし、「今太閤」といわれた伊藤もまた、かの秀吉に似て「完全な人間」ではあり得なかった。畢生《ひっせい》の大仕事「大日本帝国憲法」にも欠陥があり、後に軍人独裁を許し、神がかりな日本をつくる一因にもなった。

またその大いなる自負心は傲慢にもつながり、隣国へは道徳の精神も適用されなかった。伊藤は晩節を汚したというべきか、帝国主義の野望に与《くみ》し朝鮮を植民地化しその統監に就任した。そして明治四十二年（一九〇九年）、ロシアを訪問途上のハルビン駅頭で朝鮮の愛国者安重根《あんじゅうこん》の銃弾に倒れる。伊藤は心情的には平和主義者であり、ロシアとの協調を目指し朝鮮にも温情的であったといわれる。が、結局、山縣有朋らの大陸進出論を抑え得ず、侵略的帝国主義の一翼を担い他国を支配した責は免れまい。

浩瀚《こうかん》な『近世日本国民史』を書き残した徳富蘇峰は「伊藤には余りに調子に乗り過ぎる癖がある」と評したが、かつて使節が米国回覧中大歓迎されて気をよくし、無謀な条約改正に取り組み失敗したことが想起される。そして日清の戦で勝ち、日露の戦で予想外の勝利を得たことが、伊藤等を「余りに調子に乗せ過ぎた」というべきであろうか。人間の、人事の、そして政事の難しさを痛感させる一事である。

位人臣を極めて「幸運の人」と称され、時に好色を非難されながらも艶聞に恵まれ、金銭に淡泊で生涯現役を貫き、大変化の時代を明るく元気いっぱいに疾走した六九年の生涯だった。

因みに記せば、あの幕末以来、日本を悩ませつづけた不平等条約はどうなったか。その後の歴代内閣でいくども改正交渉がなされたが、結局、法権が回復されたのは二〇年余も後の一八九四年であり、税権の回復に至っては四〇年後の一九一一年を待たなければならなかった。つまり、伊藤博文の存命中にはなし得なかったのである。

＊世界をまるごと見た男

さて、あの久米邦武はその後どうしたのか。

帰国後、久米は政官界の怒濤をさけて、太政官内の文書の山に隠れ、この旅の報告書の著述編集に没頭する。久米には官界への誘いも当然あったはずだが、個人的好尚としても学究的環境を選んだといっていい。それはまた同郷で親しかった江藤新平や大隈重信の政界での浮沈極まりない姿を目の前にしていたからでもあったろう。

久米は二年半の歳月をかけ精魂を傾けてこの大記録を完成させる。明治八年の初め、その総仕上げとして「例言」を書いた、その行間には久米の万感の思いがにじみ出ている。

冒頭にいわく。

「この書は、遣欧米特命全権大使、東京を発し（世界各国を巡遊し＝中略）東京に復命するまで、日々目撃耳聞せる所を筆記す、明治四年十一月十日（陽暦一八七一年十二月十二日）に筆を起こし、明治六年九月十三日に止まるまで、すべて全一年九カ月二十一日の星霜にて、米欧両州著名の都邑は、大半回歴を経たり」（数字には誤算あり＝著者註）

この最後のくだり「米欧両州著名の都邑は、大半回歴を経たり」は、短いながらも米欧の大小の都市、村落を、一二〇カ所以上回覧してきた自信と重みがずしりと伝わってくる文言である。

さらに特命全権大使派遣については、世界的な歴史的大変化を背景にしていること、そして「天為」ともいうべき一事であったことを強調している。

「欧州において、全権大使をアンバッサドルと称し、これを差遣するは、異常の特典となし、最も尊重敬待する使節たり、わが日本において、この典を挙行せられしことは、実に類例のない一事にて、すなわち今日の情勢が異常の機運に際会せることを顧みるべし」

異常の時代における、異常な使節団というべきか。

「明治中興の政治は、古今未曾有の変革にして、その大要は三つのことに帰する。将軍の権力を収めて天皇の親裁に復す、これ一なり。各藩の分治を併せて、一統の政治となす、二なり。鎖国の制を改めて開国の方針を定む、三なり。これ一あるもまた改革容易ならざるに、その三を併せて為そうとするのだから、これはほとんど天の為す技であって、人の為す業にあらず。

その由《よ》ってしかるところを熟察すれば、世界気運の変に催さざるにてはあらざるはなし、思うに、鎖国の法は必ず除かざるべからず、国を開くとすれば一統の政治を為さざるべからず、統一国家をつくるとなれば将軍の権力を収めざるべからず」

ドイツの統一も、イタリアの統一も、みな時運に促されてのことであり、わが国の改革もまた同じく、その「世界の気運」に乗じてのことであったと記している。

そして、国の命運を担った旅の様子を次のように回想している。

「大使の国を歴聘《れきへい》する、外交の責任を国に負い、視察の義務を民に尽さんと、日々忙しく見聞して休む暇もなく、寒暑をいとわず、遠路ものともせず、辺鄙《へんぴ》なところへも歩き回り、田園では農牧を、都会では工芸工業、商業貿易の実態を視察し、暇あればその道の一流人士や専門家に会って交わった」

そして、国民に報告すべく記録してきた経緯を述べる。

「もとより詩人や文人が気ままに旅し、雲水が意のままに漫遊放浪して、目や耳を楽しませるのとは異なる。使節は国民の代表であり、各国の官民が、わが使節を迎えて懇親の意を表し、生業の実況を見せてくれるのは、わが国民に懇親と愛顧を求むるところなり。さればこそ、岩倉大使は久米と畠山に命じて、使節の見聞するところを努めて記録し、国民に報告すべしとのことであった」

思うに、久米はこの旅の記録者としてまさに適役だった。好奇心旺盛、博覧強記、そして百科に詳しいエンサイクロペディストであった。膨大なメモや資料から採録し、地誌や統計や各種参考書に当たりながら、この膨大な旅行記を書きすすめた。そしてその脳裡には次々とそのときの情景が浮かび、感慨を深くしたであろう。

「故に、汽車その都に達し、やっと荷物を解けば、もう回覧が始まる。昼は鉄の輪がうなりを生じて廻り、蒸気が噴出し、鉄粉や煤煙がふりそそぐ中を走りまわり、埃や塵が全身につこうが、それを振るい清めることもかなわない。すでに宴会の時が来ており、正装に身を固めて食卓につかなくてはならず、また劇場にいかなくてはならない。深夜にようやく寝床につき目を覚ませば、もう工場からの迎えが待っている。

故に、珍異目に充ち、奇聞耳に満ち、ご馳走は飽きるほど口にするも、神経は疲れ筋肉もくたくたになってしまう。時には、ごろりと寝転んで水のいっぱいも飲みたいと思っても、国の交誼にとって失礼になるとあればそれもできない」

それに加えて寒暑の差が著しいところを巡遊した。北国では凍るような寒さや氷雪にもあい、南の国ではまた意外な暑さに遭遇し、帰途には炎熱の地も通った。にもかかわらず、天の慈しみにより、一行はみな身体を壊すこともなく健康で帰国することができた。

「今になって思えば、あの忙しい旅も夢の彼方にさり、さまざまな苦労もすっかり忘れてしまった。このような感慨は、ただ遠遊を経たるものにして初めてわかることだろう」

久米はその後、政治や行政には一切かかわることなく、日本史の研究と編纂に携わることになる。当初所属した歴史編纂所が東京帝国大学に吸収されると、そのまま教授となり歴史学を講じた。

そして好みの家居には気の合った友人、それも学者仲間よりむしろ実業人らとつき合い、時に岩倉を助けて能楽の復興に努めた。そして、論文「神道は祭天の古俗」が神聖天皇を冒瀆するものとして筆禍事件を引き起こし、東大教授の職を追われる。が、久米はその逆境にもめげず自らの研究をすすめ、後には大隈重信のひきで早稲田大学に請われて講壇に立ち、また歴史地理学会に深くかかわって日本各地を旅し、いくたの歴史書を著し、日本の実証史学の祖となった。

昭和三（一九二八）年、九〇歳のとき『回顧録』を口述したが、そこで自らの生涯を振り返ってこう述べている。

「古来の歴史を通観するに、余の一生はあたかも歴史の最大変化の時運を画したといってよい。また感興からいうと、自分ほど面白い時代に生まれあわせた者は前後にないと自負している。いかんとなれば、自分の初め三〇年は、上古以来の封建割拠が分かれに分かれ、郡邑に小天地の国家を形成していた時であり、中の三〇年は、にわかに日本が統一をはかって世界の強国となった時であり、後の三〇年は、列強の一つとして世界の平和を保持するに至ったときである。この余の歴史経験における生涯は最も有意義に、最も幸福な時期を経過するを得たと宇宙の神に自ら感謝している」

久米は、岩倉使節随行の旅がその生涯に大きく裨益《ひえき》したことも述べ、その幸運を喜んでいる。

「余の一生は古今の歴史中最も面白い幕を見たといいうる。しかも観客席にはいろいろあるが、幸いに一等席から見ることができた」

昭和五年（一九三〇年）、世界はまだ平和志向の気運にあった。米国のウイルソン大統領が国際連盟（一九二〇年）の理想を掲げ、ブリアン・ケロッグの不戦条約（一九二八年）が一五カ国の間で結ばれたころだった。日本では、浜口雄幸《はまぐちおさち》内閣が誕生し、ロンドンの軍縮会議に臨む若槻礼次郎《わかつきれいじろう》全権は、日本政府の平和への意志と専守防衛的軍備についてこう述べた。

「帝国政府（日本政府）は未だかつてどの国に対しても攻撃戦争の準備をしたことはなく、帝国の要求するところは、要するに他国の攻撃に対して防御するに足る程度の軍備である。わが帝国は常にこの意味における最小限度までの大々的縮小を実行する用意のあるもので、帝国の主張は実に公正にして合理的なものである」

そしてこの軍縮が実現できれば、各国は内において国民の負担を軽減して福祉を増進し、外に世界平和の保障を確立することができると熱い期待を語った。

それは明治日本の道義的残照が最後の輝きを示したときであったかも知れない。現実には、この軍縮条約の調印が、明治憲法の欠陥とされる統帥権干犯問題を引き起こす。そして、軍部の猛反発を招き、浜口首相の暗殺、満州事変の勃発へと、日本は泥沼に落ち込んでいくのだ。

久米は晩年、東西文明の思想的差異とその争いに注目し、これを超える平和を祈念して「超然とこの一球世界」に通じる「一視同仁の博愛」や「普遍的な宇宙や命のような存在」を模索していた。

そして、昭和六年（一九三一年）久米は長逝する。享年九三歳であった。

あとがき

一冊の本が人生を大きく変えることがある。

『米欧回覧実記』との出会いは、私にとって、まさしくそのような衝撃だった。

三十数年前、ひょんなことから「岩倉使節団」のことを知り、国立国会図書館で『米欧回覧実記』を借りだした。それは背革表紙に金文字装幀の堂々たる五巻本で、一覧してその旅のスケールの大きさと重厚さを感じさせた。その黴《かび》くさい漢字とカタカナのびっしり詰まったページを、一枚一枚めくっていくときの感動は今も忘れられない。明治の初年に、日本人はこんなに凄い旅をし、こんなに凄い記録を残したのだ。そこからは、使命感に溢れて異質文明に懸命に対峙し、必死に見聞し、嚙み砕き、消化し、記録しようとした気概と情熱が伝わってきた。私はパラパラと拾い読みするうちに、すっかりそのとりこになってしまった。

読みすすむうちに、いろいろの疑問が湧いてくる。そもそもこの使節は誰が企画したのか。何故、使節の派遣は廃藩置県の直後だったのか、何故大物がそろいもそろって出かけていくのか、メンバーはどのようにして選ばれたのか、留守は大丈夫だったのか、そして帰国後の状況は？　その成果は？　疑問はとどまることはなかった。私は関係書物を渉猟し、その謎解きにかかった。

一方、旅の興味も大いにつのった。百数十年も前の世界旅行はどんなものだったのだろう？　蒸気船や蒸気車の旅は？　ホテルや食事は？　言葉やお金はどうしたのか？　私は生来の旅好きで、いつかは世界一周の旅をしてみたいと夢見ていた。そして思いつく。「そうだ！　どうせならこの使節団のルートを辿ってやろう」と。それから年に数週間ずつ休みをとり、まずアメリカから、それも使節団と季節を合わせて真冬に旅を始めた。そして、約八年をかけてメインルートを辿り終えた。そして私はようやく旅の概要を摑んだ思いもあり、いわばスケッチともいうべき最初の書『明治四年のアンバッサドル』（日本経済新聞社刊）を書いた。一九八四年のことである。

以来、講演、スライドの会、著作、ツアーなど、旅とのつきあいは続く。そして一九九九六年には、「使節団」と「実記」に興味をもつ人に呼びかけて「米欧回覧の会」をつくった。それから十数年、「実記を読む会」は一〇〇回を超え、国内外の研究者に呼びかけての「国際シンポジウム」も二回催した。そんなことでおのずと集まった材料を加味して大幅に書き直したのが本書である。それは「本画」への挑戦ともいえたが、今、書き終えてあらためてこのマンモスのような大旅行を思うと、なお「素画」の域を出ないというのが率直な感想である。

なお、これは「歴史物語」である。原則、史料を基に書いてはいるが、私流の解釈により、多少の創作や脚色を加えている。思い違いや誤りも少なからずあると思う。お気づきの点はぜひご教示をいただきたい。

本書（単行本）の執筆に関しては、多くの方から学んだ。大久保利謙、芳賀徹、田中彰、高田誠二の諸先生方、そして内外の研究者の方、「米欧回覧の会」の諸兄姉たち、その方々にこころから謝辞を述べたい。また、出版に際しては、ＰＨＰエディターズ・グループの若き編集者、鈴木隆氏の誠実で熱意ある協力を得た。記して謝意を表したい。

尚、本書で引用した『米欧回覧実記』は岩波文庫版からであり、読みやすくするため、片カナを平がなに変えたことをお断りしておく。

泉　三郎

江川英武	静岡	大蔵省・内務省官吏	19
森田忠毅	静岡	熱海にて牧場経営	28
鳥居忠文	壬生	貴族院議員　枢密顧問官	25
大村純熙	大村	大村藩知事	42
松浦熙行	大村		29
湯川頼次郎	大村		
毛利元敏	豊浦	豊浦藩知事	23
清水谷公考	公家		27
坊城俊章	貴族院議員		25
万里小路秀麿			14
武者小路実世	公家		22
平田東助	米沢	農商務・内務各大臣	23
松崎萬長	公家	建築家	14
錦小路頼言	公家		21
河内宗一			
日下義雄			21
中江篤介	高知	「東洋自由新聞」主筆・民権論展開「民約訳解」	25
※吉益亮	東京	眼病にかかり半途帰国	16
※永井繁	静岡	バッサーカレッジ音楽専門卒業	9
※津田梅	東京	アーチャー・インスティチュート卒業 女子英語塾（後の津田塾大学）設立	8
※山川捨松	会津	バッサーカレッジ卒業	12
※上田悌	東京	半途帰国	16
三浦恭之進	山口		
中島精一	金沢		21
土肥百次	東京		
来見甲蔵	東京		
浅間徹之助	山口		

出典／田中彰・高田誠二編著『「米欧回覧実記」の学際的研究』北海道大学図書刊行会 社団法人霞会館『岩倉使節団　内なる開国』
参照／泉三郎『堂々たる日本人』祥伝社

岩倉使節団・全参加者名簿（その2）

使節随従者・留学生　※は女性

岩倉具綱	公家	岩倉具視嫡子　宮中顧問官	31
高辻修長	公家	東宮侍従長	32
香川廣安	水戸	退隠中の岩倉に仕える　枢密顧問官	31
山本俊一郎	京都	勤皇儒医　岩倉秘書	32
松方蘇助	鹿児島	留学中死去	22
日置兵一	宇和島		
福井順三			
佐々兵三			
大久保彦之進	鹿児島	大久保利通長男　貴族院議員	13
牧野伸熊	鹿児島	大久保利通次男　文部・農商務・外務・宮内各大臣	11
岩下長十郎	鹿児島	陸軍大尉	19
坂井秀之丞	鹿児島		
山縣伊三郎	山口		16
高島米八	福井		14
山口俊太郎	佐賀	山口尚芳長男　巴石油株式会社専務取締役	10
相良猪吉			
川村　勇	静岡		14
鍋島直大	佐賀	宮中顧問官　貴族院議員	26
田中覚太夫	佐賀	石川島造船所監査役	
松村文郎	佐賀	春日艦長	33
百武安太郎	佐賀	油絵を学ぶ　代表作「マンドリンを持つ少女」	31
前田利嗣	金沢		14
堀嘉久馬	金沢		29
関澤明清	金沢	水産伝習所所長　駒場農学校長（東大農学部前身）	29 30
澤田直温	金沢		16
前田利同	富山	宮中顧問官	
陸原惟厚	富山		
吉川重吉	岩国	貴族院議員	13
土屋静軒	岩国	ハーバード医科大学卒　山口病院開業	33
田中貞吉	岩国	アナポリス海軍兵学校卒　東京郵便電信学校長	15
黒田長知	福岡	福岡藩知事	34
金子堅太郎	福岡	農商務・司法各大臣　枢密顧問官	19
団　琢磨	福岡	三井合名会社理事長	14

（右ページ上段へ）

随行	文部中教授	長与秉継	肥前	33
	文部省七等出仕	中島永元	肥前	28
	同中助教授	近藤昌綱（鎮三）	幕臣	
	同中助教授	今村和郎	土佐	26
	文部省九等出仕	内村公平	山形	
理事官	造船頭	肥田為良	幕臣	42
随行	鉱山助	大島高任	岩手	47
	鉄道中属	瓜生震	福井	19
理事官	司法大輔	佐々木高行	土佐	42
随行	権中判事	岡内重俊	土佐	30
	同	中野健明	肥前	23
	同	平賀義質	福岡	46
	権少判事	長野文炳	大阪	18

後発岩倉使節団員

畠山義成	薩摩	藩留学生として渡英後渡米　開成学校長兼外国語学校長　東京書籍館・博物館長兼任	29
塩田三郎	幕臣	外務大書記官・外務少輔を歴任、中国特命全権大使	29
吉原重俊	鹿児島	初代日本銀行総裁	27
由利公正	福井	東京府知事	43
岩見鑑造			
長岡義之	山口	会計検査院検査官	33
河野敏鎌	土佐	内務・司法・農商務各大臣	28
鶴田浩	佐賀	大審院検事長、参事院議官	37
岸良兼養	鹿児島	大審院検事長兼司法省検事局長	35
井上毅	熊本	大日本帝国憲法本文および皇室典範・教育勅語起草	29
益田克徳	東京	王子製紙、明治生命保険、明治火災保険他取締役	20
沼間守一	幕臣	東京府会議長　横浜毎日新聞社長	29
名村泰蔵	長崎	貴族院議員　東京建物株式会社専務取締役	32
川路利良	鹿児島	大警視　陸軍少佐	38
新島襄	安中	同志社設立	29
高崎正風	薩摩	初代御歌所長　宮中顧問官	36
安川繁成	東京	衆議院議員	33
西岡逾明			
小室信夫	京都	日本郵船会社の基礎築く　貴族院議員	32
鈴木貫一	彦根		

岩倉使節団「米欧回覧」の旅　全行程

陽　暦（陰暦）	行　程	訪問国
1871・12・23（明4・11・12）	横浜発	アメリカ
1872・1・15（明4・12・6）	サンフランシスコ着	
1872・2・29（明5・1・21）	ワシントン着	
1872・3・11（明5・2・3）	〈条約改正交渉開始〉	
1872・3・20（明5・2・12）	〈大久保・伊藤、緊急帰国〉	
1872・8・6（明5・7・3）	〈ボストン発〉	
1872・8・16（明5・7・13）	リバプール着、翌朝ロンドン着	イギリス
1872・10・10（明5・9・8）	スコットランドへ、グラスゴー着	
1872・12・16（明5・11・16）	ロンドン発、パリ着	フランス
1873・2・17（明6）*	パリ発、ブラッセル着	ベルギー
1873・2・24	ブラッセル発、ハーグ着	オランダ
1873・3・7	ハーグ発、エッセン着	ドイツ
1873・3・9	ベルリン着	
1873・3・15	〈ビスマルクの招宴に臨む〉	
1873・3・28	ベルリン発〈大久保は帰国の途へ〉	
1873・3・30	サンクト・ペテルブルグ着	ロシア
1873・4・14	同地発〈木戸は帰国の途へ〉	
1873・4・18	コペンハーゲン着	デンマーク
1873・4・24	ストックホルム着	スウェーデン
1873・5・9	フィレンツェ着	イタリア
1873・5・11	ローマ着	
1873・5・27	ヴェネツィア着	
1873・6・3	ウィーン着	オーストリア
1873・6・19	チューリッヒ着	スイス
1873・6・29	ジュネーブ着	
1873・7・15	ジュネーブ発	
1873・7・20	マルセイユ発	[帰国の旅]
1873・7・27	スエズ着	
1873・8・1	アデン着	
1873・8・9	セイロン島・ガル着	
1873・8・18	シンガポール着	
1873・8・27	香港着	
1873・9・2	上海着	
1873・9・13	横浜着	

*明治6年以降、日本も陽暦に改暦　参照／泉三郎『写真・絵図で甦る堂々たる日本人』祥伝社

岩倉使節団・全参加者名簿（その1）

出発時の岩倉使節団（明治4年11月12日）

使節団職名	官　名	氏　名	出身（年齢）
特命全権大使	右大臣	岩倉具視	公家　47
同副使	参議	木戸孝允	長州　39
	大蔵卿	大久保利通	薩摩　42
	工部大輔	伊藤博文	長州　31
	外務少輔	山口尚芳	肥前　33
一等書記官	外務少丞	田辺泰一（太一）	幕臣　41
		何礼之	幕臣　32
		福地源一郎	幕臣　31
二等書記官	外務少記	渡辺洪基	福井　24
	外務七等出仕	小松済治	和歌山　25
	同	林董三郎（董）	幕臣　22
		長野桂次郎	幕臣　29
三等書記官		川路寛堂（簡堂）	幕臣　28
四等書記官	外務大録	安藤太郎	幕臣　25
		池田政懋	肥前　24
大使随行	兵庫県権知事	中山信彬	肥前　30
	式部助	五辻安仲	公家　27
	外務大記	野村靖	長州　30
	神奈川県大参事	内海忠海	長州　29
	権少外史	久米邦武	肥前　33
理事官	戸籍頭	田中光顕	土佐　29
随行	租税権頭	安場保和	熊本　40
	租税権助	若山儀一	東京　32
		阿部潜	幕臣　33
		沖守固（探三）	鳥取　32
	租税権大属	富田命保	
	検査大属	杉山一成	幕臣　29
		吉雄辰太郎（永昌）	
理事官	侍従長	東久世通禧	公家　39
随行	宮内大丞	村田新八（経満）	薩摩　36
理事官	陸軍少将	山田顕義	長州　28
随行	兵学大教授	原田一道	幕臣　42
理事官	文部大丞	田中不二麿	尾張　27

参考文献

久米邦武編『特命全権大使　米欧回覧実記』(岩波文庫)、『久米博士九十年回顧録』(宗高書房)、多田好問編『岩倉公実記』(原書房)、『岩倉具視関係文書』(東京大学出版会)、『木戸孝允日記』(東京大学出版会)、妻木忠太『史実考証　木戸松菊公逸事』(有朋堂書店)、勝田孫弥『大久保利通伝』(臨川書店)、『大久保利通日記』(東京大学出版会)、『大久保利通文書』(東京大学出版会)、春畝公追頌会編『伊藤博文伝』(統正社)、『伊藤博文関係文書』(塙書房)、佐佐木高行『保古飛呂比』(東京大学出版会)、『尾崎三良自叙略伝』(中央公論社)、『青木周蔵自伝』(平凡社・東洋文庫)、片淵琢編『西郷南洲遺訓』(研学会)、大隈重信『大隈伯昔日譚』(明治文献)、沢田章編『世外侯事歴維新財政談』(原書房)、『南白江藤新平遺稿』(吉川半七)、大久保利謙編『岩倉使節の研究』(宗高書房)、大久保利謙『岩倉具視』(中公新書)、村松剛『醒めた炎』(中公文庫)、徳富蘇峰『吉田松陰』(岩波文庫)、三宅雪嶺『同時代史』(岩波書店)、池辺三山述／滝田樗陰編『明治維新三大政治家　大久保・岩倉・伊藤論』(中公文庫)、霞会館資料展示委員会編『内なる開国　岩倉使節団』(霞会館)、田中彰・高田誠二編『「米欧回覧実記」の学際的研究』(北海道大学図書刊行会)、西川長夫・松宮秀治編『「米欧回覧実記」を読む』(法律文化社)、芳賀徹編『岩倉使節団の比較文化史的研究』(思文閣出版)、米欧回覧の会編『岩倉使節団の再発見』(思文閣出版)、芳賀徹述・日本放送協会編『岩倉使節団の西洋見聞』(日本放送出版協会)、田中彰『岩倉使節団「米欧回覧実記」』(岩波書店)、泉三郎『堂々たる日本人——知られざる岩倉使節団』(祥伝社)、久米美術館『久米邦武と米欧回覧実記展』(同美術館)、佐藤誠三郎『「死の跳躍」を越えて　西洋の衝撃と日本』(都市出版)、坂本一登『伊藤博文と明治国家形成』(吉川弘文館)、司馬遼太郎『「明治」という国家』(日本放送出版協会)、『外国新聞に見る日本』(毎日コミュニケーションズ)その他

本書は、二〇〇八年六月、ＰＨＰ研究所より
『誇り高き日本人　国の命運を背負った岩倉使節団の物語』として単行本で発行された作品を、
加筆・修正・改題し、文庫化したものです。

一〇〇字書評

切り取り線

購買動機（新聞、雑誌名を記入するか、あるいは○をつけてください）

□（　　　　　　　　　　）の広告を見て	
□（　　　　　　　　　　）の書評を見て	
□ 知人のすすめで	□ タイトルに惹かれて
□ カバーがよかったから	□ 内容が面白そうだから
□ 好きな作家だから	□ 好きな分野の本だから

●最近、最も感銘を受けた作品名をお書きください

●あなたのお好きな作家名をお書きください

●その他、ご要望がありましたらお書きください

住所	〒				
氏名		職業		年齢	
新刊情報等のパソコンメール配信を 希望する・しない	Eメール	※携帯には配信できません			

あなたにお願い

この本の感想を、編集部までお寄せいただけたらありがたく存じます。今後の企画の参考にさせていただきます。Eメールでも結構です。

いただいた「一〇〇字書評」は、新聞・雑誌等に紹介させていただくことがあります。その場合はお礼として特製図書カードを差し上げます。

前ページの原稿用紙に書評をお書きの上、切り取り、左記までお送り下さい。宛先の住所は不要です。

なお、ご記入いただいたお名前、ご住所等は、書評紹介の事前了解、謝礼のお届けのためだけに利用し、そのほかの目的のために利用することはありません。

〒一〇一-八七〇一
祥伝社黄金文庫編集長　吉田浩行
☎〇三（三二六五）二〇八四
ohgon@shodensha.co.jp

祥伝社ホームページの「ブックレビュー」からも、書けるようになりました。
http://www.shodensha.co.jp/bookreview/

祥伝社黄金文庫

岩《いわ》倉《くら》使《し》節《せつ》団《だん》　誇《ほこ》り高《たか》き男《おとこ》たちの物語《ものがたり》

平成24年9月10日　初版第1刷発行

著　者　泉《いずみ》三《さぶ》郎《ろう》

発行者　竹内和芳

発行所　祥伝社《しょうでんしゃ》

〒101－8701
東京都千代田区神田神保町3－3
電話　03（3265）2084（編集部）
電話　03（3265）2081（販売部）
電話　03（3265）3622（業務部）
http://www.shodensha.co.jp/

印刷所　堀内印刷

製本所　ナショナル製本

造本には十分注意しておりますが、万一、落丁・乱丁などの不良品がありましたら、「業務部」あてにお送り下さい。送料小社負担にてお取り替えいたします。ただし、古書店で購入されたものについてはお取り替え出来ません。

ISBN978-4-396-31589-4 C0195

祥伝社黄金文庫

泉　三郎
堂々たる日本人
この国のかたちと針路を決めた男たち——彼らは世界から何を学び、世界は彼らの何に驚嘆したのか？

青山　佾《やすし》
痛恨の江戸東京史
江戸・東京にはさまざまな「痛恨」が眠る。元東京都副知事が綴るユニークな視点の裏面史！

荒俣　宏
荒俣宏の世界ミステリー遺産
ダ・ヴィンチ「巨大壁画」の最新事実、実在した『ハリー・ポッター』の登場人物……33の謎に挑む!!

井沢元彦
歴史の嘘と真実
井沢史観の原点がここにある！　語られざる日本史の裏面を暴き、現代の病巣を明らかにする会心の一冊。

井沢元彦
誰が歴史を歪《ゆが》めたか
教科書にけっして書かれない日本史の実像と、歴史の盲点に迫る！　著名言論人と著者の白熱の対談集。

井沢元彦
誰が歴史を糺《ただ》すのか
梅原猛・渡部昇一・猪瀬直樹…各界の第一人者と日本の歴史を見直す、興奮の徹底討論！

祥伝社黄金文庫

井沢元彦　日本を殺す気か！

「試験エリート」たちが頻繁に繰り返す不祥事と厚顔無恥な無責任体質、その病巣を歴史的見地から抉《えぐ》る！

井沢元彦　激論 歴史の嘘と真実

これまで伝説として切り捨てられていた歴史が本当だったら？　歴史から見えてくる日本の行く末は？

井沢元彦　「言霊の国」解体新書

日本の常識は、なぜ世界の非常識なのか。「平和主義者」たちが、この国をダメにした！

井沢元彦　日本史集中講義

点と点が線になる──この一冊で、日本史が一気にわかる。井沢史観のエッセンスを凝縮！

井沢元彦
金　文学　逆検定 中国歴史教科書

捏造。歪曲。何でもあり。この国に歴史を語る資格があるのか？　中国人に教えてあげたい本当の歴史。

泉　秀樹　江戸の未来人列伝

名前を知られていなくても、偉大な業績を上げた人物が日本各地に存在する！